# 我们的
# 哲学年轮

## 时间剪影中的
## 人大哲学院
## （1956—2021）

OUR PHILOSOPHICAL
SCULPTURING

臧峰宇 主编

中国人民大学出版社
· 北京 ·

## 顾问

（以姓氏拼音为序）

陈先达　冯　俊　傅西路
韩东晖　郝立新　焦国成
李秋零　刘大椿　聂敏里
吴付来　姚新中　张风雷
张立文　张志伟　周文彰

谨以此书献给中国人民大学哲学学科成立65周年

我们的哲學年輪

张询题

# 目录

## 第三篇　继往开来

# 序言

姚新中

成立于 1956 年的人大哲学系为新中国哲学教育发展做出了独特贡献，其前身马列主义教研室、辩证唯物论与历史唯物论教研室是新中国哲学教育的“工作母机”，培养了大量哲学精英和政商才俊。改革开放以来，人大哲学系完善了教学培养体系，出版了数量可观的能矗立在新中国学术史上的精品力作，深刻影响了中国哲学改革和思想解放的历程。

人大哲学院的成立开启了令人瞩目的新篇章，她是国内第一批一级学科博士学位授权单位，拥有国家级重点一级学科和教育部人文社会科学重点研究基地伦理学与道德建设研究中心、佛教与宗教学理论研究所。萧前教授等主编的《辩证唯物主义原理》与《历史唯物主义原理》、苗力田教授主编的《亚里士多德全集》、罗国杰教授主编的《伦理学》、陈先达教授 14 卷文集、方立天教授的《中国佛教哲学要义》、张立文教授的《和合学》、李秋零教授主编的《康德著作全集》是人大哲学院洋溢思想自信的学术名片。目前，马克思主义哲学、中国哲学、外国哲学、宗教学、伦理学、美学、逻辑学、科学技术哲学、管理哲学、政治哲学专业正在世界一流哲学学科建设中展现独特的学术魅力。

由臧峰宇教授主编的《我们的哲学年轮》呈现了人大哲学院 65 年辉煌的历史画卷，这一帧帧色彩斑斓的哲学画面述说着人大哲学院在现代中国哲学教学、研究、咨政等领域做出的杰出贡献。人大哲学院同人和热切关注人大哲学发展的五洲校友深信，始终走在中国哲学教育发展前沿的人大哲学院将在未来塑造与她的历史相辉映的新成就。

2016 年秋于中国人民大学人文楼

2021 年秋修订于中国人民大学人文楼

# 序曲 · 精神故乡

回眸人大哲学学科六十五年发展历程的原点，我们要在现代中国的历史画卷中寻找她的精神故乡，读懂她历经坎坷而走向昌明的思想年轮何以与中华民族的现代化进程相伴偕行。陕北公学、华北联合大学、北方大学、华北大学、中国人民大学，在战火硝烟中兴起的一所大学在多次整合中愈益厚重，这所因人民而诞生的大学从其前身建立伊始便意识到哲学教育在公民教育和干部培训中的重要意义，意识到培养“胸怀坦白的，忠诚的，积极的与正直的”国民表率和社会栋梁需要怎样的哲学学养。在中国人民大学成立初期兴盛的马克思主义哲学教育使这所以人民命名的大学从上个世纪中叶便成为中国马克思主义哲学教育的高地。鉴往知今，我们方能理解人大哲学的文化传统和精神气质，以及她六十五年来艰难跋涉与流光溢彩的精神现象所映现和生成的历史逻辑。

① 毛泽东在陕北公学作报告
②《人民的大学——华北联大介绍》
③ 艾思奇在华北大学授课提纲
④ 华北大学四部副主任艾思奇
⑤ 北方大学师生合影
⑥ 华北大学正定分校学员合影

2

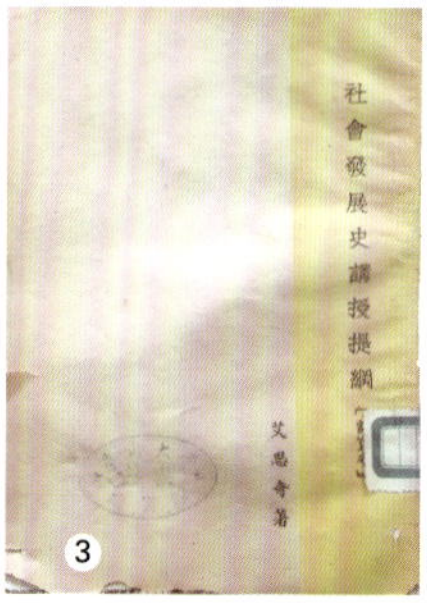

3

1

5

4

6

# 晨光初曦 · 1937—1949

回眸溯源，人大哲学教育在84年前延安的几孔窑洞中孕育，那些燃亮后来人大哲学教学与研究的“星火”至今令人感到温暖。

1937年7月，以“培养抗战人才”为宗旨的陕北公学在抗日烽火中创建，毛泽东认为这里“有真理，讲自由，是造就革命先锋分子的场所”。1938年7月7日，陕北公学分校在栒邑县开办，李维汉校长将陕公分校的教育方针首先归纳为“使学员获得革命的宇宙观、社会观和人生观，获得社会发展规律的知识与民族解放、社会解放的知识”。1939年1月，迁到栒邑县的陕北公学与分校合并，合并后的陕北公学开设了哲学课程，并设立了由陈唯实负责的哲学研究室。

1939年7月，合并陕北公学、鲁迅艺术学院等校的华北联合大学在延安成立。10月中旬，青年教员郁纪为华北联大社会科学部学员讲授哲学课。1946年3月，在邢台成立的北方大学开始招生。4月，范文澜校长在全校学工大会上强调，北方大学“以马列主义的辩证唯物论与历史唯物论为准则”。

1948年5月，中共中央决定，将北方大学和华北联合大学合并为华北大学。华北大学“以马列主义理论和毛泽东思想为总的教学方针”，将“辩证唯物论与历史唯物论”设为全校共同必修课。华大四部设有哲学研究室，艾思奇、何思敬等在此任教。1949年底，华北大学哲学研究室转入筹办中的中国人民大学。

从陕北公学、华北联合大学、北方大学到华北大学，中国人民大学的前身具有哲学教育的自觉意识，人大哲学教育在这晨光初曦中萌芽。

① 刘少奇在中国人民大学开学典礼上讲话
② 吴玉章校长和同学们在一起
③ 凯列（时译克列）著《如何学习原著》
④ 马克思列宁主义夜大学第一届学员毕业典礼
⑤ 齐一著《辩证唯物论与历史唯物论教学中的几点体会》
⑥ 马克思列宁主义研究班 1952 级研究生毕业合影

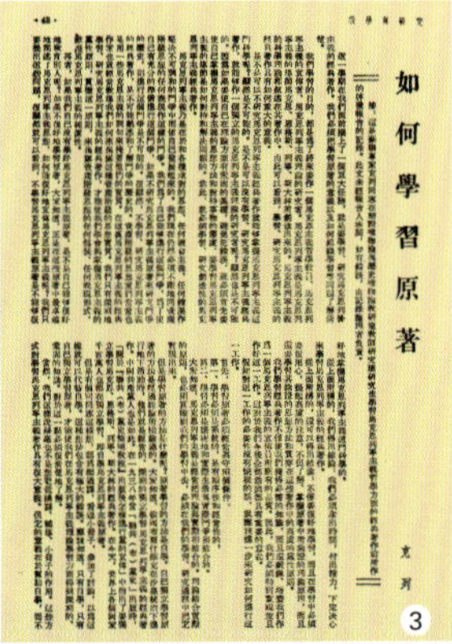

# 以苏为师·1950—1952

1950年2月，刚成立的中国人民大学设立包括哲学组的马列主义基础教研室，何思敬、齐一、舒天巩、方华、萧前、徐琳、尹明、肖明等陆续讲授马列主义哲学。10月3日，国家副主席刘少奇在中国人民大学开学典礼的讲话中指出："要用马克思主义的基本观点，不要主观主义、教条主义、经验主义，要辩证唯物主义，以实事求是的精神学习、工作"。

建校伊始，苏联专家凯列、尼基金、伊奥尼金、巴尔道林、斯卡尔任斯卡娅等来校讲授马克思主义哲学、自然辩证法、逻辑学、美学等课程，钟宇人、马玉珂等任翻译，萧前、徐琳等任教学辅导。苏联专家的援助促进了人大哲学教学与研究的发展，也使当时的人大哲学教学方式带有浓重的苏联哲学印记。

6月7日，马列主义基础教研室哲学组升格为辩证唯物论与历史唯物论教研室，这个设在地安门白米斜街的教研室直属学校研究部领导，校党委第一副书记、副校长成仿吾任教研室主任，齐一负责具体事务，舒天巩任党支部书记，凯列任科学指导。7月23日，受中宣部委托培养全国高校马克思主义理论师资，中国人民大学成立马列主义研究班和研究生班。9月，学制二年的马列主义研究班哲学分班首届招收56名学员，均为各省市和军区推荐的干部和高校马列主义政治理论课教师，萧前任哲学分班首届班主任。

这时人大哲学教育强调"以苏为师、以党为业、以马为本、以社为道"，主要任务是为全校本科生和马列主义夜大开设马列主义基础、历史唯物论、社会发展史等课程。

① 1954 年苏联专家凯列来校授课，钟宇人担任翻译（右一）
② 苏联专家高尔尼洛夫给马列主义基础教研室研究生授课
③ 苏联专家尼基金（中）辅导逻辑组师生
④ 1954 年马列主义教研室部分教师合影
⑤ 马列主义研究班部分学员合影
⑥ 1953 年哲学教研室全体教师和苏联专家合影

# 哲思前奏·1953—1955

1953年8月，马列主义研究班哲学分班更名为哲学教师研究班，学制三年，开设马克思主义哲学、外国哲学史、自然科学哲学问题、俄语、政治经济学、中共党史等课程。12月，辩证唯物论与历史唯物论教研室编译的马克思主义哲学教科书《辩证唯物论》出版。苏联专家凯列为教师和研究生作13次专题讲座和4次辅导报告，比较系统地讲授了马克思主义哲学原著。

1954年8月，马列主义研究班哲学分班首届毕业生乐燕平、乔长路、黄顺基等留教研室任教。1955年8月，第二届毕业生杨宪邦、刘炯忠和提前毕业的第三届学员李秀林等留教研室任教。很多学员在哲学分班毕业后很快成为新中国马克思主义哲学教学与研究的翘楚。其中，黄枬森、高清海、邹化政、崔自铎、庞朴、辛敬良等后来为北京大学、吉林大学、中央党校、中国社科院、复旦大学哲学学科发展做出卓越贡献。

1955年，在北京大学哲学系任教的石峻和苗力田调入中国人民大学，参与筹建人大哲学系。

这几年，人大哲学教师为全国读者开列马克思主义哲学参考书目。他们积极参与我国思想文化领域的讨论，例如，徐琳、萧前发表《我国从新民主主义社会向社会主义社会的过渡时期中基础和上层建筑的问题》，引发学界对“单一经济基础论”和“综合经济基础论”的讨论。马列主义研究班哲学分班学生李希凡发表的红学研究文章得到毛泽东主席的批示。

马列主义研究班和哲学教师研究班为即将成立的人大哲学系培养了师资，成为后来人大哲学学科享誉全国的前奏。

# 第一篇 · 万象初始

作为中国共产党创办的第一所新型正规大学的哲学系，人大哲学系为中国社会主义建设时期哲学学科发展、哲学思想研究和干部哲学素养提升做出不可磨灭的重要贡献，人大哲学学者也在经历政治运动的过程中反思中国社会发展的合理路径。1956—1977 年，人大哲学系为新中国马克思主义哲学、中国哲学、外国哲学、伦理学、逻辑学、科学技术哲学、美学专业的发展做出了杰出贡献。人大哲学系教师在“文革”中下放“五七干校”，在这段岁月中他们使思想沉淀并渴望升腾。这种思想的历程伴随着中国社会发展的历史走向，她的年轮旋转的路径让我们感到她所承受的思想的分量，也让我们感到她对这片土地爱得深沉。她始终站在新中国哲学发展前沿，以思想的方式见证和创造历史，成为新中国哲学教学与研究演进的缩影。

① 哲学系 1956 级部分学生在天安门前合影
② 哲学系 1956 级部分学生在八达岭合影
③ 哲学系 1956 级二班学生合影
④ 哲学系 1956 级学生合影
⑤ 董春光（左一）被评为北京市劳动模范
⑥ 人大民兵师哲学系民兵连合影

⑤

①

②

③

④

⑥

# 日出东方·1956

1956 年 5 月 22 日，中国人民大学哲学系成立。首任系主任为著名哲学家、翻译家何思敬，齐一、方华为副主任，齐一兼任党支部书记，纪宇任副书记。下设辩证唯物主义和历史唯物主义教研室、哲学史教研室、逻辑学教研室和自然科学基础教研室。党中央、国务院高度重视人大哲学系发展。校党委书记胡锡奎分管哲学系工作，吴玉章校长专门到哲学系听课。

建系伊始，新增的哲学专业招收五年制本科生，在全国高考前单独考试，全国优秀高中生和在职干部共计 200 人成为哲学系第一届本科生。培养方案总学时为 3 050 小时，按计划学习辩证唯物主义和历史唯物主义、马克思主义哲学史、中国哲学史、外国哲学史、自然辩证法、逻辑学、马克思主义美学、伦理学、心理学、俄语等 20 余门课程。哲学分班第三届毕业生陈先达、汪永祥、丁叶来、庄福龄等留哲学系任教，庞景仁、马奇调入哲学系。何思敬在《光明日报》发表文章《祖国为什么需要哲学干部》，介绍了哲学系的教学规划。

11 月，国家高教部政教司组织 9 所高校和人大政治理论课教师成立工作组，总结包括辩证唯物主义和历史唯物主义教研室在内的人大四个政治理论教研室教学经验。哲学系邀请北京大学冯友兰教授作题为“中国哲学史中思想的继承性问题”的讲座。

恰似日出东方，作为新中国成立后全国高校新建的第一个哲学系，人大哲学系当时是全国马克思主义哲学教学与研究中心，而培养有一定哲学素养的干部满足了当时的社会需要。

① 王方名、黄顺基著《关于形式逻辑与哲学科学》
② 吴江著《无产阶级专政四十年》
③ 中国人民大学马列主义研究班哲学研究生毕业纪念
④ 罗国杰和同学们在一起
⑤ 苏联专家高尔尼洛夫和哲学系逻辑学组教师合影
⑥ 1957 年欢送苏联专家达拉刚诺夫教授合影

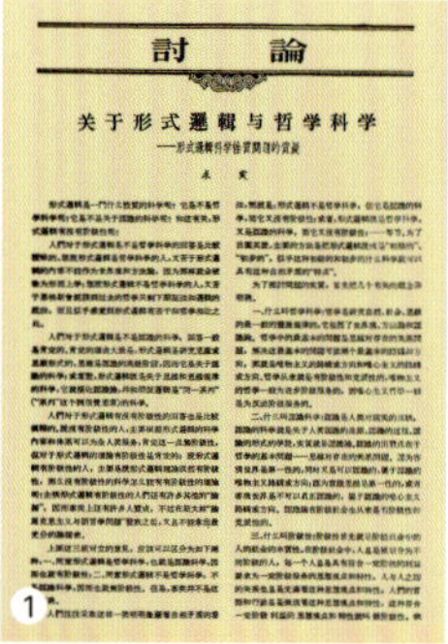
討 論

关于形式邏輯与哲学科学

1

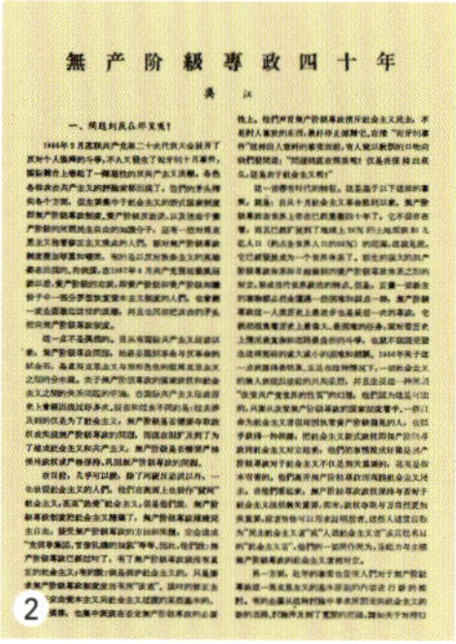
無产阶級專政四十年

2

3

4

5

6

# 逻辑讨论·1957

1957 年 2 月 16 日，吴玉章校长主持讨论哲学系等三系教学计划，高教部副部长刘子载和中宣部有关负责人王惠德参加讨论。3 月，吴江被任命为哲学系副主任。

5 月 31 日，来访的罗马尼亚巴洪大学哲学系主任麦里奈斯库教授作“关于罗马尼亚高等教育、社会科学教育、哲学教育的情况”的报告。11 月 5 日，哲学系举办“纪念十月革命四十周年”学术研讨会，研讨吴江的论文《无产阶级专政四十年》。

这一年引起学界广泛关注的是王方名、黄顺基的逻辑学研究，他们以“求实”为笔名在《教学与研究》发表的系列论文得到毛泽东的赞赏。毛泽东对当时挑战苏联主流观点的周谷城说：“人民大学的刊物《教学与研究》上，有人写文章，和你的观点相同。”4 月 11 日，毛泽东在中南海颐年堂邀周谷城、金岳霖、冯友兰、贺麟、费孝通等学者讨论逻辑学问题，王方名、黄顺基应邀参加。在讨论过程中，毛泽东指着王方名和黄顺基，对周谷城说：“他们的观点与你相同，你不孤立啊！”“教条主义的亏，我们吃得太多了，不能老是照抄、照搬苏联的，要走我们自己的路子。”“学术问题，不能搞一花独放，要百花齐放，百家争鸣。”这次会谈后不久，王方名的系列论文以“论形式逻辑问题”为题在中国人民大学出版社出版。

这一年，石峻、王方名、杨宪邦参加北京哲学界关于中国哲学史研究的座谈会并发言。马列主义研究班哲学分班学员吴定求、张荣吉等留哲学系任教，曾文经、吴江、魏晴宇、周述岐、吴延涪、钟安环等调入哲学系任教。

① 哲学系杨宪邦老师辅导工人学哲学
② 哲学系学生课堂讨论中热烈争辩
③ 胡锡奎在毛泽东哲学著作研究会成立大会上发言
④ 尹明在马列主义哲学史提纲初稿讨论会上发言
⑤ 中国人民大学哲学系硫酸厂全体职工合影
⑥ 哲学系部分同学合影

# 普及哲学 · 1958

1958 年 4 月 30 日，哲学系筹建的毛泽东哲学著作研究会成立，校党委书记胡锡奎任研究会总干事。6 月 9 日，研究会讨论纪念毛泽东《关于正确处理人民内部矛盾的问题》发表一周年，胡锡奎、齐一、徐琳、王方名、石峻等在会上发言。10 月 3 日，研究会讨论资产阶级法权问题，这时吴江的《论无产阶级专政》刚由人民出版社出版。

7 月，宗生被任命为哲学系党总支副书记。9 月，学校任命吴江为哲学系主任。

这一年，马列主义研究班被撤销，其中，哲学分班归哲学系领导。为响应“工农兵学哲学”运动号召，哲学系师生踊跃发表文章。例如，吴江在《哲学研究》发表《哲学的普及与提高问题》等四篇文章，杨宪邦等和沧南分别在《教学与研究》发表《帮助工人学哲学的几点体会》和《三官庙乡农民学哲学的情况》，方克立、孙长江、陆贵山和孙克信分别在《光明日报》发表《在实践中学哲学和工农一起学哲学向工农学哲学》《我们和农民一起编哲学读本》《做一个普通劳动者是学好马列主义哲学的关键》《下厂劳动和普及哲学的主要收获和体会》。

为了更好地响应党中央关于“普及哲学，让哲学到群众中去扎根”的部署，落实学校关于“在普及哲学中提高哲学学习质量”的要求，哲学系全体学生到京郊农村参加人民公社化运动。此前，哲学系召开思想“大跃进”誓师大会，何思敬、齐一、舒天巩、尹明、徐琳在会上做自我批评。改造自己的内心世界，与工农兵一起学哲学用哲学，在群众中普及哲学，是这一年哲学系的主调。

①罗国杰在中国人民大学第五届党代会上发言
②吴江在中国人民大学第五届党代会上发言
③胡锡奎在哲学教科书编写小组会上讲话
④萧前指导研究生做研究
⑤中国哲学会纪念“五四”四十周年学术讨论会
⑥哲学系部分学生在图书馆前合影

# 教材编译·1959

1959年，马克思主义哲学专业研究生学制改为三年，培养方案中增加心理学、美学、伦理学、逻辑学等课程。

面对当时“大跃进”、人民公社化与农业合作化运动后期盲目冒进的做法，萧前、李秀林从哲学角度反思现实问题，他们发表在《哲学研究》的文章《主观能动性和客观规律》在学界产生很大反响。应《政治学习》杂志约稿，李秀林还发表了《正确的能动性与盲动性》《积极性和急性病》等14篇短文，进一步反思当时违反客观规律的现象和问题。

5月5—6日，中国哲学会在中国人民大学举行逻辑争论问题讨论会，潘梓年、金岳霖、于光远等参加研讨会，王方名、赵民和黄顺基在会上发言。6月10日，中国科学院哲学社会科学部主任潘梓年来校作“关于《实践论》和《矛盾论》中几个问题”的报告。

3月，马奇被任命为哲学系党总支副书记，7月10日，学校任命齐一为哲学系代主任，方华、马奇为副主任。这一年，中国人民大学校务委员会成立，吴江、何思敬、王方名、石峻当选为校务委员。

值得提及的是，哲学系编译室翻译的康士坦丁诺夫主编《马克思主义哲学原理》由人民出版社出版，作为供全国高校哲学专业使用的教材。这时学界意识到编写中国马克思主义哲学教科书的重大意义，受中宣部委托，校党委书记胡锡奎负责组建指导小组，萧前、李秀林等13名哲学系教师参编新中国第一部由我国学者编写的哲学教科书《辩证唯物主义　历史唯物主义》，哲学系教材编写工作由此开始。

① 中国人民大学哲学系编《马克思主义哲学教科书》
② 1960 年欢送哲学系同学走上新工作岗位
③ 哲学系研究班 1960 年毕业生合影
④ 哲学系教师参加“群英会”
⑤ 哲学系部分学生在校门前合影
⑥ 胡锡奎书记听取哲学教科书编写小组汇报

①

②

④

⑤

③

⑥

# 群英荟萃·1960

1960年，李秀林、乐燕平、陈先达等编写的体现马克思主义哲学与中国实际相结合的《马克思主义哲学教科书》出版，供中国人民大学校内教学使用。仲宣东和方华分别在《教学与研究》发表《我们在编写哲学教科书中是如何贯彻毛泽东思想的》和《进一步实现哲学系的教学改革》。

1月，由中国人民大学、中国科学院哲学所、中央高级党校和北京大学联合召开马克思列宁主义哲学史问题座谈会，莫斯科大学马列主义哲学史教研室主任约夫楚克列席。此外，中国哲学会在人大举办第三次形式逻辑问题座谈会。

2月，苗力田、杨宪邦、罗定灯、张荣吉、董春光获评“北京市文教战线先进工作者”，哲学系被评为“全国文教群英会先进单位”，齐一代表哲学系参加“群英会”。

11月12日，学校常委会讨论包括哲学课在内的四门理论课教学方案。12月，罗国杰被任命为哲学系党总支副书记。

这一年，为更好地培养研究生和从事科研工作，中国人民大学成立包括哲学所在内的四个研究所，以适应理论探索和学术批判的需要，研究所起初由学校领导，后来归相关系领导。校党委书记胡锡奎任哲学研究所所长，齐一、萧前任副所长。哲学系增设伦理学教研室和美学教研室，并增设逻辑学专业，学制五年。从哲学系、党史系、国政系和新闻系毕业的罗国杰、宋希仁、张立文、许启贤、司有仑、丁子霖等留哲学系任教。马奇在《关于美学的研究对象问题》一文中提出“美学即艺术哲学”的观点。乐燕平的《〈路德维希·费尔巴哈和德国古典哲学的终结〉解说》由河北人民出版社出版。

① 哲学系 1961 届学生毕业合影
② 哲学系第一届本科毕业生合影
③ 哲学系进修班教学小组研究经典著作教学中的问题
④ 徐琳为青年教师传授教学方法
⑤ 哲学系学生干部合影
⑥ 哲学系部分学生在校园合影

# 培育英才 · 1961

1961年5月31日，北京市哲学会成立，设辩证唯物主义与历史唯物主义、中国哲学史、外国哲学史、逻辑学、自然辩证法、美学、伦理学专业委员会，学会挂靠人大哲学系，校党委书记胡锡奎当选为理事长，齐一任秘书长。9月17日，北京市哲学会在人大举办报告会，北京大学教授冯友兰作“关于孔子的哲学思想”的讲座。

由人大哲学系与北大哲学系合编，李秀林、陈先达等参编的教科书《辩证唯物主义讲义》由北京出版社出版。

4月15日，辩证唯物主义和历史唯物主义教研室研讨哲学基本问题。5月，中国哲学会在中国人民大学召开逻辑问题讨论会，研讨汪奠基的《中国逻辑思想简史》初稿，李世繁、沈有鼎、温公颐等参加，石峻在会上发言。

6月，学校任命张腾霄为哲学系党总支书记，7月，张腾霄被任命为哲学系主任，齐一任党总支副书记。

7月19日，张腾霄、王方名当选为中国人民大学校务委员会常务委员。

10月开始，为了解佛教文化精神，方立天到中国佛学院进修8个月。

这一年，自然科学基础教研室更名为自然辩证法教研室，哲学史教研室分为中国哲学史教研室和西方哲学史教研室，伦理学教研室编写的《马克思主义伦理学讲义》出版。哲学系首届五年制毕业生傅西路、李淮春、杨瑞森、杨焕章、孙中原、葛荣晋、沙莲香、靳辉明、魏英敏、陆贵山、索爱群、岳华亭等留哲学系或哲学所任教，这些受到五年正规哲学教育的本科生留校后迅速成为教学与研究骨干。此外，从北大哲学系毕业的方立天、李毓章到人大哲学系任教，加强了哲学史教研室的学术实力。

①《马克思主义伦理学教学大纲（初稿）（上）》
②《马克思主义伦理学教学大纲（初稿）（下）》
③ 哲学系本科一年级新生在读书
④ 哲学系部分教师合影
⑤ 鲁平给夜大学学生讲西方哲学史
⑥ 哲学系第二届本科毕业生合影

馬克思主义倫理学教学大纲（初稿）
（上）
中国人民大学哲学系倫理学教研室

第一章 什么是馬克思主义倫理学

第二章 馬克思主义倫理学的产生是倫理学中的革命

①

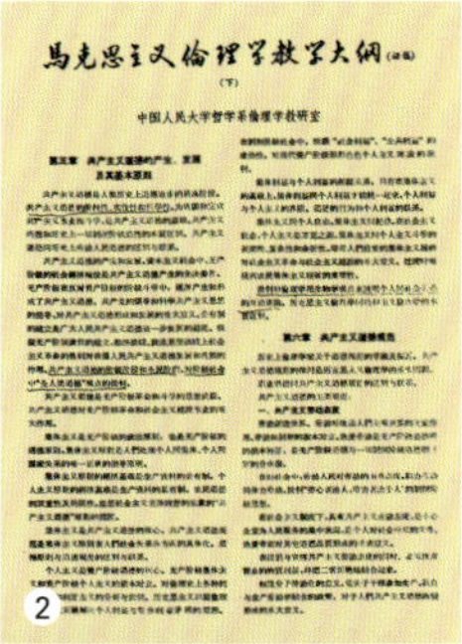
馬克思主义倫理学教学大纲（初稿）
（下）
中国人民大学哲学系倫理学教研室

②

③

④

⑤

⑥

# 教学辅导·1962

1962年1月，余进被任命为哲学系党总支副书记。4月23日，王方名、石峻、何思敬、张腾霄当选为新一届中国人民大学校务委员会委员。7月，齐一被任命为哲学系党总支书记。

2月，北京市哲学会自然辩证法组召开座谈会，讨论恩格斯《自然辩证法》的体系、结构和思想。4月，自然辩证法教研室编写的《〈自然辩证法〉简释》由中国人民大学出版社出版。

6月13日，中国人民大学第九届科学讨论会讨论了伦理学教研室编写的《马克思主义伦理学教学大纲》，冯友兰、贺麟、李奇、王方名、罗国杰等参会。

10月22日，日本哲学家代表团来校访问，寺泽恒信和高田球分别作题为“日本哲学界的过去和现状”和“日本近代、现代思想史”的报告。

这一年，哲学系增设美学专业，招收第一届本科生。方克立毕业留系任教。由人大哲学系与北大哲学系合编，李秀林、陈先达等参编的教科书《历史唯物主义》由北京出版社出版。

随着萧前、李秀林等参编的《辩证唯物主义　历史唯物主义》大量发行，哲学系教师承担了为全国高校马克思主义哲学教学辅导的任务。《教学与研究》开设了教学辅导专栏，李秀林、萧前、苗力田、陈先达等分别在专栏上发表《结合“绪论”学习原著》《谈谈哲学和科学》《哲学是“科学的科学”观点的实质和根源》《对讲授“对立统一规律”的几点浅见》等文章。此外，乐燕平、胡福明等在《前线》《光明日报》发表了相关文章。

① 哲学系二年级学生讨论如何向雷锋学习
② 庞景仁译《对笛卡尔〈沉思〉的诘难》
③ 王方名给高玉宝等预科生上课
④ 罗国杰在指导学生
⑤ 哲学系进修二班毕业合影
⑥ 哲学系研究班毕业合影

# 真理标准 · 1963

1963 年 6 月 16 日，萧前响应毛主席的号召“让哲学从哲学家的课堂上和书本里解放出来”，在《人民日报》发表《把哲学变成群众手中的锐利武器》，受到毛泽东和周恩来的赞赏，周恩来特意将这篇文章推荐给应届大学毕业生。

8 月，学校任命张腾霄为哲学系党总支书记。11 月，舒天巩被任命为哲学系党总支书记、副主任。11 月 10 日，何思敬、萧前、张腾霄当选为中共中国人民大学第七届委员会委员。

这一年，尹明、石峻、杨宪邦等参编的《中国哲学史》由人民出版社出版。庞景仁翻译的伽桑狄《对笛卡尔〈沉思〉的诘难》由商务印书馆出版。萧前、李秀林、李质明、王南等继续在《教学与研究》发表《讲授〈唯物辩证法的基本范畴〉的几点意见》《可能性、现实性及其关系是对立统一规律的具体化》《西方哲学史中关于否定之否定规律的思想——从古希腊到黑格尔》《中国古代哲学家关于量变和质变的思想》等教学辅导文章。

值得重视的是，哲学系教师当年比较集中地讨论了马克思主义真理观和检验真理的标准问题。例如，萧前在《哲学研究》和《人民日报》发表文章《相对真理包含错误吗？》和《多次反复和不断检验》，论证了绝对真理和相对真理的关系以及真理认识的复杂性问题。陈先达在《教学与研究》发表《实践检验和逻辑证明》，界定了“逻辑证明”在检验真理过程中的作用与限度，得出了实践是检验真理的唯一标准的结论，这是我国学术界较早系统探讨检验真理标准问题的文章。

① 《“一分为二”与“合二而一”讨论日志》
② 《“一分为二”与“合二而一”讨论日志（续）》
③ 哲学系学生男女体操队
④ 王方名家庭照
⑤ 参加湖南湘潭烟山公社社教的哲学系师生举行学习毛主席著作经验交流会
⑥ 罗国杰在西黄村参加劳动实践

“一分为二”与“合二而一”討論日志

1964年5月29日

6月5日

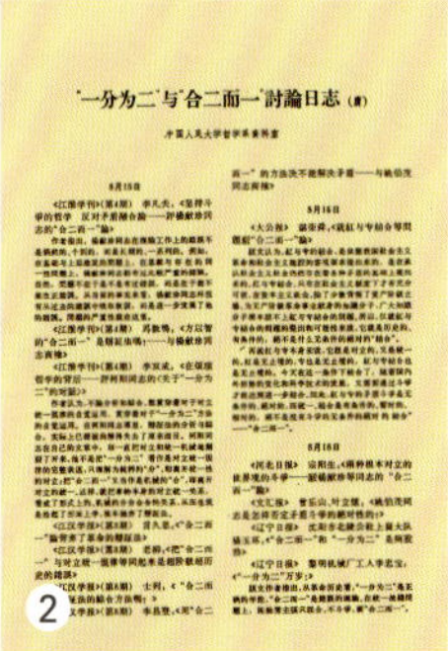

“一分为二”与“合二而一”討論日志(續)

# 一分为二 · 1964

1964 年 6 月，马列主义发展史研究所成立，校党委书记郭影秋任所长，张腾霄、刘佩弦、徐琳、庄福龄任副所长。马克思主义哲学史教研室也在这时成立。

6 月，罗国杰被任命为哲学系副主任。9 月，萧前被任命为哲学系副主任，李萌被任命为哲学系党总支副书记。

7 月 3 日，中国人民大学党委常委会讨论了《哲学系教育计划方案》。

这一年，李秀林、陈先达、丁叶来等在《教学与研究》继续发表《对讲授“经济基础和上层建筑”的一些意见》《对讲授〈社会意识及其形式〉的几点意见》《对讲授“阶级和国家”的意见》等教学辅导文章。罗国杰、庞景仁等到湖南农村参加“四清”运动。

值得提及的是，结合对杨献珍提出的“合二而一”观点的评论，哲学系教师当年比较集中地讨论了“一分为二”和“合二而一”。例如，尹明等在《光明日报》发表《关于“一分为二”和“合二为一”》等文章。方克立等在《文汇报》发表《“一分为二”和“合二而一”是两个根本对立的宇宙观》。张腾霄、乔长路等在《教学与研究》发表《是辩证法，还是形而上学？》《“合二而一”论的调和论实质》等文章。这些文章强调坚持辩证唯物主义“一分为二”的观点，但也带有明显的时代印记。

① 宋希仁等译《作为逻辑的辩证法》
② 罗国杰等 1965 年于前沙涧大队合影
③ 哲学系学生长山列岛军事野营
④ 哲学系女生在海运仓合影
⑤ 哲学系教师在湘潭县石马大队社教工作组合影
⑥ 国务院副总理谭震林接见在湖南参加“四清”的哲学系部分同志

# 半工半读・1965

1965年3月，哲学系响应学校传达的北京市委关于学习毛泽东《实践论》《矛盾论》《关于正确处理人民内部矛盾的问题》《人的正确思想是从哪里来的？》四篇哲学文献的精神，开展集中学习活动。

4 月 10 日，中国人民大学召开全校教师干部大会，哲学系介绍半工半读试点经验，随后全校新生试行到京郊半工半读。

7 月，首届逻辑专业本科生毕业。8 月，张腾霄被任命为哲学系党总支代书记。

这一年，萧前在《光明日报》发表《反对烦琐哲学》，李秀林在《哲学研究》发表《在改造世界的实践中不断地实现从必然向自由的飞跃》。葛荣晋在《光明日报》发表《哲学史研究与古为今用问题——与冯友兰先生商榷》，方立天在《哲学研究》和《新建设》分别发表《试论慧远的佛教哲学思想》和《僧肇的形而上学》，张立文的《论谭嗣同》由三联书店出版。吴延涪在《新建设》发表《天体的演化和人类对它的认识过程》，宋希仁、郑杭生等翻译的《作为逻辑的辩证法》由上海人民出版社出版。

11 月，学校常委会听取哲学系教学改革情况汇报，研讨其中存在的问题。12 月 16 日，学校常委会研究哲学系半工半读情况总结。12 月 27 日，哲学系一年级本科生到京郊苏家坨公社试行三年制半工半读，萧前、张懋泽、李秀林在《光明日报》发表介绍哲学系半工半读的文章《半工半读就是好》。半工半读是大学生在学习中与工农相结合的一种尝试，反映了当年文化教育领域的趋势。

① 哲学系学生和社员一起劳动
② 哲学系学生参加劳动
③ 哲学系师生在苏家坨研究劳动技术
④ 哲学系学生在苏家坨半工半读
⑤ 哲学系师生在田村普及哲学
⑥ 哲学系学生在半工半读期间坚持体育锻炼

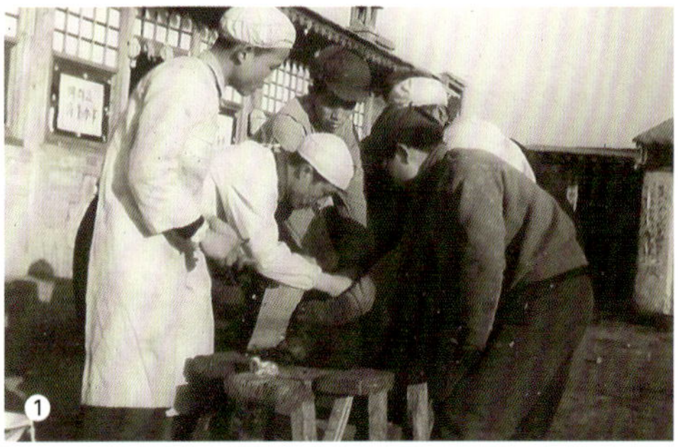

①

②

③

④

⑤

⑥

# 风雷激荡·1966—1972

1966 年 1 月，中国人民大学党委做出哲学系全体学生自下学期开始到京郊苏家坨公社半工半读的决定。2 月 9—10 日，哲学系师生赴苏家坨公社试行半工半读。

3 月，哲学系响应学校开展向焦裕禄同志学习的号召，开展学习活动。3 月 7 日，学校召开关于道德问题的学术研讨会。

5 月，舒天巩被任命为哲学系党总支书记、副主任。

"五一六通知" 发布后，全校工作开始以 "文化大革命" 为中心，教学与研究工作近乎中断。建系十年来，哲学系持续高速发展的状态由此转入低谷。

建系初期的十年可谓社会主义建设时期哲学系发展的黄金时代，这段时间哲学系不仅培养了一大批新中国的哲学工作者，而且涌现出新中国成立初期中国哲学研究的一些具有代表性的成果。此后十年风雷激荡，哲学系教师正常的学术研究陷于停顿。

1969 年 10 月，北京市革委会颁布文件，决定中国人民大学停办，随后学校遭到解散，哲学系教师几乎全体下放 "五七干校"。

1971 年，哲学系教师从 "五七干校" 陆续回京，并陆续被分配到在京及其他省市高校和文教系统工作。

1972 年 12 月 1 日，北京市委发布通知，撤销中国人民大学 "五七干校"，哲学系下放教职工及家属在 15 日前全部撤回北京。在 "五七干校" 生活的三年时光中，他们在红岩上打石、制瓦、建房，开垦荒地，也在夜校和学习班讲授马列原著和哲学原理。难能可贵的是，黄顺基、罗国杰、郑杭生、方立天、张立文等很多教师在此期间坚持夜晚从事学术研究，他们在江西余江这个在全国率先消除血吸虫病的地方写下了大量读书笔记和学术草稿，为拨乱反正之后从事哲学教学与研究打下了坚实的基础。

①罗国杰、许启贤、王伟1974年于香山洪光寺合影
②孙力余副校长到北京站看望哲学系1977级实习生并与站领导交谈
③哲学系1977级实习生与全国劳模张秉贵座谈
④中国人民大学政治理论三系（党史系、哲学系、经济系）1977级新生入学仪式
⑤乐燕平参编《谈谈一分为二》
⑥哲学系1977级本科生合影

1

2

3

4

5

6

# 整体迁移 · 1973—1977

1973 年 6 月，由党支部书记傅西路、副书记张腾霄带领哲学系教职工成建制分配到北京师范大学，他们怀着遗憾而复杂的心情离开人大哲学系。

10 月 10 日，北京市委、市革委会通知，撤销中共中国人民大学领导小组和中国人民大学革委会，中国人民大学暂告结束。

在整体迁入北京师范大学期间，李秀林、郑杭生等哲学系教师讲述马克思主义哲学原著，对哲学理论与中国社会的历史走向做了深刻而必要的反思，以哲学教育的责任感和使命感寻找和把握从事哲学教学与研究的各种机会和手段，为保持人大哲学系的学脉默默积蓄力量，鼎力延续人大哲学的学术薪火。这种在特殊历史时期求真务实的学术探索精神是人大哲学系值得传承的宝贵精神财富，为后来哲学系复建奠定了良好基础，也切实促进了哲学系复建初期教学与研究的顺利开展。

1977 年 5 月，副校长郭影秋抱病召集由 56 位教师和干部参加的座谈会，会后整理出复校意见书交邓小平审阅。9 月 19 日，邓小平在同教育部主要负责同志的谈话中指出："人民大学是要办的，主要培养财贸、经济管理干部和马列主义理论工作者。"

12 月 18 日，教育部副部长李琦在全国研究生招生工作座谈会上表示，中国人民大学复校前可以先招研究生。由于当时人大尚未复校，报考人大哲学专业的考生实际报考的是北京师范大学哲学专业，这些佩戴过北京师范大学校徽的哲学专业本科生在次年人大复校后转入人大哲学系。

这一年，哲学系教师在即将复校和复建哲学系的曙光中感受到希望，他们即将再次走上人大的讲台。

# 第二篇·复建中兴

人大哲学系在师生们回归的期盼中复建。马列主义研究班哲学分班毕业生胡福明撰写初稿，以《光明日报》特约评论员名义发表了《实践是检验真理的唯一标准》。人大哲学系再次站上中国思想的高地，与改革时代同呼吸共命运。1978—2004年，人大哲学学者延续学脉，以昂扬进取的精神姿态取得教材改革、教学创新和哲学研究领域的佳绩。从这里产生了新中国首批哲学博士，形成了"实践唯物主义"这一代表改革开放以来马克思主义哲学创新的思想观念，人大伦理学和宗教学教学与研究开始得到学界认同。最早拥有国家一级重点学科的人大哲学系再次跻身中国高校哲学界的最前列，伴随中国改革开放的历史进程，在复建中走向中兴。面向改革的时代，实现哲学的改革，探究改革的哲学，是人大哲学学者自觉承担的历史使命，这种锐意改革的精神使人大哲学学科迈出新的发展步伐。

① 中国人民大学举办复校大会
② 校领导郭影秋、成仿吾与刘大椿等复校后第一批研究生在一起
③ 吴延涪（左二）参加全国自然辩证法规划会议
④ 哲学系 1978 级研究生合影
⑤ 新学期开学第一天张腾霄为哲学系学生讲第一课
⑥《光明日报》发表《实践是检验真理的唯一标准》

光明日报
GUANGMING RIBAO
华主席给金主席的感谢电
满载朝鲜人民对中国人民的深情厚谊
华主席离平壤回国金主席到车站热烈欢送
金主席向华主席赠送礼品
实践是检验真理的唯一标准

# 复建伊始·1978

1978 年 4 月 24 日，哲学系教职工和 1977 级新生成建制从北京师范大学回到中国人民大学。7 月 7 日，国务院批准教育部《关于恢复中国人民大学有关问题的请示报告》。8 月，教育部批准中国人民大学在 17 个省、自治区、直辖市招收本科生和研究生，当年录取哲学本科生近 150 人，辩证唯物主义和历史唯物主义专业成为我国首批招收哲学硕士生的两个授权点之一。

6 月，李秀林、吴树青、郑杭生合著的《〈论十大关系〉中的辩证法》由人民出版社出版。9 月，赵总宽在《哲学研究》发表《略论逻辑矛盾与辩证矛盾问题》。

10 月，马奇被任命为刚批准复刊的《教学与研究》主编。29 日，张腾霄等当选为中国人民大学临时党委委员。12 月 4 日，张腾霄、马奇任中国人民大学学术委员会副主任。

这一年 5 月 11 日，由马列主义研究班哲学分班毕业生胡福明撰写初稿，以《光明日报》“特约评论员”名义发表了《实践是检验真理的唯一标准》，新华社全文转发，《人民日报》和《解放军报》转载此文，这篇文章可谓改革开放的哲学宣言。6 月 2 日，邓小平在全军政治工作会议上高度肯定了这篇文章。7 月 14 日，哲学系召开真理标准问题讨论会，与会学者认为，只有坚持实践标准，才能更好地理解马克思主义哲学体系。这一年，吴延涪参加全国自然辩证法规划会议。李秀林、郑杭生在《光明日报》发表了《“四人帮”为什么要顽固坚持“精神万能”论》，被诬告为“反对毛泽东思想”，郭影秋副校长对他们进行了有效保护。

① 何思敬译《哲学的贫困》
② 哲学系 1979 级研究生毕业与导师留影
③ 自然辩证法教研室编《〈反杜林论〉中的自然科学》
④ 方华登记表
⑤ 伦理学教研室部分教师合影
⑥ 李秀林、汪永祥、丁叶来等在校门前合影

②

①

③

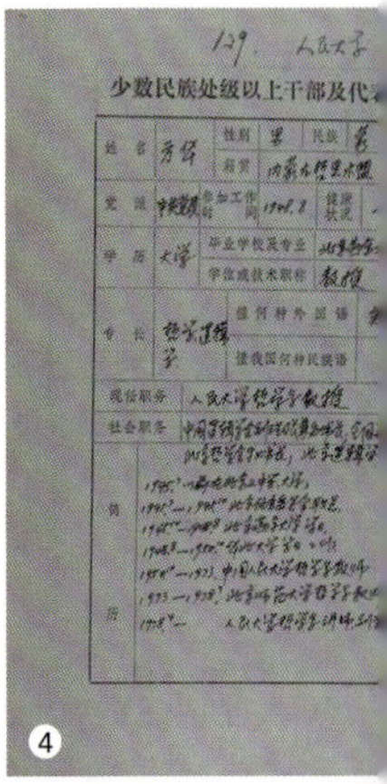
129. 人民大学
少数民族处级以上干部及代
姓名 方华 性别 男
学历 大学
学位或技术职称 教授
现任职务 人民大学哲学系教授
④

⑤

⑥

# 平反昭雪·1979

1979年7月17日，中国人民大学党委常委会讨论了哲学系干部问题。

10月14—19日，中国哲学史学会在太原成立，石峻当选为副会长，张立文等当选为理事。

12月3日，哲学系首任系主任、著名哲学家、翻译家何思敬追悼会在八宝山革命公墓礼堂举行，叶剑英、邓小平、李先念、陈云、王震、邓颖超、胡耀邦、彭真、蔡畅、廖承志、肖劲光、史良、姬鹏飞、宋任穷、康克清、李维汉、陆定一等党和国家领导人赠送花圈，王震、胡耀邦、肖劲光、宋任穷、康克清、王昆仑、黄火青等党和国家领导人与中国人民大学教职工共400余人参加追悼会。国务院副总理王震主持追悼会，中国人民大学党委书记兼校长成仿吾致悼词。何思敬教授终于平反昭雪。

这一年，苗力田、李质明、李志逵成为西方哲学专业首批硕士生导师。李毓章获评中国人民大学先进工作者。方华当选为中国逻辑学会秘书长。

在复建最初的时光中，哲学系首要工作是恢复教学，各教研室恢复了主要课程并开设了新课程。值得提及的是，这一年哲学系教师主编或参编多部教材，例如，李志逵、钟宇人、李毓章编写的《欧洲哲学史》(上、下册)由中国人民大学出版社出版，这是恢复高考后在全国高校西方哲学史教学中有一定影响力的教材，此后多次再版。罗国杰主编的《马克思主义伦理学》(上、下册)由中国人民大学出版社出版，供校内教学使用。自然辩证法教研室编写的《〈反杜林论〉中的自然科学》由中国青年出版社出版。方华等参编的《形式逻辑》由人民出版社出版。

① 赵总宽教授

② 哲学系教师进修班学员结业留影

③ 哲学系伦理学教研室部分教师合影

④ 张立文著《周易思想研究》

⑤ 李秀林著《哲学中的最高问题和其他问题的关系》

⑥ 杨宪邦著《哲学名词解释》

①

②

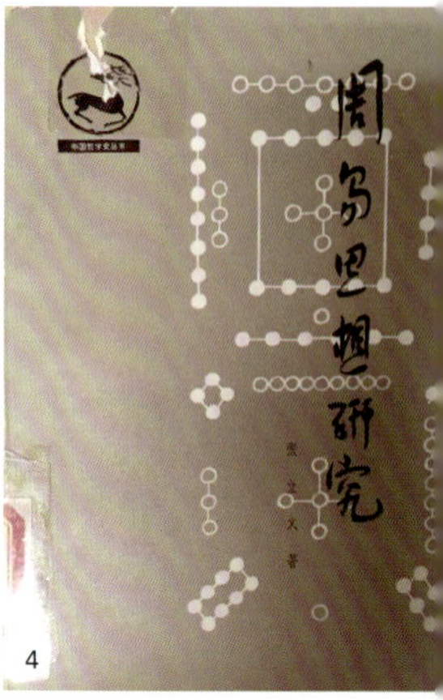

4

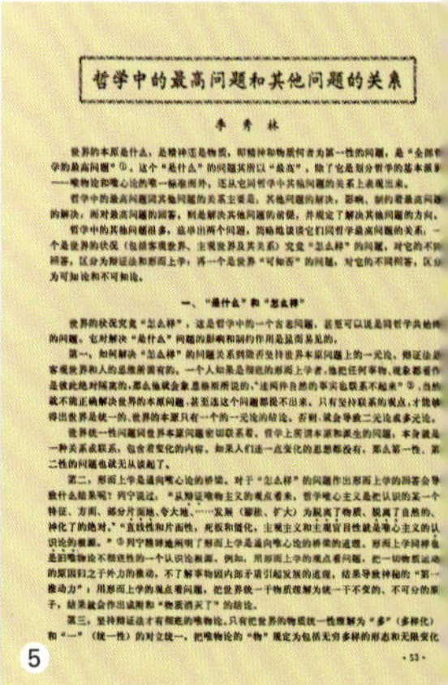

5

③

6

# 延续学脉·1980

1980年7月9日，美国加利福尼亚大学伯克利分校教授杜维明应邀来中国人民大学发表了题为“儒学研究的途径”的演讲。

9月1日，中国人民大学哲学系教师进修班开学，来自全国67所高校的80名学员参加学习。

这一年，中国伦理学会成立，罗国杰当选为中国伦理学会副会长，许启贤当选为副秘书长。赵总宽在全国第一次辩证逻辑讨论会上代表人大哲学学者提出了“建立逻辑科学形态的辩证逻辑体系框架及其基础”的问题，王聘兴在会上作题为“辩证逻辑的对象问题”的发言。张立文的《周易思想研究》由湖北人民出版社出版，这是“文革”结束后我国出版的第一部研究《周易》的学术专著。王方名、张兆梅的《说话写文章的逻辑》由教育科学出版社出版，这部逻辑学畅销书印行7万册。此外，方立天参编的《中国古代著名哲学家评传》第二卷由齐鲁书社出版。萧前、李秀林、吴定求等分别发表了《论马克思主义的实践观》《哲学的最高问题是关于世界本原的问题》《试论破与立》等论文。

哲学系教师这一年尽力延续在“文革”中一度近乎中断的人大哲学学脉，在哲学教学设计和教学实践方面取得了初步成果，开始将一部分精力投入到学术研究中。马克思主义哲学、中国哲学、西方哲学、逻辑学、伦理学和自然辩证法专业的教师开始考虑学科建设和未来学术发展方向的问题。可以说，在“文革”结束后全国高校哲学学科发展百废待兴之际，人大哲学学科对全国高校哲学学科建设以及教学与研究具有一定的示范效应。

① 石峻教授
② 萧前教授在书房
③ 萧前等主编《辩证唯物主义原理》
④ 张立文著《朱熹思想研究》
⑤ 哲学系 1978 级研究生毕业与导师留念
⑥ 1981 年第一期伦理进修班部分学员合影

# 学位授权·1981

1981 年 5 月，萧前、李秀林、汪永祥主编的《辩证唯物主义原理》由中国人民大学出版社出版，这是受教育部委托编写出版的第一部马克思主义哲学教材，被全国高校哲学系普遍采用。7 月 16 日—8 月 12 日，受教育部委托，中国人民大学举办辩证唯物主义原理讲习班，来自全国 160 多所高校的 260 余名教师参加学习，中宣部和教育部有关负责人在开班式和结业式上讲话。

11 月 3 日，国家学位委员会批准，人大哲学系辩证唯物主义和历史唯物主义、马克思主义哲学史、伦理学专业成为全国首批硕士学位授权点，辩证唯物主义和历史唯物主义、中国哲学史专业成为全国首批博士学位授权点。萧前、石峻被批准为全国首批哲学专业博士生导师。

12 月 3 日，加拿大多伦多大学教授秦家懿应邀作题为“王阳明学说在中、朝、日三国的影响的比较”的讲座。

这一年，萧前、郭湛、李德顺在《哲学研究》发表《论唯物辩证法的“斗争”范畴》。张立文在《中国哲学史研究》发表《论朱熹哲学的逻辑结构》。张立文的《朱熹思想研究》由中国社会科学出版社出版，这是新中国成立以来第一部系统研究朱熹哲学的专著。石峻、方立天参编的《中国佛教思想资料选编》第一卷由中华书局出版。方立天获评中国人民大学先进工作者。一度撤销的美学教研室由马奇等复建，司有仑从农业经济系调入哲学系。刘大椿、郭湛毕业留系任教。这时哲学系呈现高速发展的学术气象，《辩证唯物主义原理》的出版和讲习班的开设使人大哲学系再次成为全国马克思主义哲学教学与研究的中心。

①傅西路著《关于“经济基础和上层建筑”的几个问题》
②马克思主义哲学教研室部分教师在武汉长江大桥合影
③罗国杰主编《马克思主义伦理学》
④罗国杰在党员干部轮训班作报告
⑤李秀林等主编《辩证唯物主义和历史唯物主义原理》
⑥后勤青年哲学班第二期结业合影

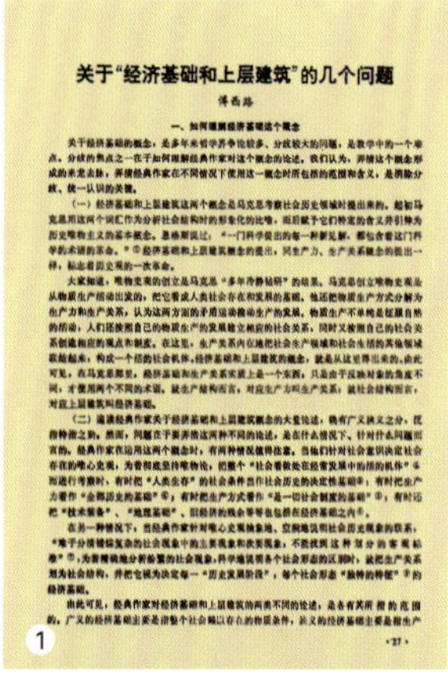
关于“经济基础和上层建筑”的几个问题

傅西路

一、如何理解经济基础这个概念

关于经济基础的概念，是多年来哲学界争论较多、分歧较大的问题，是教学中的一个难点。分歧的焦点之一在于如何理解经典作家对这个概念的论述。我们认为，弄清这个概念形成的来龙去脉，弄清经典作家在不同情况下使用这一概念时所包括的范围和含义，是消除分歧、统一认识的关键。

·37·

①

②

③

④

⑤

⑥

# 教材建设·1982

1982年2月9日，在中国人民大学党委会上，教育部副部长周林宣布由张腾霄主持中国人民大学全面工作。3月15日，中国人民大学党委举办旨在培养人大党政干部的马克思主义伦理学读书班。4月，中国人民大学校长办公会决定，哲学等四个专业试行从全国在职干部中招收100名本科生。

10月，瑞典斯德哥尔摩大学东方语言系中国学博士洛丹到哲学系访问石峻、杨宪邦和张立文。

这一年，哲学系教材建设成绩斐然。李秀林、王于、李淮春主编的《辩证唯物主义和历史唯物主义原理》由中国人民大学出版社出版，被全国高校普遍采用，后来发行累计上千万册。为方便高校马克思主义哲学教学，李秀林、傅西路等在《教学与研究》发表《使用“辩证唯物主义原理”一书的几点建议》《关于“经济基础和上层建筑”的几个问题》等辅导文章。罗国杰主编的《马克思主义伦理学》由人民出版社出版，这部教材对中国马克思主义伦理学体系的形成具有奠基意义。

此外，杨焕章主编《简明哲学原理》由上海人民出版社出版。方立天的《魏晋南北朝佛教论丛》由中华书局出版。苏越等编写的《文章与逻辑》由北京出版社出版。自然辩证法教研室修订的《〈自然辩证法〉解说》由中国人民大学出版社出版。萧前在《学术研究》发表《哲学基本问题和辩证唯物主义物质观》，陈先达在《中国社会科学》发表《马克思异化理论的两次转折》。王旭晓、戴扬毅、安启念、王伟、冯禹、罗桔芬毕业留系任教。

① 李秀林精彩授课
② 哲学系部分教师合影
③ 罗国杰与学生伦理研究会会员讨论问题
④ 哲学系 1983 届毕业生合影
⑤ 萧前等主编《历史唯物主义原理》
⑥ 方立天著《华严金师子章校释》

# 首批博士·1983

1983 年 7 月，根据党中央提出的干部队伍要革命化、年轻化、知识化、专业化的原则，中国人民大学党委调整哲学系等系所领导班子，罗国杰被任命为哲学系主任，傅西路被任命为哲学系党总支书记。

12 月，李德顺、卢冀宁、宋志明被录取为哲学系首批博士研究生，他们是新中国培养的第一批哲学专业的博士研究生。

这一年，萧前、李秀林、汪永祥主编的《历史唯物主义原理》由人民出版社出版。傅西路、梅岱、吴定求编著的《马克思主义哲学原理》由中国展望出版社出版。杨焕章、秦锡瑜、梅岱主编的《毛泽东哲学思想研究》由北京出版社出版。方立天的《华严金师子章校释》由中华书局出版。李淮春等的《哲学百题解》由长征出版社出版。孙中原翻译的《现代逻辑学问题》由中国人民大学出版社出版。《教学与研究》编辑部将人大哲学系教师发表在该刊的马克思主义哲学教学辅导文章结集为《辩证唯物主义原理辅导》，由中国人民大学出版社出版。

哲学系教师这一年发表了一些有影响的论文，例如，萧前在《东岳论丛》发表了《马克思主义哲学是实践的唯物主义》，体现了哲学界对实践唯物主义的初期探索。罗国杰、郭湛、孙中原等分别在《哲学研究》发表《试论马克思主义伦理学体系结构的特征》《论实践的效能、效果和反馈》《墨家逻辑中的归纳问题》等论文，葛荣晋在《晋阳学刊》发表《论王符无神论思想的二元论倾向》。此外，萧前等主编的《辩证唯物主义原理》《历史唯物主义原理》获 1978—1983 年北京市哲学社会科学优秀著作奖。

① 1984 级伦理学研究生班毕业合影
② 杨宪邦著《从启蒙哲学到马克思主义哲学》
③ 苏越著《应用逻辑学》
④ 李忠尚与著名哲学家哈贝马斯合影
⑤《辩证唯物主义专题研究》编写组顾问和成员合影
⑥ 内蒙古自治区大型哲学讲习班专家学者和工作人员合影

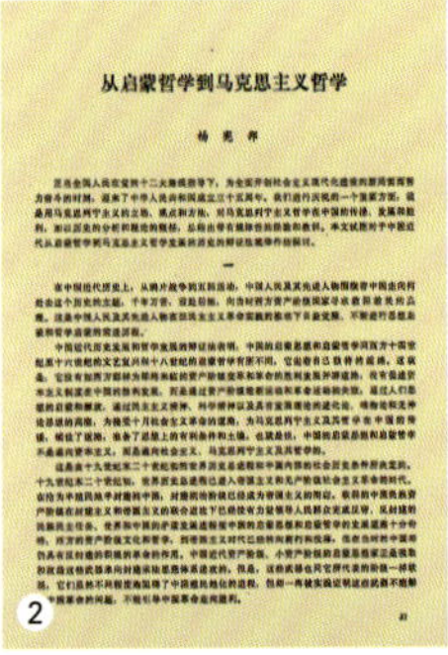

# 齐头并进 · 1984

1984 年 1 月 13 日，国务院学位委员会批准中国人民大学外国哲学史、伦理学等专业为博士学位授权点，批准李秀林、庞景仁、罗国杰为博士生导师。

3 月 8 日，教育部党组任命张腾霄为中国人民大学党委书记。9 月，中国人民大学研究生院成立，李秀林被任命为研究生院副院长。12 月 29 日，哲学系本科生张建明当选为中国人民大学学生会主席。

这一年，李秀林被国家科委评为国家级“有突出贡献的中青年科学、技术、管理专家”。被中国人民大学派往德国波恩大学留学的李忠尚通过博士论文答辩，成为第一个在联邦德国获哲学博士学位的中国人。罗国杰当选为北京市伦理学会会长。从北大毕业的张法到哲学系任教，焦国成、向世陵毕业留系任教。

哲学系教师这一年在教学、科研、文化普及、社会工作等多方面齐头并进，哲学学科呈现出发展的喜人景象。方立天的《慧远及其佛学》、孙中原翻译的《逻辑学——知识的基础》由中国人民大学出版社出版。苏越的《应用逻辑学》由山西人民出版社出版。葛荣晋、王霁、张立文、杨宪邦、张懋泽分别在《哲学研究》发表《关于王廷相传记资料的重要发现》《知性认识不应属于感性认识阶段》《试论中国近代资产阶级哲学的两面性》《从启蒙哲学到马克思主义哲学》《关于唯物辩证法理论体系的一点设想》。陈先达的《评西方马克思主义的新发现》获北京市优秀社会科学成果奖二等奖。萧前的《关于认识的发展阶段和知性、理性的问题》和李秀林等的《论人心所向》获《光明日报》优秀理论文章奖。

① 全国真理问题讨论会全体参会者合影
② 全国马克思主义哲学与改革讨论会（讲习班）合影
③ 张立文著《宋明理学研究》
④ 庞景仁教授
⑤ 李秀林教授与汪永祥教授
⑥ 哲学系 1985 届毕业生合影

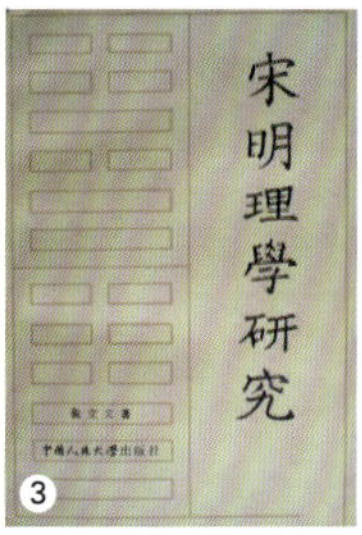

# 稳步发展·1985

1985 年 2 月 16 日，萧前、罗国杰被聘为国务院学位委员会哲学学科评议组成员。

4 月 23 日，哈佛大学教授杜维明应邀为哲学系师生作题为“关于宋明理学的中心课题”的讲座。

5 月 17 日，著名哲学家庞景仁教授不幸逝世。

6 月 10 日，中国人民大学中华孔子研究所成立，张立文任副所长。

7 月，中国人民大学获得哲学教授资格评定权。8 月 30 日，哲学系新增现代外国哲学专业硕士学位授权点。12 月 31 日，国务院学位委员会批准中国人民大学马克思主义哲学史专业为博士学位授权点。

9 月 6 日，罗国杰被任命为中国人民大学副校长，同年兼任中国人民大学出版社社长，当选为中国伦理学会会长。

10 月 19 日，全校开设马克思主义哲学原理等共同理论课。

这一年，新增现代外国哲学教研室。夏甄陶从中国社科院哲学所调入人大哲学系。张志伟、马俊峰、姚新中、王鸿生、陈慕泽毕业留系任教。丁子霖从中文系调入哲学系，袁济喜毕业到哲学系任教。黄顺基、吴延涪、黄天授、刘大椿主编的《自然辩证法教程》、张立文的《宋明理学研究》由中国人民大学出版社出版。梅岱、吴定求的《辩证唯物主义历史唯物主义》由吉林人民出版社出版。李德顺在《中国社会科学》发表《真理与价值的统一是马克思主义的重要原则》，张立文在《学术月刊》发表《中国哲学逻辑结构论》，刘大椿等在《社会科学》发表《科学价值论》。这一年哲学系教师发表了数十篇高质量学术论文，哲学系呈现了稳步发展的学术态势。

① 赵总宽等编著《辩证逻辑原理》

② 汪永祥等编著《〈家庭、私有制和国家的起源〉讲解》

③《李秀林文存》

④ 萧前主编《马克思主义认识论研究与我国社会主义现代化建设》

⑤ 1956 届本科生庆祝建系三十年合影

⑥ 庆祝中国人民大学哲学系建系三十周年暨哲学现状和发展学术讨论会合影

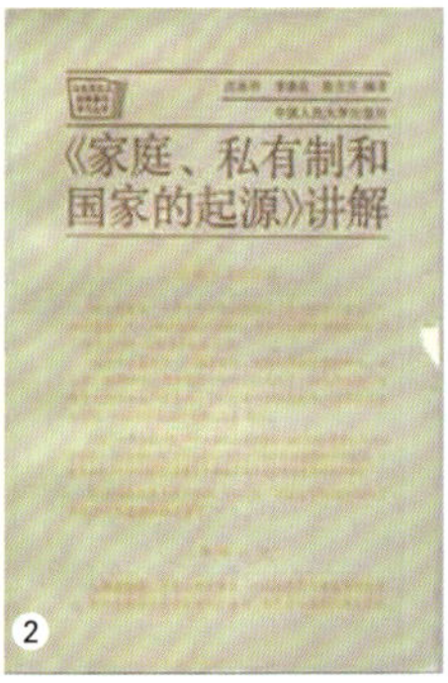

# 系庆研讨·1986

1986 年 3 月 16 日，著名哲学家李秀林因病逝世。

3 月 21 日，教育部批准中国人民大学增设伦理学本科专业。4 月 15 日，人大哲学专业被国务院学位委员会批准为可自行审批硕士学位授权学科。7 月 28 日，自然辩证法专业被批准为博士学位授权点。陈先达、苗力田、黄顺基、陈昌曙被批准为博士生导师。

8 月 5—8 日，哲学系庆祝建系 30 周年，举办哲学现状和发展学术研讨会。中共中央书记处书记邓力群、中国社会科学院院长胡绳、中宣部部长朱厚泽，人大副校长黄达、副校长罗国杰、党委副书记力康泰，学校老领导张腾霄、谢韬及 400 多位来自全国高校与科研院所的学者参加研讨会，与会学者围绕哲学与改革、社会主义商品经济与共产主义道德教育、现代西方哲学的挑战与马克思主义哲学的回应等哲学热点问题进行深入讨论。

12 月，罗国杰被国家科委评为国家级“有突出贡献的中青年科学、技术、管理专家”。

这一年，中国人民大学美学研究所成立。李秋零从德国留学回国。余纪元、李燕毕业留系任教。夏甄陶的《认识论引论》由人民出版社出版。方立天的《佛教哲学》、萧前主编的《马克思主义认识论研究与我国社会主义现代化建设》、汪永祥等编著的《〈家庭、私有制和国家的起源〉讲解》、赵总宽等编著的《辩证逻辑原理》由中国人民大学出版社出版。李德顺、夏伟东等在《哲学研究》发表《论评价认识的对象——价值事实》《略论道德的本质》等论文。陈先达等的《马克思在历史观上的伟大变革》获《红旗》杂志社优秀理论文章奖。

① 方立天著《佛教哲学》
② 李秀林著《时代精神的哲学反思》
③ 自然辩证法专业 1987 届研究生毕业留念
④《辩证唯物主义》编写组成员合影
⑤ 罗国杰在指导学生
⑥ 哲学系 1987 级研究生毕业合影

# 频获嘉奖·1987

1987 年 1 月，《中国人民大学学报》创刊，罗国杰兼任编委会主任，杨焕章任副总编辑。

从这一年开始，哲学系教师获教学、科研多项奖励。例如，5 月 25 日，王霁、李德顺等获评“优秀授课教师”。9 月 10 日，陈先达被评为北京市“教书育人”先进工作者。10 月 7 日，苗力田获吴玉章奖金优秀教学奖。此外，张立文获退溪学国际学术奖。萧前等主编的《辩证唯物主义原理》和罗国杰主编的《马克思主义伦理学》获全国普通高等学校优秀教材奖。方立天的《佛教哲学》获国家图书奖荣誉奖。

这一年，陈先达被任命为哲学系主任，刘大椿、杨彦钧、董永俊任副主任。哲学系宗教学教研室和中国人民大学伦理学研究所成立。自然辩证法教研室更名为科学技术哲学教研室。冯俊、段忠桥毕业留系任教。

杨宪邦主编的《中国哲学通史》第一卷、李秀林的《时代精神的哲学反思》、苗东升的《模糊学引论》和孙中原的《中国逻辑史》由中国人民大学出版社出版。葛荣晋的《中国哲学范畴史》由黑龙江人民出版社出版。夏甄陶、郭湛、单少杰、陈波分别在《中国社会科学》发表《论认识系统》《人的主体性的进程》《论哲学批判》《论蕴涵》，夏甄陶和欧阳康、陈波、兰征、方立天、宋希仁、侯东民和邹仲之分别在《哲学研究》发表《论哲学的性质、特点与功能》《哲学逻辑的对象和意义》《不可通约性和可比较性》《佛教和中国传统文化的冲突与融合》《人生价值的伦理》《是一场无声的变革吗？——评现代遗传学概念正经历的改造》。

①《哲学动态》发表《哲学体系改革研讨会侧记》
②《管理哲学纲要》书评
③ 萧前著《论实践的唯物主义对现行哲学体系改造的意义》
④ 姚新中博士答辩会
⑤ 萧前、钟宇人、陈先达在苏联留影
⑥ 马克思主义哲学原著教研室合影

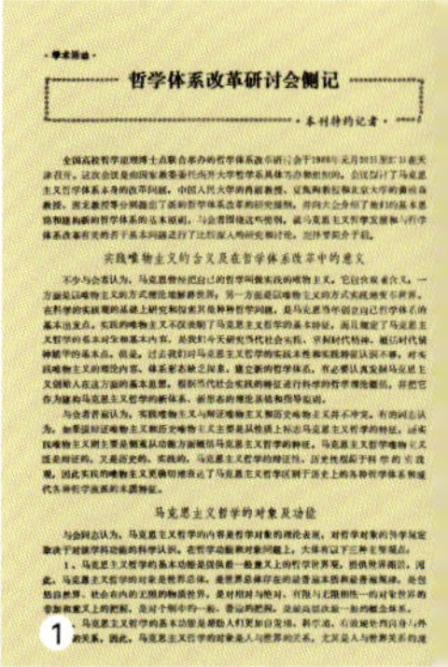
学术活动

哲学体系改革研讨会侧记

本刊特约记者

实践唯物主义的含义及在哲学体系改革中的意义

马克思主义哲学的对象及功能

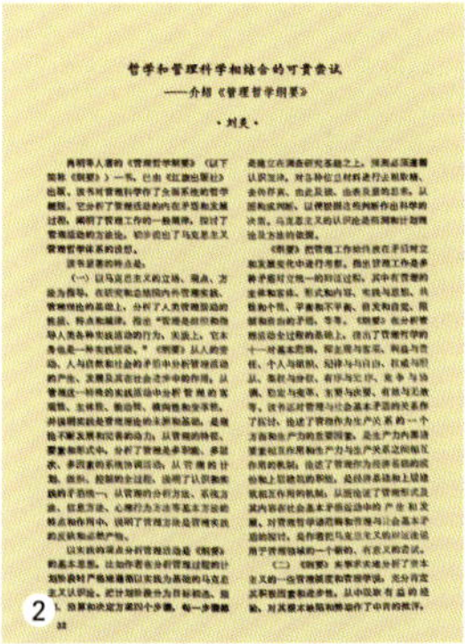
哲学和管理科学相结合的可贵尝试
——介绍《管理哲学纲要》

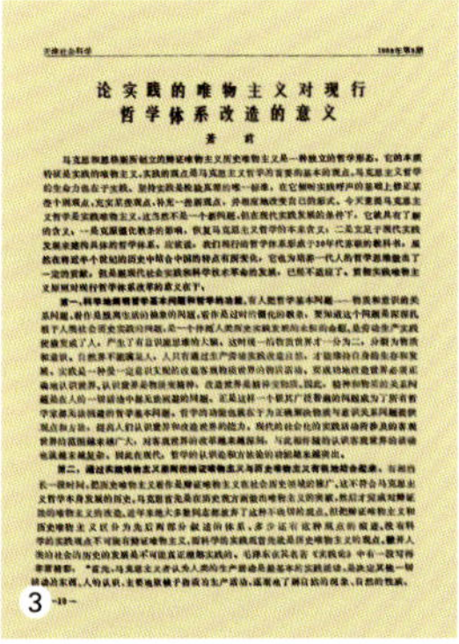
论实践的唯物主义对现行哲学体系改造的意义

萧前

# 实践观点·1988

1988年1月，中国人民大学、北京大学、吉林大学等高校马克思主义哲学专业博士点的20余位学者在天津召开“哲学体系改革研讨会”，研讨萧前主编的《新编马克思主义哲学原理》教科书。9月，人大哲学系、《哲学动态》编辑部等联合召开“全国实践唯物主义讨论会”。这一年，萧前、陈先达、夏甄陶、李德顺、王于等分别发表《论实践的唯物主义对现行哲学体系改造的意义》《关于实践唯物主义的几点想法》《实践的唯物主义的基本规定》《从一般唯物主义到“实践的唯物主义”》《“实践本体论”及其革命意义》等论文，掀起实践唯物主义讨论高潮。强调以实践观点理解马克思主义哲学，改造原有哲学教科书体系，引起全国高校马克思主义哲学研究者的共鸣，这时人大哲学系成为全国实践唯物主义研究的重镇。

7月22日，国家教委批准中国人民大学马克思主义哲学、伦理学专业为国家重点学科。

9月14日，李德顺的《价值论——一种主体性的研究》获国家图书奖。20日，由萧前领衔的国家“七五”项目课题组和中国自然辩证法学会等联合举办“现代科技革命和马克思主义哲学”研讨会，黄达副校长、罗国杰副校长到会讲话。

10月，夏甄陶被国家人事部评为“有突出贡献的中青年科学、技术、管理专家”。

这一年，马克思主义原理教研室成立，董永俊任主任，段忠桥任支部书记。罗国杰的《当前有关道德问题的几点思考》获“纪念党的十一届三中全会十周年理论研讨会”优秀论文奖。王于主编的《大转变时期》和肖明主编的《管理哲学纲要》分别获全国通俗政治理论读物一等奖和二等奖。

① 王于等著《“实践唯物主义”笔谈》
② 陈志良著《思维的建构和反思》
③ 张立文著《传统学引论》
④ 第十一届退溪学国际学术会议合影
⑤ 哲学系 1989 届马克思主义研究生班毕业留影
⑥ 中苏学者哲学研讨会合影

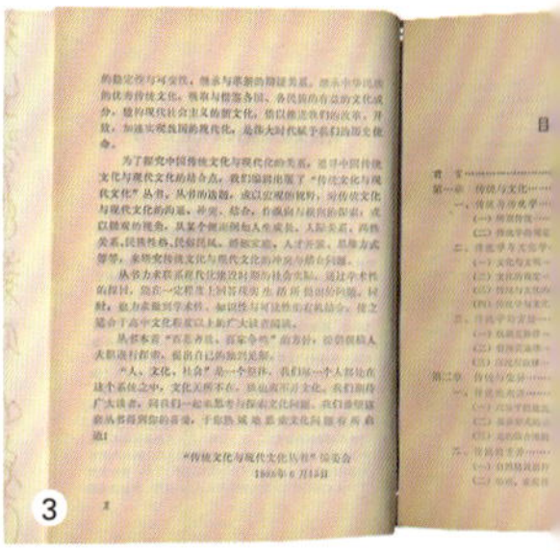

# 哲学讨论·1989

1989年3月16日，中国社会科学院副院长赵复三来中国人民大学作题为“为了民族的脊梁——关于人生哲学的几点思考”的讲座，副校长罗国杰出席。

9月9日，苏联科学院哲学所所长别索诺夫率团访问中国人民大学，同哲学系和马列所18名学者讨论哲学热点问题。10月，哲学系召开“第十一届退溪学国际学术会议”。苏联专家凯列等与萧前、夏甄陶、陈先达等30余位学者就马克思主义哲学研究、教学、宣传和教材编写等问题在中国人民大学进行探讨。上述两场讨论均涉及如何更好地实现哲学改革。

这一年，哲学系教师尝试从多重角度改变传统哲学理路，探索哲学思维创新的合理路径。逻辑学教研室开始研究现代归纳逻辑。张立文的《传统学引论——中国传统文化的多维反思》、陈志良的《思维的建构和反思》、单少杰的《主客体理论批判》、李甦平的《转机与革新》、苏越的《立体思维与现代管理》以及汪永祥、董永俊等主编的《马克思主义原理》由中国人民大学出版社出版。葛荣晋等主编的《明清实学思潮史》由齐鲁书社出版。陈波在《中国社会科学》发表《专名和通名理论批判》，方立天、夏甄陶、郭湛、王思隽、华方田等分别在《哲学研究》发表《中印佛教思维方式之比较》《试论认识系统中的主—客体相关率》《人的活动与效率》《科学知识中的主体性和客观性》《试论〈中论〉的思维方法》等论文。《中国人民大学学报》发表了王于、陈志良、王霁、杨耕、王永昌、郝立新、郑弘波撰写的《“实践唯物主义”笔谈》。郝立新博士毕业到哲学系任教。

①张法著《20世纪西方美学史》
②郭湛著《人活动的效率》
③苏联专家凯列与哲学系教师
④方立天著《中国古代哲学问题发展史》
⑤方立天著《儒佛人生价值观之比较》
⑥钟宇人教授

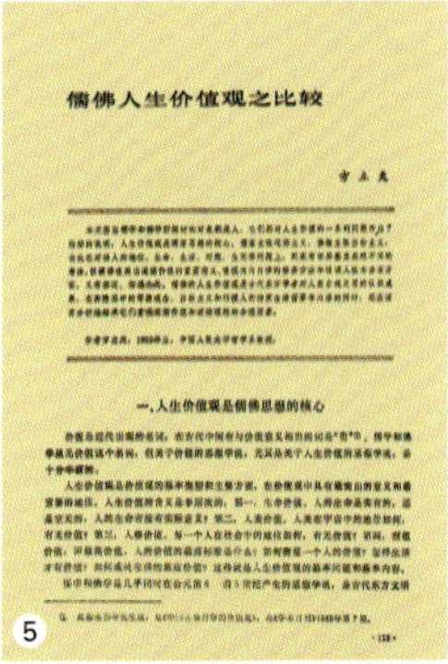

# 学科调整·1990

1990 年 9 月 8 日，宋希仁被评为北京市德育先进工作者。

11 月 20 日，国务院学位委员会批准方立天、张立文、钟宇人为博士生导师。28 日，在全国正式施行的《授予博士、硕士学位和培养研究生的学科、专业目录》中，“辩证唯物主义和历史唯物主义”与“马克思主义哲学史”合并为“马克思主义哲学”，“外国哲学史”和“现代外国哲学”合并为“西方哲学”，“自然辩证法”更名为“科学技术哲学”。这次学科调整进一步规范了上述哲学二级学科的命名，学科设置也更加合理。

这一年，姚新中赴英国肯特大学作博士后研究。李萍硕士毕业留系任教。黄顺基主持编写的《外国数学简史》获评“全国优秀数学教育类图书”。苗力田、李毓章主编的《西方哲学史新编》、郭湛的《人活动的效率》由人民出版社出版。葛荣晋的《王廷相和明代气学》、方立天的《中国古代哲学问题发展史》由中华书局出版。杨宪邦主编的《中国哲学通史》第三卷、张法的《20 世纪西方美学史》由中国人民大学出版社出版。孙中原译《东方合理思想》由江西人民出版社出版。方立天、单少杰等分别在《中国社会科学》发表《儒佛人生价值观之比较》《中国古典直觉思维概论》。夏甄陶、王晓升、陈志良等分别在《哲学研究》发表《关于哲学研究改革中应处理好的几种关系》《指称与实在——兼与张盾同志商榷》《论马克思的社会有机体理论》。

① 宋希仁在授课
② 哲学系资料室教师合影
③ 黄顺基著《自然辩证法在新中国——兼谈中国人民大学科学技术哲学博士点学科建设》
④ 董永俊在中共中国人民大学委员会第十次代表大会上发言
⑤ 苗力田讲授古希腊哲学
⑥ 哲学系 1991 级硕士生返校留影

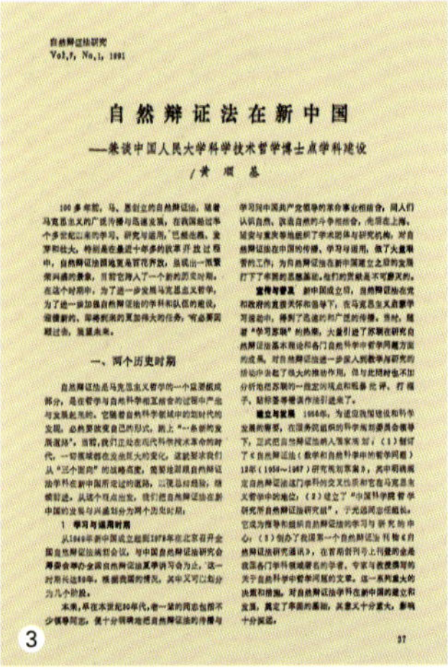

自然辩证法研究
Vol.7, No.1, 1991

自然辩证法在新中国

——兼谈中国人民大学科学技术哲学博士点学科建设

/黄顺基

一、两个历史时期

37

# 多项殊荣・1991

1991 年 1 月，董永俊、索爱群、吴定求获北京高校马克思主义理论课教师教学优秀奖。4 月 28 日，苗力田获“首都劳动奖章”。12 月 7 日，萧前、陈先达、苗力田、罗国杰获“国务院享受政府特殊津贴专家”称号。此外，苗力田主编的《古希腊哲学》获国家教委普通高校优秀教材一等奖。宋希仁获评“全国优秀教师”。李海洋获评“北京市优秀教师”。上述多项殊荣是对哲学系教师在教学与研究中取得佳绩的高度肯定。

3 月 8 日，罗国杰任中国人民大学第四届学位评定委员会主席。

6 月，哲学系宗教研究所成立，石峻任顾问，方立天任所长。

这一年，陈先达任全国社科规划哲学组副组长。方立天当选为中国哲学史学会副会长。夏甄陶主编的《认识发生论》由人民出版社出版。黄顺基等主编的《科学技术哲学引论》、王鸿生的《中国历史中的技术与科学——从远古到 1990》由中国人民大学出版社出版。王旭晓主编的《美学基础》由科学普及出版社出版。夏甄陶、方立天分别在《中国社会科学》发表《认识论与认识发生论》《试论中国佛教哲学的形成》。张立文、刘大椿、邢东风、王晓升、李甦平、陈凡等分别在《哲学研究》发表《理学的演变与重建》《进一步认识“科学技术是第一生产力”》《中国佛教南宗禅的无法之法》《意义与实在》《中日朱子学“理”范畴比较》《当代技术哲学若干理论问题引论》。黄顺基在《自然辩证法研究》发表《自然辩证法在新中国——兼谈中国人民大学科学技术哲学博士点学科建设》。李海洋、杨武金毕业留系任教。

①陈先达著《走向历史的深处》
②陈先达等著《被肢解的马克思》
③李德顺著《价值论》
④黄顺基等著《科学技术哲学引论》
⑤夏甄陶著《认识论引论》
⑥李铁映看望劳模班学员并为十四大代表 1992 级哲学班何巧凤题词

# 劳模就学·1992

1992 年 2 月，陈先达的《走向历史的深处》获北京市哲学社会科学成果奖特等奖，夏甄陶的《认识论引论》和李德顺的《价值论》获一等奖。3 月 26 日，焦国成获霍英东教育基金会青年教师基金，冯禹获霍英东教育基金青年教师奖。11 月 1 日，陈先达等的《被肢解的马克思》获吴玉章奖金一等奖。此外，黄顺基等主编的《科学技术哲学引论》获国家图书奖，李秀林等主编《辩证唯物主义和历史唯物主义原理》获全国社科类优秀畅销书奖。

4 月 20 日，罗国杰、陈先达被聘为国务院学位委员会第三届学科评议组成员，萧前被聘为特约成员。

这一年，国务委员兼国家教委主任李铁映同志参加校庆 55 周年大会后看望哲学系劳模班学生，并为十四大代表 1992 级哲学班学生何巧凤题词。培养劳模是哲学系在特殊人才培养方面的一次独特探索，这些劳模毕业后取得多项佳绩。

这一年，安启念被任命为哲学系副主任。哲学系现代逻辑与人工智能应用开发研究所成立，赵总宽任所长。葛荣晋当选为中国实学研究会常务副会长。夏甄陶等主编的《思维世界导论——关于思维的认识论考察》由中国人民大学出版社出版。葛荣晋主编的《中日实学史研究》由中国社会科学出版社出版。张立文的《走向心学之路——陆象山思想的足迹》由中华书局出版。方立天的《中国哲学研究》由台湾新文丰出版公司出版。苏越主编的《现代思维模式丛书》由青岛出版社出版。郭湛在《中国社会科学》发表《思维操作及其偏差的校正》。钱伟量、夏甄陶等分别在《哲学研究》发表《实践的交往性和休谟的怀疑主义》《论人的普遍性》。吴琼、陈世珍毕业留系任教。

① 陈先达著《处在世纪转换中的马克思主义》
② 汪永祥主编《马克思主义原理纲要》
③ 方立天主编《中国哲学史》
④ 罗国杰总主编《中国伦理学百科全书》
⑤ 司有仑主编《新编美学教程》
⑥ 罗国杰、郑杭生与外国专家在一起

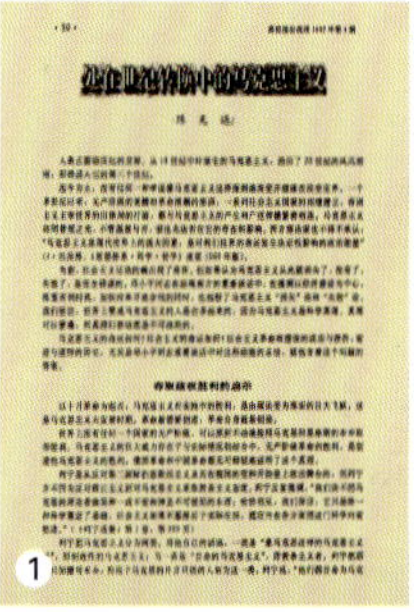
1

2

3

4

5

6

# 百科全书 · 1993

1993年2月16日，萧前、罗国杰等担任国务院第二届学科评议组成员。

6月，安启念获评“北京市优秀教师”。

12月17日，国务院学位委员会同意中国人民大学自行审批的硕士学位授权专业东方哲学、宗教学备案。

这一年，方立天当选为中国哲学史学会副会长，任《中国哲学史》主编。罗国杰总主编《中国伦理学百科全书》（10卷本）由吉林人民出版社出版。这部涵盖伦理学原理、中国伦理思想史、马克思主义伦理思想史、西方伦理思想史、应用伦理学、职业伦理学、婚姻家庭伦理学、德育伦理学等的“百科全书”后来获国家图书奖。陈先达的《处在世纪转换中的马克思主义》被评为《高校理论战线》优秀论文奖。哲学系“马克思主义哲学原理课教学改革成果”获北京市普通高校优秀教学成果奖一等奖。徐飞博士毕业留系任教。

此外，汪永祥主编的《马克思主义原理纲要》由企业管理出版社出版。葛荣晋的《中国哲学范畴导论》由台湾万卷楼图书有限公司出版。周述岐的《数学思想和数学哲学》、司有仑主编的《新编美学教程》、苏越主编的“逻辑应用新视野丛书”由中国人民大学出版社出版。孙中原的《中国逻辑学》和《诡辩与逻辑名篇赏析》由台湾水牛出版社出版。潘于旭、夏甄陶、李德顺、钱伟量、林剑、赵泳等分别在《哲学研究》发表《“需要”问题与价值论的难点》《关于认识的思维中介》《毛泽东的价值观——人民主体论初探》《语言的实践基础》《人的社会交往与人的本质、人的发展》《论社会自我意识的主客体》等论文。

①张法等著《“大众审美文化”笔谈》
②萧前主编《马克思主义哲学原理》
③成复旺著《中国古代的人学与美学》
④张法著《中西美学与文化精神》
⑤单少杰著《当代中国：信仰危机缘于伪善之风》
⑥邓小平伦理思想研讨会与会学者合影

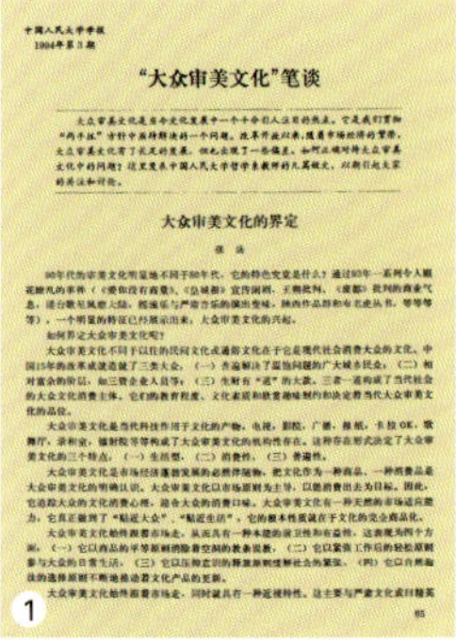
中国人民大学学报
1994年第3期

“大众审美文化”笔谈

大众审美文化的界定

65

1

2

3

4

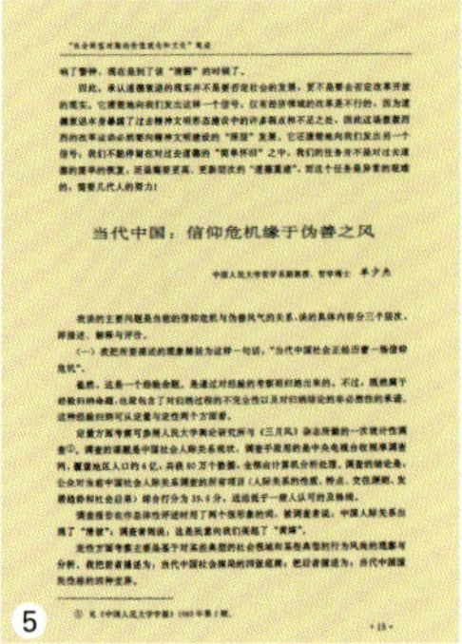
当代中国：信仰危机缘于伪善之风

单少杰

5

6

# 教材改革·1994

1994年年初，萧前主编的《马克思主义哲学原理》（上、下）由中国人民大学出版社出版，这部教材由全国重点高校马克思主义哲学博士点联合编写，代表了当时教材改革的最新成果，对新时期传播马克思主义哲学理论发挥了重要作用。哲学系美学所主办的“大众审美文化研讨会”在京召开，《中国人民大学学报》发表了《“大众审美文化”笔谈》，中央电视台、光明日报社报道了会议盛况，此次会议促进了我国大众审美文化和应用美学研究。

5月18日，韩国精神研究院原院长柳承国在哲学系发表题为“韩国儒学与东亚现代化”的演讲。

这一年，夏甄陶等主编的《思维世界导论——关于思维的认识论考察》、成复旺的《中国古代的人学与美学》获北京市哲学社会科学优秀成果奖一等奖。张法获霍英东教育基金青年教师奖。张风雷、龚群博士毕业留系任教。

此外，刘大椿的《互补方法论》由世界知识出版社出版。苏越主编的《灵魂的舞蹈——当代思想教育谈》由广西人民出版社出版。张法的《中西美学与文化精神》由北京大学出版社出版。马俊峰的《评价活动论》由中国人民大学出版社出版。王旭晓的《美学与市场营销》由春风文艺出版社出版。方立天、葛荣晋、李德顺、单少杰、杨耕、李火林等分别在《中国社会科学》发表《洪州宗心性论思想述评》《宋代精神的全面展示》《“滑坡”与“爬坡”——道德转型期的观念与现实》《当代中国：信仰危机缘于伪善之风》《社会科学方法的发生、范式及其历史性转换》《对实践理论的大胆探索》等论文。

①江泽民总书记为《中国传统道德》题词
②夏甄陶等主编《思维世界导论——关于思维的认识论考察》
③苗力田等主编《西方哲学史新编》
④罗国杰主编《中国传统道德》
⑤张立文著《中国哲学范畴发展史（人道篇）》
⑥《中国传统道德》多卷本及简编本出版座谈会

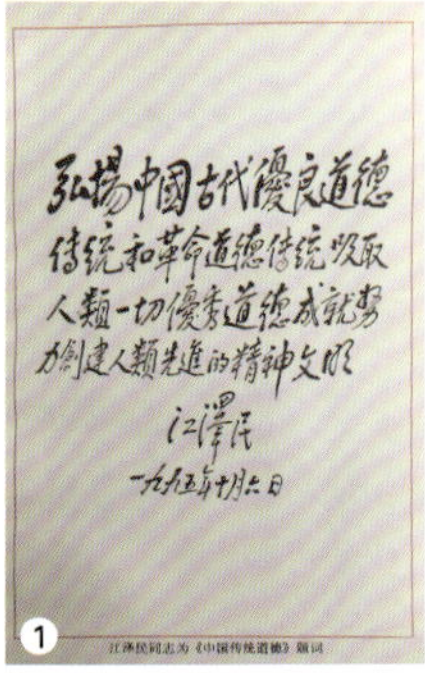


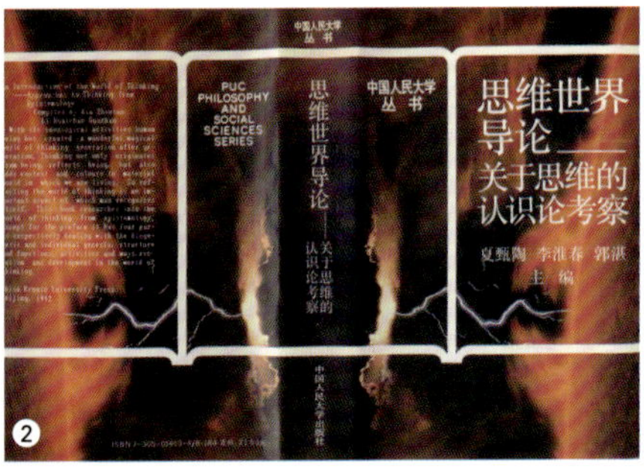


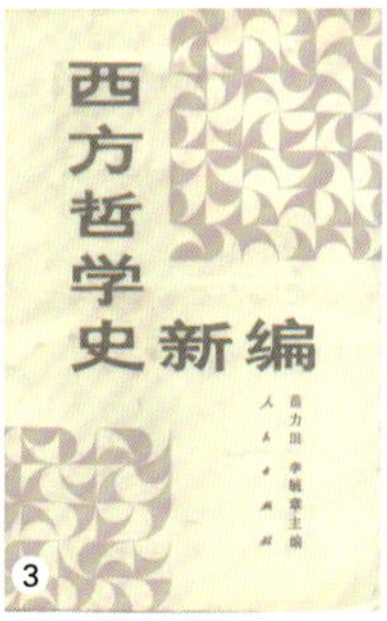

# 传统道德·1995

1995 年 1 月 15 日，国家教委批准人大哲学学科为国家文科基础学科人才培养和科学研究基地。

年底，罗国杰主编的《中国传统道德》多卷本和简编本由中国人民大学出版社出版，这是哲学系伦理学研究又一力作。江泽民总书记为该书题词："弘扬中国古代优良道德传统和革命道德传统，吸取人类一切优秀道德成就，努力创建人类先进的精神文明。"李鹏总理为该书题词："弘扬精华，除弃糟粕，广征博引，治学严谨，以教兴国，精神文明。"李岚清副总理为该书作序。

值得提及的是，由张立文主持的冈田武彦与张岱年的世纪对谈在友谊宾馆举行，可谓中日哲学史上的一段佳话。

这一年，张立文当选为中国周易学会副会长，方立天当选为中国宗教学会副会长，吴延涪当选为北京自然辩证法研究会理事长。葛晨虹博士毕业留系任教。夏甄陶等主编的《思维世界导论——关于思维的认识论考察》、陈先达的《关于文化研究的几个问题》获全国普通高校人文社会科学研究优秀成果奖一等奖，吴定求等的《现代科技革命与未来社会》获二等奖。苗力田等主编《西方哲学史新编》获国家教委第三届文科教材奖二等奖。张风雷获首届北京高校青年教师教学基本功比赛二等奖。

此外，张立文的《中国哲学范畴发展史（人道篇）》、黄天授等主编的《现代科学技术导论》、赵总宽的《数理辩证逻辑导论》、成复旺主编的《中国美学范畴辞典》由中国人民大学出版社出版。方立天的《法藏评传》由京华出版社出版。孙中原的《墨者的智慧：墨子说粹》由三联书店出版。陈先达等在《求是》发表《经济浪潮中的哲学》等论文。

① 罗国杰《中国古代儒家思想与政治统治》讲稿被收入《中外历史问题八人谈》
② 李文海校长为哲学系四十华诞题词
③ 李秀林等主编《辩证唯物主义和历史唯物主义原理》
④ 张立文著《和合学概论》
⑤ 李萍博士论文答辩合影
⑥ 庆祝中国人民大学哲学系建系四十周年

1

2

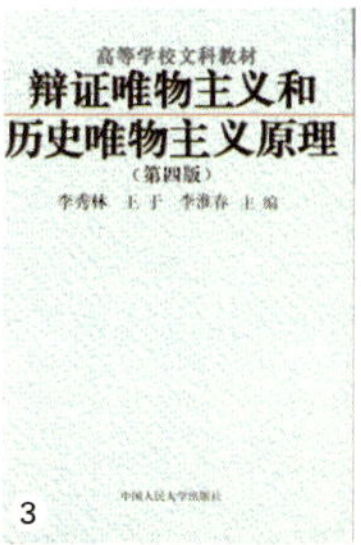

3

4

5

6

# 不惑之思・1996

1996 年 5 月 13 日，苗力田历时十年主持编译的《亚里士多德全集》(10 卷本）中文版出版座谈会在中国人民大学举行，该书是我国学者首次翻译出版的西方哲学家文本全集。

哲学系伦理学研究直面现实，开始发挥重要的咨政作用。5 月，我国第一个以伦理学理论和现实道德问题为研究对象的科研机构“中国人民大学道德科学研究院成立”，袁宝华任名誉院长，徐惟诚任院长，罗国杰任副院长兼学术委员会主任。6 月，应江泽民总书记邀请，罗国杰为中共中央政治局讲授“中国古代儒家思想与政治统治”。9 月 15 日，罗国杰参加由中共中央召开的关于党的十四届六中全会决议意见征求会，阐述了集体主义精神在我国社会主义精神文明建设中的重要作用。

这一年，刘大椿被任命为哲学系主任，安启念、李秋零、焦国成任副主任。郭湛任党总支书记。哲学系庆祝建系 40 周年，举办 21 世纪哲学学科发展展望学术讨论会。陈先达当选为北京市哲学会会长。冯俊被任命为中国人民大学国际交流处处长。李秀林等主编的《辩证唯物主义和历史唯物主义原理》和罗国杰主编的《思想道德修养》获国家教委普通高校优秀教材一等奖。刘敬鲁、李茂森、姜日天博士毕业留系任教。

萧前等主编《实践唯物主义研究》、石峻主编的《汉英对照中国哲学名著选读》由中国人民大学出版社出版。张立文的《和合学概论——21 世纪文化战略的构想》由首都师范大学出版社出版。夏甄陶的《认识的主—客体相关原理》由湖北教育出版社出版。葛荣晋的《儒道智慧与当代社会》由中国三峡出版社出版。郭湛在《光明日报》发表《小体系的时代》。方立天、杨耕等分别在《中国社会科学》发表《中国佛教伦理思想论纲》《马克思的社会发展理论研究述评》。

① 陈先达任全国社科规划哲学组组长
②《中国人民大学学报》发表会议报道《中国迈向 21 世纪的伟大旗帜》
③ 黄顺基著《科技革命影响论》
④ 张立文著《李退溪思想研究》
⑤ 夏甄陶著《中国认识论思想史稿》
⑥ 哲学系领导班子与罗国杰、陈先达合影

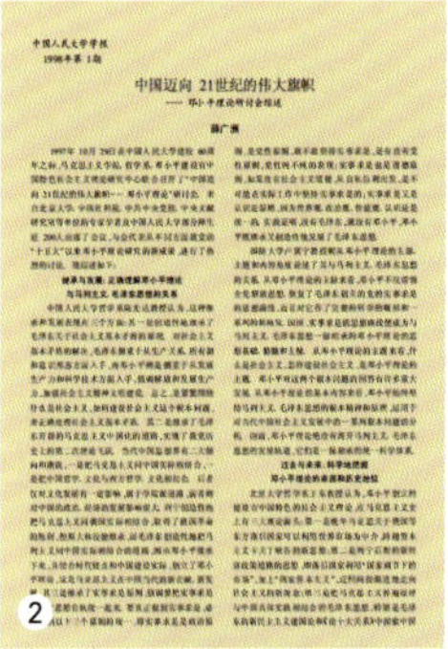
中国人民大学学报

中国迈向 21世纪的伟大旗帜

# 稳中有升·1997

1997年2月14日，国务院副总理李岚清召集中国人民大学领导和专家到中南海座谈，陈先达参加座谈，就加强马克思主义理论教育和人文社会科学研究发表意见。

8月，罗国杰、刘大椿当选为国务院学位委员会第四届学科评议组成员。陈先达同年任全国社科规划哲学组组长。

10月29日，哲学系、马克思主义学院等联合举办“中国迈向21世纪的伟大旗帜——邓小平理论研讨会”。

这一年，哲学系教学与研究成就稳中有升。苗力田主编的《亚里士多德全集》（10卷本）出齐。张腾霄等的《中国革命根据地教育史》获吴玉章奖金一等奖。夏甄陶的《中国认识论思想史稿》（上、下卷）、陈先达等的《走内涵式改革和建设之路——中国人民大学马克思主义理论教育课程发展的新举措》获全国普通高校人文社会科学优秀成果奖二等奖。彭永捷博士毕业留系任教，牛宏宝调入哲学系任教。

此外，张立文的《李退溪思想研究》由东方出版社出版。黄顺基的《科技革命影响论》由中国人民大学出版社出版。苏越等的《现代思维形态学》由中国政法大学出版社出版。陈先达、陈忠分别在《中国社会科学》发表《中国传统文化的当代价值》《可持续发展的实践反思》。方立天、夏甄陶、李秋零、郭湛、龚群、刘敬鲁等分别在《哲学研究》发表《印度佛教本体论简述》《人：关系 活动 发展》《康德论人性根本恶及人的改恶向善》《认识的效率意义与有效率的认识》《道家人生哲学的历史作用——兼论儒道的互补性》《论海德格尔对传统形而上学人学的批判》等论文。

① 罗国杰著《中国传统文化与二十一世纪人才培养》
② 张立文著《朱熹评传》
③ 陈先达著《漫步遐思》
④ 苗东升著《系统科学精要》
⑤ 萧前作学术报告
⑥ 传统文化与青少年品德教育中英学术交流合影

传统文化与现代化

# 中国传统文化与二十一世纪人才培养

□中国人民大学道德科学研究院副院长、教授 罗国杰

1998.6 高校理论战线

# 国际交流·1998

1998 年 4 月 20 日，教育部社会科学发展研究中心、中国人民大学道德科学研究院与英国威尔士大学联合举办“传统文化与青少年品德教育”系列国际学术交流活动。来自英国威尔士大学、杜伦大学、瑞典林克坪大学以及香港和内地的 12 所高校和科研院所的学者参加交流活动，哲学系伦理学研究国际化开始起步。

6 月 15 日，教育部专家组通过对人大文史哲基地的中期检查。19 日，国务院学位委员会批准人大哲学一级学科博士学位授权，哲学系新增逻辑学、美学、宗教学博士学位授权点。

这一年，葛荣晋当选为中国实学研究会会长。苗力田主编的《亚里士多德全集》获全国普通高校人文社会科学研究优秀成果奖一等奖，马俊峰的《评价活动论》获三等奖。陈先达的《漫步遐思》获北京市哲学社会科学优秀成果一等奖。张风雷获霍英东青年教师基金。宣方博士毕业留系任教。

此外，刘大椿的《科学哲学》由人民出版社出版。宋志明等的《中国古代哲学研究》、苗东升的《系统科学精要》、赵总宽等的《现代逻辑方法论》由中国人民大学出版社出版。张立文的《朱熹评传》由南京大学出版社出版。钟安环的《生命的追问——生命科学与现代社会》由山东教育出版社出版。孙中原主编的《墨学与现代文化》由中国广播电视出版社出版。萧前在《学术研究》发表《解放思想就是实事求是》。夏甄陶、方立天、刘大椿、杨耕等分别在《哲学研究》发表《人的自我认识》《镇澄对僧肇〈物不迁论〉的批评》《科技革命与当代社会主义运动》《马克思哲学与后现代主义》等论文。

①宋志明当选为中国哲学史学会秘书长
②安启念被评为首届“十大教学标兵”
③焦国成担任中国人民大学伦理学与道德建设研究中心主任
④胡锦涛同志为苗力田颁奖
⑤苗力田主编《亚里士多德全集》
⑥1999届博士毕业生合影

1

2

3

4

5

6

# 一级学科·1999

1999年，哲学系师生再获多项嘉奖。1月，安启念获评中国人民大学首届“十大教学标兵”。4月2日，陈先达指导的博士生张康之的《总体性与乌托邦——人本主义马克思主义总体范畴批判》入选首批全国百篇优秀博士论文，这是我国第一篇入选“全国百优”的哲学博士论文。9月20日，苗力田主编《亚里士多德全集》获国家图书奖，3天后，这部影响深远的10卷本译著又获国家社科基金优秀成果一等奖。此外，陈先达的《人文学科在社会主义文化建设中的地位》获中宣部“五个一工程”奖。

2月12日，国家人事部和全国博士后管委会批准中国人民大学新设哲学一级学科博士后科研流动站。此时，哲学系已经形成从本科生到博士后的比较完整的哲学学位培养与合作研究体系。

4月15日，著名哲学史家、佛学家石峻教授逝世。

7月，宋志明当选为中国哲学史学会秘书长，12月8日，宋志明被任命为中国人民大学书报资料中心总编辑。

8月25日，中国人民大学道德科学研究院、日本高校原理研究会等共同主办“中日青少年问题及道德教育研讨会”，罗国杰、德野英治、福森一郎在大会上致辞。

年底，中国人民大学伦理学与道德建设研究中心成立，焦国成任主任。

这一年，宗教学系成立，与哲学系为同一机构，开始招收宗教学本科生。聂敏里博士毕业留系任教。陈先达主编的《马克思主义哲学原理》、冯俊等的《西方哲学问题研究》、张法的《美学导论》由中国人民大学出版社出版。赵总宽主编的《逻辑学百年》由北京出版社出版。

① 刘大椿著《科学技术哲学导论》
② 向世陵主编《中国哲学智慧》
③ 苗力田教授
④ 王旭晓著《美学原理》
⑤ 中国人民大学“211 工程”哲学子项目专家组验收工作会
⑥ 罗国杰参加首届《求是》优秀理论文章颁奖大会

# 重点基地·2000

2000 年 1 月 18 日，希腊共和国新任驻华特命全权大使约安尼斯·赛奥法诺普洛斯访问中国人民大学，苗力田参与会见并将其主编的《亚里士多德全集》赠予大使。2 月 29 日，希腊驻华大使馆为来华访问的希腊外交部副部长格里高里斯·尼亚提斯举办招待会，苗力田应邀赴会。5 月 28 日，著名哲学史家、翻译家苗力田先生溘然长逝。

6 月下旬至 7 月下旬，教育部领导和专家组对佛教与宗教学理论研究所、伦理学与道德建设研究中心进行实地考察，9 月和 10 月，佛教与宗教学理论研究所和伦理学与道德建设研究中心先后被批准为教育部人文社会科学重点研究基地。11 月 22—23 日，“九五”期间“211 工程”哲学子项目经专家组集体评议，通过验收。

9 月 23—25 日，佛教与宗教学理论研究所在京举办“中国传统伦理与世界伦理”学术研讨会，著名宗教学家孔汉思、比利时鲁汶大学汉学系主任尼克拉斯等参会。

这一年，陈先达等的《有中国特色社会主义文化研究》获北京市哲学社会科学优秀成果奖一等奖。向世陵主编的《中国哲学智慧》、刘大椿的《科学技术哲学导论》由中国人民大学出版社出版。张立文的《船山哲学》由台湾七略出版社出版。冯俊的《法国近代哲学》由台湾远流出版公司出版。欧阳志远的《最后的消费——文明的自毁与补救》由人民出版社出版。赵总宽的《形象逻辑》由南京大学出版社出版。王旭晓的《美学原理》、张法的《中国美学史》、吴琼的《西方美学史》由上海人民出版社出版。韩东晖博士毕业留系任教。

①方立天在授课
②张志伟主讲《西方哲学智慧》
③陈先达在北戴河与江泽民等中央领导同志合影
④哲学系2001届博士毕业合影
⑤“东亚哲学与21世纪”学术研讨会
⑥哲学系教师与国外著名哲学家座谈

# 宗教研究·2001

2001 年 2 月 7 日，冯俊被任命为中国人民大学副校长。

年初，佛教与宗教学理论研究所举办“佛教与宗教学理论研究的回顾与展望专家研讨会”，国家图书馆馆长任继愈、国家宗教局副局长杨同祥、教育部社政司副司长阚延河、中央统战部助理巡视员李平晔、中国人民大学党委书记马绍孟和副校长袁卫出席。6 月 24 日，哲学系等举办“东亚哲学与 21 世纪”学术研讨会。10 月 10—13 日，佛教与宗教学理论研究所、中文系等共同主办第二届“中国传统伦理与世界伦理”学术研讨会，世界伦理基金会主席孔汉思、德国图宾根大学教授库舍尔等参会。

8 月 7 日，江泽民总书记在北戴河接见部分国防科技和社会科学专家并与大家座谈，陈先达作为社会科学界代表参加座谈会。

这一年，焦国成被任命为哲学系主任，张志伟、马俊峰任副主任。教育部专家组考察评估国家文科基础学科人才培养和科学研究基地人大哲学学科点。人大马克思主义哲学专业获评首批国家重点学科，全国高校具有示范效应。刘大椿任教育部哲学教学指导委员会副主任委员，冯俊当选为中华外国哲学史学会副理事长。刘大椿指导的博士生孟建伟的《论科学的人文价值》入选全国百篇优秀博士论文。何光沪、杨庆中、温金玉调入哲学系任教。孙毅博士毕业到哲学系任教。余俊伟博士毕业、张旭博士后出站留系任教。

此外，张志伟、欧阳谦主编的《西方哲学智慧》由中国人民大学出版社出版。陈慕泽的《数理逻辑教程》由上海人民出版社出版。牛宏宝等的《汉语语境中的西方美学》由安徽教育出版社出版。

① 张立文教授
② 夏甄陶著《人是什么》
③ 肖群忠著《中国孝文化研究》
④ “哲学在线”网站
⑤ 中国人民大学孔子研究院成立庆典暨“孔子与当代”国际学术研讨会
⑥ 哲学系学术委员会委员合影

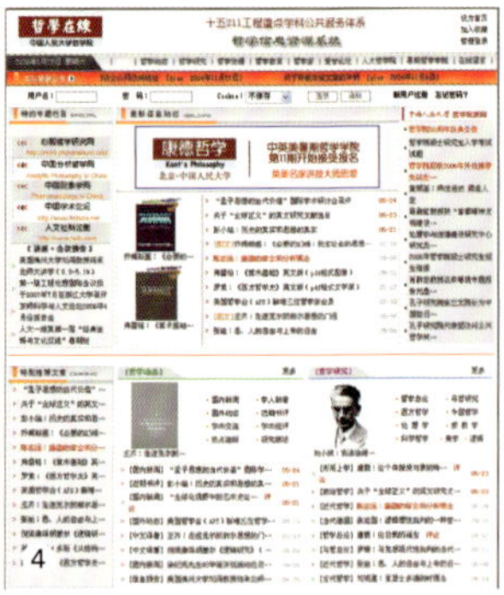

# 哲学在线·2002

2002年10月18日，由哲学系与中文系、历史系和清史所合并而成的人文学院成立大会举行，副校长冯俊宣读关于成立人文学院的决定，党委副书记王新清宣读人文学院领导班子任命决定，校长纪宝成发表讲话，焦国成兼任人文学院党委书记，张志伟任人文学院副院长。11月30日，“中国人民大学孔子研究院成立庆典暨‘孔子与当代’国际学术研讨会”召开，国务院原副总理谷牧、民进中央副主席楚庄、教育部副部长章胜、著名哲学家张岱年、孔子后裔孔黛碧，以及中国人民大学校长纪宝成、党委书记程天权、副校长冯惠玲、冯俊等出席庆典，纪宝成任名誉院长，张立文任院长。

11月1日，陈先达等的《有中国特色社会主义文化研究》获吴玉章奖金一等奖。12月6日，李萍获霍英东教育基金资助。16日，罗国杰指导的博士生肖群忠的《中国孝文化研究》入选全国百篇优秀博士论文。此外，夏甄陶的《人是什么》获北京市哲学社会科学优秀成果奖一等奖。王霁获“首都劳动奖章”。

这一年，“哲学在线”网站上线。干春松、林美茂博士毕业到哲学系任教，魏德东、肖群思、马建波博士毕业留系任教。葛荣晋主编的《韩国实学思想史》由首都师范大学出版社出版。张志伟主编的《西方哲学史》、逻辑学教研室编的《逻辑学》由中国人民大学出版社出版。牛宏宝的《现代西方美学》由上海人民出版社出版。王旭晓主编的《美育探微》由人民美术出版社出版。

① 方立天著《中国佛教哲学要义》
②《罗国杰文集》
③ 罗国杰担任全国博士后管委会哲学与历史学组召集人
④ 哲学系教师与外籍专家合影
⑤《中华传统美德格言》出版座谈会
⑥《中国佛教哲学要义》出版新闻发布会暨中国佛教哲学研究现状与展望研讨会

# 佛教哲学·2003

2003年1月18日，张立文参加会见来访的日本早稻田大学前校长西原春夫。

2月18日，罗国杰担任总顾问的《中华传统美德格言》出版座谈会在人民大会堂举办，全国人大副委员长蒋正华、全国政协副主席周铁农、教育部部长陈至立、新闻出版总署署长石宗源出席，罗国杰以“弘扬中华传统美德，推进公民道德建设”为题发言。

3月6日，张立文主持孔子研究院《儒藏》编纂调研座谈会，冯俊副校长出席。8日，人文学院和中国人民大学出版社联合举办了“《中国佛教哲学要义》出版新闻发布会暨中国佛教哲学研究现状与展望研讨会”，国家宗教局有关负责人、校党委书记程天权、副校长冯俊、著名宗教学家任继愈出席，这部学术力作当年获国家图书奖。

7月1—3日，“三个代表”重要思想理论研讨会在京召开，罗国杰、陈先达出席研讨会。

这一年，何光沪任第十二届北京市人大代表，罗国杰担任全国普通高校“两课”教育教学调研工作领导小组副组长、全国博士后管委会哲学与历史学组召集人。焦国成、刘大椿受聘为国务院学位委员会第五届学科评议组成员。陈先达的《论马克思和马克思主义》获中宣部“五个一工程”奖。《罗国杰文集》获全国普通高校人文社会科学研究优秀成果奖一等奖。张志伟获评“北京市教学名师”。焦国成获“高校青年教师奖”。冯俊等的《后现代主义哲学讲演录》由商务印书馆出版。刘大椿主编的《中国人文社会科学发展研究报告》由中国人民大学出版社出版。罗安宪、彭新武、郭清香博士毕业留系任教。曹刚、何建明、许涤非到哲学系任教。

① 萧前八十华诞
② 全国模范教师刘大椿
③ 第一届中日佛学会议与会学者合影
④ 哲学院承办联合国教科文组织“国际哲学节”
⑤ “全球化问题的哲学省思”学术研讨会与会代表合影
⑥ 马克思主义哲学的当代发展研讨会暨萧前教授八十华诞纪念会

1

2

3

4

5

6

# 萧前华诞 · 2004

2004 年 3 月 20—21 日，哲学系、孔子研究院、《中国社会科学》和《中国人民大学学报》联合举办“重写哲学史与中国哲学学科范式创新”研讨会，冯俊副校长出席。22 日，陈先达、刘大椿参加“学习《中共中央关于进一步繁荣发展哲学社会科学的意见》”座谈会。

4 月 5 日，日本爱知大学国际中国学研究中心中国人民大学分部开学，来自哲学系、国际关系学院等院系 5 位博士生入学。25 日，“著名美学家马奇先生逝世周年暨中国当代美学研讨会”召开，党委书记程天权、副校长冯俊出席。

5 月 9 日，哲学系举办马克思主义哲学的当代发展研讨会暨萧前教授八十华诞纪念会，全国人大副委员长李铁映致电祝贺，教育部副部长袁贵仁出席并致辞，校长纪宝成、党委书记程天权出席，会议决定设立“萧前哲学研究基金”。

6 月，哲学院与辅仁大学哲学系联合举办“全球化问题的哲学省思”学术研讨会。11 月，哲学院承办联合国教科文组织“国际哲学节”。佛教与宗教学理论研究所召开第一届“中日佛学会议”，冯俊副校长出席。

这一年，罗国杰、陈先达担任教育部社会科学委员会委员、马克思主义哲学教材编写组主要成员。焦国成入选首批“新世纪百千万人才工程国家级人选”。刘大椿获评“全国模范教师”。方立天的《中国佛教哲学要义》获北京市哲学社会科学优秀成果奖特等奖。魏德东获北京高校青年教师教学基本功比赛一等奖。余开亮、刘劲杨博士毕业留系任教。

# 第三篇 · 继往开来

经过多年来艰苦卓绝的探索和厚重扎实的学术积淀，人大哲学学科延续往昔薪火，在返本开新的语境中开启新时代人大哲学学者爱智求是的思想历程。2005 年至今，人大哲学院以可观的教学阵容打造精品课程，进一步书写能够矗立在新中国学术思想史上的精品力作，在学术领域锲而不舍的执着探索使之迎来欣欣向荣的发展态势。设立管理哲学、政治哲学专业，创办 PPE 专业和应用伦理专业硕士学位，映射出人大哲学学者立足时代、关注现实的探索。在社会主义现代化新征程上，人大哲学院聚焦新时代中国哲学学科发展的路径与愿景，探索中国哲学教育发展规律，以哲学教育现代化的总体思路探究符合实际的哲学创新之路，深入研究人类文明新形态，实现哲学中的问题与问题中的哲学的视域转换，彰显人文日新的思想印记。

① 方立天荣获“全国先进工作者”荣誉称号
② 哲学院成立文件（正面）
③ 哲学院成立文件（背面）
④ 李瑞环《学哲学 用哲学》新书发布会
⑤ 世界哲学日
⑥ 哲学院 2002 级博士毕业留念

1

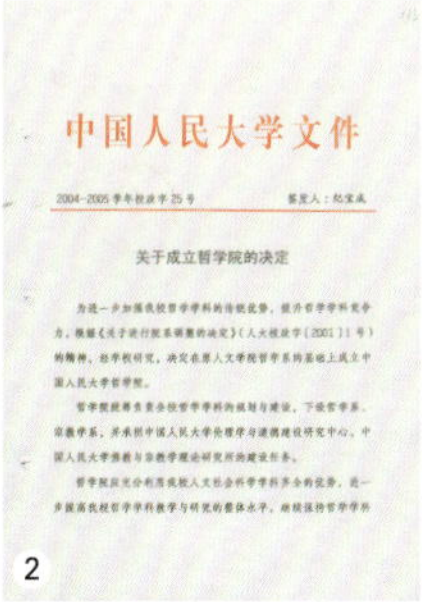
中国人民大学文件

关于成立哲学院的决定

2

3

4

5

6

# 学院成立·2005

2005年3月24日，陈先达、张立文参加中国人民大学“全面构建社会主义和谐社会”专题研讨会。

5月26日，学校召开哲学院成立大会，纪宝成校长宣布关于成立中国人民大学哲学院的决定，冯俊副校长兼任哲学院院长，张志伟任常务副院长，张风雷、彭永捷任副院长。哲学院成立开启了人大哲学学科发展新篇章。

7月3日，哲学院与中国自然辩证法研究会联合召开“自然辩证法学科建设暨黄顺基教授学术思想研讨会”,《黄顺基文选》首发式同期举行，全国政协秘书长朱训、中国科学院院士何祚庥、副校长冯俊出席。

9月10日，萧前获颁首批“中国人民大学荣誉教授”纪念牌及荣誉证书。27日，中国人民大学出版社在人民大会堂举行李瑞环《学哲学 用哲学》新书发布会，中国社会科学院院长陈奎元、中国工程院院长徐匡迪出席并讲话，罗国杰、陈先达出席会议。

11月11日，哲学院围绕世界哲学日主题举办“哲学与公共政策”论坛，联合国教科文组织决定将中国人民大学作为“世界哲学日”实验基地。

12月9—12日，应温家宝总理办公室邀请，张立文参加在葡萄牙举办的“中葡文化语言教育合作及文化多样性研讨会”，研讨会由温家宝总理和葡萄牙总理苏格拉底共同主持，张立文从和合学角度作主题发言。

这一年，管理哲学教研室成立。方立天荣获“全国先进工作者”荣誉称号。段希、王硕的《言与心的解读——对“北京共识”之中国观的哲学解析与回应》获全国大学生课外学术科技作品竞赛决赛一等奖。张文良、周濂博士毕业到哲学院任教。

①原全国政协主席李瑞环同志贺信
②中英美暑期哲学学院第11期康德哲学开幕式
③教育部副部长袁贵仁在哲学院（系）成立五十周年庆典上讲话
④哲学院2006届博士生毕业留念
⑤“哲学视野中的和谐社会”理论研讨会与会学者合影
⑥哲学系1956级本科生返校合影

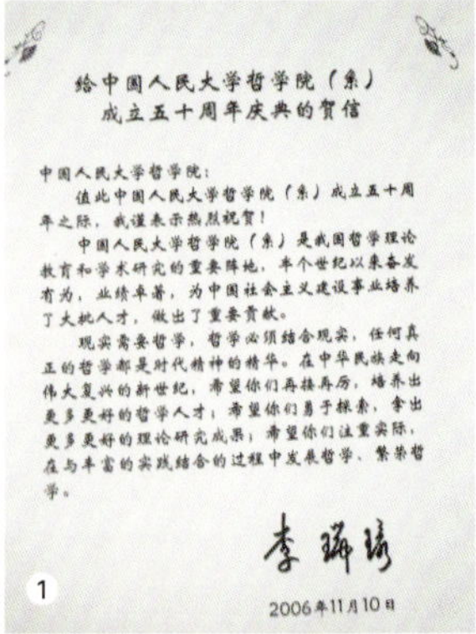
给中国人民大学哲学院（系）
成立五十周年庆典的贺信

中国人民大学哲学院：

值此中国人民大学哲学院（系）成立五十周年之际，我谨表示热烈祝贺！

中国人民大学哲学院（系）是我国哲学理论教育和学术研究的重要阵地，半个世纪以来奋发有为，业绩卓著，为中国社会主义建设事业培养了大批人才，做出了重要贡献。

现实需要哲学，哲学必须结合现实，任何真正的哲学都是时代精神的精华。在中华民族走向伟大复兴的新世纪，希望你们再接再厉，培养出更多更好的哲学人才；希望你们勇于探索，拿出更多更好的理论研究成果；希望你们注重实际，在与丰富的实践结合的过程中发展哲学，繁荣哲学。

李瑞环

2006年11月10日

1

2

3

4

5

6

# 五十华诞·2006

2006年3月29日，张法受聘教育部“长江学者”特聘教授。

6月17—18日，哲学院举办“哲学视野中的和谐社会”理论研讨会，校党委书记程天权、副校长冯俊出席并讲话，陈先达、张立文、安启念等发言。

9月7日，首期爱国宗教界人士研修班开学典礼在中国人民大学举办，中央统战部常务副部长朱维群、国家宗教局局长叶小文、教育部高教司副司长杨志坚、校长纪宝成出席。23日，中国人民大学出版社和中国实学研究会联合举办“探寻中式管理之道——《中国哲学智慧与现代企业管理》出版座谈会”，常务副校长袁卫出席。

10月13日，哲学院举行1956级本科生返校庆祝大会，校党委书记程天权、副校长冯俊、教师代表张腾霄、校友代表杨瑞森等出席。

11月11日，中国人民大学隆重举行哲学院（系）成立五十周年庆典，原全国政协主席李瑞环、全国人大副委员长许嘉璐、国务委员陈至立致信祝贺，教育部副部长袁贵仁、人民日报社原社长邵华泽、中共中央党校原副校长杨春贵、全国政协原副秘书长卢之超、《求是》杂志社原社长高明光、中宣部理论局局长路建平、北京市委教育工委常务副书记张建明、海南省委宣传部长周文彰以及校长纪宝成、党委书记程天权、副校长冯惠玲、副校长冯俊出席庆典。

这一年，冯俊当选为中华全国外国哲学史学会理事长。郭湛获评“北京市优秀教师”。张志伟主持的“西方哲学智慧”课程被评为北京市精品课程。刘晓力调入哲学院任教。温海明博士后出站到哲学院任教。惟善、程乐松博士毕业到哲学院任教。

① 方立天被聘为中央文史馆馆员
② 萧前教授
③ 纪念李秀林等主编哲学教科书出版 25 周年暨马克思主义哲学教材创新研讨会合影
④ 刘永谋博士论文入选全国百篇优秀博士论文
⑤ 哲学院 2007 届博士生毕业留念
⑥ 纪念毛泽东主席邀请学者讨论逻辑学问题五十周年座谈会

1

2

3

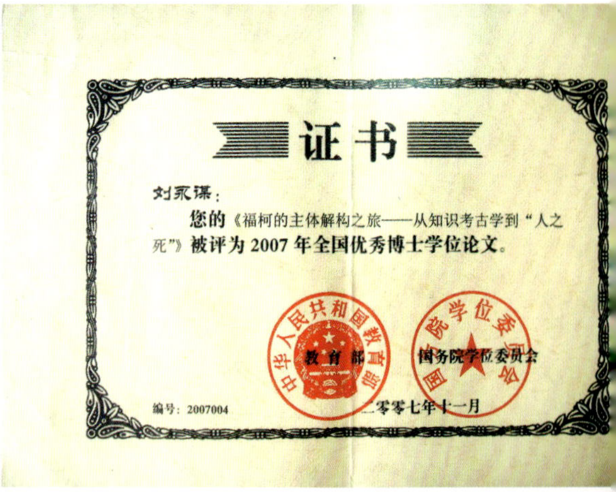
证书

刘永谋：

您的《福柯的主体解构之旅——从知识考古学到“人之死”》被评为2007年全国优秀博士学位论文。

中华人民共和国教育部　国务院学位委员会

编号：2007004　二零零七年十一月

5

# 创新论坛 · 2007

2007年2月8日，受教育部党组和周济部长委托，教育部副部长李卫红看望著名哲学家罗国杰先生，校党委书记程天权和教育部思政司司长杨振斌、人事司副司长李刚陪同看望。

哲学院这一年举办多次论坛。4月2日，哲学院与辅仁大学宗教学系联合主办“宗教对话与生命教育——首届人大辅大宗教学论坛”，促进了海峡两岸宗教学交流与合作。20—22日，哲学院、《中国人民大学学报》共同举办全国管理哲学创新论坛，冯俊副校长出席并讲话，高等教育出版社副总编王雰出席。22日，哲学院举办纪念毛泽东主席邀请学者讨论逻辑学问题五十周年座谈会，冯俊副校长出席并讲话。同一天，哲学院与中国人民大学出版社联合举办纪念李秀林等主编哲学教科书出版25周年暨马克思主义哲学教材创新研讨会，冯俊副校长到会致辞。9月12日，哲学系1957级校友重回母校，参加入校60年座谈会。

12月28日，第二期爱国宗教界人士研修班结业典礼在中国人民大学举行，中央统战部二局局长周宁、教育部高教司副司长杨志坚、国家宗教局政策法规司副司长吕晋光、副校长冯俊出席。

8月23日，著名哲学家萧前因病逝世。

这一年，人大哲学学科被评为国家重点一级学科。段忠桥被任命为哲学院副院长。现代逻辑与科学技术哲学研究所成立。方立天被聘为中央文史馆馆员。刘大椿教授指导的博士生刘永谋的《福柯的主体解构之旅》入选全国百篇优秀博士论文。臧峰宇、杨伟清博士毕业到哲学院任教。

①第十一届辅大人大哲学论坛
②第三期爱国宗教界人士研修班开学典礼
③著名哲学家成中英受聘为中国人民大学客座教授
④哲学院美学课程研修班学员合影
⑤哲学院 2008 届本科生毕业留念
⑥孙中原（前排右一）在受聘台湾东吴大学客座教授期间
与选修墨家智慧课的大学生合影

# 教学团队・2008

2008年5月2—3日，哲学院与辅仁大学哲学系联合举办第十一届辅大人大哲学论坛“哲学思辨与跨界对话”，冯俊副校长出席。23—25日，哲学院、马克思主义研究院等联合举办“马克思科学观与当代科学论”学术研讨会。

8月11日，中国人民大学聘任夏威夷大学教授成中英为客座教授，校长纪宝成、副校长冯俊出席聘任仪式。9月3日，第三期爱国宗教界人士研修班开学典礼在中国人民大学举行，中央统战部常务副部长朱维群、校长纪宝成、教育部高教司副司长石鹏建、国家宗教局副局长蒋坚永出席并致辞。

9月10日，哲学院召开全院教职工大会，校党委组织部部长高德步宣布学校任命校长助理郝立新为哲学院院长、苏昊为哲学院党委副书记。纪宝成校长出席并讲话。

这一年，张风雷当选第十五届北京市人大代表。国际中国哲学与比较哲学研究中心成立，成中英任主任。孙中原受聘台湾东吴大学客座教授。张志伟领衔的外国哲学教学团队被评为北京市优秀教学团队和国家级优秀教学团队。李萍入选“教育部新世纪优秀人才支持计划”。王旭晓获评中国人民大学“十大教学标兵”。张文喜、张立波、罗骞、常晋芳、马琳调入哲学院任教。张雪松、徐尚昆、刘畅博士毕业到哲学院任教。郭湛在《中国社会科学》发表《从主体性到公共性——当代中国马克思主义哲学的走向》。安启念、段忠桥、马俊峰等分别在《哲学研究》发表《关于唯物史观“经典表述”的两个问题》《重释历史唯物主义的缘由、文本依据和方法》《历史唯物主义的当代解读应注意的三个问题》等论文。

① 第四期爱国宗教界人士研修班开学典礼
② 中国管理哲学创新论坛 · 2009
③ 郭湛在教育部社科委哲学学部工作会议上作总结发言
④ 哲学院 1960 级三班部分学生返校合影
⑤ 参加 2009 年中美哲学论坛专家合影
⑥《公共哲学》译丛首发式暨学术座谈会合影

1

4

2

3

5

6

# 一级教授 · 2009

2009 年 1 月 20 日，焦国成、张法受聘为国务院学位委员会第六届学科评议组成员。

5 月 20 日，罗国杰、夏甄陶被授予中国人民大学首批荣誉一级教授称号，张立文、方立天、陈先达、刘大椿被聘为中国人民大学一级教授。哲学院荣誉一级教授和一级教授的数量为全校第一。

7 月 16 日，中美哲学论坛在中国人民大学举行。9 月 14 日，第四期爱国宗教界人士研修班开学典礼在中国人民大学举行，中央统战部副部长斯塔、国家宗教局局长王作安、教育部高教司副司长杨志坚以及校长纪宝成、副校长杨慧林出席。10 月 10 日，“《公共哲学》译丛首发式暨学术座谈会”在中国人民大学举行，东京大学前校长左左木毅、公共哲学主要倡导者金泰昌、校长助理郝立新、著名哲学家张立文出席。24 日，哲学院与中国电子信息产业研究院联合举办“中国管理哲学创新论坛 · 2009”，中国浦东干部学院常务副院长冯俊、副校长杨慧林出席。29 日，中国人民大学宗教高等研究院成立，中央统战部常务副部长朱维群、中央社会主义学院党组书记叶小文、教育部副部长李卫红、中国藏学研究中心总干事拉巴平措、国家宗教局局长王作安、校长纪宝成、著名宗教学家孔汉思出席，方立天任院长。11 月 22 日，教育部社会科学委员会哲学学部 2009 年工作会议暨学科发展规划研讨会召开，副校长冯惠玲出席。

这一年，郭湛获评“全国模范教师”，安启念获评“北京市优秀教师”，臧峰宇获北京高校青年教师教学基本功比赛一等奖。刘永谋调入哲学院任教。

①李秋零主编《康德著作全集》
②《光明日报》报道第一届萧前哲学基金奖活动启动
③第五期爱国宗教界人士研修班开学典礼
④2010 年“中国哲学形上学与认识论”国际会议合影
⑤第十届马克思哲学论坛
⑥《走向历史的深处》暨陈先达教授从教五十五周年学术研讨会开幕式

1

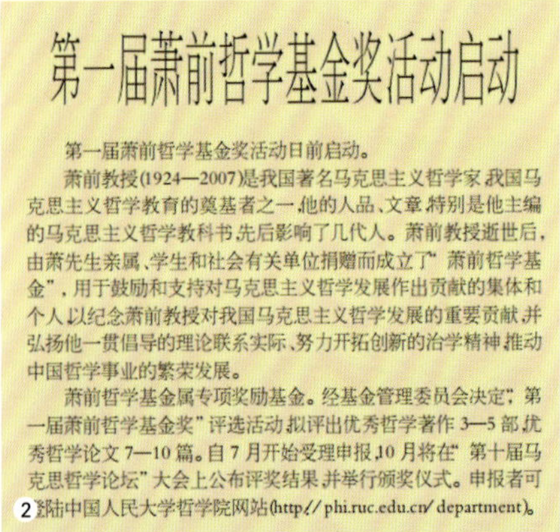

第一届萧前哲学基金奖活动启动

第一届萧前哲学基金奖活动日前启动。

萧前教授(1924—2007)是我国著名马克思主义哲学家,我国马克思主义哲学教育的奠基者之一,他的人品、文章,特别是他主编的马克思主义哲学教科书,先后影响了几代人。萧前教授逝世后,由萧先生亲属、学生和社会有关单位捐赠而成立了“萧前哲学基金”,用于鼓励和支持对马克思主义哲学发展作出贡献的集体和个人,以纪念萧前教授对我国马克思主义哲学发展的重要贡献,并弘扬他一贯倡导的理论联系实际、努力开拓创新的治学精神,推动中国哲学事业的繁荣发展。

萧前哲学基金属专项奖励基金。经基金管理委员会决定,“第一届萧前哲学基金奖”评选活动,拟评出优秀哲学著作 3—5 部,优秀哲学论文 7—10 篇。自 7 月开始受理申报,10 月将在“第十届马克思哲学论坛”大会上公布评奖结果,并举行颁奖仪式。申报者可登陆中国人民大学哲学院网站(http:// phi.ruc.edu.cn/ department)。

2

3

4

5

6

# 康德全集·2010

2010年3月3日，哲学院召开全院教师大会，党委组织部常务副部长张晓辉宣布哲学院新一届行政领导班子组成名单，郝立新任院长，韩东晖、干春松、魏德东任副院长。

4月24日，“康德与形而上学问题”学术研讨会暨出版座谈会召开，《康德著作全集》（9卷本）出版完成，校长纪宝成授予李秋零“校长特别奖”。7月10—11日，哲学院主办“中国哲学形上学与认识论”国际会议。9月13日，第五期爱国宗教界人士研修班开学典礼举行，中央统战部常务副部长朱维群、校长纪宝成、国家宗教局局长王作安、教育部高教司副司长刘贵芹、副校长杨慧林出席。14日，中国人民大学举行开学典礼，李秋零代表全校教师发言。10月14日，哲学院主办“走向历史的深处暨陈先达教授从教五十五周年学术研讨会”，教育部部长袁贵仁发来贺信，校长纪宝成致辞。15—16日，哲学院、中国社会科学杂志社等联合主办第十届“马克思哲学论坛”，校长纪宝成、《中国社会科学》总编辑高翔致辞。30—31日，哲学院主办“普遍主义与特殊主义”学术研讨会，杨慧林副校长致辞。

12月24日，张风雷被国家监察部聘为特约监察员。

这一年，陈先达、黄顺基、王旭晓分别获第五届中国高校人文社会科学研究优秀成果奖二等奖、三等奖和普及奖。第一届“萧前哲学基金奖”颁奖。郭湛主讲的“哲学素质培养”和龚群主讲的“西方伦理思想”被评为“北京市精品课程”。李科林、刘玮博士毕业到哲学院任教，裘江杰博士后出站到哲学院任教。

① 哲学院（系）成立 55 周年庆祝大会
② 北京市教委主任姜沛民看望李秋零
③ 陈雨露校长看望夏甄陶
④ 国际佛学研究中心成立典礼暨首届国际佛学论坛
⑤ 锲而不舍金石可镂——方立天教授从教五十周年学术研讨会
⑥ 共识、文化与理性："中国—欧洲哲学与宗教国际研究中心"成立大会暨第一届会议

①

②

③

④

⑤

⑥

# 锲而不舍・2011

2011 年 6 月 29 日，北京市教委主任姜沛民看望李秋零教授，校党委常务副书记牛维麟陪同。

7 月 29—31 日，哲学院与伦敦国王学院中国研究中心共同举办“共识、文化与理性：‘中国—欧洲哲学与宗教国际研究中心’成立大会暨第一届会议”，副校长杨慧林、伦敦国王学院中国研究中心主任姚新中出席。9 月 17 日，“锲而不舍金石可镂——方立天教授从教五十周年学术研讨会”召开，中央社会主义学院党组书记叶小文、国家宗教局局长王作安、中国佛教协会会长传印长老、校党委书记程天权出席。11 月 13 日，哲学院召开“当代中国认识论与人学走向——《夏甄陶文集》出版座谈会”。14 日，国际佛学研究中心成立典礼暨首届国际佛学论坛举行，国家宗教局副局长蒋坚永、副校长杨慧林出席。

教师节前夕，纪宝成校长和程天权书记分别看望了著名哲学家陈先达和方立天。12 月 1—2 日，陈雨露校长先后看望著名哲学家罗国杰、陈先达、张立文、夏甄陶、刘大椿。

11 月 11 日，哲学院（系）成立 55 周年庆祝大会召开，原全国政协主席李瑞环题词：“真学学真”。中央统战部常务副部长朱维群、人民日报社原社长邵华泽、中央社会主义学院党组书记叶小文、原江苏省政协副主席胡福明、中央党校原副校长杨春贵、国家行政学院副院长周文彰以及校党委书记程天权、党委副书记马俊杰、副校长杨慧林出席。

这一年，中国人民大学哲学院校友会成立，周文彰任会长。李秋零被评为北京市创先争优“教书育人标兵”。臧峰宇获评中国人民大学“十大教学标兵”。原理博士毕业到哲学院任教，张霄博士后出站到哲学院任教。

① 马俊峰入选“长江学者”特聘教授

② 中共中央政治局常委李长春看望罗国杰教授

③ 哲学院 2012 届本科毕业生合影留念

④ 第七期爱国宗教界人士研修班暨首届爱国宗教界人士研究生班开学典礼

⑤ 方立天教授获“北京市人民教师奖”

⑥ 中国实学研究会成立二十周年纪念大会

# 亲切慰问·2012

2012年1月19日，中共中央政治局常委李长春看望著名哲学家罗国杰，代表胡锦涛总书记和党中央向罗国杰表示亲切慰问，并致以诚挚问候和良好祝愿。中宣部部长刘云山一同看望。教育部副部长李卫红、校党委书记程天权陪同看望。

2月25日，哲学院召开科研工作会议。4月16日，哲学院教学委员会成立大会暨本科人才培养工作研讨会召开，杨慧林副校长出席。28日，哲学院与夏威夷大学哲学系联合举办“比较、诠释、理解——中西比较哲学视域中的价值观念”学术研讨会，夏威夷大学副校长胡庆元致辞。5月24日，宗教学硕士生单考班入学培养相关问题座谈会召开，中央统战部二局局长赵学义、副校长杨慧林出席。9月14日，第七期爱国宗教界人士研修班暨首届宗教学硕士生单考班开学典礼召开，中央统战部常务副部长朱维群、国家宗教局副局长张乐斌、校党委书记程天权和副校长杨慧林出席。10月12日，“历史唯物主义与当代中国文化发展”学术研讨会召开。27日，中国实学研究会成立二十周年纪念大会召开，国防大学原副政委李殿仁中将、中央财经领导小组办公室原副主任杨凌隆、名誉会长葛荣晋出席。

这一年，马俊峰入选“长江学者”特聘教授。方立天获“北京市人民教师奖”。宋志明被评为“北京市教学名师”。吴琼的《雅克·拉康——阅读你的症状》和马俊峰的《价值论的视野》分别获北京市哲学社会科学优秀成果奖一等奖和二等奖。臧峰宇获霍英东教育基金青年教师奖。刘永谋入选“新世纪优秀人才支持计划”。丹尼尔（Daniel）博士到哲学院任教。

① 姚新中任哲学院院长
② 全国政协委员张风雷
③ 郭湛为中共中央政治局集体学习讲解“历史唯物主义基本原理和方法论”
④ 高校文化传承创新座谈会
⑤ “全球正义：中国在 21 世纪的道德领导力角色”学术研讨会
⑥ 首届爱国宗教界人士硕士生单考班座谈会

# 欣欣向荣·2013

2013年2月1日，张风雷当选为全国政协委员。4月22日，陈先达当选为中国人民大学学术委员会主任委员。郝立新当选为教育部哲学教学指导委员会副主任委员。

5月22日，哲学院承办“高校文化传承创新座谈会”，教育部副部长李卫红讲话，校长陈雨露致辞，教育部社科中心主任杨河、校党委书记靳诺出席。5月31日—6月2日，哲学院与美国耶鲁大学全球正义研究中心联合举办“全球正义：中国在21世纪的道德领导力角色”学术研讨会，杨慧林副校长出席并致辞。

9月23日，哲学院行政班子调整会议召开，校党委组织部部长高德步宣读关于姚新中院长的任命决定，党委书记靳诺、副校长杨慧林出席并讲话，校长助理兼马克思主义学院院长郝立新表示祝贺。

10月29日，首届爱国宗教界人士硕士生单考班座谈会在中央统战部举行。中央统战部副部长斯塔和校长陈雨露、副校长杨慧林、著名宗教学家方立天出席。

12月3日，中共中央政治局就“历史唯物主义基本原理和方法论”进行第十一次集体学习，郭湛和中央党校教授韩庆祥就这个问题进行讲解，并谈了他们的意见和建议。习近平总书记主持学习并发表重要讲话。

这一年，哲学院在教学、科研、社会服务方面展现了欣欣向荣的景象。政治哲学专业开始招收博士生。李秋零主编的《康德著作全集》、陈先达等的《马克思主义基础理论若干重大问题研究》获全国高校人文社会科学优秀成果奖一等奖。李秋零获批享受国务院政府特殊津贴。聂敏里入选“新世纪优秀人才支持计划”。吴功青博士毕业到哲学院任教，王宇洁调入哲学院任教。

① 教育部副部长李卫红看望陈先达
② 姚新中院长率团访问哥伦比亚大学
③ 著名哲学家、宗教学家方立天逝世
④ 张立文教授执教 55 周年暨“和合学与中国哲学创新”学术研讨会
⑤ 葛荣晋教授从教五十五周年大会暨中国哲学创新论坛
⑥ 哲学院代表团访问莫斯科大学哲学系

1

2

3

4

5

6

# 政治哲学·2014

2014年1月27日，教育部副部长李卫红看望著名哲学家陈先达，致以节日问候和良好祝愿。校党委常务副书记张建明、副校长查显友陪同看望。7月6日，党委书记靳诺、校长陈雨露看望原哲学系主任张腾霄。

6月12日，哲学院新一届行政领导班子任命大会举行。校党委组织部部长杜鹏宣读哲学院新一届行政领导任命书，任命韩东晖为常务副院长，魏德东、温海明、臧峰宇为副院长，校长陈雨露出席并讲话，院长姚新中、党委书记葛晨虹出席。

6月28日，哲学院和中国实学研究会联合举办“葛荣晋教授从教五十五周年大会暨中国哲学创新论坛”，校党委副书记马俊杰、国家行政学院原副院长周文彰出席。

7月7日，著名哲学家、宗教学家方立天逝世。10月21日，著名哲学家杨焕章逝世。12月12日，著名哲学家夏甄陶逝世。

9月10日，中国人民大学举行开学典礼，陈先达代表全校教师致辞。10月25日，哲学院召开“张立文教授执教55周年暨‘和合学与中国哲学创新’学术研讨会”，陈雨露校长出席。同日，“郭湛教授从教45周年暨‘实践与主体’学术研讨会”召开。

9月14—19日，姚新中院长率团访问普林斯顿大学、哥伦比亚大学、罗格斯大学。28—30日，哲学院代表团访问莫斯科大学哲学系。

这一年，中国人民大学哲学院政治哲学研究中心成立，段忠桥担任主任。方立天被评为“全国模范教师”。12月，罗国杰获“吴玉章人文社会科学终身成就奖”。李海洋获评中国人民大学“十大教学标兵”。曹南来、刘增光调入哲学院任教，田洁、王福玲博士毕业到哲学院任教。

① 罗国杰教授
② 中共中央政治局常委刘云山同志亲切看望陈先达
③ 中央统战部部长孙春兰接见第一期爱国宗教界人士研究生班全体学员
④ 首届 PPE 学生和班主任合影
⑤ 陈先达教授从教 60 周年学术研讨会暨《陈先达文集》（14 卷）出版座谈会
⑥ 哲学院全国优秀大学生哲学夏令营

# 新设专业·2015

2015年2月8日，中共中央政治局常委刘云山代表习近平总书记和党中央看望著名哲学家陈先达，致以诚挚问候和新春祝福，中宣部部长刘奇葆一同看望，中宣部常务副部长黄坤明、教育部部长袁贵仁、校党委书记靳诺和校长陈雨露陪同看望。

3月9日，著名哲学家罗国杰因病逝世。9月15日，著名哲学家汪永祥因病逝世。

6月14日，哲学院、伦理学与道德建设研究中心举办“马克思恩格斯道德哲学研究暨宋希仁教授从教五十五周年学术研讨会”，校党委常务副书记张建明出席。15日，“‘罗国杰伦理学教育基金’成立暨张静贤女士捐赠仪式”举行，中宣部原常务副部长徐惟诚、校党委书记靳诺出席。24日，中共中央政治局委员、中央统战部部长孙春兰接见第一期爱国宗教界人士研究生班全体学员，中央统战部常务副部长张裔炯、校党委书记靳诺陪同接见。

7月3日，哲学院主办“科学技术哲学与社会系统工程学术研讨会暨黄顺基教授九十华诞庆典”，校党委书记靳诺、副校长洪大用出席。18—21日，哲学院举办首届全国优秀大学生哲学夏令营。12月17日，哲学院、中国人民大学出版社等联合主办“陈先达教授从教60周年学术研讨会暨《陈先达文集》（14卷）出版座谈会”，教育部部长袁贵仁发来贺信，中央编译局局长贾高建、校长刘伟、教育部社科委副主任顾海良出席。

这一年，哲学院联合国际关系学院、经济学院设立PPE专业，臧峰宇入选国家“万人计划”青年拔尖人才。周濂获评中国人民大学“十大教学标兵”。雷思温、李记芬博士毕业到哲学院任教，钟智峰博士后出站到哲学院任教。

① 校党委书记靳诺、哲学院院长姚新中等访问牛津大学谈两校 PPE 项目合作事宜

② 黄顺基教授

③ “马克思主义中国化话语体系的国际视野——文学与哲学的双重视域”国际学术研讨会

④ 哲学院校友设立“人大哲学发展基金”

⑤ 罗国杰伦理思想研讨会暨《罗国杰文集》出版发布会

⑥ 中国人民大学哲学院（系）成立 60 周年纪念大会

①

②

③

④

⑤

⑥

# 甲子日新·2016

2016 年 3 月 11 日，姚新中院长会见来调研 PPE 项目的北京外国语大学亚非学院院长孙晓萌一行。5 月 12 日，姚新中院长出席与曼彻斯特大学代表团 PPE 项目座谈会。人大 PPE 专业成为全国高校探索相关专业建设的范例。

2016 年 3 月 19 日，哲学院召开“罗国杰伦理思想研讨会暨《罗国杰文集》出版发布会”，中央文明办专职副主任夏伟东、教育部原常务副部长徐惟诚、校长刘伟出席。4 月 22—23 日，哲学院、文学院联合主办“马克思主义中国化话语体系的国际视野——文学与哲学的双重视域”国际学术研讨会。12 月 2—4 日，由中国人民大学主办、哲学院承办的“国际儒学论坛 2016”召开。

4 月 17 日，著名哲学家、逻辑学家黄顺基因病逝世。

11 月 11 日，哲学院举办中外哲学系主任高端论坛。11 月 12 日，哲学院召开中国人民大学“哲学院（系）成立 60 周年纪念大会”。六十年一甲子，五洲校友汇聚人大，以人文日新的学术激情再谱人大哲学发展新篇章，此前，曹国俊、姚尔强、郑利强、于惠平四位校友捐资共计 150 万元设立“人大哲学发展基金”。

这一年，学校任命罗安宪、王宇洁为哲学院副院长，张鹏举为党委副书记。中国人民大学茶道哲学研究所成立，李萍任所长。马俊峰获批享受国务院政府特殊津贴。中国人民大学启动杰出人文学者计划，哲学院 15 位教师分别被评为特聘教授或青年学者。臧峰宇获评“2015 年度人文社科最具影响力青年学者”。龚群获北京高校教学名师奖。谢地坤、Dennis Ralf Schilling（谢林德）调入哲学院任教，孙帅、罗祥相博士毕业到哲学院任教。

① 哲学院代表团访问法国巴黎—索邦大学
② 何建明获北京市第十四届哲学社会科学优秀成果奖
③ 罗国杰伦理思想研讨会暨罗国杰伦理学教育基金颁奖大会
④ 陈康先生学术思想研讨会——暨苗力田先生诞辰 100 周年座谈会
⑤《榜样》专题节目在中央电视台综合频道（CCTV-1）播出陈先达教授先进事迹
⑥ 姚新中等获北京市高等教育教学成果奖一等奖

1

荣誉证书

北京市第十四届哲学社会科学优秀成果奖

成果名称：近代中国宗教文化史研究
主要作者：何建明
成果类型：专著
等　　级：一等奖

中共北京市委　北京市人民政府
2017年8月

2

5

3

4

荣誉证书

姚新中　陈彦斌　闫　瑾　罗安宪　徐尚昆　张时坤
于　泽　曹司彬：

PPE 跨学科人才培养模式创新，获 2017 年北京市高等教育教学成果奖一等奖。

二〇一八年四月

6

# 一流学科·2017

2017年3月30日，哲学院与意大利帕多瓦大学FISPPA学院签署合作备忘录。7月20日，哲学院与比利时根特大学人文与哲学学院签署合作协议。10月22—28日，哲学院PPE师生代表团访问英国牛津大学、曼彻斯特大学。10月30日，哲学院与法国巴黎—索邦大学哲学系签署学生交换协议。

4月13日，张风雷在全国政协第64次双周协商座谈会上作“依托高校优势资源，培养宗教界高层次人才”主题发言。

9月，教育部、财政部、国家发展改革委印发《关于公布世界一流大学和一流学科建设高校及建设学科名单的通知》，中国人民大学哲学学科入选。9月16—17日，“陈康先生学术思想研讨会——暨苗力田先生诞辰100周年座谈会”在中国人民大学召开，中央党史研究室副主任冯俊出席并致辞。9月28日，“罗国杰伦理思想研讨会暨罗国杰伦理学教育基金颁奖大会”在中国人民大学召开，中宣部原常务副部长徐惟诚，校党委副书记、纪委书记吴付来，中国伦理学会会长万俊人出席大会并致辞。9月28日，由中共中央组织部、中央电视台联合录制的《榜样》节目播出中国人民大学一级教授陈先达的先进事迹。

这一年，哲学院23位教师被评为中国人民大学“杰出学者支持计划”特聘教授或青年学者。张文喜、曹峰获评教育部“长江学者”特聘教授。陈先达获“五个一工程”奖。姚新中等获北京市高等教育教学成果奖一等奖。何建明获北京市第十四届哲学社会科学优秀成果奖一等奖。郝立新当选中国马克思主义哲学史学会会长，张志伟当选中华全国外国哲学史学会理事长、北京市哲学会副会长，李茂森当选亚太道德教育学会副会长。

① 张立文获评“立德树人”哲学社会科学界德业双馨专家
② 国际儒学论坛 · 2018
③ 郝立新院长做客焦点访谈
④ 中国人民大学哲学与认知科学交叉平台成立
⑤ 教育部社会科学委员会哲学学部 2018 年学科建设研讨会
⑥ 哲学院代表团访问埃及开罗大学

# 认知科学·2018

2018年7月5日—8日，哲学院主办“德行、身份、义务——中西古代伦理核心概念之比较”国际学术研讨会。8月22—24日，哲学院主办“政治伦理与社会治理”国际学术研讨会。10月25日，教育部社会科学委员会哲学学部2018年学科建设研讨会在中国人民大学召开，教育部社科委哲学学部召集人陈先达出席并致辞。12月2—3日，由中国人民大学主办、哲学院承办的“国际儒学论坛2018”在中国人民大学召开。

2月12日，董永俊教授逝世。9月7日，罗定灯教授逝世。

10月28日，中国人民大学哲学与认知科学跨学科交叉平台成立，刘晓力任首席专家。

11月8日，比利时根特大学校长Rik Van de Walle一行访问哲学院。11月17—23日，哲学院党委书记徐飞，副院长臧峰宇、王宇洁一行访问埃及开罗大学、阿联酋沙迦美国大学。11月29日，罗马尼亚布加勒斯特大学校长Mircea Dumitru访问哲学院。12月17—18日，奥地利格瓦兹大学哲学系主任Lukas Meyer访问哲学院并发表演讲。

这一年，学校任命郝立新为哲学院院长、徐飞为哲学院党委书记。张立文获评“立德树人”哲学社会科学界德业双馨专家。张风雷获北京市无党派人士建言献策优秀成果奖。臧峰宇获北京高校青年教学名师奖。刘晓力获国务院政府特殊津贴。姚新中等获国家级高等教育教学成果奖二等奖。张风雷当选第十三届全国政协委员。曹刚当选中国伦理学会副会长。王伯鲁担任中国自然辩证法研究会学术工作委员会秘书长。姜守诚、王小伟调入哲学院任教，王俊淇博士毕业到哲学院任教，张炎师资博士后出站留校任教。

① 张志伟等主编《政治哲学史（七卷本）》
② 首批“中国哲学、宗教与文化”全英文硕士项目研究生毕业
③ 西学东渐与中国近现代科技转型学术研讨会
④ “未来全球化发展趋势的哲学思考”国际学术研讨会
⑤ 哲学院代表团访问比利时根特大学
⑥ “历史唯物主义与当代中国”高端学术论坛

# 国际儒藏・2019

2019 年 2 月 27 日，QS 世界大学学科排名公布，人大哲学专业排名第 32 位，宗教学专业排名第 44 位。4 月 28 日—5 月 8 日，郝立新院长率团赴意大利帕多瓦大学、博洛尼亚大学与比利时根特大学进行学术访问。12 月 1—9 日，哲学院代表团访问捷克科学院和罗马尼亚布加勒斯特大学。

5 月 11 日—12 日，中国人民大学哲学与认知科学跨学科交叉平台主办“知觉、意识和第一人称”国际学术研讨会。10 月 11 日—14 日，“未来全球化发展趋势的哲学思考”国际学术研讨会召开。10 月 12 日，伦理学与道德建设研究中心、哲学院共同举办首届国杰论坛暨第二届罗国杰伦理学教育基金颁奖大会。11 月 30 日，西学东渐与中国近现代科技转型学术研讨会召开。12 月 21 日，哲学院主办“历史唯物主义与当代中国”高端学术论坛，校长刘伟出席并致辞。

8 月 26 日，张立文当选尼山世界儒学中心学术委员会主任。11 月 12 日，中国人民大学《国际儒藏》编纂研究中心成立，张立文任主任。

这一年，学校任命臧峰宇为研究生院副院长，任命刘劲杨、张霄为哲学院副院长。陈先达、郝立新、葛晨虹获北京市哲学社会科学优秀成果奖二等奖。张文喜获批享受国务院政府特殊津贴。刘玮获北京高校青年教师教学基本功大赛一等奖。林美茂当选中华日本哲学会会长。臧峰宇当选北京市高教学会研究生教育研究会秘书长。张霄当选北京伦理学会副会长。刘劲杨当选北京自然辩证法研究会副理事长。Alexis Yann Lavis 到哲学院任教。刘志洪、冯庆博士后出站留院任教。

①“哲学的殿堂”系列讲座
②“哲学的星空”系列讲座
③ 张立文获第八届高等学校科学研究优秀成果奖一等奖
④ 现代化进程中的哲学问题与道德治理学术研讨会暨国家治理现代化与应用伦理跨学科交叉平台成立大会
⑤ 臧峰宇院长主持首届中国高校 PPE 专业论坛开幕式
⑥“预测处理适应方向与因果推理”国际学术研讨会

1

2

第八届高等学校科学研究优秀成果奖
（人文社会科学）

成果名称：中国哲学思潮发展史
人民出版社 2014年4月
主要作者：张立文
奖项类别：著作论文奖
获奖等级：一等奖

中华人民共和国教育部
2020年12月10日
3

4

5

6

# 殿堂星空·2020

2020 年 1 月，哲学专业入选首批“双万计划”国家级一流本科专业、首批“强基计划”。9 月，入选教育部基础学科拔尖学生培养计划 2.0 基地。

2 月 2 日，著名哲学家杨宪邦逝世。3 月 3 日，著名哲学家苗东升逝世。4 月 26 日，著名哲学家肖明逝世。

4 月 10 日，校党委副书记、纪委书记吴付来，校党委副书记齐鹏飞出席哲学院干部任命会议，齐鹏飞宣布，学校任命臧峰宇为哲学院院长、党委副书记，吴付来发表讲话，校党委组织部常务副部长张斌主持会议。

7 月 20 日起，哲学院分三季推出“哲学的殿堂——中国人民大学哲学名家讲座系列”，9 月 8 日起，哲学院推出“哲学的星空——中国人民大学哲学前沿讲座系列”第一季。

10 月 24 日，“现代化进程中的哲学问题与道德治理学术研讨会暨国家治理现代化与应用伦理跨学科交叉平台成立大会”召开，国家行政学院原副院长周文彰、教育部高校社会科学发展研究中心副主任杨海英、副校长顾涛出席并致辞。11 月 7 日，哲学院举办首届中国高校 PPE 专业论坛，校党委副书记郑水泉出席并致辞。

这一年，臧峰宇入选国家“万人计划”哲学社会科学领军人才、文化名家暨“四个一批”人才。聂敏里入选国家百千万人才工程。张立文获第八届高等学校科学研究优秀成果奖一等奖。张鹏举获评北京高校优秀党务工作者。欧阳谦当选中国现代外国哲学学会副理事长。王立、朱锐、陈广思、陈辉到哲学院任教。滕菲、孙晓雯博士后出站留院任教。

①陈先达获“光荣在党五十年”勋章
②尼山世界儒学中心联合研究生院 2021 级儒学专项博士研究生开学典礼
③“党的百年奋斗历程与马克思主义中国化”学术研讨会
④“机器人伦理 1.0”学术研讨会
⑤策勒《古希腊哲学史》汉译多卷本出版发布暨学术研讨会
⑥“‘哲学 +’的视界”跨学科对谈课

# 百尺竿头·2021

2021 年 3 月，伦理学专业入选“双万计划”国家级一流本科专业，宗教学专业入选北京市级一流本科专业。

5 月 23 日，哲学院、人民出版社和中华全国外国哲学史学会主办“策勒《古希腊哲学史》汉译多卷本出版发布暨学术研讨会”，人民出版社总编辑辛广伟，校党委副书记、纪委书记吴付来出席并致辞。5 月 28 日，“机器人伦理 1.0”学术研讨会召开。5 月 29 日，由哲学院、遵义医科大学主办的“党的百年奋斗历程与马克思主义中国化”学术研讨会在遵义召开。

6 月 3 日，臧峰宇院长会见来访的昆山－杜克大学人文学院院长 James Miller 一行。

9 月 27 日起，哲学院推出“‘哲学＋’的视界”跨学科对谈课。

10 月 16 日，第三届国杰论坛召开。11 月 11 日，哲学院举办马克思主义哲学中国化与中国哲学创新性发展暨人大哲学学科发展 65 周年学术研讨会。

这一年，陈先达、赵总宽等 17 位老教师获颁“光荣在党五十年”勋章。刘玮获“首都劳动奖章”。欧阳谦获大华杰出教学贡献奖。刘玮、刘增光获评中国人民大学优秀共产党员，常晋芳、郭清香获评中国人民大学优秀党务工作者。臧峰宇担任尼山世界儒学中心联合研究生院秘书长。魏犇群到哲学院任教，宫志翀博士后出站留院任教。

# 结语

作为中国共产党亲手创办的第一所新型正规大学的哲学系，人大哲学系经哲学系宗教学系的设立，逐渐发展为享誉全国、国际知名的哲学院。65年的思想岁月雕刻了人大哲学学科令人瞩目的人文坐标，走向未来的哲学年轮延伸着她不忘初心的生成画面。在螺旋式的上升中不断超越自我的人大哲学院与共和国的哲学教育同呼吸、共命运，始终行走在中国哲学教学与研究发展和改革的前沿，定格了新中国哲学教育的缩影。她始终以厚重的学术话语表达思想的力量，稳健地呈现着中国思想中的时代。

回首人大哲学学科发展历程可见，人大哲学人难忘激情燃烧的创业时节，感受过风雷激荡的“文革”岁月，经历过人大停办的黯淡光阴，发出过改革开放的哲学宣言，始终身体力行着践履中国哲学教育、研究和改革的使命。65年的沧桑刻画了人大哲学人站立在三尺讲台上的思想身躯，留下了在京郊半工半读的难忘记忆。在“五七干校”劳动之余的学术星火照亮了改革开放之后人大哲学学科迅速复兴的林中路，关于哲学改革与教育创新的呼声深刻影响了中国高校哲学学科发展的现实选择。人大哲学院是一个哲学教学与研究共同体，更是在这里受过哲学教育的五洲校友的精神家园。

今天，人大哲学院同人以思想的方式关注现实，在东西方两个哲学平台上自由往来。作为当今国内规模最大、人才培养体系完善的哲学院系，人大哲学院锐意实现当代中国哲学创新，参与推动中国哲学教育改革发展，正在中华民族伟大复兴的历史征程上谱写新的思想乐章。

# 参考文献


中国人民大学校史研究丛书编委会．中国人民大学纪事（上、下卷）（1937—2007）．中国人民大学出版社，2007.

中国人民大学高等教育研究室，校史编写组．中国人民大学大事记．中国人民大学内部印行，1992.

中国人民大学高等教育研究室，校史编写组．血与火的洗礼——从陕北公学到华北大学回忆录（1937—1949）：第1—2卷．中国人民大学内部印行，1997.

《中国人民大学年鉴》编委会．中国人民大学年鉴 2002. 中国人民大学出版社，2004.

《中国人民大学年鉴》编委会．中国人民大学年鉴 2003. 中国人民大学出版社，2004.

《中国人民大学年鉴》编委会．中国人民大学年鉴 2004. 中国人民大学出版社，2004.

《中国人民大学年鉴》编委会．中国人民大学年鉴 2005. 中国人民大学出版社，2005.

《中国人民大学年鉴》编委会．中国人民大学年鉴 2006. 中国人民大学出版社，2006.

《中国人民大学年鉴》编委会．中国人民大学年鉴 2007. 中国人民大学出版社，2007.

《中国人民大学年鉴》编委会．中国人民大学年鉴 2008. 中国人民大学出版社，2008.

《中国人民大学年鉴》编委会．中国人民大学年鉴 2009. 中国人民大学出版社，2009.

《中国人民大学年鉴》编委会．中国人民大学年鉴 2010. 中国人民大学出版社，2010.

《中国人民大学年鉴》编委会．中国人民大学年鉴 2011. 中国人民大学出版社，2011.

《中国人民大学年鉴》编委会．中国人民大学年鉴 2012. 中国人民大学出版社，2012.

《中国人民大学年鉴》编委会．中国人民大学年鉴 2013. 中国人民大学出版社，2013.

《中国人民大学年鉴》编委会．中国人民大学年鉴 2014. 中国人民大学出版社，2014.

《中国人民大学年鉴》编委会．中国人民大学年鉴 2015. 中国人民大学出版社，2015.

中国人民大学纪事．（统一）（征求意见稿）．中国人民大学内部印行，2020.

萧前文集．中国人民大学出版社，2004.

石峻文存．华夏出版社，2006.

李秀林文存 . 中国人民大学出版社，2007.

罗国杰文集 . 中国人民大学出版社，2016.

夏甄陶文集 . 中国人民大学出版社，2011.

陈先达文集 . 中国人民大学出版社，北京师范大学出版社，2015.

黄顺基文选 . 山西科学技术出版社，2005.

方立天文集 . 中国人民大学出版社，2006.

冯俊 . 人大往事 . 中国人民大学出版社，2005.

谭鑫田，李秋零 . 苗力田教授纪念文集 . 中国人民大学出版社，2001.

罗安宪 . 和合之思——张立文教授八十华诞纪念文集 . 河北大学出版社，2014.

刘大椿 . 科学之审度——刘大椿自选集 . 首都师范大学出版社，2015.

中国人民大学哲学学科发展概要（征求意见稿）. 中国人民大学哲学院内部印行，2006.

智慧的年轮 . 中国人民大学哲学院内部印行，2011.

我这五十年——纪念（1962 届）入学五十周年毕业四十周年文选 . 中国人民大学哲学院内部印行，2007.

汪永祥 . 我国第一部马克思主义哲学原理专业教材的编写历程 . 中国人民大学学报，2009（4）.

王旭晓 . 美学家——马奇 . 中国人民大学学报，1995（5）.

人大新闻网 .

中国人民大学哲学院网站 .

# 后记

在编写这本画册的过程中，我似乎走进了一个既熟悉又颇具历史感的时空隧道，在从隧道尽头往回走的路上认真阅读人大哲学学科发展历程中的每个路标，感到它们在新中国哲学教育发展史上闪烁过独特的学术光芒。一路延伸，待走出隧道的那一刻，深深体会到人大哲学学科承载的文化价值，在对她的历史致以学术敬意的同时，我们努力在超越与探索的途中塑就新的路标。

这本画册力图再现人大哲学院的“哲学年轮”，以简约的方式对其年度画卷做重点展示，用每年六幅照片和600多字的篇幅来定格她的历程。由于人大在“文革”期间停办，哲学系教师一度颠沛辗转于“五七干校”和北京多所高校之间，这段时间教学与研究几近空白，这里以1966—1972、1973—1977两个时段的篇幅体现哲学系教师当年的探索。陕北公学的哲学教育和人大成立初期马克思主义哲学学科的重要探索是人大哲学系成立的序曲，这里以三个时段做必要介绍，整合起来是一幅具有人大特色的哲学画卷，一幅幅时光剪影表明历尽沧桑的人大哲学院在65年的岁月中有其独特而完整的学科史。

因展示年度最重要历史画面，笔者在编写过程中不得不割舍许多细节，挂一漏万的情况是无疑的，在此敬请各位前辈和同人谅解。感谢本书各位顾问在笔者编写过程中给予的亲切指导，特别感谢陈先达、张立文、刘大椿、郭湛、董春光、韩东晖、朱淑然、聂敏里、李红兵、邢雅杰、郭清香、张鹏举提供的资料和写作建议。卫一帆、李辉搜集整理了部分资料，在此一并致谢。

臧峰宇

2016 年秋于中国人民大学人文楼

2021 年秋修订于中国人民大学人文楼

图书在版编目（CIP）数据

我们的哲学年轮：时间剪影中的人大哲学院：1956-2021 / 臧峰宇主编 --北京：中国人民大学出版社，2021.10

ISBN 978-7-300-29929-7

Ⅰ. ①我… Ⅱ. ①臧… Ⅲ. ①中国人民大学哲学院-校史-画册 Ⅳ. ①G649.281-64

中国版本图书馆 CIP 数据核字（2021）第 201062 号

我们的哲学年轮：时间剪影中的人大哲学院（1956—2021）
臧峰宇 主编
Women de Zhexue Nianlun

| | | | |
|---|---|---|---|
| 出版发行 | 中国人民大学出版社 | | |
| 社　　址 | 北京中关村大街 31 号 | 邮政编码 | 100080 |
| 电　　话 | 010-62511242（总编室） | | 010-62511770（质管部） |
| | 010-82501766（邮购部） | | 010-62514148（门市部） |
| | 010-62515195（发行公司） | | 010-62515275（盗版举报） |
| 网　　址 | http:// www.crup.com.cn | | |
| 经　　销 | 新华书店 | | |
| 印　　刷 | 北京尚唐印刷包装有限公司 | | |
| 规　　格 | 185 mm × 260 mm 16 开本 | 版　　次 | 2021 年 10 月第 1 版 |
| 印　　张 | 9 插页 2 | 印　　次 | 2021 年 10 月第 1 次印刷 |
| 字　　数 | 88 000 | 定　　价 | 138.00 元 |

# 2024年管理类联考（MBA/MPA/MPAcc等）综合能力逻辑精选450题

陈慕泽　编著

中国人民大学出版社
·北京·

# 前　言

逻辑是MBA、MPA、MPAcc等管理类联考综合能力测试的一个重要部分，所要测试的是考生的日常逻辑思维能力，也就是其逻辑思维素养。此种能力和素养的提高主要靠的是训练，而不是记忆。基于规范的逻辑模拟题的思维强化训练是考生提高应试能力的一条重要途径。

本书是《陈慕泽2023年管理类联考（MBA/MPA/MPAcc等）综合能力逻辑精选450题》的修订版，为考生提供了十五套共450道综合能力逻辑模拟题和一套考前模拟自测题。这些试题具有以下特点。

第一，规范。本书与编者同时推出的另一本辅导教材《陈慕泽管理类联考（MBA/MPA/MPAcc等）综合能力逻辑零基础高分辅导》不同，后者用于分析的样题绝大多数都是历年真题，而本书的模拟题都不是真题（否则就不是模拟），它们的制作和整理基于作者对大纲的准确把握和严格遵循，以及对历年真题的精心研究和规范模拟。这些模拟题的目的是强化训练并测试日常逻辑思维能力。编者特别关注每道试题能够达到的训练效果，同时关注每套试题的综合平衡。这些平衡包括试题种类（A类和B类）的平衡、题型（五种基本题型）的平衡、难度的平衡。为了充分发挥强化训练作用，本书模拟题总体上比真题难。考前自测模拟题的难度总体上和近年真题相当。

第二，准确。这种准确性是指：确保每道试题在逻辑上无误，即确保题目特别是题干的陈述无歧义；确保答案选项的正确性和唯一性有充分的理由。

第三，优质。综合能力逻辑试题的质量除了取决于规范性和准确性以外，还在很大程度上取决于试题载体的质量，即试题题干涉及的信息质量及与逻辑内容恰当自然的结合。这也是本书编者很用心的地方。

第四，原创。这将使本书在众多的同类出版物中受到关注。

本书附有全部模拟题的详细解析。

陶琳、陶陶参加了相关的工作，顺致谢意。

陈慕泽

# 目 录

## 试题篇



## 解析篇

# 试题篇

# 第一套

**1.** 大学排名要具有公正性，必须满足以下条件：第一，排名标准统一；第二，统计数据准确；第三，排名机构具备足够的资质。GH 是一所大学排名机构，它操作的每一次大学排名，虽然对大多数相关大学都是公正的，但总对有些相关大学有失公正。

如果上述断定为真，则以下哪项断定一定为真？

A. GH 操作的大学排名，有时依据的统计数据不准确。

B. GH 操作的大学排名，有时排名标准不确定。

C. 如果 GH 具备足够的大学排名机构的资质，那么它操作的大学排名，要么有时排名标准不确定，要么有时依据的统计数据不准确。

D. 如果 GH 具备足够的大学排名机构的资质，并且排名标准是确定的，那么它操作的大学排名，有时依据的统计数据不准确。

E. GH 具备足够的大学排名机构的资质。

(　　　)

**2.** 近年来，“批判性思维”课程正由大学走向中小学和社会成人教育。一项对中小学“批判性思维”课程的教学效果的调研显示，这门课程对于提高学生的逻辑思维的严谨性有明显效果，但不利于培养学生的创造性思维能力，特别是创造性想象力。因此，在企业中层干部的职业培训中，不宜开设“批判性思维”课程，因为企业管理者更需要提高创造性思维能力，包括创造性想象力。

以下哪项如果为真，最能加强上述论证？

A. 一个企业的中层干部，一般都具备比较严谨的逻辑思维能力。

B. 一些企业的管理人员，包括参与决策的高层人员，缺乏严谨的逻辑思维能力。

C. 职业培训和中小学教育的教学效果，具有高度的类似性。

D. 目前的企业中层干部在中小学阶段都未上过“批判性思维”课程。

E. 大多数职业培训课程中并不包括“批判性思维”。

(　　　)

**3.** 只有把马克思主义基本原理同中国具体实际相结合，同中华优秀传统文化相结合，坚持运用辩证唯物主义和历史唯物主义，才能正确回答时代和实践提出的重大问题，才能始终保持马克思主义的蓬勃生机和旺盛活力。

除了以下哪项，其余各项都能从上述断定中推出？

A. 要正确回答时代和实践提出的重大问题，马克思主义基本原理必须同中华优秀传统文化相结合。

B. 除非坚持运用辩证唯物主义和历史唯物主义，否则不能保持马克思主义的蓬勃生机和旺盛活力。

C. 如果马克思主义保持了蓬勃生机和旺盛活力，则一定能正确回答时代和实践提出的重大问题。

D. 要正确回答时代和实践提出的重大问题，就必须把马克思主义基本原理同中国具体实际相结合。

E. 如果马克思主义始终保持了蓬勃生机和旺盛活力，则其基本原理一定和中华优秀传统文化相结合。

(　　　　)

**4.** 近十年来，我国大城市离异家庭的数量逐年上升。因此，近十年来，我国大城市的离婚率逐年上升。

以下哪项如果为真，最能加强上述论证？

A. 近十年来，我国大城市离异家庭的复婚率逐年下降。

B. 近十年来，我国大城市外来人口的数量逐年上升。

C. 近十年来，我国大城市新婚家庭的数量逐年减少。

D. 近十年来，我国大城市离异家庭成员的平均年龄呈下降趋势。

E. 近十年来，我国大城市新婚家庭成员的平均年龄呈上升趋势。

(　　　　)

**5.** 一个验证码由 6 个阿拉伯数字组成，每个数字出现且仅出现一次。已知：如果有 1，则有 2；除非有 3，否则没有 2；只有出现 4，才会有 3；要有 5，必须有 3。

如果上述断定为真，则以下哪项一定为真？

A. 该验证码中一定有 1。

B. 该验证码中一定有 2。

C. 该验证码中一定有 3。

D. 该验证码中一定有 4。

E. 该验证码中一定有 5。

(　　　　)

**6.** 在生产能力低下的年代，和城市居民不同，农民要靠天吃饭。一项综合性统计显示，逢到丰年，农村的新生儿的平均体重值较高；逢到灾年，这个数值较低。这说明，新生儿的体重，很大程度上依赖于母亲在妊娠期能得到的食物的数量。

以下哪项最可能是上述论证所假设的？

A. 在生产能力较低的年代，城市居民也不能得到比农民更多的粮食。

B. 在生产能力低下的年代，农民家庭基本都没有余粮。

C. 在生产能力低下的年代，城市新生儿的平均体重值高于农村的新生儿。

D. 如果一个新生儿的体重较重，则他的体质较好。

E. 在生产能力低下的年代，灾年多于丰年。

(　　　　)

**7.** 饲养动物不要使用转基因食物。一项研究显示，给实验室老鼠喂食了 30 天的转基因土豆后，这些老鼠出现肠道变形，同时免疫功能减退，而喂食非转基因的常规食物的老鼠则没有出现上述结果。

以下哪项如果为真，最能削弱上述论证？

A. 土豆不是实验室老鼠的常规食物。

B. 在上述实验中，和一开始相比，老鼠食用的土豆后来明显减少。

C. 和实验室老鼠相比，一般老鼠很少出现肠道变形。

D. 和非转基因的土豆相比，转基因土豆的口感和主要营养含量无明显区别。

E. 上述实验自身不能解释转基因土豆是如何使实验室老鼠的肠道变形并减退它们的免疫功能的。

(　　　　)

**8.** 某部门评选市级抗疫志愿者标兵，有甲、乙 2 位候选人。评定委员会由张、王、李、赵、刘组成。

张的意见是：2 位都评上。

王的意见是：要么甲评上，要么乙评上。

李的意见是：2 位至少评上 1 位。

赵认同上述三种意见中的一种，但对其他两种并不反对。

刘对上述三种意见都反对。

如果上述断定为真，则以下哪项是赵、刘两位评委都可接受的？

A. 甲和乙都评上。

B. 甲和乙都不评上。

C. 甲评上，但乙不评上。

D. 甲和乙至少一位不评上。

E. 如果甲不评上，则乙评上。

(　　　)

**9.** 如果K公司被起诉偷税漏税，那么警方一定掌握了K公司偷税漏税的证据。但警方并没有掌握K公司偷税漏税的证据。因此，K公司并没有偷税漏税。

上述推理和以下哪项最为类似？

A. 如果排名进入世界一流大学，则一定是国内一流大学。G大学进入世界大学排名前20位。因此，它一定是国内一流大学。

B. 如遵从医嘱按时服药，李某的病一定会得到控制。李某未遵从医嘱按时服药。因此，李某的病很难得到控制。

C. 如果静园小区被封控，则其中一定发现病毒感染者。静园小区未发现病毒感染者。因此，静园小区未被封控。

D. 如果张某参与此案，那么他一定有作案动机。张某有作案动机。因此张某很可能参与此案。

E. 如果天气预报今天下雨，那么预定的露天音乐会就会取消。预定的露天音乐会未取消。因此，今天没有下雨。

(　　　)

**10.** 一个人不能故意曲解别人的意思，除非他这样做是为了那个人好。

以下哪项行为最为明显地违反了上述断定？

A. 张老师告诉别人，李老师说他受到了学生的举报，事实上李老师对张老师说的是有学生在课堂上公开反驳他的观点。张老师这样做，是为了使李老师在职称评定中处于不利位置。

B. 王先生对别人说，赵女士说接种疫苗有严重的副作用。尽管赵女士确实说过这样的话，但王先生这样做是为自己不接种疫苗找借口。

C. 为了对刘教授造成不利影响，孙先生在网上散布：刘教授说在抗疫中动态清零是做不到的。事实上刘教授说的是病毒清零是做不到的，是孙先生本人不清楚这两个概念的区别。

D. 某次职称评定中，校长对院长说，贵院上报名单中每一位都符合要求，但名额有限。院长在传达时将“每一位”改为“大多数”，目的是避免给校长日后的相关工作带来被动。

E. 钱老师在课堂上多次说“读万卷书，不如行万里路”。吴老师提醒，这会不会被误解成在宣扬“读书无用论”。

(　　　)

**11.** 适量地补充维生素 A 和 D 有利于健康，但不要超出所建议的标准。如果过度摄入，会产生毒性，是很危险的。有些维生素营养食品，厂家标明，每份食品的维生素含量百分之百达到他们所建议的每天摄入量的标准。许多维生素营养食品的消费者认为，厂家作这样的标明，意在说明他们推出的食品富于营养，因此，他们摄入的维生素，经常 2 倍、3 倍地超出厂家所建议的标准。

如果上述断定为真，最能支持以下哪项结论？

A. 有些维生素营养食品的消费者有时所摄入的维生素有损于他们的健康。

B. 有些消费者食用的维生素营养食品过量。

C. 很少有维生素营养食品的消费者了解每天摄入的维生素必须限量。

D. 有些维生素营养食品的消费者认为摄入的维生素越多，越有利于健康。

E. 厂家建议的标准不一定有严格的科学依据。

(　　　)

**12.** 与农村和中小城市相比，一般来说大城市的污染较为严重。尽管如此，中国的快速城市化很可能实际上会减轻整个国家的污染。和中小城市相比，大城市居民的出行更多地依赖完备的地铁和其他公交设施，这就是为什么上海的私人汽车拥有率远低于合肥。而和农村相比，中小城市居民的生活设施，如取暖、做饭等方面的设施更为节能和有利于减少排污。因此，有更多的人生活在城市特别是大城市比生活在农村更有利于减少污染。

以下哪项最为恰当地概括了“中国的快速城市化很可能实际上会减轻整个国家的污染”这一断定在上述论证中所起的作用？

A. 它是一个论据，用以支持结论：更多的人生活在大城市有利于减少污染。

B. 它是一个断定，用以质疑：与农村和中小城市相比，一般来说大城市的污染较为严重。

C. 它是一个陈述，目的仅是引进一个议题，对于这个议题而言，该陈述自身并未表达确定内容。

D. 它是一个假设，用来论证：有更多的人生活在城市特别是大城市比生活在农村更有利于减少污染。

E. 它是一个断定，这一断定是除此以外题干的其他陈述所要得出的最终结论。

(　　　)

**13.** 张教授：科学学科不能研究不可测定的东西。幸福完全是人的一种主观体验，因此它事实上是不可测定的。

李研究员：眼科验光依据的是被测试者看到了什么，正如对幸福的研究依据的是被测试者感觉到了什么。但是，眼科验光无疑是一门科学学科，尽管是个很小的分支。

以下哪项最为恰当地概括了张教授和李研究员的争论焦点？

A. 幸福完全是人的一种主观体验。

B. 眼科验光是一门科学学科。

C. 科学学科的依据可以是人的主观体验。

D. 人的幸福和人的视力一样可以成为科学学科的研究对象。

E. 主观体验都是不可测定的。

(　　　)

**14.** 某综合性大学对该校数学系的一批学生进行了文科基础知识测试，同时对文学系的一批学生进行了理科基础知识测试，结果显示，前者的平均成绩明显高于后者。这说明，理科学生的知识面一般来说比文科学生要宽。

以下哪项如果为真，最能削弱上述论证？

A.“理科基础知识概论”是该校文科院系学生必修的公共课。

B.“文科基础知识概论”是该校理科院系学生必修的公共课。

C. 上述接受测试的数学系学生中，有些是校文学社团的成员。

D.“高等数学”是全校学生的必修课。

E. 参加上述测试的数学系的学生多于文学系的学生。

(　　　)

**15.** 网络信息被屏蔽，也许是因为违反了信息管理条例，也许是因为涉及敏感问题。涉及敏感问题的观点，可以互相对立，甚至存在激烈争论，但不论其中哪种观点在网上传播，都不利于社会稳定。而依据了信息管理条例加以屏蔽的信息，其传播都不利于社会稳定。

上述断定最能支持以下哪项结论？

A. 有利于社会稳定的信息都不会被屏蔽。

B. 不利于社会稳定的信息大都涉及敏感问题。

C. 传播涉及敏感问题的信息都违反信息管理条例。

D. 被屏蔽的信息只占网络信息流量的极少数。

E. 不利于社会稳定的信息都一定会被屏蔽。

(　　)

**16.** 在医疗设施不能充分满足社会需要的情况下，医疗设施的功能是治病。当前已成常态化的全民性定期体检实际上是对有限医疗资源的不当占用，因为常规体检不是治病。但是，如果不推行全民性定期体检，有些患者所患的疾病可能因为没有被及时发现而危及健康甚至生命。

上述断定最能支持以下哪项结论？

A. 常态化的全民性定期体检应当停止。

B. 常态化的全民性定期体检应当坚持。

C. 全民性定期体检必然导致有些患者所患的疾病不能得到及时发现和医治。

D. 如果完全杜绝医疗资源的不当占用，则必然导致有些患者所患的疾病不能得到及时发现和医治。

E. 如果停止常态化的全民性定期体检，则一定能杜绝对医疗资源的不当占用。

(　　)

**17.** 在网络上发布自己明知是虚假的信息，称为网络造假。网络造假，可能动机不同，但都是不道德的。张某在网上发布某名人逝世的虚假信息，并不违反道德，因为他本人确实并不知情。

以下哪项最为恰当地指出了上述论证存在的漏洞？

A. 忽略了这种可能：张某发布此信息是出于对该名人的崇敬。

B. 忽略了这种可能：张某对该名人存有恶意。

C. 混淆了事实判断和价值判断。

D. 不当地假设，只有网络造假才是不道德的。

E. 忽视了这种可能，张某的行为已涉嫌触犯法律。

(　　)

**18.** 某大学要在甲、乙、丙、丁、戊五位学生中选择三位分别担任一辩、二辩和三辩，组成辩论队，参加亚洲大学生辩论赛。关于组队，指导老师有如下意见：

（1）如果甲担任一辩，则丙落选。

（2）如果乙担任二辩，则丁落选。

（3）甲担任一辩，否则落选。

（4）乙担任二辩，否则落选。

（5）戊担任三辩，否则落选。

如果上述断定为真，则根据指导老师的意见，可推出以下哪项一定为真？

A. 甲担任一辩。

B. 乙担任二辩。

C. 戊担任三辩。

D. 丙未落选。

E. 丁未落选。

(　　　　)

19～20 题基于以下题干：

假设国家卫健委派张、王、李、赵四名专家前往上海、武汉、合肥、南京、重庆、大连、济南七个城市视察。其中，每个城市去一名专家视察，每名专家至少视察一个城市。以下条件必须满足：

赵视察武汉。

视察上海的专家也视察大连。

视察合肥或济南的专家都不视察南京。

视察重庆的专家只视察一个城市。

王视察的城市数量比李多。

**19.** 如果视察济南的专家只视察一个城市，则以下哪项一定为真？

A. 李视察济南。

B. 王视察大连。

C. 李视察重庆。

D. 王视察南京。

E. 王视察合肥。

(　　　　)

**20.** 如果李视察 2 个城市，则以下各项一定为真，除了

A. 张视察 1 个城市。

B. 赵视察 1 个城市。

C. 李视察上海。

D. 王视察南京。

E. 王视察大连。

(　　　　)

**21.** 据某市交通部门统计，该市去年交通事故的数量明显下降。这说明，机动车驾驶员安全驾驶的意识和水平有了明显的提高。

以下哪项如果为真，最能削弱上述论证？

A. 随着前年该市两条新的地铁线路的开通运行，该市相当数量的私家车主改乘地铁上班。

B. 去年该市事故多发地段的交通事故，包括机动车驾驶员操作不当导致的交通事故的数量并未明显下降。

C. 随着市政投入的增加，该市的交通路况条件较以前明显改善。

D. 除驾驶员操作不当以外，该市其他原因导致的交通事故的数量并未明显下降。

E. 该市交警文明执法的水平较之前有明显提高。

(　　　　)

**22.** 扁桃体肿大会造成睡眠中的呼吸障碍。通过外科手术摘除儿童肿大的扁桃体可以有效地减轻这些儿童的睡眠障碍，因此，在儿童的扁桃体肿大之前就摘除它将能确保这些儿童不会出现睡眠中的呼吸障碍。

以下哪项最为恰当地指出了上述论证中存在的漏洞？

A. 依据为数不多的个例得出一般性的结论。

B. 依据不具有代表性的统计样本得出一般性的结论。

C. 把所要证明的结论当作证明此种结论的论据。

D. 忽视了除针对睡眠呼吸障碍外，摘除儿童扁桃体的手术可能有其他医学上的原因。

E. 忽视了除扁桃体肿大外，导致睡眠呼吸障碍可能还有其他原因。

(　　　　)

**23.** 证据显示，适量饮酒有益于人体健康，特别是有些对人体有害的细菌因不能适应酒精而无法在人体内存活。因此，一般地说，饮酒只要不过量，就有益于人的健康。

以下哪项最为准确地指出了题干的论证存在的逻辑漏洞？

A. 所要论证的结论，是重复这一论证的论据。

B. 仅根据个别性的论据，就得出一般性的结论。

C. 在两个不相干的断定之间建立推断关系。

D. 对一个关键性概念的内涵的界定前后未保持一致。

E. 仅根据两个现象统计相关就断定二者因果相关。

(　　　　)

24～25 题基于以下题干：

某小区的物业部门对保安人员作了调整，招收了新人员，裁减了旧人员。调整后的总人数不变，但其中女性的比例降低了。

**24.** 如果上述断定为真，则以下哪项相关断定一定为真？

A. 被裁减的男保安的人数少于新招收的女保安的人数。

B. 新招收的男保安的人数多于新招收的女保安的人数。

C. 调整后的总人数中，女保安占较小的比例。

D. 调整后的总人数中，男保安的比例保持不变。

E. 新招收的男保安的人数多于被裁减的男保安的人数。

(　　　　)

**25.** 如果以上陈述中，"调整后的总人数不变，但其中女性的比例降低了"改为"调整后的总人数增加了，但增加幅度低于男保安人数的增加幅度"，则以下哪项一定为真？

A. 这次调整中新招收的都是男保安。

B. 这次调整中被裁减的都是女保安。

C. 调整后女保安所占的比例降低了。

D. 调整后女保安所占的比例不变。

E. 调整后男保安中的大多数都是新招收的。

(　　　　)

**26.** 作为数学的一个分支，规范场论虽然在 19 世纪就已经理论定型，但是直到最近才在现代量子力学中得到实际应用。非欧几何的数学系统是高斯在 19 世纪初叶构造完成的，几乎隔了一个世纪爱因斯坦才发现，并使得非欧几何的张量分析在广义相对论中得到成功应用。

上述实例最能推出以下哪项结论？

A. 数学理论只要正确，就一定有应用价值，这种应用价值，即使一时未被发现，但终能被发现。

B. 数学理论的真正价值不在于它的实际应用，不能以"有什么用"来评价数学的理论成果。

C. 数学发展的动力不在于实际应用的需求，而在于理论本身的逻辑。

D. 有些数学理论中的科学真理被发现以后很长一段时间内，它的应用价值不为人所知。

E. 19 世纪是数学获得跳跃性发展的世纪。

(　　　)

27～28 题基于以下题干：

某搬家公司四位师傅张、王、李、赵负责搬运 R、S、T 三件家具。每件家具由两位师傅搬运，每位师傅至少参与搬运一件家具。以下条件必须满足：

张参与搬运 S 当且仅当王参与搬运 R。

如果李参与搬运 T，则赵参与搬运 R。

张和李不搬运同一件家具。

**27.** 如果李和赵搬运 R，则以下哪项一定为真？

A. 王搬运 S。

B. 李搬运 S。

C. 赵搬运 S。

D. 张搬运 T。

E. 王搬运 T。

(　　　)

**28.** 以下哪两位可能一起参与搬运 R 和 T？

A. 张和李。

B. 张和赵。

C. 王和李。

D. 王和赵。

E. 李和赵。

(　　　)

29～30 题基于以下题干：

张教授对 H、F、N、Q、R 和 S 六篇论文进行匿名评审，每篇论文需评以优、良、中、差四个等级中的一个等级，其中“优”比“良”高一等级，依次类推。评审的结果显示以下断定成立：

对这四个等级中的任何一个等级，至少 1 篇但至多 2 篇论文被评为这一等级。

H 比 N 高一等级。

H 或 R 与 F 的等级相同。

至多 1 篇论文的等级比 Q 高。

**29.** 如果 H 是唯一被评为“中”的论文，则以下哪项一定为真？

A. F 被评为“良”。

B. N 被评为“良”。

C. Q 被评为“良”。

D. R 被评为“差”。

E. S 被评为“差”。

(　　　　)

**30.** 如果 R 和 S 被评为相同等级，则以下哪项一定为真？

A. H 被评为“中”。

B. F 被评为“良”。

C. N 被评为“中”。

D. Q 被评为“优”。

E. S 被评为“差”。

(　　　　)

【答案】

| | | | |
|---|---|---|---|
| 1～5 | ECCCD | 6～10 | BADEA |
| 11～15 | AECBA | 16～20 | DDCBC |
| 21～25 | AEAEC | 26～30 | DDBAD |

# 第二套

**1.** 黑格尔说："一个民族有一群仰望星空的人，就有希望。"因此，一个没有希望的民族，一定习惯于跪拜太阳。

上述推理中出现的漏洞，和以下哪项中出现的漏洞（如果有的话）最为类似？

A. 王某说："家宅前院有两棵树，一棵是槐树，另一棵也是槐树。"因此，王某家如果养两只宠物，肯定一只是猫，另一只也是猫。

B. 罗素说："听到反对意见就发怒，说明你对自己的观点缺乏自信。"因此，对自己的观点充满自信的人，一定对反对意见充满期待。

C. 维特根斯坦说："把能够说的说清楚，对不能够说的保持沉默。"因此，如果试图说不能够说的话，你一定说不清楚。

D. 奥卡姆说："除非必要，不增实体。"因此，真理是简单的。

E. 张爱玲说："有的人能感受雨，其余的人只是被淋湿。"因此，要获得雨的感受，不一定要淋雨。

(　　　　)

**2.** 目前被广为采用的"支架手术"是有效治疗冠心病的医学处置之一。在这些医学处置中，相对于"支架手术"，有些不仅治疗费用较为便宜，而且因为无创而风险较小。当冠状动脉的阻塞度小于90%时是否采取"支架手术"特别引起争议。

上述断定最能支持以下哪项结论？

A. 在治疗冠心病的医学处置中，"支架手术"的风险最高。

B. 采用"支架手术"治疗冠心病是不必要的。

C. 当冠状动脉的阻塞度大于90%时必须采取"支架手术"。

D. 目前"支架手术"被广为采用的原因是医疗部门出于经济的考虑。

E. 有的情况下一些风险较小的医学处置能收到和"支架手术"一样的治疗效果。

(　　　　)

3. 据最保守的估计，H 市未来 10 年外来就业人口将增加 20%。为了减少机动车交通拥堵，必须扩大城市地铁建设，或者立即实行私人机动车限购。H 市现有的地铁规模，已达到国家相关政策限定的标准，因此，为了减少机动车交通拥堵，必须立即实行私人机动车限购。

以下哪项如果为真，最能削弱上述论证？

A. 实行私人机动车限购，将减少 H 市对外来就业人口的吸引力。

B. 上述对未来就业人口增长幅度的估计不一定符合实际。

C. 和 H 市毗邻的 J 省，每年吸引大量的外地就业人口。

D. 有法律专家认为，私人机动车限购缺少法理支持，有失社会公正。

E. 实行机动车尾号限行，能有效减少城市机动车交通拥堵。

(　　　　)

4. 山亚酒店 70% 的高层客房都是观景房。因此，山亚酒店客房中至少有一个套间是观景房。

假设以下哪项，上述结论能从论据合乎逻辑地得出？

A. 所有山亚酒店的低层客房都是观景房。

B. 所有山亚酒店的客房都是观景房。

C. 大多数山亚酒店的客房都是套间。

D. 大多数山亚酒店的观景房都在高层。

E. 大多数山亚酒店的高层客房都是套间。

(　　　　)

5. 城管上岗前都要进行专业培训，培训材料很多使用的是非日常的专业用语，目的是追求法律上的准确和逻辑上的严谨。文字表达在专业上准确度越高，理解起来难度越大。对于城管人员来说，重要的是对其职责有基本的了解，而不是弄清楚其职责的何种定义和解读更为准确。因此，城管人员培训应使用简单的、容易理解的日常语言。

以下各项如果为真，都能加强题干的论证，除了

A. 相比专业语言，大多数城管人员更容易理解日常语言。

B. 讲不清楚所任职责的准确定义，城管人员也可以了解自己的基本职责。

C. 有些城管人员虽然经过专业培训但仍不当执法，原因之一是对自己的职责缺乏基本了解。

D. 市民反感的城管人员不当执法，有些仅用非专业的日常语言难以界定。

E. 运用简单的、容易理解的日常语言可以讲清楚城管的基本职责。

(　　　　)

**6.** 一部优秀影片首先必须有高的意境，其次必须有引人入胜的故事和成功的人物塑造。今年票房居首的电影《我的母亲》意境颇高，但没有引人入胜的故事。

如果上述断定为真，最能支持以下哪项结论？

A.《我的母亲》的人物塑造是成功的。

B.《我的母亲》虽然有缺点，但仍不失为一部优秀影片。

C. 优秀的电影不一定迎合观众的欣赏需求。

D. 高票房的电影不一定是优秀影片。

E.《我的母亲》的票房统计有误。

(　　　　)

7～8题基于以下题干：

一个验证码由五位数字组成，分别是0、1、2、3和4，每个数字出现且出现一次（不一定按此顺序）。验证码的第二位数字是第一位数字的2倍，第三位数字小于第五位数字。

**7.** 如果验证码的最后一位数字是1，则以下哪项一定为真？

A. 第二位数字是2。

B. 第三位数字是4。

C. 第三位数字是3。

D. 第四位数字是3。

E. 第四位数字是0。

(　　　　)

**8.** 以下哪项一定为真？

A. 0和1之间恰有一个数字。

B. 1和2之间恰有一个数字。

C. 1和3之间最多有两个数字。

D. 2和3之间最多有两个数字。

E. 2和4之间最多有两个数字。

(　　　　)

**9.** 一个世纪，就像人的一生。当世纪末来临的时候，一个人面对这个即将结束的世纪，如同一个生命即将走向尽头的人，面对他已经历的一生。因此，就像一个暮年老人喜欢追忆往事，在世纪之交，人们____。

以下哪项作为以上陈述的结语最为恰当？

A. 纷纷追忆自己的一生。

B. 感伤自己的一生也将终结。

C. 关注新世纪将会带来什么不同于以往的东西。

D. 对这个即将结束的世纪的历史将产生浓厚的兴趣。

E. 反思这个世纪的一些悲剧性事件如何不再重演。

(　　　　)

**10.** a 和 b 分别称为“句符”，F 和 H 分别称为“算符”。“句符”是“句”，“算符”不是“句”。但是，F 的右边紧接一个“句”，所得的结果是“句”；H 的右边连续紧接两个“句”，所得的结果是“句”。其余的都不是“句”。

根据以上定义，以下哪项是“句”？

A. HFaFFb。

B. HabFb。

C. FFFaHab。

D. HcFFFab。

E. HHHHFF。

(　　　　)

**11.** 要接种新冠疫苗，申请者必须无癫痫发病史，并且无抗生素药物过敏。要参加本次高级论坛，与会者必须已接种新冠疫苗，或者持有 10 天之内核酸检测合格证明，或者持有论坛主席团的特别邀请函。张教授并无癫痫发病史，但未被允许接种新冠疫苗，这未影响他参加了本次高级论坛。

如果上述断定为真，以下哪项一定为真？

A. 张教授抗生素药物过敏。

B. 张教授无抗生素药物过敏。

C. 如果张教授未做核酸检测，则他持有论坛主席团的特别邀请函。

D. 如果张教授做了核酸检测，则他一定未持有论坛主席团的特别邀请函。

E. 张教授既持有 10 天之内核酸检测合格证明，又持有论坛主席团的特别邀请函。

(　　　　)

**12.** 小区豢养宠物的业主的比例如果过高，就会影响小区的正常生活秩序，这势必损害一部分业主的合法权益。但如果禁止业主豢养宠物，也会损害有些业主的合法权益，因为相关法规并不禁止豢养宠物。这是小区管理中目前存在的两难。

如果上述断定为真，最能支持以下哪项结论？

A. 在豢养宠物问题上，总有某些业主的合法权益会受到损害。

B. 如果业主合法权益都未受到损害，则业主豢养宠物并未被禁止。

C. 只要保持小区的正常生活秩序，业主的合法权益就不会受到损害。

D. 只要禁止豢养宠物，小区的正常生活秩序就不受影响。

E. 相关法规并不禁止豢养宠物有合理的依据。

(　　)

**13.** 有一种观点认为，在职场中，独立的个性、协调的同事关系、领导的信任器重，这三者不能同时保持。

如果上述观点为真，以下哪项一定为真？

A. 在职场中，小张保持了领导对她的信任器重，又保持了和同事的协调关系，但未保持住自己的独立个性。

B. 在职场中，小李既未保持领导对她的信任器重，又未保持和同事的协调关系，也未保持住自己的独立个性。

C. 在职场中，小孙保持了领导对她的信任器重，又保持了自己的独立个性，但未能保持和同事的协调关系。

D. 在职场中，如果小赵既未保持和同事的协调关系，又未保持领导对她的信任器重，那么，她一定保持了自己的独立个性。

E. 在职场中，如果小刘取得并保持了领导的信任器重，那么，她没有保持自己的独立个性，或者未能保持和同事的协调关系。

(　　)

**14.** 在互联网上，一个正直的人点赞的信息，不必然都是真实信息；一个不正直的人点赞的信息，不可能都是真实信息。

以下哪项最符合题干的断定？

A. 即使是正直的人，他点赞的信息都不必然真实。

B. 正直的人点赞的信息有的必然真实。

C. 正直的人点赞的信息有的可能不真实。

D. 不正直的人点赞的信息可能都不真实。

E. 不正直的人点赞的信息必然都不真实。

(　　)

**15.** 某网站近期发布了一则署名信息，称W公司推出的甲种疫苗缺乏安全性，得出这一结论的论据是，甲种疫苗在研制过程中存在很多技术性漏洞。上述网站是由 Q 公司资助的。Q 公司推出的乙种疫苗是甲种疫苗的主要市场竞争者，而上述信息的作者恰是乙种疫苗研制的主要参与者。上述结论的论据可能基于不良动机和偏见。因此，上述网络信息的结论不成立，甲种疫苗是安全的，尽可放心使用。

以下哪项最为恰当地指出了上述论证存在的漏洞?

A. 忽略了：商业竞争可能但不必然产生不良动机和偏见。

B. 不当地假设：网络中的署名信息比匿名信息可信度高。

C. 忽略了：在一个论证中，即使论据虚假，结论也不一定虚假。

D. 不当地假设：甲、乙两种疫苗中，至少有一种具备安全性。

E. 把所要论证的结论，当作论证这一结论的论据。

(　　　　)

**16.** 教育的目标，不仅是使受教育者了解知识，而且是使受教育者理解知识。任何知识，必须具备两个特征：第一，不违背事实；第二，合乎逻辑。理解知识，必须了解知识；但了解知识，不一定理解知识。要理解知识，受教育者必须具备问题意识，所谓问题意识，是指受教育者在事实或逻辑层面进行质疑的能力。

以下各项都符合上述断定，除了

A. 不了解某种知识，就谈不上理解此种知识。

B. 不合乎逻辑并且违背事实的断定，不能称为知识。

C. 合乎逻辑但违背事实的断定，不能称为知识。

D. 了解某种知识，并且具备问题意识，就能理解此种知识。

E. 不了解某种知识，即使具备问题意识，也不能理解此种知识。

(　　　　)

**17.** 本小区物业管理部门通过随机的方式，调查了一部分业主，80%的被调查者都赞成改选业主委员会。物业部门就此得出结论，小区大多数业主都赞成改选业主委员会。但是，我所熟悉的业主没有一个赞成改选。因此，物业部门的调查结论不成立，本小区不可能大多数业主都赞成改选。

以下哪项最为恰当地指出了题干的论证存在的漏洞?

A. 上述论证忽视了：抽样调查只能得出可能性结论。

B. 上述论证忽视了：作为调查样本，“我所熟悉的业主”的代表性，可能不如物业部门通过随机方式确定的调查对象。

C. 上述论证忽视了：作为调查的主持者，物业部门具有较高的权威性。

D. 上述论证不当地把由调查所得出的事物之间的统计相关性混同于因果相关性。

E. 上述论证不当地把其结论当作论证这一结论的论据。

(　　)

**18.** 表 2 - 1 的每行、每列、每条对角线的 5 个方格中，都填有赤、橙、黄、绿、青 5 个字，每个字出现且出现一次。有些方格的字如表中所示。

**表 2 - 1**

| | | | | |
|---|---|---|---|---|
| | | | | |
| 绿 | | | | |
| 赤 | | | | |
| | | | | |
| | 赤 | 橙 | 黄 | |

根据以上条件，可推出第一行的字依次是

A. 黄、绿、青、赤、橙。

B. 橙、青、赤、黄、绿。

C. 橙、黄、绿、青、赤。

D. 橙、绿、青、赤、黄。

E. 青、橙、黄、绿、赤。

(　　)

19～20 题基于以下题干：

F、G、H、K、L、M 6 个人，每个人分配到甲、乙、丙 3 个小组中的一个小组，每组至少 1 人。以下条件必须满足：

①乙组比丙组的人多。

②F 和 K 都不在丙组。

③G 和 H 都不在甲组。

④G 和 M 在同一组。

**19.** 如果分配到甲组的人数比乙组的人数多，则以下哪项断定的人一定分配到丙组？

A. M。　　B. L。　　C. K。

D. H。　　E. F。

(　　)

**20.** 如果 H 分配到的那个组包括他共 2 个人，则以下哪项可能为真？

A. L 分配到甲组。

B. F 分配到乙组。

C. H 分配到乙组。

D. L 分配到乙组。

E. G 分配到丙组。

(　　　　)

**21.** 张芳是校学生艺术团的成员，又是校刊文艺版的记者，但不是文艺特长生。

如果上述断定为真，能说明以下哪项相关规定未得到实施？

A. 如果是特长生，必须参加校学生艺术团，或者是校刊文艺版的在任记者。

B. 校学生艺术团成员中必须包括校刊文艺版的记者或者文艺特长生。

C. 校刊文艺版的记者必须由校学生艺术团成员中的文艺特长生担任。

D. 校学生艺术团成员中的文艺特长生，必须兼任校刊文艺版的记者。

E. 文艺特长生可以参加校学生艺术团，但不得担任校刊文艺版的记者。

(　　　　)

**22.** 国家卫健委甲、乙、丙、丁四位专家去云南和东北检查指导防疫，每人只去一处。已知：

(1) 甲、乙、丙 3 人中，至少 2 人去东北。

(2) 乙、丙、丁 3 人中，至多 2 人去云南。

(3) 甲、丙、丁 3 人中，至少 2 人去云南。

基于以上陈述，可得出以下哪项结论？

A. 甲和丙都去云南。

B. 丙去云南，甲去东北。

C. 乙去东北，丁去云南。

D. 丁去东北，乙去云南。

E. 丙去东北，甲去云南。

(　　　　)

**23.** 近 10 年来，来自农村的大学生的数量持续增长，但其增长率仍低于同期全国大学生的增长率。而来自贫困地区农村的大学生的增长率大于同期全国大学生的增长率。

从上述断定能推出以下哪项结论？

A. 近10年来，来自农村的大学生中，来自贫困地区农村的比例上升了。
B. 近10年来，全国大学生中，来自贫困地区农村的比例下降了。
C. 近10年来，全国大学生中，来自农村的比例上升了。
D. 近10年来，全国大学生中，来自农村的比例基本不变。
E. 近10年来，来自农村的大学生中，来自富裕地区的比例下降了。
（　　）

24～25题基于以下题干：

抑郁症是一种常见的心理疾病。有经验的心理医生，可以通过和抑郁症患者的“交谈”，有效地改变患者的心理状态，缓解乃至根除抑郁症状。进一步的研究发现，在上述过程中，患者的大脑出现相应的化学变化。因此，通过药物干预促使大脑产生这样的化学变化，完全可以得到和上述“交谈”同样的治疗抑郁症的效果。

**24.** 以下哪项是上述论证所假设的？
A. 大脑中的任一化学变化都能影响人的心理状态。
B. 心理医生的“交谈”，除非能使患者大脑出现相应的化学变化，否则不能有效治疗抑郁症。
C.“交谈”的设计和实施依赖心理医生的个人经验，对大脑的药物干预不依赖个人经验。
D. 和心理治疗相比，药物干预疗法并不明显增加抑郁症患者的医疗费用。
E. 在心理医生中，有经验的只占很小的比例。
（　　）

**25.** 以下哪项如果为真，最能削弱上述论证？
A. 通过药物干预促使大脑产生所需要的化学变化，只是一种理论假设，尚未进入临床实验。
B. 人的心理状态的变化会导致大脑出现相应的化学变化。
C. 抑郁症和一般心理疾病的界限，即使有经验的医生也很难把握。
D. 有的经过“交谈”治疗的抑郁症患者的大脑未出现化学变化。
E. 有的抑郁症患者的症状不经治疗也能缓解。
（　　）

**26.** 张教授：当失业率低于5%时，社会就实现了充分就业。这一充分就业的传统定义是正确的，因为失业率达到或高于5%，就会产生通货膨胀。

李研究员：充分就业这一传统定义是20年前作出的。这20年，特别是近年来，就业人员中，临时工和小时工的比例显著上升。而临时工和小时工的福利待遇普遍很低，有的甚至没有。因此，目前低于5%的失业率不能说明社会已实现充分就业。

在以下哪个问题上，双方最可能有不同意见？

A. 目前就业人员中，临时工和小时工的比例是多少？

B. 目前社会要实现充分就业，失业率不能高于多少？

C. 失业率达到或高于5%，是否就会导致通货膨胀？

D. 什么样的充分就业的定义适合目前的社会经济状况？

E. 在就业人员中，临时工和小时工是否实现了充分就业？

(　　　)

27～28题基于以下题干：

一堂化学课有6个实验要在某周的周三、周四、周五完成，每天上午和下午各完成一个实验。每个实验配备一个不同的助教：J、K、L、N、O、R。满足以下条件：K和R在同一天；L和O不能在同一天；N在下午；J在O之前的某一天。

**27.** 如果K安排在周五上午，则以下哪项一定为真？

A. J在周三上午。

B. N在周三下午。

C. N在周四下午。

D. L在周三上午。

E. O在周四下午。

(　　　)

**28.** 如果L不安排在周三，则以下哪位一定安排在周四？

A. R。　　B. O。　　C. N。

D. K。　　E. J。

(　　　)

29～30题基于以下题干：

T、V、W、Y四所医院负责在甲、乙、丙、丁四个小区，连续四天设立临时疫苗接种点。每天只接种一个小区，每个小区接种的日期互不相同；每个医院负责一个小区，每个小区的负责医院互不相同。以下条件必须满足：

甲在乙之前，乙在丙之前；Y 不负责丁小区。

**29.** 如果 V 负责的小区接种疫苗的日子比乙小区早，并且 T 比 V 早，则以下哪项一定为真？

A. 甲小区比 T 负责的小区早。

B. 乙小区比 Y 负责的小区早。

C. 丙小区比 W 负责的小区早。

D. 丁小区比 Y 负责的小区早。

E. T 负责丁小区。

（　　）

**30.** 如果 T 负责甲，V 负责乙，则以下哪项不可能为真？

A. W 负责第一天。

B. W 负责第四天。

C. T 负责第二天。

D. V 负责第二天。

E. Y 负责第二天。

（　　）

【答案】

| | | | |
|---|---|---|---|
| 1～5 | BEEED | 6～10 | DDEDA |
| 11～15 | CBECC | 16～20 | DACDB |
| 21～25 | CCABB | 26～30 | DCEDE |

# 第三套

**1.** 此次参展棕榈国际电影节的大多数是欧洲电影，但获奖的大多数是亚洲电影。大多数在此次棕榈国际电影节上获奖的影片都曾在雪松国际电影节上获奖。

如果上述断定为真，以下哪项一定为真？

A. 至少有一部欧洲电影在此次棕榈国际电影节上获奖。

B. 至少有一部在此次棕榈国际电影节上获奖的亚洲电影未曾在雪松国际电影节上获奖。

C. 在雪松国际电影节上获奖的影片中，有的是亚洲电影。

D. 在此次棕榈国际电影节的参展影片中，一定有美洲或非洲电影。

E. 在此次棕榈国际电影节的获奖影片中，一定有日本电影。

(　　　　)

**2.** 体内对人有益的细菌称为益生菌。胃溃疡主要是由幽门螺旋杆菌引起的。但是，幽门螺旋杆菌携带者中只有10%患有胃溃疡，并且据说这种细菌能增强人体对一些疾病的免疫力，因此，目前不少医学界人士主张把幽门螺旋杆菌归入益生菌。这一主张会产生误导。肺结核主要是由感染结核菌引起的，结核菌携带者中也只有10%患有肺结核，但没有人主张把结核菌归入益生菌。

以下哪项如果为真，最能削弱上述论证？

A. 肺结核对人体健康的危害甚于胃溃疡。

B. 结核菌携带者中患有肺结核的比例超过20%。

C. 结核菌未能给它的携带者带来任何益处。

D. 和结核菌不同，幽门螺旋杆菌不具有传染性。

E. 益生菌可通过体外人为摄入。

(　　　　)

3～4题基于以下题干：

甲、乙、丙、丁、戊、庚6个保安在某节假日连续三天负责某小区的值班，每人1天，每天2人。甲第一天值班，当且仅当乙和丙第二天值班。丁的值班日比庚的值班日早。

3. 如果甲第一天值班，则可得出以下哪项结论？

A. 甲和戊同一天值班。

B. 甲和庚同一天值班。

C. 戊和庚同一天值班。

D. 乙和戊同一天值班。

E. 丙和庚同一天值班。

(　　)

4. 如果甲和乙在同一天值班，并且丙在第二天值班，则可推出以下哪项？

A. 丙和庚同一天值班。

B. 甲和乙同在第二天值班。

C. 丙和丁同一天值班。

D. 戊和庚同一天值班。

E. 丁和庚同一天值班。

(　　)

5. 塑料垃圾的处理正成为全球范围内的环保问题。塑料垃圾因为难以被自然分解，一直令人类感到头疼。近年来，许多易于被自然分解的塑料代用品纷纷问世，这是人类为减少塑料垃圾而做的一种努力。但是，据全球范围内大多数垃圾处理公司统计，它们每年填埋的垃圾中塑料垃圾的比例，不但没有减少，反而有所增加。

以下哪项如果为真，最能解释上述现象？

A. 近年来，由于实行了垃圾分类，越来越多过去被填埋的垃圾被回收利用了。

B. 塑料代用品利润很低，生产商缺乏投资的积极性。

C. 近年来，用塑料包装的商品品种有所减少。

D. 由于燃烧时会产生有毒污染物，塑料垃圾只适合填埋地下。

E. 近年来，虽然取消了购物塑料袋的免费供应，但超市购物塑料袋的供应量并没有明显减少。

(　　)

6. 某高校实施的一项体检表明：70%自诉失眠的教师都有夜间工作的习惯。因此，夜间工作很可能是失眠的原因；改变夜间工作的习惯是克服失眠的一个重要途径。

以下哪项如果为真，最能削弱上述结论？

A. 有些校机关工作人员也患有失眠，但并不在夜间工作。

B. 该高校70%的教师都有夜间工作的习惯。

C. 许多失眠者通过加强体育锻炼减轻了症状。

D. 有个别教师没有参加体检。

E. 教师的职业性质需要夜间工作。

(　　　　)

**7.** 一个前提合乎逻辑地推出一个结论，是指：如果该前提真，则该结论一定真。一个前提合乎逻辑地支持一个结论，是指：如果该前提真，则该结论可能真。这种可能性越大，相应的支持力度越大。

如果上述断定为真，则以下哪项一定为真？

Ⅰ. 一个假结论，不可能由真前提合乎逻辑地推出。

Ⅱ. 一个真结论，不可能由假前提合乎逻辑地推出。

Ⅲ. 如果某个前提推出某个结论，则该前提支持该结论。

Ⅳ. 如果某个前提推不出某个结论，则该前提不支持该结论。

A. 只有Ⅰ和Ⅲ。

B. 只有Ⅱ和Ⅳ。

C. 只有Ⅰ、Ⅱ和Ⅲ。

D. Ⅰ、Ⅱ、Ⅲ和Ⅳ。

E. Ⅰ、Ⅱ、Ⅲ和Ⅳ都不一定为真。

(　　　　)

**8.** 如果疫苗W是有效的，则接种者会产生对新冠病毒的抗体。如果一个人产生对新冠病毒的抗体，则不会感染新冠病毒，除非该病毒变异。在近期确诊的新冠病毒患者中发现有W疫苗的接种者。

如果上述断定为真，则以下哪项一定为真？

A. 新冠病毒发生变异。

B. W疫苗无效。

C. 要么新冠病毒发生变异，要么W疫苗无效。

D. 如果新冠病毒未发生变异，则说明W疫苗无效。

E. 如果新冠病毒发生变异，则说明W疫苗有效。

(　　　　)

**9.** 张先生：我现在的工作确实让我不愉快。我想辞去这份工作，但又怕承受不了辞职带来的后果。

李女士：辞去一份工作带来的最严重后果，无非是找不到新的工作。而找不到新工作无非是让你不愉快。现在你已经不愉快了，辞去这份工作有什么可使你担心的呢？

以下哪项最为准确地指出了李女士的论证中存在漏洞？

A. 忽视了找不到新工作的可能性是极小的。

B. 忽视了产生不愉快可能有不同的原因。

C. 忽视了在工作中不愉快的原因可能不在工作本身。

D. 忽视了不愉快可以有不同的程度。

E. 忽视了新找到的工作也可能使人不愉快。

（　　）

**10.** 为了改进私家车乱停放对市民生活造成的不便，管理部门在马路边划出了规范的停车位，但这使马路变窄，自行车不能和机动车各行其道，增加了骑车人的不便和交通风险，这是对骑车人权益的侵害。

以下哪项如果为真，最能削弱上述论证？

A. 只有当马路的宽度达到或超过规定的标准时，才允许在马路边停放机动车辆。

B. 骑车人大都拥有私家车，他们骑车是为了方便或锻炼身体。

C. 私家车乱停放的原因是其数量持续增加，占用马路停放机动车也是不得已。

D. 私家车乱停放给骑车人带来的不便和风险，大于自行车不能和机动车各行其道。

E. 有些不允许在路边停放机动车辆的马路并没有自行车专用道。

（　　）

**11.** 电影，首先是艺术品，同时也是商品。成功的艺术片，长于文学意境和人物塑造。成功的商业片，长于故事情节和明星表演。长于人物塑造但缺少故事情节，或者虽不乏明星表演但缺少文学意境的影片，都称不上成功的艺术片。

如果上述断定为真，以下哪项一定为真？

A. 不成功的商业片不可能是成功的艺术片。

B. 有的影片既是成功的艺术片，又是成功的商业片。

C. 缺少故事情节的影片不可能是成功的艺术片。

D. 缺少人物塑造的影片不可能是成功的商业片。

E. 靠明星表演来吸引观众的影片一定缺少文学意境。

（　　）

**12.** 以下每行、每列的 5 个方格中，都填有仁、义、礼、智、信 5 个字，每个字出现且仅出现一次。有些方格的字如表 3-1 所示。

**表 3-1**

| | | | | |
|---|---|---|---|---|
| | | | 仁 | 义 |
| | | 智 | 礼 | |
| 智 | 仁 | | | |
| | | | 义 | |
| 义 | | 礼 | | |

根据以上条件，可推出第四行的字依次是

A. 信、礼、仁、义、智。

B. 礼、智、信、义、仁。

C. 智、仁、信、义、礼。

D. 仁、信、礼、义、智。

E. 智、信、仁、义、礼。

(　　　　)

**13.** 某场足球比赛前，教练有如下考虑：如果 1 号和 2 号两位队员一个上场，另一个不上场，那么，3 号和 4 号两位队员至少要上场一个。

如果 4 号上场，则 2 号一定上场，则以下哪项如果为真，说明教练的上述考虑并没有得到贯彻？

A. 上场的队员中有 1 号，没有 2 号，也没有 3 号。

B. 上场的队员中有 1 号，没有 3 号，也没有 4 号。

C. 上场的队员中有 1 号，没有 2 号，也没有 4 号。

D. 上场的队员中没有 1 号，没有 3 号，也没有 4 号。

E. 1 号、2 号、3 号和 4 号都上场。

(　　　　)

**14.** 统计显示，慈善投入较多的企业的年利润率明显高于其他企业。这说明，慈善投入有利于提高企业形象，良好的企业形象有利于企业的商业经营。

以下哪项如果为真，最能削弱上述论证？

A. 仅靠慈善投入并不能确保有良好的公众形象，对于个人和企业都是如此。

B. 通过慈善投入提高企业形象也是一种商业经营手段。

C. 企业和个人的慈善投入是推进社会福利的一个重要环节。

D. 因不当经营被约谈的企业中，有的也有较多的慈善投入。

E. 较高的利润率使企业有能力进行较多慈善投入。

(　　　)

**15.** 罗素说，我不会为信仰而献身，因为我的信仰可能是错的。

罗素的上述论证最能支持以下哪项断定？

A. 罗素认为自己没有信仰。

B. 罗素把自己认为错的东西当作信仰。

C. 罗素认为，信仰不需要信仰者为它献身。

D. 罗素认为，只有不可能错的东西才值得为它献身。

E. 罗素认为，信仰某种东西，就是认定它不可能错。

(　　　)

**16.** 环保主义者警告，在未来的 10 年内，全球濒临灭绝的生物种类的数量将明显增加。这一警告缺乏说服力，因为全球生物种类的实际数量，要远远超出我们现在所知道的。

以下哪项最为准确地指出了上述论证存在的漏洞？

A. 混淆了未来和当下。

B. 混淆了一个事物的种类和这些种类中的事物。

C. 混淆了统计相关和因果相关。

D. 混淆了充分条件和必要条件。

E. 混淆了百分比和绝对数。

(　　　)

**17.** 一个数字验证码，如果其中有 2，则要么有 3，要么有 4；如果有 3 或 4，则有 1 但没有 2；2 和 3 至少有一。

依据上述条件，能推出以下哪项结论？

A. 验证码中有 1 和 2。

B. 验证码中有 1 和 3。

C. 验证码中有 1 和 4。

D. 验证码中有 2 和 3。

E. 验证码中有 2 和 4。

(　　　)

**18.** 和专门的科研机构不同，高等院校，即使是研究型的，其首要任务也是培养学生。这一任务完成得不好，校园再漂亮、硬件设施再先进、教师的科研成果再多也是没有意义的。

上述议论的结构和以下哪项最不类似？

A. 一个饭店最重要的是要使顾客感到饭菜好吃。价格的合理、服务的周到、环境的优雅只有在顾客吃得满意的情况下才有意义。

B. 一个人最要紧的是品行。一旦没有品行，有学问、有相貌、有钱又有什么用呢？

C. 和学术著作不同，对于文艺作品来说，最重要的是它的可读性、观赏性。只要有足够多的读者，高质量的文艺作品就一定能实现它的社会效益、经济效益，同时体现它的学术价值。

D. 一个国家要发展，最重要的是保持稳定。一旦失去稳定，经济的发展、政治的改革就失去了可行性。

E. 一个品牌最重要的是产品质量。如果广告对于某个品牌的产品长期占领市场确实起到了实质性的作用，那么该产品一定具有过硬的质量。

(　　　　)

**19.** 高考临近，张老师担任某毕业班所有学生的数学应试辅导，李老师担任该班英语较差的学生的英语应试辅导。有关王老师，已知信息只有：她和张老师、李老师三人中，有且只有一位同时担任政治应试辅导。刘小小是该毕业班的学生。担任政治应试辅导的老师没有担任刘小小的英语应试辅导，也没有担任他的数学应试辅导。

如果上述断定为真，则以下哪项一定为真？

A. 王老师担任政治应试辅导。

B. 李老师担任政治应试辅导。

C. 张老师担任政治应试辅导。

D. 如果王老师没有担任政治应试辅导，则李老师担任政治应试辅导。

E. 如果王老师没有担任政治应试辅导，则张老师担任政治应试辅导。

(　　　　)

**20.** 基督教谈人道不如儒，谈神道不如佛。因此，基督教谈人道胜于佛，谈神道胜于儒。

以下哪项推理和题干的最为类似？

A. 北京人精明不如南方人，豪爽不如东北人。但是，北京人精明胜于东北人，豪爽胜于南方人。

B. 水果的维生素含量高于蔬菜，纤维素含量低于谷物。因此，水果的维生素含量高于谷物，纤维素含量低于蔬菜。

C. 清华毕业生的文科功底不一定不如北大毕业生，但工科功底一定强于人大毕业生。因此，清华毕业生的文科功底一定不如人大毕业生，但工科功底不一定强于北大毕业生。

D. 中国人的创造性思维能力不如美国人，锲而不舍精神不如日本人。因此，中国人的创造性思维能力强于日本人，锲而不舍精神强于美国人。

E. 四川菜的辣，甚于湖南菜；四川菜的麻，甚于任何其他菜系。因此，湖南菜比四川菜辣，但不如四川菜麻。

（　　　）

**21.** 蜂鸟很小，但它产的卵是它的体重的15%。鹅的体形和体重显然比蜂鸟大，它产的卵是它的体重的4%。体形和体重比鹅大得多的鸵鸟所产的卵只占它的体重的1.6%。鸵鸟的平均寿命比鹅长，鹅的平均寿命比蜂鸟长。

上述断定如果为真，最能支持以下哪项结论？

A. 和体重较重的动物相比，体重较轻的动物所产卵的重量较重。

B. 所产卵和自身重量的比值会影响动物的寿命。

C. 和寿命较长的动物相比，寿命较短的动物所产卵和自身重量的比值较大。

D. 和体重较重的动物相比，体重较轻的动物所产卵和自身重量的比值较小。

E. 体重较重的动物的平均寿命不一定较长。

（　　　）

**22.** 甲：日常用语中的一些语词，用作科学上的专业术语是不恰当的。例如，落叶树和针叶树在日常语言中都称为“树”，但在生物科学中，它们是两种不同的树种谱系。

乙：但它们都是由同一种质料和非常类似的结构组成的。

在以下哪个问题上双方最可能有不同意见？

A. 日常用语中的语词用作科学上的专业术语是否都一定恰当？

B. 同一个科学专业术语用来指称两个不同的对象是否一定不恰当？

C. 同一个科学专业术语用来指称两个不同的对象是否一定恰当？

D. 和科学专业术语相比，日常用语是否更关注语词指称对象的差异性？

E. 质料相同但结构不同的树木是否一定属于不同的树种谱系？

（　　　）

**23.** 干旱和森林大火导致俄罗斯今年粮食歉收，国内粮价快速上涨，要想维持国内粮食价格稳定，俄罗斯必须禁止粮食出口。如果政府禁止粮食出口，俄出口商将避免损失，因为他们此前在低价位时签署出口合同，若在粮价大幅上涨时履行合同将会亏本。但是，如果俄政府禁止粮食出口，俄罗斯奋斗多年才获得的国际市场将被美国和法国占有。

如果上述陈述为真，则以下哪项陈述一定为真?

A. 如果俄罗斯今年不遭遇干旱和森林大火，俄政府就不会禁止粮食出口。

B. 如果今年俄罗斯维持国内粮食价格稳定，就会失去它的国际粮食市场。

C. 俄罗斯粮食出口商为避免损失积极游说政府，促使其制定粮食出口禁令。

D. 如果俄罗斯禁止粮食出口，其国内的粮食价格就不会继续上涨。

E. 以上各项均不一定为真。

(　　　)

**24.** 一篇毕业论文被评为优秀论文的充分条件是选题有特别重大的理论意义，或者研究成果有特别重大的应用价值；必要条件是有一定的原创性，并且没有“硬伤”，即没有明显的理论性或技术性错误。

如果上述断定为真，则以下哪项不可能为真?

A. 一篇被评为优秀的毕业论文，选题有特别重大的理论意义，但存在明显的技术性错误。

B. 一篇毕业论文，既没有重大理论意义，又没有重大应用价值，但被评为优秀论文。

C. 一篇毕业论文，有明显的原创性并且没有“硬伤”，但未被评为优秀论文。

D. 一篇毕业论文，如果研究成果有特别重大的应用价值，则不可能缺乏原创性。

E. 一篇毕业论文，有原创性，但存在明显的技术性错误。

(　　　)

**25.** 甲、乙、丙三位副教授同时申报正高级职称。按照程序，申报者只有在教授大会的初评表决中获得多数赞成票，才能进入学术委员会的终评表决。初评前，三人在一起猜测结果：

甲：我们三人都能进入终评。

乙：如果我们三个人中有人通过初评，那么通过初评的不是我。

丙：初评中乙的得票（获得赞成票）比我多。

初评结果说明，上述三个猜测，只有一个不成立。

如果上述断定为真，则以下哪项一定为真?

A. 乙和丙都通过初评。

B. 乙和丙都未通过初评。

C. 初评中，乙的得票比丙多。

D. 初评中，丙的得票比乙多。

E. 初评中，三人中得票最多的是甲。

（　　）

**26.** 许多居室的厨房和餐厅之间用一道滑动的玻璃门隔开，目的是获得一种厨房和餐厅的视觉一体感。当厨房不使用的时候，玻璃门通常是打开的。这时，如果这种视觉一体感本来已经存在，则这种效果得到加强；如果本来不存在，则能产生这种效果。当厨房使用的时候，只要玻璃门经常擦拭保持透明，还是能获得这种视觉一体感。

如果上述断定为真，最能支持以下哪项相关的结论？

A. 除非经常擦拭玻璃门使其保持透明，否则不能获得厨房和餐厅的视觉一体感。

B. 即使不经常擦拭玻璃门使其保持透明，仍然可以获得厨房和餐厅的视觉一体感。

C. 除非玻璃门打开，否则不能获得厨房和餐厅的视觉一体感。

D. 只有用一道滑动的玻璃门将其隔开，才能获得厨房和餐厅的视觉一体感。

E. 如果打开玻璃门能获得厨房和餐厅的视觉一体感，则说明这种视觉一体感本来就已经存在。

（　　）

27～28题基于以下题干：

某电影节在周四、周五、周六三天放映G、H、L三部电影。每部电影至少放映一次，每天至多放映一次。每天至少有一部电影放映。已知：

(1) H在周四放映，放映这部电影后这天不再放电影。

(2) G和L两部电影中有且只有一部在周五放映，放映这部电影后这天不再放电影。

(3) G和H两部电影中有且只有一部在周六放映，放映这部电影后这天不再放电影。

**27.** 以下哪项的排片表不违反题干条件？

A. 周四，L，接着放映H；周五，L；周六，H。

B. 周四，H；周五，G，接着放映L；周六，L，接着放映G。

C. 周四，H；周五，L；周六，L，接着放映G。

D. 周四，G，接着放映H，接着放映L；周五，L；周六，G。

E. 周四，G，接着放映H；周五，L，接着放映H；周六，H。

（　　）

**28.** 以下哪项一定为假？

A. H 是这一电影节每天的最后一场电影。

B. L 在这一电影节中每天都放映。

C. G 在这一电影节中每天都是第二场放映。

D. 这一电影节中每天第一场放映的电影都是不同的。

E. 这一电影节中每天最后一场放映的电影都是不同的。

(　　　　)

29～30 题基于以下题干：

一次专场音乐会由 W 和 Z 两位艺术家表演钢琴独奏，一共演奏 5 个曲目，连续表演。每个曲目要么是现代作品，要么是传统作品。满足以下条件：

第三首演奏的是传统作品。

恰有两首传统作品连续演奏。

第四首要么是 W 演奏的传统作品，要么是 Z 演奏的现代作品。

演奏第二首的不演奏第五首。

传统作品的演出排在 W 演出现代作品之后。

**29.** 如果演奏第一首的也演奏第二首，则以下哪项一定为真？

A. Z 演奏第一首。

B. W 演奏第三首。

C. Z 演奏第五首。

D. 第二首是传统作品。

E. 第四首是现代作品。

(　　　　)

**30.** 如果第五首由 W 演奏传统作品，则以下哪项可能为真？

A. Z 演奏第一首。

B. W 演奏第二首。

C. Z 演奏第二首。

D. 第二首演奏现代作品。

E. 第四首演奏传统作品。

(　　　　)

【答案】

| | | | |
|---|---|---|---|
| 1～5 | CCCAA | 6～10 | BADDD |
| 11～15 | CAAED | 16～20 | EBCDD |
| 21～25 | CBBAC | 26～30 | BCACC |

# 第四套

1. 古比鱼身上的斑点有的较大，有的较小。斑点较大的雄性古比鱼更能吸引雌性古比鱼，相比之下，斑点较小的雄性古比鱼的交配机会要少得多。但是，斑点较小的古比鱼不大容易引起吞食它们的大鱼的注意，其斑点越小，越不容易引起注意，这就是为什么只有当小斑点古比鱼成群长成大鱼时，以古比鱼为食的鱼群，才会大量聚集。

以下哪项作为上述断定的推论最为恰当？

A. 如果一种体征有利于动物的繁衍，那么，这种体征越明显，就越有利于繁衍。

B. 大斑点古比鱼在该鱼种中所占的比例会越来越大，小斑点古比鱼会逐渐消失。

C. 一个动物的生长越趋成熟，其体征越明显。

D. 一种体征，在交配时越能吸引异性，则对物种繁衍的危害性越大。

E. 一种有利于动物繁衍的体征，在某种情况下，可能不利于这种动物的繁衍。

(　　　　)

2. 想干事的人，不一定能干事。能干事的人，不一定能干成事。能干成事的人，一定既能干事又想干事。

如果上述断定为真，以下哪项一定为真？

Ⅰ. 一个既想干事又能干事的人，一定能干成事。

Ⅱ. 一个不想干事的人，一定干不成事。

Ⅲ. 一个能干事的人，一定想干事。

A. 只有Ⅰ。　　B. 只有Ⅱ。　　C. 只有Ⅲ。

D. 只有Ⅰ和Ⅱ。　　E. 只有Ⅱ和Ⅲ。

(　　　　)

3. 人体的一个器官的功能完全丧失，这个器官就死亡了。有的器官的死亡直接导致人体的死亡，也有的器官的功能在人体死亡后并不随即丧失，但是，这样的功能对于已死亡的人体已失去了存在价值。因此，对取自尸体的器官进行移植手术，必须分秒必争。

以下哪项是上述论证所假设的？

A. 如果一个器官的功能对所属人体失去了存在价值，那么其存活时间不会很长。

B. 如果一个器官的死亡会直接导致所属人体的死亡，那么这个器官不会用于移植。

C. 如果一个人体的死亡是多个器官功能衰竭的结果，那么这个人体的器官不适用于移植。

D. 器官移植只适用于尸体，不适用于活体。

E. 用于移植手术的器官大都取自异地交通事故的罹难者。

（　　）

**4.** 面对蔓延的疫情，如果 Y 国政府既能有效地从整体上提高国民对于疫病的免疫力，又能有效地控制国民的疫病感染率，则取得了完全的成功。另外，即使经济发展因此受到严重影响，只要能有效地控制国民的疫病感染率，则也可能取得完全成功。Y 国政府严格的管控措施虽然使经济发展受到严重的影响，但确实有效地控制了国民的疫病感染率。

从上述断定能推出以下哪项结论？

A. Y 国政府严格的管控措施有效地从整体上提高了国民对于疫病的免疫力。

B. Y 国政府严格的管控措施并没有取得完全的成功。

C. 如果 Y 国政府能有效地从整体上提高国民对于疫病的免疫力，那么就能取得完全的成功。

D. 如果 Y 国政府能有效地从整体上提高国民对于疫病的免疫力，则不能有效地控制国民的疫病感染率。

E. 如果 Y 国政府在疫情应对上取得完全的成功，则其经济发展不可避免将受到严重影响。

（　　）

**5.** 经理：同是工程师，本企业南方籍工程师的工资和北方籍工程师的相比，平均要高出 20%，这是不公平的。

董事长：本企业不少南方籍工程师的工龄比许多北方籍工程师要长很多。因此，20% 的工资差别是可接受的。

对于评价董事长的论证，以下哪个问题最为相关？

A. 该企业工程师的学历是否基本相同？

B. 该企业南北方籍工程师不同年龄段的比例是否基本相同？

C. 该企业工龄最长的工程师是南方籍还是北方籍？

D. 该企业南方籍工程师的平均工龄是否高于所有工程师的平均工龄?

E. 该企业工程师中南北方籍各占多少比例?

(　　　　)

**6.** 厂长:我决定即日起本厂生产的口罩提价10%销售。

经理:您没权利这么做。目前疫情正紧,口罩紧缺,这样做有损我厂的声誉。您有义务维护全厂的声誉。大疫当前,良知是最高法典。

厂长:这一提价幅度完全在法规允许的范围之内。我是本厂的法定拥有者,我有权利做出此类决定。

以下哪项最为恰当地指出了厂长的反驳中存在的逻辑漏洞?

A. 忽略了一个事实,许多厂家在无偿捐赠。

B. 把所要反驳的结论,作为进行反驳的论据。

C. 所使用的一个关键概念的内涵未与被反驳者保持一致。

D. 忽略了这种可能性:被反驳者并不知道10%的提价幅度不违反相关法规。

E. 忽略了一个道理,企业的声誉,不等于企业的利益。

(　　　　)

7～8题基于以下题干:

五位卫健委专家张、王、李、赵、刘受命检查指导大连、青岛、蚌埠三个城市的卫生防疫工作。每位专家只检查指导一个城市。以下条件必须满足:

张和王不检查指导同一个城市。

赵检查指导蚌埠。

青岛恰有两个专家检查指导。

李检查指导的城市不是大连。

大连至少有一个专家指导。

**7.** 如果刘检查指导蚌埠,则以下哪项一定为真?

A. 张检查指导大连。

B. 王检查指导大连。

C. 李检查指导青岛。

D. 恰有两个专家检查指导大连。

E. 王和李检查指导同一个城市。

(　　　　)

**8.** 如果张和李检查指导同一个城市，则以下哪项一定为真？

A. 张检查指导蚌埠。

B. 王检查指导大连。

C. 王检查指导蚌埠。

D. 李检查指导青岛。

E. 只有赵检查指导蚌埠。

（　　　）

**9.** 在工业革命时期，号称“雾都”的英国工业城市伦敦，空气污染特别严重。但同时，有两种严重的植物传染病消失了：一种是黑斑病，它威胁欧洲人喜欢的玫瑰花；另一种是焦斑病，它威胁无花果树。很可能是空气污染使得这两种病毒难以存活，因而阻断了相应的传染病。

以下哪项如果为真，最能削弱上述论证？

A. 两种现象同时存在，不一定有因果关系。

B. 20 世纪初，中国一些工业城市的空气污染不亚于当年的伦敦，但许多严重的植物传染病依然存在。

C. 工业革命时期，空气污染同样特别严重的另一座英国工业城市曼彻斯特，黑斑病和焦斑病并没有消失。

D. 工业革命提高了英国人的购买力，增加了对玫瑰花的市场需求。

E. 黑斑病和焦斑病只在英国本土流行。

（　　　）

**10.** 某古城原有东南西北四个城门，分别（不一定依次）是光华门、明华门、正华门和大华门。已知，大华门在光华门的西南方向，光华门在明华门的东南方向。目前这四个古城门已被拆除三个，只保留一个。

如果光华门被拆除，则正华门也被拆除，则可得出以下哪项结论？

A. 被保留的城门不是原东城门。

B. 被保留的城门不是原西城门。

C. 被保留的城门不是原南城门。

D. 被保留的城门不是原北城门。

E. 上述各项均不能从题干的条件推出。

（　　　）

**11.** 某国道在高峰时段的最高时速限制由原来的 120 千米，降至 80 千米。这一修改实施后，该国道高峰时段机动车的平均行驶时间减少了大约 15%。

以下哪项如果为真，最有助于解释上述现象？

A. 最高时速限制降低后，某国道上高峰时段机动车的平均时速明显低于非高峰时段。

B. 最高时速限制降低后，非高峰时段某国道上机动车的行驶时间较前无明显变化。

C. 最高时速限制未修改前，高速行驶导致的交通事故经常造成某国道上的堵塞。

D. 最高时速限制降低后，某国道上高峰时段的车流量并未增加。

E. 最高时速限制修改前后，某国道上的交通管理力度无大变化。

(　　　　)

**12.** 大学可以培养历史学家，但培养不了文学家。大多数文学家都有超人的天赋，大多数文学家也都有坎坷的人生经历。而只有生逢乱世的人才会有坎坷的人生经历。

如果上述断定为真，以下哪项一定为真？

A. 历史学家成不了文学家。

B. 大多数历史学家没有坎坷的人生经历。

C. 有些有超人天赋的人生逢乱世。

D. 太平盛世出不了文学家。

E. 有些文学家既无超人的天赋，也无坎坷的人生经历。

(　　　　)

**13.** 一些靠近城市的河流和湖泊中的污染物，和来自工业排放的相比，更多地来自雨水。雨水冲刷建筑物和街道，就像在给城市洗澡。因此，在寻找水污染的主要源头时，不要忘了水自身。

以下哪项最为恰当地概括了“一些靠近城市的河流和湖泊中的污染物，和来自工业排放的相比，更多地来自雨水”这一断定，在题干的论证中所起到的作用？

A. 它是题干要论证的结论。

B. 它是题干赖以成立的假设。

C. 它是支持题干结论的一个论据，同时又是题干的另一个论据所支持的一个结论。

D. 它作为题干的一个论据，和另一个论据各自独立地支持题干的结论。

E. 它所陈述的是与题干的论证不相干的信息。

(　　　　)

**14.** 招聘一名部门经理，招聘原则如下：各科书面考试有一门不及格的，不予录用；在各科书面考试均及格的应聘者中，优先录用有实际工作经验的；如果各科书面考试均及格的应聘者中无人有实际工作经验，则优先录用外语单科考分最高的。

录用意见：应聘者张娜不予录用，因为应聘者李刚的各科书面考试均及格。

以下哪项如果为真，最有助于说明上述录用意见遵守招聘原则？

A. 李刚有实际工作经验，且外语单科考分最高。

B. 张娜没有实际工作经验，且各科书面考试的总分比李刚低。

C. 经查实，张娜在招聘过程中有走后门找关系等不良行为。

D. 张娜有实际工作经验，但外语单科考分比李刚低。

E. 所有应聘者都没有实际工作经验，李刚的外语单科考分最高。

(　　)

**15.** 草药只和中医有关，是一种误解。有些目前用于临床的重要西药的成分，只能从热带雨林的一些植物中提取。在热带雨林中，成千上万种植物并没有经过认真的科学研究，这些植物非常可能有医学药用价值。因此，如果热带雨林不能得到有效的保护，那么，很多对人类可能产生疗效的药物成分将永远不可能被发现。

以下哪项是上述论证所假设的？

A. 热带雨林中没有经过认真研究的植物所包含的有医学药用价值的成分，不同于热带雨林植物中已发现的有医学药用价值的成分。

B. 热带雨林植物中所包含的有医学药用价值的成分，在其他环境中也可能发现。

C. 热带雨林中大多数经过认真的科学研究的植物种类，都包含有医学药用价值的成分。

D. 有医学药用价值的植物成分不但要经过物理处理，而且要经过化学处理，才能制成药物，这是西药和中草药的区别。

E. 热带雨林植物中所包含的有医学药用价值的成分，只要经过认真的科学研究，一定能被发现。

(　　)

**16.** 没有健全的法律，就不可能有个人的自由和幸福。因为如果社会不形成一个有机的整体，就不会有个人自由。而一个人不可能实现对幸福生活的追求，除非他拥有个人的自由。

假设以下哪项，上述结论能从前提合乎逻辑地得出？

A. 法律的目标，就是维护个人追求和实现幸福生活的权利。

B. 如果有健全的法律，社会就能成为一个有机的整体。

C. 社会要成为一个有机的整体，必须有健全的法律。

D. 没有自由，任何个人都不可能实现对幸福生活的追求。

E. 没有法律，任何个人都不可能实现对幸福生活的追求。

(　　)

**17.** 国民受教育程度较低的国家，综合国力较低。而国民受教育程度较高的国家，政府对教育有充足的投入。因此，如果一个国家政府对教育的投入充足，则其综合国力不会较低。

以下哪项推理的结构，和题干的最为类似？

A. 食物种类单一的动物大都生存能力较差，因为气候的突然变化可能断了它们的食物来源。而食物种类较多的动物，不惧怕气候的突然变化，因此生存能力较强。

B. 对情绪控制能力较差的人，对谣言的识别能力较低。对情绪控制能力较强的人，一般都有较高的文化水平。因此，有些人信谣传谣，不仅因为文化水平低，而且因为失控的情绪使他们更愿意相信谣言。

C. 一个企业利润较低，上缴的税较少。而利润较高的企业，都有成功的经营之道。因此，如果一个企业没有掌握成功的经营之道，则其上缴的税不会太多。

D. 收入较低的家庭，购买力较低。收入较高的家庭，给孩子花钱不多加考虑。因此，如果一个家庭给孩子花钱不多加考虑，其购买力不会较低。

E. 一个不想当将军的士兵不是好士兵。而一个想当将军的士兵，不一定具备当将军的机会和能力。因此，只要有机会和能力，任何一个士兵都可能当将军。

(　　)

**18.** 墨西哥巨坑直径有数公里，这是一颗小行星撞击地球时留下的。撞击发生的这段时间，正好许多种类的恐龙灭绝。有一种观点认为，这些恐龙灭绝的原因，是此次行星和地球的猛烈碰撞，破坏了恐龙的生存条件。这一观点很难成立。因为小行星撞击地球对于动物生存条件的破坏虽然极严重，但毕竟范围有限，不可能造成全球性的影响。而且，小行星和地球的撞击不止上述一次，但没有留下造成大型动物灭绝的记录。

以下哪项如果为真，最能削弱上述论证？

A. 墨西哥巨坑的所在区域，发现恐龙的化石，并且有足够的证据说明这些恐龙死于那次留下墨西哥巨坑的小行星和地球的撞击。

B. 上述灭绝的恐龙种类，都出没在墨西哥巨坑的周边区域。

C. 留下墨西哥巨坑的小行星和地球的撞击，是此类撞击历史记录的第一次，也是最严重的一次。

D. 大多数种类的恐龙在留下墨西哥巨坑的小行星和地球的撞击之前就已经灭绝。

E. 对于恐龙灭绝的原因，学术界一直存在不同的意见。

(　　　)

**19.** 大学的课程分为通识课和专业课。张教授供职的大学中，每个教师在任一学期所上的专业课的数量不能超过一门。另外，下学期张教授至少上一门通识课。因此，张教授下学期上的两门课不会都是专业课。

以下哪项推理和题干的最为类似？

A. 住宅小区的绿化面积超过规定的比例，开发商可减免部分城市建设税。外森小区绿化面积未超过规定的比例，因此，外森小区不能减免部分城市建设税。

B. 业主至多只能购买一个车位。业主赵先生拥有两辆私家车。因此，赵先生至多只能购买一个车位。

C. 某种疾病的特效药是指能保证一个病人不会仅仅因为患这一疾病而死亡。事实上，任何一个死亡病例都不会仅仅死于一种疾病。因此，特效药并不能确保一个病人不死。

D. 急诊科的护士不都是女性。护士李小姐所在的急诊科的护士长是位男士。因此，李小姐所在的急诊科的医护人员不会都是女性。

E. 大学学术委员会由具有高级职称的教授、副教授组成。另外，其成员必须具有研究生学历。因此，学术委员会成员中不会有人只有本科学历。

(　　　)

20～21题基于以下题干：

以下是对某班某次考试结果的断定：

断定一：所有考生都及格了。

断定二：考生张勇没及格。

断定三：有的考生没及格。

断定四：考生李刚及格了。

断定五：考生张勇及格了。

**20.** 如果上述五个断定中，真断定的数量比假断定多，则以下哪项一定为真？

A. 断定一。　　B. 断定二。　　C. 断定三。

D. 断定四。　　E. 断定五。

(　　　)

**21.** 如果上述五个断定中，真断定的数量比假断定少，则以下哪项一定为假？

A. 断定一和断定四至少有一真。

B. 断定三和断定四至少有一真。

C. 断定一和断定五至少有一真。

D. 断定二和断定四至少有一真。

E. 断定二和断定五至少有一真。

(　　　　)

**22.** 要在全球真正控制新冠病毒，必须成功研制该病毒的疫苗。只有运用实验仪器科学揭示病毒的微生物结构和致病机理，才能成功研制病毒疫苗。现代医学具备科学揭示病毒的微生物结构和致病机理的实验仪器。中医对新冠病毒的致病机理有独到的解读，基于之上的医疗处置包括中医药对救治病人起到了重要的作用，但不能研制防治病毒的疫苗。

如果上述断定为真，最能支持以下哪项结论？

A. 中医在全球真正控制新冠病毒的行动中一定能起到不可取代的重要作用。

B. 仅依靠中医不能在全球真正控制新冠病毒。

C. 依靠现代医学能在全球真正控制新冠病毒。

D. 中医对新冠病毒的致病机理的解读并不科学。

E. 如果能成功研制新冠病毒的疫苗，就一定能在全球真正控制新冠病毒。

(　　　　)

**23.** 张勇和李娜同时应聘某公司。三位招聘委员有如下意见：

委员甲：两人都录用。

委员乙：两人至少录用一个。

委员丙：要么录用张勇，要么录用李娜。

招聘结果显示，三位的意见至少采用了一位的。

如果上述断定为真，以下哪项一定为真？

A. 录用了张勇，未录用李娜。

B. 录用了李娜，未录用张勇。

C. 如果录用了张勇，则未录用李娜。

D. 如果未录用张勇，则录用了李娜。

E. 张勇、李娜两人都未录用。

(　　　　)

**24.** 美国黑人弗洛伊德死于警察暴力执法。死于美国警察暴力执法的受害者中，多数是黑人。因此，美国警察执法存在对黑人的种族歧视。

以下哪项如何为真，最能加强上述结论？

A. 弗洛伊德没有犯罪前科，未染毒瘾，没有暴力抗法。

B. 在美国，警察中黑人的比例，远低于士兵中黑人的比例。

C. 在美国，弗洛伊德之死引发全国性的抗议示威。

D. 在美国，黑人人数不到总人口的三分之一。

E. 在美国，黑人的犯罪率是平均犯罪率的3倍。

(　　)

**25.** 甲班学生25人，乙班学生20人。两班的男生共20人。

如果上述断定为真，以下哪项一定为真？

A. 甲班女生数量多于乙班女生。

B. 甲班男生数量等于乙班女生。

C. 甲班男生数量多于乙班女生。

D. 甲班女生数量等于乙班男生。

E. 甲班女生数量多于男生。

(　　)

**26.** 生活垃圾中，厨余垃圾都是不可回收的。可回收的都是无毒垃圾。有些可回收垃圾可以用作工业原料。

如果上述断定为真，以下哪项一定为真？

A. 厨余垃圾都不可以用作工业原料。

B. 有些厨余垃圾是有毒的。

C. 有些可以用作工业原料的生活垃圾是无毒的。

D. 有毒的生活垃圾都不能用作工业原料。

E. 有些有毒的生活垃圾也可以用作工业原料。

(　　)

27～28题基于以下题干：

来自P国的入境人员中，发现有5%感染了新冠病毒。来自Q国的入境人员的感染比例是8%。因此，和P国相比，Q国居民中新冠病毒的感染比例较高。

**27.** 以下哪项推理和题干的最为类似？

A. 某国大选在即。一项民意测验显示，支持保守党候选人的被调查者中，女性占30%，支持民主党候选人的被调查者中，女性占70%。因此，此次大选，大多数该国女性选民支持民主党候选人。

B. 这架机器的每个零部件都是合格产品。因此，由这样的零部件组成的每架机器都一定是合格产品。

C. 一项医疗改革方案即将付诸表决。一项针对城市居民的调查显示，50%的被调查者表示支持。另一项针对农村人口的调查显示，30%的被调查者表示支持。因此，和农村人口相比，这项医疗改革方案的支持率在城市居民中较高。

D. 如果完全不用农药，农作物就可能遭受虫害而减产。如果使用农药，农产品就可能受到污染。因此，如果要确保农产品不受污染，就必须承受农业减产的风险。

E. 中医药在此次治疗新冠病毒，特别是抢救重症病人中所起到的作用得到了证实。因此，中西医结合是我国发展医疗事业、提高医疗水平的正确方针。

(　　　)

**28.** 以下哪项相关断定如果为真，最能削弱上述论证？

A. Q国入境人员都来自该国疫情最严重的城市。

B. P国入境人员是专机到达，Q国入境人员大都经中途转机。

C. 和Q国入境人员中的被感染者相比，P国入境人员中被感染者的病情较重。

D. P国和Q国毗邻。

E. Q国入境人员中，很多是回国的留学生。

(　　　)

29～30题基于以下题干：

七位保洁员F、G、H、J、K、L、M负责一辆高铁列车由前至后1～7号车厢的保洁，每人恰负责一节车厢，每人负责的车厢不同，满足以下条件：

H和M负责的车厢之间，至少还有两节车厢。

G在K的前一节车厢。

J负责的车厢在M之后。

F负责的车厢在K之前，在L之后。

L负责的车厢不是2号。

**29.** L 可能负责哪个车厢？

A. 3。　　B. 4。　　C. 5。

D. 6。　　E. 7。

(　　　)

**30.** 如果 J 负责 3 号车厢，以下哪项可能为真？

A. M 负责 1 号车厢。

B. K 负责 5 号车厢。

C. H 负责 6 号车厢。

D. G 负责 5 号车厢。

E. F 负责 2 号车厢。

(　　　)

**【答案】**

| | | | |
|---|---|---|---|
| 1～5 | EBACD | 6～10 | CCDCB |
| 11～15 | CCCEA | 16～20 | CDBDD |
| 21～25 | ABDDB | 26～30 | CCAAD |

# 第五套

**1.** 一项调查显示，在百岁老人中，有相当大比例的人都抽烟、喝酒、吃肥肉并且缺少运动，事实证明，这些都属于不利健康长寿的生活方式。因此，生活方式只在一定年龄区间影响人的寿命，超过某个年龄段，对人类寿命起决定性影响的不是生活方式，而是遗传因素。

以下哪项如果为真，最能加强上述论证？

A. 百岁老人中，属于独生子女的只占很小的比例。

B. 百岁老人比其他年龄段的老人受到社会更多的帮助，包括有更好的医护条件。

C. 百岁老人中，相当大比例都有兄弟姐妹健在。

D. 有抽烟、喝酒等不健康生活方式的百岁老人中，相当大比例都有兄弟姐妹健在。

E. 对人类寿命威胁最大的几类疾病，例如癌症、心脑血管病都有一定的遗传性。

(　　　　)

**2.** 某案件侦破中，警方锁定甲、乙、丙、丁四个嫌疑人，并有如下判断：

(1) 如果甲参与作案，则丙参与。

(2) 如果甲未参与作案，则乙和丙至少有一人参与。

(3) 如果乙参与，则丙参与。

(4) 除非丁参与，否则丙不会参与。

如果上述判断为真，则以下哪两人一定参与作案？

A. 甲和丙。　　B. 乙和丙。　　C. 丙和丁。

D. 甲和丁。　　E. 甲和乙。

(　　　　)

**3.** 甲：一项对新冠病毒感染者的抽样调查显示，78%的被调查者都不抽烟。因此，抽烟能增强抵抗感染新冠病毒的能力。

乙：我不同意你的推论，因为这项调查的对象都是被感染的医务人员。

以下哪项如果为真，最能支持乙的反驳？

A. 医务人员比非医务人员更了解吸烟对健康的危害。

B. 据统计，我国医务人员中吸烟的不到20%。

C. 在抗疫第一线的医务人员中，被感染的只占很小的比例。

D. 抽烟是导致人的肺部疾病包括肺癌的重要原因。

E. 医务人员平时上班都戴口罩，不受二手烟的影响。

（　　）

**4.** 中国要能培养出高水平的创造型人才，就必须充分提高教育质量。如果不注重全民族逻辑思维的培养，就不能充分提高教育质量。如果不重视对思维科学的研究，就不能充分发挥思维科学对培养全民族逻辑思维的作用。

如果上述陈述为真，以下哪项也必然是真的？

A. 如果充分提高了教育质量，中国就能培养出高水平的创造型人才。

B. 如果中国没有能够培养出高水平的创造型人才，就说明没有注重全民族逻辑思维的培养，也没有充分重视对思维科学的研究。

C. 中国或者没有注重全民族逻辑思维的培养，或者能培养出高水平的创造型人才。

D. 中国不注重全民族逻辑思维的培养而能培养出高水平的创造型人才。

E. 中国或者注重了全民族逻辑思维的培养，或者没有能够培养出高水平的创造型人才。

（　　）

**5.** 小学教导主任：刚完成的一项学生家长意见调查显示，绝大多数家长都赞同小学生的家庭作业负担不能过重。因此，本校推出的减轻学生家庭作业的实施方法一定会得到大多数家长的支持。

以下哪项断定如果为真，最为恰当地指出了上述论证存在的漏洞？

A. 忽视了完成必要的家庭作业是小学教育的一个重要环节。

B. 忽视了赞同小学生家庭作业负担不能过重不等于认为这种负担实际上过重。

C. 忽视了被调查的学生家长不一定都真实地表达自己的意见。

D. 不当地假设确定教学方案的主要依据是大多数学生家长的意见。

E. 忽视了认真听取学生对家庭作业负担量的意见。

（　　）

**6.** 为防止境外疫情输入，减轻首都的压力，以北京为终点站的国际航班改为由其他国内机场为第一入境口。来自欧洲的国际航班的第一入境口是上海虹桥机场或成都双流机场。来自其他洲的第一入境口是上海虹桥机场、杭州萧山机场或天津滨海机场。某日，以北京为终点的旅客明小华入境的不是成都双流机场，因此，他入境的一定是上海虹桥机场。

以下各项断定都针对以北京为终点站的国际航班入境旅客，其中，哪项如果为真，最能加强上述论证？

A. 当日来自欧洲航班的入境旅客占全部入境旅客总数的70%。

B. 当日从上海虹桥机场入境旅客占全部入境旅客总数的70%。

C. 上海虹桥机场的设施质量和管理能力居全国之首。

D. 当日来自欧洲航班的旅客总数大于来自其他洲的。

E. 当日从成都双流机场入境旅客占全部入境旅客总数的10%。

(　　　)

7～8题基于以下题干：

在此次全球新冠疫情中，据某阶段性统计，A国已确诊人数（包括死亡、治愈和正在接受治疗的人数，下同）是24万，B国已确诊人数是20万，两国正在接受治疗的人数都是10万，A、B两国治愈的人数总计10万。

**7.** 如果上述断定为真，以下哪项一定为真？

A. 当时A国的死亡人数，等于B国的治愈人数。

B. 当时A国的治愈人数，大于B国的治愈人数。

C. 当时A国的死亡人数，大于B国的死亡人数。

D. 当时A国的死亡人数，不少于4万。

E. 当时B国的治愈人数，不少于4万。

(　　　)

**8.** 如果上述断定为真，以下哪项不可能为真？

A. 当时A国的死亡人数，等于B国的治愈人数。

B. 当时A国的治愈人数，大于B国的治愈人数。

C. 当时A国的死亡人数，大于B国的死亡人数。

D. 当时A国的死亡人数，不少于4万。

E. 当时B国的治愈人数，不少于4万。

(　　　)

**9.** 在某次职称评定中，三位评定委员有如下意见：

甲：张老师和李老师这次都评上教授，或者这次都评不上。

乙：要么张老师评上，要么李老师评上。

丙：这次张老师评不上。

评定结果显示，上述意见，只有一位的意见被采纳。

如果上述断定为真，以下哪项一定为真？

A. 张老师被评上。

B. 李老师被评上。

C. 张老师没被评上。

D. 李老师没被评上。

E. 张老师和李老师都未被评上。

（　　　）

**10.** 在某企业中，如果一个员工的年收入高于企业80%员工每人的年收入，则称该员工为该企业的高收入员工。近年来，该企业高收入员工的数量持续上升。

如果上述断定为真，以下哪项一定为真？

A. 近年来，该企业员工的平均年收入持续上升。

B. 近年来，该企业高收入员工在员工总数中所占的比例持续上升。

C. 近年来，该企业员工的总数持续上升。

D. 近年来，该企业的利润持续上升。

E. 近年来，该企业所在地区的物价持续上升。

（　　　）

**11.** 在这次抗疫中，纯中医试点的河秋方舱医院创造了两个纪录：病死率为0，轻转重症率为0。这说明，在抗击新冠病毒中，中医能发挥西医所不能发挥的独特作用。

以下哪项如果为真，最能削弱上述论证？

A. 中医理论不能科学定义病毒，因而无法说明新冠病毒的病理机制。

B. 中医对新冠病毒的医治方法，和对其他许多疾病的医疗处置无实质性的区别。

C. 由于不配备呼吸机等重症医疗设备，河秋方舱医院不收治有可能需要这些设备的病人。

D. 大多数新冠病毒感染者即使不经治疗也可自愈。

E. 中药双黄连对医治新冠病毒无明显疗效。

（　　　）

12～13 题基于以下题干：

一家商店正在设计安装三个彩色玻璃橱窗。玻璃的颜色包括绿、橙、灰、红、黄五种。每种颜色的玻璃至少使用一次，每个橱窗至少使用两种不同颜色的玻璃。以下条件须满足：

恰有两个橱窗使用红色玻璃。

如果一个橱窗使用黄色玻璃，那么它既不使用绿色玻璃，也不使用橙色玻璃。

如果一个橱窗不使用灰色玻璃，那么它用橙色玻璃。

**12.** 以下哪项不可能是其中一个橱窗所使用的全部玻璃颜色？

A. 绿和橙。　　B. 绿和灰。　　C. 绿和红。

D. 灰和橙。　　E. 红和橙。

(　　　)

**13.** 以下哪项可以在三个橱窗都使用？

A. 绿。　　B. 橙。　　C. 灰。

D. 红。　　E. 黄。

(　　　)

**14.** 统计显示，O 型血的人较为敏感和急躁。高血压患者中，敏感和急躁的人所占的比例，明显高于其他人。因此，O 型血比其他血型的人更要注意防治高血压。

以下哪项如果为真，最能削弱上述论证？

A. 敏感和急躁的情绪不是导致高血压的主要原因。

B. 血压会直接影响一个人的情绪，偏离正常值越高，越容易导致一个人敏感和急躁。

C. O 型血的人在整个人群中所占的比例，远高于高血压患者在人群中所占的比例。

D. 一个人的血型是不可改变的，但敏感和急躁等个性特点是可以改变的。

E. 随着生活压力的增大，人们容易变得敏感和急躁，高血压的患病率也呈上升趋势。

(　　　)

**15.** 有规定，疗养院中不得豢养宠物，这是很多人不能理解的。和宠物为伴，能缓解精神压力，有利于健康。宠物是有感情的。宠物的存在，会增加宅居生活的乐趣和质量，随着人的平均寿命的增长，这一点的重要性会和越来越多的人相关。

以下哪项最为恰当地概括了题干的陈述所论证的结论？

A. 疗养院中不得豢养宠物的规定应当修改。

B. 老年人比年轻人更需要有宠物做伴。

C. 随着老年社会的到来，如何提高老年人的生活质量应当成为社会的关注点。

D. 和宠物为伴，能缓解精神压力，有利于健康。

E. 随着人的平均寿命的增长，疗养院对于社会来说变得越来越重要。

(　　　)

**16.** 某次高考前，四位任课老师对某毕业班的高考结果有如下预测：

张老师：大多数同学能考取全国重点大学。

李老师：大多数同学能考取大学。

王老师：如果班长考取清华，则学习委员也能考取清华。

刘老师：学习委员不能考取清华。

高考结果显示，四位老师的预测，只有一个不成立。

如果上述断定为真，以下哪项一定为真？

A. 张老师的预测成立。

B. 李老师的预测成立。

C. 王老师的预测成立。

D. 刘老师的预测成立。

E. 张老师的预测不成立。

(　　　)

**17.** 赵亮：一个国家的经济要发展，人民要富裕，社会必须稳定。

王宜：你的断定不成立。我国的近邻老挝被誉为世界上最舒适和安宁的国家，很多现代的西方人，都跑到老挝寻求舒适和安宁。但老挝是东南亚最穷的国家之一，人均 GDP 非常低。

以下哪项对王宜的反驳的评价最为恰当？

A. 只要上述有关老挝的陈述是真实的，那么，王宜的反驳就是成立的，是有说服力的。

B. 王宜的反驳有漏洞：仅根据个别的不具有代表性的论据，轻率地概括出一般性的结论。

C. 王宜的反驳有漏洞：把某一现象导致的结果，当作导致这一现象的原因。

D. 王宜的反驳有漏洞：把缺少证据证明某种情况存在，当作有充分证据证明某种情况不存在。

E. 王宜的反驳有漏洞：把赵亮的断定误解为，一个国家要稳定，人民必须富裕。

(　　　)

18～19 题基于以下题干：

导游要带领一批游客在一天中游览 J、K、L、M、N、O、P 七个景点。只有结束一个景点的游览，才开始另一个景点。上午安排 2 个，下午安排 3 个，晚上安排 2 个。以下条件必须满足：J 安排在晚上；K 不安排在上午；L 安排在 K 之后，M 之前。

**18.** 以下哪项一定为真？

A. K 安排在晚上。
B. L 安排在下午。
C. L 安排在晚上。
D. M 安排在上午。
E. M 安排在下午。

(　　　　)

**19.** 如果 P 安排在下午，以下哪项一定为真？

A. J 安排在第七。
B. K 安排在第三。
C. N 安排在第一。
D. M 安排在下午。
E. O 安排在上午。

(　　　　)

**20.** 某学龄前儿童培训机构到某小区招生。

据统计，该小区学龄前儿童，报名器乐的都报名绘画；
有些报名戏曲的同时报名器乐，有些没有；
报名绘画的都未报名英语。

如果上述统计为真，以下哪项一定为真？

A. 有些报名戏曲的未报名英语。
B. 有些报名绘画的未报名器乐。
C. 有些报名戏曲的未报名绘画。
D. 有些报名器乐的同时报名英语。
E. 有些报名戏曲的同时报名英语

(　　　　)

**21.** 一个断定是我的信念，其含义是：我认定这个断定是真理，并且我不会改变这一认定，除非它被证伪。

一个断定是我的信仰，其含义是：我认定这个断定是真理，并且我认定它不可能被证伪。

以下哪项断定最符合上述关于“信念”和“信仰”的定义？

A. “信念”和“信仰”这两个概念的内涵，没有实质性的区别。

B. 基于“信仰”认定为真理的断定，不可能被证伪。

C. 基于“信念”认定为真理的断定，有人认为可能被证伪。

D. 一个有信念的人，一定有信仰。

E. 一个有信念的人，一定不认同信仰。

(　　　)

**22.** 大多数每周去超市购物次数不超过2次的人都习惯购买速冻食品。年轻上班族中的大多数每周去超市购物次数不超过2次。因此，年轻上班族中的大多数都习惯购买速冻食品。

上述推理和以下哪项最为类似？

A. K国大多数州的新增确诊病例明显减少，在新增确诊病例中，大多数都只有轻微症状。因此，K国大多数州的疫情可降为低风险等级。

B. 大多数爱好运动的人都有旺盛的食欲。大多数有旺盛的食欲的人都有健康的身体。因此，大多数有健康身体的人都爱好运动。

C. 大多数善良的人嫉恶如仇。大多数嫉恶如仇的人都有鲜明的是非观念。因此，大多数缺乏是非观念的人都不是善良的人。

D. 大多数有钱人不止有一套房。大多数有钱人不止有一辆车。因此，大多数有不止一套房的有钱人不止有一辆车。

E. 大多数华人都居住在国内。新加坡人中大多数是华人。因此，新加坡人大多数都居住在国内。

(　　　)

**23.** 和2009年前相比，2019年K国年耗电总量的增长不到10%，但其中，生活耗电的总量的增长超过了50%，这和其间国民平均工资的增长幅度基本相同。

如果上述断定为真，以下哪项一定为真？

A. 2019年K国的大部分耗电都是生活用电。

B. 从2009年到2019年，除了生活耗电，其他方面的用电量都在下降。

C. 和2009年前相比，2019年K国耗电量中生活用电所占的比例有增长。

D. 和2009年前相比，2019年K国公民的总开支中，用于支付电费的开支所占的比例有增长。

E. 和2009年前相比，2019年K国公民中的低收入人群所占的比例有下降。

(　　　)

**24.** 那些过往人生一帆风顺的人，都对未来人生抱有幻想，充满生活情趣，想方设法为自己的生活开辟出新局面。而那些过往人生坎坷不平的人，都有坚强的意志和生活的韧劲。

如果上述断定为真，最能支持以下哪项结论？

A. 缺乏生活韧劲的人，都对未来人生抱有幻想。

B. 对未来人生抱有幻想的人，都缺乏坚强的意志。

C. 生活充满情趣的人，其过往人生一定一帆风顺。

D. 过往人生坎坷不平的人，不会想方设法为自己的生活开辟出新局面。

E. 过往人生一帆风顺的人，毕竟是少数，应对人生，更需要生活的韧劲。

(　　　　)

**25.** 对于北京这样的大都市，如果继续发展汽车工业，则会加剧目前的城市交通拥堵；除非能有效缓解目前的城市交通拥堵，否则，就无法维护正常的工作和生活秩序。如果不继续发展汽车工业，则会导致一系列相关产业的萎缩，一个直接的后果，是提高社会失业率。

从以上断定能推出以下哪项结论？

A. 对于北京来说，提高社会失业率是维护城市正常工作和生活秩序所不得不付出的代价。

B. 对于北京来说，正确的选择是继续发展汽车工业。

C. 对于北京来说，正确的选择是不继续发展汽车工业。

D. 对于北京来说，提高社会失业率就会缓解城市的交通拥堵。

E. 对于北京来说，如果不发展汽车工业，就能维护正常的工作和生活秩序。

(　　　　)

26～28 题基于以下题干：

宇宙影城正在上映 4 部新电影：《神秘的夜》《重返征程》《秋之韵》《野狼》。F、G、H、J、K 和 L 一起去宇宙影城。6 人看这 4 部电影，满足以下条件：

每人恰看一部电影，每部电影至少有一人看；H 和 F 看同一部电影；恰有一个人（此人不是 L）和 L 看同一部电影；G 看的是《神秘的夜》；J 看的是《神秘的夜》或《野狼》；H 没看《野狼》。

**26.** 如果 L 看的是《秋之韵》，则以下哪项一定为真？

A. H 看的是《重返征程》。　B. J 看的是《秋之韵》。

C. K看的是《神秘的夜》。　D. K看的是《重返征程》。

E. K看的是《野狼》。

(　　)

**27.** 如果K没看《秋之韵》，则以下哪项一定为真？

A. L看的是《神秘的夜》。　B. L看的是《重返征程》。

C. L看的是《秋之韵》。　D. F和H看的是《重返征程》。

E. F和H看的是《秋之韵》。

(　　)

**28.** 以下哪项一定为假？

A. K看的是《神秘的夜》。　B. L看的是《神秘的夜》。

C. L看的是《重返征程》。　D. K看的是《秋之韵》。

E. J看的是《野狼》。

(　　)

29～30题基于以下题干：

某学术报告会组委会要在5位申请人Q、R、S、T和U中确定4位报告人，报告的顺序依次是第一、第二、第三、第四。以下条件须满足：

如果Q是报告人，则T紧接Q之后报告。

S不能安排在第二或第四报告。

如果U不是报告人，则R第二个报告。

如果R第二个报告，则U不是报告人。

**29.** 以下哪位一定是报告人？

A. Q。　B. R。　C. S。

D. T。　E. U。

(　　)

**30.** 以下哪项不可能为真？

A. S紧接R后报告。

B. Q紧接S后报告。

C. T紧接S后报告。

D. R紧接T后报告。

E. T紧接U后报告。

(　　　　)

【答案】

| | | | |
|---|---|---|---|
| 1～5 | DCBEB | 6～10 | ADAAC |
| 11～15 | CCCBA | 16～20 | BEBEA |
| 21～25 | CECAA | 26～30 | AEADA |

# 第六套

1. 如果关于明星巨额偷漏税的爆料都是真实的，并且税务部门严格执法，那么，我国影视产业的声誉和繁荣都将必然受到重创。但是，即使声誉受到影响，我国影视产业的繁荣也可以避免受到重创。

如果上述断定为真，以下哪项一定为真？

A. 关于明星巨额偷漏税的爆料是真实的。

B. 税务部门并未严格执法。

C. 关于明星巨额偷漏税的爆料不是真实的。

D. 如果税务部门严格执法，那么关于明星巨额偷漏税的爆料有的并不真实。

E. 如果声誉没有受到影响，我国的影视产业一定能保持繁荣。

(　　)

2. 在某高校中，大多数来自农村的学生都享受助学贷款。大多数来自农村的学生都学习刻苦。所有学习刻苦的学生都没有违反校规的不良记录。

如果上述断定为真，以下哪项有关该高校的断定一定为真？

A. 大多数享受助学贷款的来自农村的学生学习刻苦。

B. 有些享受助学贷款的学生没有违反校规的不良记录。

C. 有些来自农村的学生有违反校规的不良记录。

D. 有些学生没有违反校规的不良记录，但学习并不刻苦。

E. 有些享受助学贷款的学生有违反校规的不良记录。

(　　)

3. 一个城市的治安状况，涉及两个统计数据，一是刑事犯罪案发数量，二是实际居住人口总数。治安状况指数，实际就是人均案发率。某城市去年治安部门接到的报警电话数量比前年增加了 20%，因此，和前年相比，该城市去年的治安状况严重恶化。

以下哪项如果为真，最能削弱上述论证？

A. 报警电话的数量，不等于刑事犯罪案发数量。

B. 和前年相比，去年该城市报警电话中，故意报假警的比例有很大提高，依据法律，故意报假警是一种刑事犯罪。

C. 和前年相比，去年该城市实际居住人口中，外地人口的比例有很大的提高。

D. 随着外来打工人员的增加，和前年相比，去年该城市实际居住人口的总数有很大的提高。

E. 和周边城市相比，该城市的治安状况多年来一直较好。

(　　　　)

**4.** 如果不独立发展芯片核心技术，我国在国际竞争中会受制于人。如果独立发展芯片核心技术，和通过互惠贸易进口此种技术相比，将会极大增加经济成本，严重影响我国经济发展的全局。这是我国面临的两难。

如果上述断定为真，最能支持以下哪个结论？

A. 宁可经济发展的全局受到影响，也不可在国际竞争中受制于人。

B. 如果通过互惠贸易进口芯片技术，我国经济发展的全局就不会受到严重影响。

C. 如果我国经济发展的全局受到严重影响，则说明我国在国际竞争中未受制于人。

D. 如果我国经济发展的全局未受到严重影响，则在国际竞争中难免受制于人。

E. 贸易的本质是互通有无，独立发展芯片技术有违自由贸易的理念。

(　　　　)

**5.** 国家决定拨出几千亿元人民币用于支持欠发达国家和地区。关于这笔款项的使用意向，决策委员会有以下意见：

甲委员：如果用于南亚国家，则也要用于中东国家。

乙委员：如果不用于中东国家，就要用于非洲国家。

丙委员：如果不用于南亚国家，则也不用于非洲国家。

后来主任委员正式对外宣布的该笔款项的使用情况说明，上述三位委员的意见，只有一位被实际采纳。

如果上述断定为真，以下哪项不可能为真？

Ⅰ. 该笔捐赠用于南亚国家。

Ⅱ. 该笔捐赠用于中东国家。

Ⅲ. 该笔捐赠用于非洲国家。

A. 只有Ⅰ。　　B. 只有Ⅱ。　　C. 只有Ⅲ。

D. 只有Ⅰ和Ⅱ。　　E. 只有Ⅱ和Ⅲ。

(　　　　)

**6.** 小张：当一个国家或地区经济萧条时，许多人失业。失业的人多了，购买力就下降，许多消费品卖不出去，导致商品价格的暴跌。而价格的暴跌反过来又刺激了商品的消费，而商品消费额增长的结果是经济的复苏。

老李：一个人如果失业，并且手头的钱只够维持最基本的生计，那么，价格再跌，他也不可能花更多的钱去消费。因此，你所说的价格暴跌不会导致经济复苏。

以下哪项如果为真，最能削弱老李对小张的反驳？

A. 发达国家大都有完善的失业救助机制，失业不会对公民的基本生活需求构成威胁。

B. 失业者并不都是穷人，有的失业者在经济萧条期间并不减少消费。

C. 即使不失业的人，在经济萧条时期也会节省开支，以便在价格暴跌时能投入更多的消费。

D. 即使在经济萧条期间，大多数消费者也都相信经济最终会复苏。

E. 即使出现价格暴跌的局面，有些商品的价格仍然保持稳定。

(　　　　)

**7.** 大学教育分为专业教育和通识教育。专业教育传授和训练专业知识与技能，通识教育提高学生的综合素养，其中最重要的是日常思维素养。即使大学教育的主要目标是毕业生就业，即使每一种职业都需要专门知识与技能，大学教育仍然应当把通识教育放在最重要的地位。因为不论何种职业，都需要就业者有较高的综合素养，特别是日常思维素养。

以下哪项如果为真，最能加强上述论证？

A. 掌握专业知识与技能无助于提高日常思维素养。

B. 有的职业需要不止一门专业知识与技能。

C. 大学入学考试中新增加了一门以测试日常思维能力为目标的考试科目。

D. 专业课成绩较好的学生，一般通识课的成绩也较好。

E. 和专业教育相比，通识教育对教师有更高的要求。

(　　　　)

**8.** 古生物学家最近在大西洋一个岛屿上发现一些成年长毛象的牙齿，在这个岛上以前没有发现过长毛象的化石。这些牙齿比在其他地方发现的成年长毛象牙齿大约要小四分之一。因此，只要这些牙齿在各自的象群中有代表性，那么，就可以得出结论：这个岛上的长毛象和其他地方的相比，长得平均要小些。

假设以下哪项，上述结论可以从前提合乎逻辑地得出？

A. 上述岛屿上长毛象的生存环境和其他地方的长毛象相比，没有实质性的不同。

B. 上述岛屿可能存在长毛象的化石，只有以前没有被发现而已。

C. 长毛象在生长过程中出现的牙齿磨损，不会导致成年长毛象之间出现牙齿大小的明显不同。

D. 成年长毛象牙齿的大小和整个身体的大小存在确定的比例，这种比例不因个体而异。

E. 上述岛屿上长毛象的牙齿数量及种类和其他地方的长毛象没有不同。

(　　　)

**9.** 在一场试验中，被测试者分成甲、乙两组，甲组成员的年龄都超过 60 岁，乙组成员都是在校学生。他们被邀请在同一时间观看了同一部电影，事后被要求回答一道单选题。问题是剧中某角色在某场宴会上穿的衣服是什么颜色，答案选项分别是黑、白、红、黄、绿。结果甲组有 15 个人答对，乙组只有 1 个人答对。这说明，至少有某种类型的记忆能力，不会随着一个人年龄的增长而减弱。

以下各项如果为真，哪项无助于加强上述论证，或者加强力度最小？

A. 两组成员的数量相等。

B. 乙组成员的年龄没有一个超过 40 岁。

C. 被测试者在看电影时都不知道这是一次对记忆能力的测试。

D. 被测试者对这一电影的兴趣程度基本相同。

E. 这一试验的组织者是有经验的专业人士。

(　　　)

**10.** 某家有四口人：父母和一儿一女。父母双就业，收入相当；子女都在上学，成绩相当。去年开始，情况有了变化。去年父亲的年收入同比上升了 20%，但他的收入在家庭总收入中的比例反而下降 5%。去年儿子期末考试各科总分同比下降了 5%，这使他和妹妹两人去年期末考试总分之和同比下降了 3%。

如果父母就业收入是上述家庭收入的唯一来源，那么上述断定最能支持以下哪项结论？

A. 去年，母亲年收入同比上升的幅度大于父亲，并且女儿期末考试各科总分同比下降的幅度大于儿子。

B. 去年，母亲年收入同比上升的幅度大于父亲，并且女儿期末考试各科总分同比下降的幅度小于儿子。

C. 去年，母亲年收入同比上升的幅度小于父亲，并且女儿期末考试各科总分同比下降的幅度大于儿子。

D. 去年，母亲年收入同比上升的幅度小于父亲，并且女儿期末考试各科总分同比下降的幅度小于儿子。

E. 去年，母亲年收入同比上升的幅度和父亲持平，并且女儿期末考试各科总分同比下降的幅度同儿子持平。

(　　)

11～13 题基于以下题干：

某国的签证分为 J、K、N、O、P、Q 六种，持不同种类签证的入境者分别经过不同的六条海关通道，经询问后获准入境。通道口按编号 1～6 自左至右连续排列。已知：

K 签证通道的号码大于 N 签证通道。

N 签证通道的号码大于 Q 签证通道。

P 签证通道的号码大于 J 签证通道。

Q 和 P 的签证通道相邻。

**11.** 以下哪项可以是 N 签证通道？

A. 1。　B. 2。　C. 3。

D. 5。　E. 6。

(　　)

**12.** 如果 P 和 N 签证通道相邻，则以下哪项一定为假？

A. 2 号为 J 签证通道。　B. 4 号为 P 签证通道。　C. 4 号为 Q 签证通道。

D. 5 号为 K 签证通道。　E. 5 号为 O 签证通道。

(　　)

**13.** 如果 4 号为 P 签证通道，则一共可以确定几条签证通道？

A. 2。　B. 3。　C. 4。

D. 5。　E. 6。

(　　)

**14.** 联合国安理会 5 个常任理事国中，没有一个小国，也没有一个南美洲国家。这 5 个常任理事国都赞成加强国际维和的力度，并且都赞成联合国在调停地区冲突中发挥更大的作用。但是在联合国大会的一般性辩论中，有的赞成加强国际维和力度的国家坚决反对某些国家向海外派遣维和部队。

如果上述断定为真，以下哪项一定为真？

A. 有些小国坚决反对某些国家向海外派遣维和部队。

B. 有些南美洲国家不赞成加强国际维和的力度。

C. 有的联合国安理会常任理事国坚决反对某些国家向海外派遣维和部队。

D. 有些小国也赞成联合国在调停地区冲突中发挥更大的作用。

E. 有些赞成联合国在调停地区冲突中发挥更大作用的国家不位于南美洲。

(　　　　)

**15.** 北京市为缓解交通压力实行机动车辆限行政策，每辆机动车周一到周五都要限行一天，周末不限行。某公司有 A、B、C、D、E 共 5 辆车，保证每天至少有 4 辆车可以上路行驶。已知：E 车周四限行，B 车昨天限行，从今天算起，A、C 两车连续 4 天都能上路行驶，E 车明天可以上路。

上述陈述如果都是正确的，则以下哪项也一定是正确的？

A. 今天是周六。　　　　B. 今天是周四。

C. A 车周三限行。　　　　D. C 车周五限行。

E. 今天是周五。

(　　　　)

**16.** 一般地说，谎言总是不可接受的，但也有例外。当一个谎言起到的好效果超过坏效果时，在道德上就是可接受的。

以下哪项最符合上述断定？

A. 关于出差的理由，张先生对妻子说了谎。只要此次出差张先生事实上没有做对不起妻子的事，这一谎言在道德上就是可接受的。

B. 某国际问题专家说，某国的综合国力已经超过美国，居世界第一。该专家知道自己在说谎，但他的目的是增强该国人的自信。因此，这一谎言在道德上可接受。

C. 任何与他人无关只涉及说谎者自身的谎言，在道德上都是可接受的。

D. 张医生向患者李女士隐瞒了她罹患癌症的情况。只要这一谎言对李女士的健康有利无害，在道德上就是可接受的。

E. 当最高气温接近极端值时，对外预报会故意降低几个数值点。这一谎言在道德上就是可接受的，否则会造成市民的心理恐慌。

(　　　　)

**17.** 所谓“红肉”主要指猪肉、牛肉和羊肉，其中胆固醇的含量较高。保健专家建议少吃红肉以减少胆固醇的摄入。最近几年牛肉的总销量明显下降，这说明很多人接受了保健专家的建议。尽管餐饮业总体上受到牛肉销量下降的影响，但是专营牛排的餐馆照样生意兴隆。这说明还是有很多人并不在乎保健专家的建议。

以下哪项如果为真，最能削弱上述论证？

A. 牛排餐馆的有些顾客和以前相比已经减少了光顾的次数。

B. 牛排餐馆照样生意兴隆的原因是刻意降低了价格。

C. 牛排餐馆的很多顾客的血液检测中胆固醇含量正常。

D. 餐饮业的牛肉销量在牛肉总销量中只占很小的比例。

E. 牛排餐馆的很多顾客在日常饮食中听从保健专家的建议减少了胆固醇的摄入。

(　　)

18～19题基于以下题干：

有统计显示，近五年我国新闻媒体关于见义勇为的事迹报道和此前相比，数量有明显增加。这说明，在日常生活中我国民众见义勇为的事例较此前一定有所增加。

**18.** 假设以下哪项，上述结论能从前提合乎逻辑地得出？

A. 上述关于见义勇为的事迹报道都是真实的。

B. 新闻媒体所报道的见义勇为的事例，在日常生活我国民众见义勇为的事例中只占极小的比例。

C. 见义勇为的事例数量，和同期违法犯罪的案发数量之间，存在确定的比例关系。

D. 新闻媒体所报道的见义勇为的事例，和日常生活中我国民众见义勇为的事例之间存在确定的比例关系。

E. 近五年来，在舆论导向和相关政策的作用下，此前曾经出现过的见义勇为者流血又流泪的现象不再发生。

(　　)

**19.** 以下各项如果为真，都能削弱上述论证，除了

A. 近年来，相关主管部门要求新闻媒体加强对见义勇为事迹的报道。

B. 见义勇为的对象一般都是犯罪违法，近年来，我国的治安状况明显改善。

C. 上述新闻报道主要集中在南方几个省份。

D. 据事后揭露，上述报道有一些是虚假新闻。

E. 和以前相比，见义勇为者越来越受到社会的尊重。

(　　)

**20.** 统计显示，有个性缺陷的人的塞塔脑电波要多于正常人。统计又显示，当一个人看电视时塞塔脑电波量会增加。因此，多看电视会增加一个人个性缺陷的风险。

以下哪项最为恰当地指出了上述论证存在的漏洞？

A. 把论据中所断定的必要条件关系，误解为充分条件关系。

B. 忽视了统计相关的两种现象，不一定存在因果关系。

C. 对一个关键概念的内涵前后未保持一致。

D. 对两种不相干的现象进行不恰当的类比。

E. 把所要证明的结论，当作证明这一结论的论据。

(　　　　)

**21.** 我们的原则是：人不犯我，我不犯人；人若犯我，我必犯人。

以下哪项和以上陈述的形式最为类似？

A. 我们的要求是：知无不言，言无不尽；言者无罪，闻者足戒。

B. 中美贸易战：若停双赢；不停双输。

C. 中朝关系，唇亡齿寒：唇可无齿；齿不可无唇。

D. 人之交往如同三角形之边角：边相等则角相等；若边不等别指望角相等。

E. 我们的口号是：下定决心，不怕牺牲，排除万难，去争取胜利。

(　　　　)

22～23 题基于以下题干：

对某企业在贸易中的严重违约行为，仲裁机构在讨论如何制裁时出现过两种不尽相同的意见。第一种意见是，要么大数额罚款，要么撤换企业领导层；第二种意见是，大数额罚款，或者撤换企业领导层。

**22.** 如果制裁结果只符合上述两种意见中的一种，则关于仲裁结果以下哪项一定为真？

A. 大数额罚款，并且撤换了企业领导层。

B. 未大数额罚款，并且未撤换企业领导层。

C. 大数额罚款，但未撤换企业领导层。

D. 未大数额罚款，但撤换了企业领导层。

E. 如果大数额罚款，那么一定未撤换企业领导层。

(　　　　)

**23.** 如果制裁结果至少符合两种意见中的一种，则关于仲裁结果以下哪项一定为真？

A. 大数额罚款，并且撤换了企业领导层。

B. 未大数额罚款，并且未撤换企业领导层。

C. 大数额罚款，但未撤换企业领导层。

D. 未大数额罚款，但撤换了企业领导层。

E. 如果未大数额罚款，那么一定撤换了企业领导层。

(　　　)

**24.** 比尔·盖茨说，直到停止读书，一个人才开始变老。每本书都会教给我们一些新东西，或者使我们以不同的眼光看待事物。

以下哪项作为比尔·盖茨上述断定的推论最为恰当？

A. 如果一个读书人不再读书，则他一定变老了。

B. 如果一个读书人变老了，则他一定不再读书。

C. 如果一个人看待事物的眼光从来不变，则他一定不是读书人。

D. 如果一个人变老了，他看待事物的眼光就不会发生变化。

E. 不读书的人不会变老。

(　　　)

**25.** 一个叫巴特尔的美国人说，如果你现在知道所有的幕后信息，并且拥有一亿美元，那么，不出两年，你肯定破产或者坐牢。

依据巴特尔的上述断定，可得出以下哪项结论？

A. 如果你现在拥有一亿美元，但有些幕后信息你并不知道，那么，两年后你不会破产，或者不会坐牢。

B. 如果你不可能知道所有的幕后信息，并且也不可能拥有一亿美元，那么，在两年之内，你不可能破产，也不可能坐牢。

C. 如果你现在不知道所有的幕后信息，并且也未拥有一亿美元，那么，在两年之内，你仍然可能破产，也可能坐牢。

D. 两年之内，如果你既未破产，也未坐牢，那么，此前你从未知道过所有幕后信息，也从未拥有过一亿美元。

E. 两年之内，如果你既未破产，也未坐牢，并且近年来你拥有的美元一直过亿，那么，你至少有某个时段不了解所有的幕后信息。

(　　　)

**26.** 自强和自负这两个概念不能画等号。自强的人，都想如何把事情做好。自负的人，都想如何把面子保住。

如果上述断定为真，则以下哪项一定为真？

A. 有的人，自负但不自强。

B. 一个不想把事情做好的人，一定不是个自强的人。

C. 一个从不考虑保全面子的人，一定是个自强的人。

D. 一个只想保住面子的人，一定是个自负的人。

E. 一个人，如果真想把事情做好，就不可能顾及面子。

(　　　)

**27.** 某博物馆告示：本馆此次展览的展品，都是明清两代的文物，主要是字画作品。这些文物一部分租自私人收藏，另一部分是本馆馆藏。后一部分展品的图片，在本馆的商店都有出售。本馆的商店同时也出售非本馆馆藏的文物的图片，如无名氏的著名水墨画《渔舟唱晚》。

依据以上告示，能推出以下哪项结论？

A. 无名氏的《渔舟唱晚》是由私人收藏的文物，成于明代或清代。

B. 上述商店出售的图片所显示的文物，或者是该博物馆馆藏，或者是私人收藏。

C. 上述商店只出售明清两代的文物图片。

D. 上述商店出售的文物图片中，有些图片所显示的文物，并不是由私人收藏的。

E. 无名氏的《渔舟唱晚》并不在此次展览中展出。

(　　　)

28～30 题基于以下题干：

某艺校招生考试，J、K、L、M 和 N 五个考生，每人被要求至少做一次即兴表演，表演类型分为唱歌、舞蹈和小品三种，每种类型每人最多表演一次。要满足以下条件：

（1）K 和 L 表演的次数均少于 M。

（2）L 和 M 表演的类型均和 J 不同。

（3）K 和 N 表演的类型均有舞蹈。

**28.** 只表演唱歌的考生，总共是哪几个？以下各项都不可能是对这个问题的正确回答，除了

A. 只有 L。　　B. 只有 N。　　C. J 和 L。

D. K 和 M。　　E. L 和 M。

(　　　)

**29.** 以下哪项一定为真？

A. J 表演的次数比 L 多。

B. M表演的次数比J多。

C. M表演的次数比N多。

D. N表演的次数比J多。

E. N表演的次数比K多。

(　　　)

**30.** 如果J没有表演舞蹈，则以下哪项一定为真？

A. J表演唱歌。　　B. L表演小品。　　C. M表演唱歌。

D. M表演舞蹈。　　E. N表演小品。

(　　　)

【答案】

| | | | |
|---|---|---|---|
| 1～5 | DBDDE | 6～10 | CADEB |
| 11～15 | DCCEB | 16～20 | DEDEB |
| 21～25 | DAEBE | 26～30 | BDABD |

# 第七套

1～2 题基于以下题干：

关于本年度的职称评定，学术委员会出现两种不尽相同的意见。第一种意见是，张副教授和李副教授都晋升为教授；第二种意见是，张副教授和李副教授两人至少一人晋升为教授。

**1.** 如果评定结果只符合上述两种意见中的一种，则以下哪项一定为真？

A. 张副教授和李副教授都评上教授。

B. 张副教授和李副教授都未评上教授。

C. 张副教授评上教授，但李副教授未评上。

D. 李副教授评上教授，但张副教授未评上。

E. 要么张副教授评上教授，要么李副教授评上教授。

(　　　　)

**2.** 如果评定结果至少符合上述两种意见中的一种，则以下哪项一定为真？

A. 张副教授和李副教授都评上教授。

B. 张副教授和李副教授都未评上教授。

C. 张副教授评上教授，但李副教授未评上。

D. 李副教授评上教授，但张副教授未评上。

E. 如果张副教授未评上教授，则李副教授评上教授。

(　　　　)

**3.** 有位诗人说，汉语博大精深，完全可能有些汉语表达不能被某些阅读者透彻理解。肯定这一点，不是对阅读者的不尊重，相反，是真正意义上的尊重。

以下哪项和题干诗人断定的意思最为接近？

A. 不可能所有汉语表达都能被所有阅读者透彻理解。

B. 不可能有的阅读者能透彻理解所有汉语表达。

C. 不必然所有汉语表达都能被所有阅读者透彻理解。

D. 不必然有的阅读者能理解所有汉语表达。

E. 不必然有的汉语表达能被所有阅读者透彻理解。

(　　　)

**4.** 据研究，作为思考器官，人的大脑目前用于思考的部分还不到10%，绝大部分都是未开垦的处女地。一个经医学确诊大脑有严重生理缺陷的患者，可以没有任何思考障碍，就是这一研究结论的一个证据。因此，只要人类能充分开发这一创造发明的巨大资源，目前困扰人类的任何难题都将不在话下。

为使上述论证成立，以下哪项是必须假设的？

A. 人的大脑的任一部分，都具有思考的功能。

B. 仅依据人的大脑目前已被用于思考的部分，不可能解决目前困扰人类的难题。

C. 人的大脑目前未用于思考的部分，具有超越当代人的创造发明的巨大潜力。

D. 人的大脑生理缺陷和思考障碍没有任何关系。

E. 不同个体、不同种族的人的思考能力的差异，在于大脑被开发用于思考的部分所占的比例。

(　　　)

**5.** 有人说，我们有不乱伐树木的义务。但是，对一个实体承担某种义务，当且仅当该实体有相应的某种权利。例如，公民有向国家纳税的义务，当且仅当国家有向公民征税的权利。因此，如果我们对树木承担义务，那么，树木必须拥有权利。但是树木没有意识，不是那种可以拥有权利的实体。因此，我们没有义务不乱伐树木。

以下哪项是上述论证依赖的假设？

A. 如果一个实体有权利以某种方式行事，那么，其他实体就有义务按此种方式行事。

B. 任何实体既有权利，也有义务。

C. 只有有意识的实体才具有能力履行义务。

D. 乱伐树木并没有对人类的生态环境造成严重的危害。

E. 不乱伐树木这种义务，除了对树木本身，不可能对其他实体承担。

(　　　)

**6.** 明星是需要包装的，这就是形象设计师的任务。许多成功的形象设计师都注意吸收国外的设计理念，但是，一个形象设计师要能成功，必须关注国内客户的需求。

如果上述断定为真，以下哪项一定为真？

A. 在形象设计师中，获得成功的只是少数。

B. 一个形象设计师，既注意吸收国外的设计理念，又关注国内客户的需求，就一定成功。

C. 一个形象设计师，如果不注意吸收国外的设计理念，就不可能成功。

D. 有的形象设计师既不注意吸收国外的设计理念，又不关注国内客户的需求。

E. 有的形象设计师既注意吸收国外的设计理念，又关注国内客户的需求。

(　　　)

**7.** 《往事如烟》和《远去的年代》是两本半自传体小说。其中，人物说的话和发生的故事，在两本书中多有类似之处。这容易使人产生怀疑，是否存在抄袭。其实，这里的类似很可能仅仅是巧合，因为两位作者有类似的背景和经历。

以下哪项最为准确地表达了上述论证所要得出的结论？

A.《往事如烟》和《远去的年代》是两本半自传体小说。其中，有类似的人物话语和故事。

B.《往事如烟》和《远去的年代》这两本半自传体小说存在许多雷同之处，基于这一事实，有理由怀疑其中存在抄袭。

C.《往事如烟》的作者和《远去的年代》的作者有类似的背景和经历。

D.《往事如烟》和《远去的年代》存在雷同的原因，和仅仅是巧合相比，抄袭的可能性较小。

E. 如果《往事如烟》的作者和《远去的年代》的作者确实有类似的背景和经历，那么，关于两位作者中至少有一人抄袭的怀疑很难成立。

(　　　)

**8.** 君子非小人。君子喻于义，小人喻于利。没有小人喻于义，但确有君子喻于利。

如果上述断定为真，则以下哪项一定为假？

A. 如果不喻于义，则不是君子。

B. 如果喻于义，则是君子。

C. 如果不喻于利，则不是小人。

D. 如果喻于义，则不是小人。

E. 如果喻于利，则不喻于义。

(　　　)

**9.** 来自农村的大学生都毕业于寄宿制中学。小张毕业于寄宿制中学，因此，他一定是来自农村的大学生。

上述推理中存在的漏洞，也类似地出现在以下哪项中？

A. 上过辅导班的考生都能提高应试能力。考生小李的应试能力很强，因此，他一定上过辅导班。

B. 上过辅导班的考生都能提高应试能力。考生小王的应试能力有很大提高，因此，他很可能上过辅导班。

C. 上过辅导班的考生大都能提高应试能力。考生小贾上过辅导班，因此，他的应试能力一定有提高。

D. 除非上过辅导班，否则一个考生的应试能力不会提高。考生小孙上过辅导班，因此，他的应试能力一定会有提高。

E. 一个考生，如果上过辅导班，则能提高应试能力。考生小刘的应试能力没有提高，因此，他一定没有上过辅导班。

(　　　　)

**10.** 能够完全集中注意力的人，其智力高于平均水平。要完全杜绝交通事故，驾驶员必须能够完全集中注意力。另外，速记员在接受训练的过程中，集中注意力的能力都有明显提高。

如果上述断定为真，以下哪项一定为真？

A. 速记员的智力都高于平均水平。

B. 有些未出过交通事故的驾驶员的智力低于平均水平。

C. 智力高于平均水平的驾驶员一定能完全集中注意力。

D. 智力低于平均水平的速记员一定不能完全集中注意力。

E. 集中注意力的能力是一种意志力，和智力水平最多统计相关，并没有因果关系。

(　　　　)

11～13题基于以下题干：

某次阅兵共有F、G、J、M、P、V六个方队，按第一至第六依次经过检阅台。已知：

至少有两个方队，在P之后但在M之前。

恰有一个方队，在F之后但在V之前。

G是第一、第三或第五方队。

**11.** 以下哪项自第一至第六的排序不违反题干条件？

A. FPVMGJ。　　B. GPJMFV。　　C. VPFGJM。

D. JPGFMV。　　E. MVJFGP。

(　　　　)

**12.** 如果G是紧靠V前面的一个方队，则以下哪项可能是第四方队？

A. G。　　B. J。　　C. M。

D. P。　　E. V。

(　　)

**13.** 如果J是第五方队，则以下哪项一定为真？

A. P是第一方队。　　B. F是第一方队。　　C. V是第二方队。

D. G是第三方队。　　E. M是第六方队。

(　　)

**14.** 在小学教育中开展各种比赛，如数学比赛、作文比赛、演讲比赛等，能培养一个人从小通过竞争获得成功的意识。有一种批评意见认为，能获得成功荣誉感的只有比赛前几名优胜者，大多数都是失败者，他们获得的是挫败感，这有可能导致自卑。但是，失败是成功之母，百折不回同样是成功者必需的重要素质。因此，开展比赛无疑是小学素质教育的一种值得提倡的形式。

以下哪项最为准确地概括了“开展各种比赛能培养一个人从小通过竞争获得成功的意识”这一断定在上述论证中所起的作用？

A. 这是题干所要论证的结论。

B. 这是题干的唯一论据。

C. 这是题干的一个论据，同时又是题干另一个论据的推论。

D. 这是题干的一个论据，用以支持题干的另一个论据。

E. 这是题干的一个论据，此外题干还有另一个独立的论据。

(　　)

**15.** 许多新生儿皮肤局部呈微黄色，这是因为其血液中胆红素的含量过高。对此，医学上的第一种应对是减少其胆红素的含量，理由是胆红素一旦进入大脑，有可能诱发新生儿破伤风。第二种应对是不作专门处置，理由是大脑自身具有阻止胆红素进入的功能。

以下哪项如果为真，最能支持上述第二种应对？

A. 有的专家认为，上述第一种应对的医学处置可能会产生某些副作用。

B. 胆红素能中和某些对新生儿有潜在危害性的物质，减少或消除这种危害性。

C. 胆红素不仅存在于新生儿的血液中，而且存在于消化道的体液中。

D. 某些疾病可能减弱新生儿大脑阻止胆红素进入的功能。

E. 新生儿血液中胆红素含量是否过高有确定的标准。

(　　　)

16～17题基于以下题干：

张教授：我赞同17世纪英国哲学家洛克的观点，权力不可私有，财产不可公有，否则，人类将面临灾难。

李研究员：我不完全赞同洛克的观点。财产公有不会导致人类灾难，除非权力私有。

**16.** 以下哪项陈述，最接近上述洛克的观点？

A. 人类要不面临灾难，权力不可私有，且财产不可公有。

B. 人类要不面临灾难，权力不可私有，或财产不可公有。

C. 人类要不面临灾难，要么权力不可私有，要么财产不可公有。

D. 如果人类面临灾难，则权力私有，且财产公有。

E. 如果人类面临灾难，则权力私有，或财产公有。

(　　　)

**17.** 在以下哪个问题上，张教授和李研究员最可能有不同意见？

A. 财产公有是否可能导致人类灾难？

B. 权力私有是否可能导致人类灾难？

C. 如果权力私有，是否可能实现财产公有？

D. 如果权力不私有，财产公有是否会导致人类灾难？

E. 如果财产不公有，权力私有是否会导致人类灾难？

(　　　)

**18.** 自然科学的一个重要功能是准确预测，这是因为自然现象可以准确地归纳为一个数学表达式。有些社会科学家希望社会科学也具有这样的预测功能，并且认为在社会领域也应当进行这样的数学归纳。这个想法忽视了有些数据很难数学化，会误导对社会现象的理解、分析和处理。

以下哪项最为恰当地概括了以上陈述的主要结论？

A. 社会科学不可能具有准确的预测功能。

B. 数学在自然科学中所起的作用，要比在社会科学中重要得多。

C. 社会科学需要改进自己的预测功能。

D. 社会科学的预测不应当基于把社会现象归纳为数学公式。

E. 社会科学家必须提高自己的数学素养。

(　　　　)

**19.** 关于印第安人的祖先，一直有争议。传统的观点认为，印第安人的祖先是蒙古人。但同样也有观点认为，印第安人的祖先不是蒙古人。因为这两种观点都不能不容置疑地证实或证伪，因此，应该接受传统的观点，印第安人的祖先是蒙古人。

以下哪项最为准确地概括了上述论证所基于的原则？

A. 在不同观点争论中决定取舍，依据是看哪一方的论据更有说服力。

B. 在传统和反传统的观点争论中，应当接受传统观点，除非至少有一种可以不容置疑地证实或证伪。

C. 在不同观点的争论中，如果一种观点是反传统的，那么不具备不容置疑的说服力就不能接受它。

D. 如果没有不容置疑的论据来证明或反驳一种观点，那么就应当接受这种观点。

E. 一种观点要在争论中被接受，其论据必须具有不容置疑的说服力。

(　　　　)

**20.** 张先生：我国的国民阅读率几乎在世界垫底。阅读兴趣衰减的原因，在于弥漫于年轻人中的享乐主义和懒散情绪，而现代文化产品的视频化，正满足和助长了此种倾向。电视剧《红楼梦》风靡一时，国人特别是其中的年轻一代，失去了阅读《红楼梦》原著的兴趣。文学修养，降格为文学休闲。

李女士：你用《红楼梦》为例来支持你的结论不得要领。电视剧《红楼梦》毕竟堪称艺术精品。现在的问题是，通过影视手段吸引大众眼球的，是大量胡编乱造的“神剧”和浅薄无聊的高科技杂耍。

以下哪项作为李女士陈述的结论最为恰当？

A. 张先生的论据不成立，因为电视剧《红楼梦》是艺术精品。

B. 张先生的结论不成立，因为国人阅读兴趣衰减的原因，在于大量胡编乱造的“神剧”和浅薄无聊的高科技杂耍吸引了大众的眼球。

C. 张先生的论证不成立，因为论据虽然成立，但并不支持他的结论。

D. 张先生的论证可以更有说服力，因为他忽略了更有说服力的论据。

E. 张先生的论证不成立，因为这一论证依赖的假设不成立，这一假设是：如果文化产品不视频化，大众的阅读兴趣不会衰减。

(　　　　)

21. 现在网络“人肉搜索”饱受诟病，理由是不能侵犯个人隐私。这里，“侵犯个人隐私”，被误解为等同于“披露个人信息”。法律并不禁止披露个人信息，“人肉搜索”传播个人信息，只要公众感兴趣，不侵犯隐私，不凭空捏造，这么做就是允许的。因此，不只是自媒体，公众媒体也有义务这么做。

以下哪项最为准确地指出了上述论证存在的漏洞？

A. 忽视了：不披露个人信息，就不可能侵犯个人隐私。

B. 忽视了：不禁止，不等于允许。

C. 忽视了：允许这么做，不等于有义务这么做。

D. 忽视了：公众媒体不同于自媒体。

E. 忽视了：公众感兴趣的东西，不一定有价值。

（　　）

22. 甲、乙两国毗邻。甲国的机动车安全行驶标准比乙国严格得多，例如，乙国只要求主驾驶位必须系安全带，甲国则要求所有座位都必须系安全带。但是，一方面，近年来两国的单位里程交通事故率一直持平；另一方面，专家又断定，较为严格的安全标准对于降低交通事故率起到了重要的作用。

以下各项如果为真，都能解释上述看似存在的矛盾，除了

A. 甲国公路总长度和机动车的总量都分别是乙国的4倍。

B. 和乙国相比，甲国较差的路况更容易导致交通事故。

C. 和甲国相比，乙国的交通管理部门的安全执法更为严格。

D. 甲国相当数量的机动车时常在乙国行驶，其司机习惯于按甲国的安全标准在乙国驾车。

E. 和乙国相比，甲国司机的安全意识和规则意识较差。

（　　）

23. 某校要在甲、乙、丙、丁、戊和己6位学生中组建辩论队，须满足如下组建要求：

（1）如果选拔甲，则也要选拔乙。

（2）如果没选拔丙，那么必须选拔丁。

（3）戊和己不能都选拔。

（4）如果没选拔甲而选拔丙，则需要选拔戊。

（5）己要选拔。

如果上述断定为真，则以下哪项相关断定一定为真？

A. 选拔甲。　　　　B. 选拔丙。　　　　C. 不选拔丙。

D. 不选拔乙和丁。　　　　E. 选拔乙或丁。

(　　　　)

**24.** 关于某班期末考试，甲、乙、丙、丁四人有如下猜测：

甲：全班都及格。

乙：有人不及格。

丙：班长和学习委员都能及格。

丁：班长和学习委员不会都不及格。

考试结果说明，上述猜测两真两假。

依据上述断定，能推出以下哪项结论？

A. 甲和丙的猜测成立。

B. 甲和丁的猜测成立。

C. 乙和丙的猜测成立。

D. 乙和丁的猜测成立。

E. 上述各项均不能从题干推出。

(　　　　)

**25.** 如果全球气候持续变暖，或者杀虫剂（包括除蚊剂）的产量不能大幅度提高，那么，疟疾的发病率会大幅度上升。

增加以下哪项前提，依据上述断定，可以推出结论：疟疾的发病率会大幅度上升？

A. 只有当疟疾的发病率大幅度上升，才会大幅度提高杀虫剂（包括除蚊剂）的产量。

B. 如果全球气候变暖的趋势得以改变，则疟疾的发病率就不会大幅度上升。

C. 如果疟疾的发病率没有大幅度上升，则全球气候并未持续变暖，并且杀虫剂（包括除蚊剂）的产量大幅度提高。

D. 全球气候变暖是由多种原因造成的，疟疾的病因却是唯一的，即疟原虫随疟蚊的叮咬进入患者的血液。

E. 疟疾在当今世界的许多国家已经绝迹，但在非洲许多国家的发病率仍然居高不下。

(　　　　)

**26.** 一个缺乏自控力的人，如果遇到令他害怕的事，话就会很多，这是在掩饰自己的恐惧，这如同一个胆小的人深夜看电视，会把音量调得很大。

如果上述断定为真，则以下哪项一定为真？

A. 如果一个人话很多，则说明他心里存有恐惧。

B. 一个具有自控力的人，即使遇到令他害怕的事，也不会说很多话。

C. 一个人如果话不多，则或者具有自控力，或者没有遇到令他害怕的事。

D. 如果一个人深夜看电视并把音量调得很大，则说明他是一个胆小的人。

E. 一个心存恐惧的胆小鬼，不可能深夜一个人看电视。

(　　)

**27.** 某台晚会，对节目类型有以下要求：

(1) 如果有音乐类节目，则要有舞蹈类节目。

(2) 除非有杂技类节目，否则不能有舞蹈类节目。

(3) 音乐、舞蹈、相声类节目中，不得少于两类。

根据以上要求，这台晚会必须有哪两类节目？

A. 音乐和舞蹈。　B. 舞蹈和杂技。　C. 音乐和相声。

D. 相声和杂技。　E. 舞蹈和相声。

(　　)

28～30题基于以下题干：

要在9位科学家中选择5人组成一个科学攻关小组。其中，F、G和H是数学家，K、L和M是物理学家，P、Q和R是化学家。以下条件须满足：

每个专业至少有一名科学家入选；

如果数学家不止一个，那么化学家至多一个；

F和K不能同时入选；

K和M不能同时入选；

如果M入选，P和R必须入选。

**28.** 如果M是唯一入选的物理学家，则以下哪项一定为真？

A. F、G和H同时入选。　B. P、Q和R同时入选。　C. H和P同时入选。

D. G和H同时入选。　E. F和G同时入选。

(　　)

**29.** 如果F、L、Q和R入选，则第五位入选的一定是

A. G。　B. H。　C. P。

D. M。　E. K。

(　　)

**30.** 如果P是唯一入选的化学家，则以下哪项一定为真？

A. 如果K入选，那么G不能入选。

B. 如果L入选，那么F不能入选。

C. 如果恰有一个物理学家入选，那么一定是K。

D. 如果恰有两个物理学家入选，那么F不能入选。

E. 如果恰有两个物理学家入选，那么G不能入选。

(　　　　)

**【答案】**

| | | | |
|---|---|---|---|
| 1～5 | EECCE | 6～10 | EDEDD |
| 11～15 | DEECB | 16～20 | ADDBD |
| 21～25 | CAEDA | 26～30 | CBBCD |

# 第八套

**1.** 好莱坞恐怖片中有两种常见的类型。一种是描写病态科学家所做的灾难性实验，另一种是描写鬼怪例如吸血鬼。在有些描写鬼怪的好莱坞恐怖片中，编导表达了这样一种意思，比鬼怪更可怕的是人自身的心理错乱。而在描写病态科学家的好莱坞恐怖片中，编导通常想表达的意思是，不要高估科学的正能量，也不要低估科学的负能量。尽管有这些不同，这两类好莱坞恐怖片的共同特点是都描写在现实中不可能出现的违反自然规律的现象，并且极力引发观众的恐惧。

如果上述断定为真，则以下哪项一定为真？

A. 所有对鬼怪的描写都违反自然规律。

B. 影片描写违反自然规律的现象，都是为了引发观众的恐惧。

C. 不论何种类型，好莱坞恐怖片通常都塑造心理错乱的角色。

D. 大多数描写病态科学家的好莱坞影片都表达了编导的反科学立场。

E. 有些描写病态科学家的影片描写了违反自然规律的现象。

(　　　)

**2.** 人的行为有其动机，也有其结果。可以对行为动机进行评价，也可以对行为结果进行评价，但难以对行为本身进行评价。例如，颐和园（当时称为清漪园）是乾隆皇帝为孝敬其母孝圣宪皇后动用 448 万两白银建造的。从封建帝王建造颐和园的行为动机来看，是耗用巨额民脂满足一己之私，自然是应当否定的；从这一行为的结果来看，是应当肯定的，因为它为中国甚至世界留下了伟大的文化遗产。当我们试图对封建帝王建造颐和园这一行为本身进行评价时，就出现了矛盾。

以下哪项是上述论证所假设的？

A. 对人的行为进行评价的依据是其动机，而不是其结果。

B. 对人的行为进行评价的依据是其结果，而不是其动机。

C. 对人的行为进行评价的依据，必须既包括其动机，也包括其结果。

D. 动机和结果都不能成为对人的行为进行评价的依据。

E. 除了动机和结果，对人的行为本身进行评价，还必须有其他依据。

(　　　)

**3.** 张教授：在世界首次围棋人机大战中，“阿尔法狗”（一种计算机围棋程序）战胜世界围棋冠军李世石，这说明计算机在围棋比赛中取胜的能力已经超过人类。

李研究员：你忽视了，“阿尔法狗”也是人编写的。

张教授：但是，编写“阿尔法狗”程序的工程师，如果作为棋手参加围棋比赛，既不能战胜李世石，也不能战胜“阿尔法狗”。

在以下哪个问题上，张教授和李研究员最可能有不同意见？

A. 人机比赛和人人比赛的区别是什么？

B. 离开了人，计算机是否可以具备超越人的能力？

C. 人赋予了计算机某种能力，是否意味着人自身一定具有此种能力？

D. “阿尔法狗”是否能战胜其他围棋高手？

E. 编写“阿尔法狗”程序的工程师，如果作为棋手参加围棋比赛，是否能战胜李世石？

(　　　)

**4.** 一个高尚的人应当承诺不说假话。但不说假话有的善事就做不成。显然，一个高尚的人应当遵循古训“不以善小而不为”。因此，一个高尚的人不可能做遍天下善事，同时又遵守自己的所有承诺。

上述推理的结构和以下哪项最为类似？

A. 每个公民都应当遵守法律。任何违反法律的行为都会受到追究和制裁。显然，即使是犯法的人，也不愿意受到追究和制裁。因此，一个地位再高的人，也不可能做了违法的事，同时又能侥幸逃避法律的制裁。

B. 有的竞选者为了拉选票乱开空头支票。但这最终将欺骗民众。因此，以拉选票为目的的竞选者，免不了欺骗民众。

C. 商品广告都承诺不说假话。但不说假话就不能吸引消费者的关注。消费者不关注，就不会购买一个商品。因此，商品广告不可能不说假话。

D. 我有权利想说什么就说什么。但我也有义务尊重他人。尊重他人要求我不能想说什么就说什么。因此，不可能我既享有权利想说什么就说什么，又承担义务尊重他人。

E. 一个城市的管理者应当承诺保持空气的质量。但保持城市空气的质量不可避免会影响区域经济的发展，而这事关政绩。因此，一个以政绩为目标的城市管理者不可能兑现保持空气质量的承诺。

(　　　)

**5.** 暖空气会提高空气中的湿度，随着空气湿度的提高，降雨量也会增加。因此，过去五年中，全球降雨总量的增加是一个充分的证据，说明全球的气温升高了。

上述推理存在的错误也类似地出现在以下哪项中？

A. 新鲜食物富有营养。吃的食物越有营养，人就越健康。当今人类的健康水平明显高于一个世纪以前。因此，当今人类的食物比一个世纪前新鲜。

B. 拒绝公布个人财产，说明你的财产中有一部分是不正当的。在这个问题上态度越暧昧，越说明你心里有鬼，因为如果你的财产都是正当的，为什么会拒绝公布呢？

C. 行李是旅行者的负担。带的行李越多，这种负担越重。因此，携带多件行李的旅客更多选择飞机而不是高铁，因为，第一，现在机票不比高铁票贵；第二，航运可办理行李托运，而高铁一般不办理。

D. 统计数据显示，当今人类的寿命和各个年龄段的健康水平比以往任何年代都高。但同时，当代人中不当饮食、缺乏体力支出等因素导致的肥胖者的比例，比以往任何年代都高。这说明，健康饮食、体育锻炼和控制体重等当今保健要领，对于延长寿命和提高健康水平，其实并不是必要的。

E. 电视观众只收看自己喜欢的电视节目。电视节目的质量越高，收看的人越多。目前收看电视节目的观众比 10 年前多，因此，目前观众喜欢看的电视节目中，至少有一些是高质量的。

(　　　　)

**6.** 一个人的价值取向和他的行为之间，有很强的相关性。例如，一个看重金钱的人，倾向选择工资较高的工作，哪怕并不喜欢这一工作；一个注重兴趣的人，倾向选择喜欢的工作，哪怕工资较低。

如果上述断定为真，最能支持以下哪项结论？

A. 根据一个人的行为，可以确定他的价值取向。

B. 只有一个人关于自己价值取向的断定，而不是别人的断定，才是解释他行为的依据。

C. 两个价值取向不同的人，在相同的情况下，不可能有不同的行为。

D. 任何工作，如果工资较高，一定不符合某些求职者的兴趣。

E. 一个人的价值取向，是预测他的行为的合理依据。

(　　　　)

**7.** 学校的课堂和实验室可以培养出工程师和医生，但只靠课堂和实验室培养不出作家和艺术家。造就作家和艺术家的真正的课堂和实验室是社会和人生，此外，作家和艺术家大都具有超常的天赋。具有超常天赋的人大都擅长抽象推理。但擅长抽象推理的人中，少见作家和艺术家。

如果上述断定为真，最能支持以下哪项结论？

A. 工程师和医生大都不具有超常的天赋。

B. 作家和艺术家在具有超常天赋的人中只占很小的比例。

C. 作家和艺术家大都不是科班出身。

D. 一个作家或艺术家如果事实上缺乏超常的天赋，则很可能是科班出身。

E. 学校教育使很多具有天赋的学生逐渐变得平庸。

(　　　　)

**8.** 张教授：游记作为一种重要的文学体裁，其作品的质量，在当代是大大退步了。我们看不到优秀的游记作品，更别说可以和《徐霞客游记》《马可波罗游记》相提并论的传世之作了。

李研究员：当代游记的写作模式确实和以前相比有很大变化，但说其质量大大退步是过于绝对和苛刻了。“西出阳关无故人”的年代早已过去，当代人的旅游条件比以前好得多。因此，当代读者对游记的要求比前人要高得多。游记不仅要记所经之地、所览之景、所遇之人，更要使读者从他们并不陌生的场景中，找到新的视角、解读和感受。

以下哪项对“当代人的旅游条件比以前好得多”这一断定在李研究员的论证中所起作用的概括最为恰当？

A. 陈述一种理由，用以说明当代游记作者的写作条件优于前人。

B. 陈述一种解释，用以回答为何张教授作为读者会对当代游记失望。

C. 陈述一种条件，用以说明这一条件改变了当代游记的写作任务。

D. 陈述一个论据，用以推出结论：当代游记的质量高于前人。

E. 陈述一种现象，用以说明当代人的生活水平远高于前人。

(　　　　)

**9.** 某杂志登载了这样四句话：雅士琴棋书画，俗人柴米油盐。不沾柴米油盐，何以琴棋书画？

张老师对此的解读是：

如果是雅士，则擅长琴棋书画。

如果是俗人，则离不开柴米油盐。

如果离开柴米油盐，则不能擅长琴棋书画。

如果张老师的陈述为真，则以下哪项一定为真？

A. 雅士都是俗人。

B. 雅士离不开柴米油盐。

C. 有些俗人擅长琴棋书画。

D. 有些俗人不是雅士。

E. 有些俗人是雅士。

(　　)

**10.** 最近的一项研究报告指出，有氧运动可以减少患心血管疾病的风险。但这项报告强调，要达到这一效果，这种有氧运动必须达到一定的强度和足够的运动量。因此，大家不要再听信以前的研究结论：轻松地散步也能达到上述效果。

以下哪项最为恰当地概括了上述论证存在的漏洞？

A. 忽视了这种可能性：有氧运动超过一定的强度，有损人的健康。

B. 忽视了这种情况：为了达到运动效果，不同的人有不同的适合自己的强度标准。

C. 忽视了这种情况：心血管疾病患者只适合轻松地散步，不适合有强度的有氧运动。

D. 没有给出有效有氧运动必须达到的强度和运动量的具体标准。

E. 没有证明为什么最近的研究报告比以前的研究结论更可信。

(　　)

**11.** 牙刷按棕毛的硬度分为软、硬两种。如何合理地选择和使用牙刷以减少牙垢，科研人员做了以下测试。被测试者分为人数相等的 4 组，每天刷牙 2 次，所用牙刷不更换。第一组和第二组使用软棕牙刷，其他两组使用硬棕牙刷；第一组和第三组每 10 天对牙刷进行一次保洁消毒，其他两组不做此种保洁。半年后，比较被测试者新形成的牙垢，第一组的明显减少，其他三组的基本相同，不见明显减少。

上述测试结果最能支持以下哪项结论？

A. 为减少牙垢的形成，牙刷的选择（硬棕或软棕）比牙刷的保洁更重要。

B. 为减少牙垢的形成，牙刷的保洁比牙刷的选择（硬棕或软棕）更重要。

C. 牙刷的细菌污染是形成牙垢的主要原因。

D. 牙刷的选择不当是形成牙垢的主要原因。

E. 为了减少牙垢的形成，选择软棕牙刷比选择硬棕牙刷更为合理。

(　　)

**12.** 见诸网络或视频的语言暴力，俗称“毒舌者”，就是使用谩骂、诋毁、挖苦等侮辱歧视性语言，伤害个人或一部分公众。一个研究机构对一批“毒舌者”作了调查，发现语言暴力的根子在于“毒舌者”生理上的营养不良，这些“毒舌者”几乎无一例外地存在厌食、偏食、不当节食导致的营养不良。这一研究选择这些“毒舌者”中的一部分进行后续实验，通过有效方法改善了他们的营养状况，结果这部分人不同程度地显现出厌弃语言暴力的倾向。

以下哪项如果为真，最能加强上述论证？

A. 语言暴力是一种行为方式，医学证明，人的健康状况包括营养状况会影响人的行为方式。

B. 上述未进行后续实验的“毒舌者”的语言暴力倾向没有明显改变。

C. 在上述接受调查的对象中，那个“粉丝”最多的“毒舌”，营养状况最差。

D. 有一部分患者的营养不良是先天性的，和他们的饮食没有关系。

E. 有一些营养状况良好的人说话也很恶毒。

(　　　　)

**13.** 日常语言是带歧义的。同一语词或语句，在不同的语境下，可以表达不同的含义。为了排除这种歧义，说话的时候可以借助手势或语调。但在一篇小说中，作家不可能通过手势或语调来表达自己的意思，而只能通过行文，并且这种行文所使用的语言，是日常语言，而不是例如数学家所使用的排除歧义的符号语言。读者是通过作家所使用的词和句的组合来理解而不会误解作家的意思。

如果上述断定为真，最能支持以下哪项结论？

A. 日常语言中词和句的组合并不都表达某种确定的意思。

B. 日常语言的歧义可以通过其自身来排除。

C. 作家可以在小说中通过刻画人物的手势或语调来排除歧义。

D. 数学老师在授课时不必借助手势或语调。

E. 一部真正优秀的小说，不可能遇到来自读者的不同评价。

(　　　　)

**14.** 催眠状态是指一种由人为方式导致的表面上和睡眠相似的恍惚状态。据说在催眠状态下人可以显示超常的记忆能力。最近有一项实验对此进行了验证。这项实验是这样操作的：先让一批实验对象听一段较长的他们并不熟悉的诗歌朗诵，然后使他们进入催眠状态，其中一半实验者被要求回忆一下他们印象最深的朗诵片段，另一半被要求描述一下他们刚看过的那场电影的场景，事实上刚才他们并没有看电影。结果第二部分实验对象在描述他们对电影场景的记忆时所显示的自信，和第一部分实验对象回忆朗诵片段时没什么不同。

上述实验结果最能支持以下哪项结论？

A. 在催眠状态下一个人可以显示平时无法具备的记忆能力。

B. 催眠状态并不能增强一个人的记忆能力。

C. 催眠状态下的回忆不可能都是真实的记忆。

D. 在催眠状态下得到的记忆至少在某种程度上依赖于暗示。

E. 在催眠状态下一个人的视觉记忆力强于听觉记忆力。

(　　　)

**15.** 某高校组建辩论队参加全国大学生辩论赛，赵娜、钱荣、孙达、李元四位学生报名，其中，赵、钱是女生，孙、李是男生。面试后，四位评委老师有如下意见：

张老师：四人中，至少要选拔一位男生。

李老师：选拔孙达和李元。

王老师：如果选拔赵娜，则也要选拔钱荣。

方老师：选拔赵娜，不选拔钱荣。

选拔结果显示，上述四位老师的意见，两位被采纳，两位未被采纳。

如果上述断定为真，则以下哪项一定为真？

A. 张老师的意见被采纳。

B. 李老师的意见被采纳。

C. 王老师的意见被采纳。

D. 方老师的意见被采纳。

E. 上述断定都不一定为真。

(　　　)

**16.** 乳糖是牛奶中的一种成分，有助于钙的吸收，而钙的吸收是防治中老年人骨质疏松所必需的。和其他地区不同，赤道地区的居民缺少牛奶，失去了吸收乳糖的能力。但是，赤道地区中老年人骨质疏松的健康问题，并不比其他地区严重。

以下哪项如果为真，最有助于解释上述看似矛盾的现象？

A. 因为缺少牛奶，赤道地区的中老年人定期服用含乳糖的片剂。

B. 牛奶的消费在全球范围内呈下降趋势。

C. 赤道地区阳光充足，使当地居民在体内自然产生有助于吸收钙的维生素D。

D. 赤道地区人均寿命低于其他地区，中老年人在总人口中的比例相应也较低。

E. 除了牛奶外，海带、鸡蛋、动物骨头、花生、大豆等，也都含有丰富的钙。

(　　　　)

**17.** 对于同一种疾病W，乙种医疗处置所能达到的积极治疗效果，甲种处置都能达到。另外，相比之下，甲种处置的医疗费用比乙种低得多。因此，出于为患者着想，对于W病患者，医生应该采取甲种处置，而不是乙种。

以下哪项如果为真，最能削弱上述论证？

A. 乙种处置的费用较高，是因为采用了进口药物，这种进口药物对W病的疗效，得到了国际上的公认。

B. 相比之下，实施乙种处置对医生的业务水平有较高的要求。

C. 和乙种处置不同，甲种处置在用于动物实验时出现了副作用。

D. 有些患者并不在乎医药费的高低。

E. 现有的体制实际上鼓励在有效医治疾病的前提下，采取医疗费用较高的处置。

(　　　　)

18～19题基于以下题干：

如果我信仰上帝，则如果上帝存在，我就有所得；如果上帝不存在，我也无所失。如果我不信仰上帝，则如果上帝存在，我就有所失；如果上帝不存在，我也无所得。

**18.** 如果上述断定为真，并且上帝存在，则以下哪项一定为真？

A. 我无所得且无所失。

B. 我有所得且有所失。

C. 我如果无所失，则一定有所得。

D. 我如果有所失，则一定无所得。

E. 我如果有所失，则一定有所得。

(　　　　)

**19.** 如果上述断定为真，并且事实上我无所得，但有所失，则以下哪项一定为真？

A. 我信仰上帝。

B. 我不信仰上帝。

C. 上帝存在。

D. 上帝不存在。

E. 上述断定都不一定为真。

(　　　　)

**20.** 不可能所有人都是明白人，但是你不要以为所有人都一定是糊涂虫。

以下哪项最为准确和完整地表达了上述断定？

A. 一定有人不是明白人，但你要知道事实上有人可能不是糊涂虫。

B. 所有的人都可能有不明白的时候，但你要知道事实上所有的人一定有不糊涂的时候。

C. 有人一定是明白人，但是你不要以为所有人都一定是明白人。

D. 有人一定不是明白人，但是你不要以为有人一定是明白人。

E. 你不要以为只有你自己是明白人，别人都是糊涂虫。

(　　)

**21.** 在政府发展史上，最具建设性的政府和最具破坏性的政府有一个共同特点，就是政治权力掌握在少数人手里。因此，构建政府的较合理的体制是民主制，因为民主制是一种避免政治权力掌握在少数人手里的体制。

以下哪项如果为真，最能加强上述论证？

A. 一个社会采取民主政体，当且仅当这符合社会大多数成员的意向。

B. 一个最具建设性的政府的决策不一定都符合大多数社会成员的意向。

C. 在特定的历史条件下，一个最具破坏性的政府有可能得到大多数社会成员的拥护。

D. 宁可失去一个最具建设性的政府，也不能要一个最具破坏性的政府。

E. 选择政治体制的依据，不应是大多数社会成员的意向，也不应是某种抽象的理念，而应是对社会现实的准确把握。

(　　)

**22.** 一次，丘吉尔的政治对手阿斯特夫人对他说："如果你是我丈夫，我会把毒药放进你的咖啡里。"丘吉尔笑着说："夫人，如果你是我的妻子，我就把那杯咖啡喝下去。"

当然，阿斯特夫人不是丘吉尔的妻子，丘吉尔也不是阿斯特夫人的丈夫。

如果上述断定为真，并且阿斯特夫人和丘吉尔说的都是真话，则以下哪项一定为真？

Ⅰ. 阿斯特夫人会把毒药放进丘吉尔喝的咖啡里。

Ⅱ. 阿斯特夫人不会把毒药放进丘吉尔喝的咖啡里。

Ⅲ. 丘吉尔会喝下放了毒药的咖啡。

Ⅳ. 丘吉尔不会喝下放了毒药的咖啡。

A. 只有Ⅰ和Ⅲ。

B. 只有Ⅱ和Ⅳ。

C. 只有Ⅱ。

D. 只有Ⅰ和Ⅳ。

E. 上述断定都不一定为真。

(　　　　)

**23.** 老王、老张、老赵都已年过六旬，40 年前，他们在一起插队，现在一个是企业老总，一个是政府官员，一个是大学教授。老赵的年龄比大学教授的大；政府官员的年龄比老张的小；老王的年龄和政府官员的不一样。

如果上述断定为真，以下哪项一定为真?

A. 老赵是企业老总，老张是政府官员，老王是大学教授。

B. 老王是企业老总，老赵是政府官员，老张是大学教授。

C. 老张是企业老总，老赵是大学教授，老王是政府官员。

D. 老张是企业老总，老赵是政府官员，老王是大学教授。

E. 老王是企业老总，老赵是大学教授，老张是政府官员。

(　　　　)

**24.** 对于服刑的犯人来说，重要的是实际服刑时间。判刑就是裁定实际服刑时间。减刑就是依法减少实际服刑时间。死刑裁定的实际服刑时间可以很短，无期徒刑是裁定实际服刑时间无上限，即假定犯人可以一直活下去。

任何服刑的犯人要获得减刑，实际服刑年限必须不少于判刑年限的三分之二，除非适逢特赦。

如果上述断定为真，并且都得到严格执行，则以下各项情况都可能出现，除了

A. 李某被判有期徒刑 20 年，获减刑 10 年。

B. 张某被判无期，未遇特赦，但被减刑，改判有期。

C. 赵某被判死刑，适逢特赦，但未被赦免。

D. 王某被判有期徒刑 10 年，未遇特赦，获减刑 2 年。

E. 孙某被判有期徒刑 30 年，后证明是冤案，被无罪释放。

(　　　　)

**25.** 佛教的基本教义是：善有善报，恶有恶报。据统计，某国职务犯罪的服刑罪犯中，信奉佛教的不到 5%。这说明，公务人员不信奉佛教是该国当前职务犯罪率高的一个原因。

以下哪项如果为真，最能削弱上述论证?

A. 助人行善完全符合该国目前的主流价值观。

B. 在13亿该国人中，目前的宗教信众约1亿。

C. 该国职务犯罪率高的主要原因公认在于制度层面。

D. 该国的公务员中，大多数都是敬业守法的。

E. 宣称信奉佛教不等于真心信奉并践行佛教。

(　　　)

**26.** 张珊：雄孔雀的羽毛主要是吸引雌孔雀的。但问题是：为什么拥有一身漂亮羽毛的雄孔雀在求偶中具有竞争的优势呢？

李思：这不难解释，因为雌孔雀更愿意与拥有漂亮羽毛的雄孔雀为偶。

以下哪项陈述准确概括了李思应答中的错误？

A. 把属于人类的典型特征归属于动物。

B. 把所要解释的现象本身作为对这一现象的一种解释。

C. 基于少数个例得出一般性的结论。

D. 所使用的一个关键概念的含义未和问题中的保持一致。

E. 忽略了两个统计相关的现象之间不一定有因果关系。

(　　　)

**27.** 为了在商业竞争中不被淘汰，每个企业都力求提高劳动生产率。但是，并非所有旨在提高劳动生产率的举措都对企业有利。在很多情况下，企业裁员是提高劳动生产率的一项重要措施，这不仅对被裁员工不利，而且有伤未被裁减员工的安全感。

如果上述断定为真，最能支持以下哪项结论？

A. 如果一项旨在避免企业在商业竞争中被淘汰的措施，有损企业员工的利益，那么不可能实际上提高劳动生产率。

B. 有些旨在提高劳动生产率的措施，实际上对企业并非有利。

C. 一个企业要在商业竞争中不被淘汰，企业员工的安全感比劳动生产率更重要。

D. 只有当一个企业的至少大多数员工同时也是企业的股东，这样的企业才可能采取真正有利于企业的措施。

E. 在商业竞争中被淘汰的企业，劳动生产率都较低。

(　　　)

28～30题基于以下题干：

某市实行副市长对外值班日。每周周一至周五由张、李和王三位副市长轮流值班，每位至少值班一天，每天有且只有一位值班。以下条件需满足：

周一不是张副市长值班。

周三不是李副市长值班。

王副市长只连续值班两天。

**28.** 如果在周二值班的副市长在周五也值班，则以下哪一天李副市长一定值班？

A. 周一。　　B. 周二。　　C. 周三。

D. 周四。　　E. 周五。

(　　　)

**29.** 如果在周一值班的副市长不在周二值班，则以下哪项可能为真？

A. 王副市长值班的某个日子比李副市长的值班日子都靠前。

B. 张副市长值班的某个日子比李副市长的值班日子都靠前。

C. 王副市长在周一值班。

D. 李副市长在周二值班。

E. 张副市长在周三值班。

(　　　)

**30.** 如果在周二值班的副市长每周只值一天班，则以下哪项一定为假？

A. 李副市长在周一值班。

B. 张副市长在周四值班。

C. 王副市长在周三值班。

D. 张副市长在周二值班。

E. 李副市长在周五值班。

(　　　)

【答案】

| | | | |
|---|---|---|---|
| 1～5 | ECCDA | 6～10 | EBCBE |
| 11～15 | EBBDA | 16～20 | CCCBA |
| 21～25 | DEDBB | 26～30 | BBAEB |

# 第九套

**1.** 针对当时建筑施工中工伤事故频发的严峻形势，有关部门颁布了《建筑业安全生产实施细则》（简称《细则》）。但是，在《细则》颁布实施两年间，覆盖全国的统计显示，在建筑施工中伤亡职工的数量每年仍有增加。这说明，《细则》并没有得到有效的实施。

以下哪项如果为真，最能削弱上述论证？

A. 在《细则》颁布后的两年中，施工中的建筑项目的数量有了很大的增长。

B. 严格实施《细则》将不可避免地提高建筑业的生产成本。

C. 在题干所提及的统计结果中，在事故中死亡的职工的数量较《细则》颁布前有所下降。

D. 在《细则》颁布后的两年中，在建筑业施工的职工数量有了很大的增长。

E. 和建筑业相比，安全生产形势最严峻的是煤矿业。

(　　　　)

**2.** 一份房屋租赁合同规定：承租人须赔偿承租房内的一切损坏，除非此种损坏是在承租人入住前就已经存在，或者此种损坏的出现是承租人不可控制的。

上述规定最有力地支持以下哪项损坏承租人不需要赔偿？

A. 墙上的一个洞，承租人入住前并不存在，但没有证据证明这是由承租人的过失造成的。

B. 浴室的钢化玻璃门在承租人一次洗浴时突然粉碎性破裂，承租人称，此种损坏的出现是他不可控制的。

C. 一个花瓶被承租人的小孩在玩耍时不慎打碎。

D. 书柜中几本用以装饰的书，承租人入住时还在，现在不见了。

E. 所在小区的一次突然停电，使承租房内正进入高速运转脱水程序的洗衣机受到严重损坏。

(　　　　)

**3.** 英语标题中的关键词及第一个词和最后一个词是大写的。但是，在标题中出现的冠词、介词和连词，如果少于五个字母，则不是大写的。

如果上述断定为真，以下哪项一定为真？

A. 一个冠词、介词或连词要大写，则这个词一定是英语标题的第一个或最后一个词。

B. 如果一个大写的词出现于英语的标题中，则这个词一定不是少于五个字母的冠词、介词或连词。

C. 任何在英语文章中出现的冠词、介词或连词，如果少于五个字母，则一定不是大写的。

D. 如果一个词不是英语标题的关键词，也不是该标题的第一个或最后一个词，则这个词一定不是大写的。

E. 英语标题中多于五个字母的冠词、介词或连词一定是大写的。

(　　)

**4.** 一个好学生所掌握的知识，一定超出家长和老师的要求，而要做到这一点，必须有足够的好奇心和独立思考的能力。除非有独立思考的能力，否则难以有足够的好奇心。

上述断定最不能支持以下哪项断定？

A. 缺乏足够好奇心的学生，不可能掌握超出家长和老师要求的知识。

B. 不具备独立思考的能力，难以产生足够的好奇心。

C. 一个有独立思考能力但缺乏好奇心的学生，称不上是一个好学生。

D. 一个有独立思考能力的学生，不可能缺乏好奇心。

E. 如果所掌握的知识未超出家长和老师的要求，则称不上是一个好学生。

(　　)

**5.** 在董事会成员中，担任执行董事的必要条件是具有学士学位。任何有不良记录（刑事或行政处分、信用不良记录等）者不能担任执行董事。张先生是现任会计师，虽然有学士学位和硕士学位，但不能担任主管经理，因为他有不良记录。

假设以下哪项，上述结论能从题干的前提中合乎逻辑地得出？

A. 任何有硕士学位并且无不良记录的人，都可被任命为执行董事。

B. 只有具备条件担任执行董事的人，才有资格担任主管经理。

C. 只有学士学位而没有硕士学位，不能担任主管经理。

D. 如果张先生没有不良记录，则可被任命为主管经理。

E. 张先生在其不良记录中受到指控的行为，和主管经理的职责具有相关性。

(　　)

**6.** 统计显示，高血压患者大都容易紧张和焦虑。胆汁质气质的人，大都容易紧张和焦虑。

因此，胆汁质比其他气质的人更容易患高血压。

以下哪项最为恰当地指出了上述论证的漏洞？

A. 由胆汁质气质的人大都容易紧张和焦虑，得不出：胆汁质气质是造成一个人紧张和焦虑的原因。

B. 由高血压患者大都容易紧张和焦虑，得不出：紧张和焦虑是导致高血压的原因。

C. 除了容易紧张和焦虑，胆汁质气质的人还有其他心理特征。

D. 有些容易紧张和焦虑的人，属于多血质气质。

E. 有些高血压患者并不容易紧张和焦虑。

(　　　　)

7～8 题基于以下题干：

在工薪阶层中，收入最低的 20%，称为低收入层；收入最高的 20%，称为高收入层。关于工薪阶层的经济状况，张先生和李女士有如下对话。

张先生：和 10 年前相比，低收入层的平均工资涨幅明显高于高收入层。这充分说明，10 年来低收入层的经济状况改善程度相对要高于高收入层。

李女士：我不同意你的看法。你忽视了：高收入层的平均工资增长额，要高于低收入层。

**7.** 以下哪项最为准确地概括了李女士的反驳所使用的方法？

A. 提出一个数据，用以说明张先生的论据不符合事实。

B. 提出一个数据，用以说明张先生的结论不符合事实。

C. 提出一个数据，用以说明张先生的论据推不出他的结论。

D. 提出一个数据，用以说明张先生对“经济状况改善程度”这一关键概念的解读有误。

E. 提出一个数据，用以说明张先生把所要论证的结论，当作得出这一结论的论据。

(　　　　)

**8.** 在以下哪个问题上，两个人最可能有不同观点？

A. 和 10 年前相比，低收入层的平均工资涨幅，是否明显高于高收入层？

B. 和 10 年前相比，高收入层的平均工资增长额，是否高于低收入层？

C. 和 10 年前相比，低收入层的经济状况改善程度，是否相对要高于高收入层？

D. 要比较低收入层和高收入层的经济状况改善程度，是否需要比较平均工资涨幅？

E. 要比较低收入层和高收入层的经济状况改善程度，是否需要比较平均工资增长额？

(　　　　)

**9.** 有媒体指出，目前很多观众认为国产电视剧质量低下，生编乱造和低级趣味是两个突出的毛病。这一结论完全不能真实反映民意。一项以中学生为对象的专题调查显示，只有17%的被调查者认为很多国产电视剧生编乱造，只有10%的被调查者认为国产电视剧低级趣味。

以下哪项最为恰当地指出了上述论证中的漏洞？

A. 忽视了上述媒体的观点只是一家之言，并不具有代表性。

B. 得出结论的依据是人的主观标准，而不是评价电视剧质量的客观标准。

C. 忽视了质量低下的电视剧对于国民素质的严重负面影响。

D. 不当地假设每一个被调查者都具有对电视剧质量的准确判断力。

E. 根据一个可能不具有代表性的个例轻率地得出一般性的结论。

(　　　)

**10.** H国宣布断绝和K国的外交关系，理由是K国严重侵犯人权。H国完全知道，和其保持外交关系的国家中，人权状况比K国差的不少。因此，H国决定和K国断交的原因，不会完全是其对外宣布的那样。

以下哪项论证的结构，和题干的最为类似？

A. 张小小的父母关照他上学前一定要吃早饭，理由是不吃早饭有损健康。但他们自己经常不吃早饭。因此，张小小父母关照他上学前要吃早饭的原因，并非完全如他们所说的那样。

B. 微信群主要求不要轻易转发微信，因为现在虚假信息太多，虚假信息不可能传递正能量。但事实上真话有时传递的是恶意，假话有时传递的是善意。因此，不要轻易转发微信的理由，并不完全如群主所说的那样。

C. 李经理拒绝了他的秘书王小姐共进晚餐的邀请，理由是和下属私下约会不合适。但是，当天晚上他应下属郑小姐之邀一起去看了电影。因此，李经理拒绝王小姐的理由，并非完全是他所说的那样。

D. 孙先生违规停车受到处罚，他解释说是因为要办急事，附近又无处停车。但这不能成为违规的理由。因此，他受到处罚是应当的。

E. 目前报考公务员的人数明显减少，有人说，这是因为官员获取灰色收入的机会较之前大大减少了。但是，禁止官员获取任何违法、违规的灰色收入，是一贯的立法、执法原则，并非自今日始。因此，目前报考公务员的人数明显减少，一定另有他因。

(　　　)

**11.** 有一种流行说法，染发会增加患白血病的风险。针对这种说法，有一项研究对1 000

名有五年以上染发史的中老年人进行了严格的白血病专项检测，各项检测结果都正常。但是，白血病的一般发病率是万分之二。即使为了确定染发者的白血病发病率高出一般发病率的一倍，也需要对至少3 000名染发者进行检测。

以下哪项对题干所要表达意思的概括最为恰当？

A. 和上述流行说法不同，染发并不会增加患白血病的风险。

B. 事实上染发不会增加患白血病的风险，但上述统计结果并不能支持这一结论。

C. 事实上染发会增加患白血病的风险，上述统计结果并不能对这一结论构成反驳。

D. 作为反驳上述流行说法的论据，上述统计结果缺乏说服力。

E. 为了确定染发和患白血病是否有因果关系，仅依据抽样统计是不够的。

(　　)

**12.** 某市冬季供暖一般在11月下旬。某小区物业部门向业主承诺，如果在11月上、中旬连续出现低温天气，则提前供暖，除非不及时缴纳物业费的业主超过三分之一。

以下哪项相关情况如果为真，最能说明该小区物业未兑现承诺？

A. 业主都及时缴纳了物业费，但未提前供暖，物业的理由是本部门更换领导，新任领导不认同这一承诺。

B. 11月上、中旬连续出现低温天气，但未提前供暖，物业的理由是，提前供暖的资金未能及时到位。

C. 该小区未能提前供暖，物业的理由是，11月上、中旬未连续出现低温天气，并且不及时缴纳物业费的业主超过三分之一。

D. 该小区未能提前供暖，物业的理由是，尽管11月上、中旬连续出现低温天气，并且业主都及时缴纳了物业费，但供暖系统出现意外故障，未能及时排除。

E. 11月上、中旬连续出现低温天气，尽管业主超过三分之一未及时缴纳物业费，小区还是提前供暖了。

(　　)

**13.** 如果所有的艺术作品都表达作者某种确定的意向，并且这幅野兽派画作是艺术作品，那么，这幅野兽派画作一定表达作者某种确定的意向。但这幅野兽派画作并不表达作者任何确定的意向，因此，或者这幅画不是艺术作品，或者并非所有的艺术作品都表达作者某种确定的意向。

上述推理形式和以下哪项最为类似？

A. 如果所有对他人造成违法伤害的行为都是出于故意，并且老张实施的是对他人造成违法伤害的行为，那么，老张的行为一定出于故意。但老张的行为是合法的正当自卫，因此，或者老张的行为不是出于故意，或者有些对他人造成违法伤害的行为不是出于故意。

B. 如果所有的科学都要运用数学，并且医疗心理学是一门科学，那么，医疗心理学就要运用数学。但是医疗心理学不要运用数学，因此，医疗心理学不是一门科学。

C. 如果所有的医闹都是由患者方无理取闹引起的，并且上周末发生的那次医患纠纷属于医闹，那么，上周末的那次医患纠纷就是由患者方无理取闹引起的。但上周末的那次医患纠纷不是由患者方无理取闹引起的，因此，上周末发生的那次医患纠纷不属于医闹，并且并非所有的医闹都是由患者方无理取闹造成的。

D. 如果所有提供有偿侍陪的娱乐场所都必须受到查处，并且海天夜总会是提供有偿侍陪的娱乐场所，那么，海天夜总会必须受到查处。但事实上海天夜总会从未受到过查处，因此，或者海天夜总会不是提供有偿侍陪的娱乐场所，或者并非所有提供有偿侍陪的娱乐场所都必须受到查处。

E. 如果所有维生素片剂都可以安全地大剂量服用，并且胡萝卜素片剂是维生素片剂，那么，胡萝卜素片剂可以安全地大剂量服用。但胡萝卜素片剂大剂量服用是不安全的，因此，或者胡萝卜素片剂不是维生素片剂，或者并非所有维生素片剂都可以安全地大剂量服用。

(　　　)

**14.** 一个人智力的高低，百分之九十取决于他的思维能力，只有百分之十取决于他的知识拥有量。现代人虽然在知识的拥有量上已远远超过古人，但还是达不到孔子和苏格拉底的智慧高度，原因就在这里。

如果上述断定为真，最能支持以下哪项结论？

A. 一个智力较高的人和另一个智力较低的人相比，其知识拥有量较少。

B. 现代人思维能力的增长幅度，低于知识拥有量的增长幅度。

C. 学习知识不利于提高一个人的智力。

D. 学习知识有利于提高一个人的思维能力。

E. 孔子和苏格拉底奠定了现代人知识的基础。

(　　　)

**15.** 几十年前，特朗普作为嘉宾参加一个脱口秀电视节目。主持人发现年轻的特朗普思维敏捷、言语犀利、见解独到，就随口问道，你考虑过参加美国总统竞选吗？特朗普回答，我不可能参加总统竞选，除非能当选。

以下哪项最符合特朗普的回答所表达的意思？

A. 特朗普对成功竞选总统充满自信。

B. 特朗普对成功竞选总统缺乏自信。

C. 特朗普不可能参加总统竞选。

D. 特朗普对竞选总统不感兴趣。

E. 特朗普认为主持人的问题不值得认真回答。

（　　）

**16.** 某企业评选年度优秀中层干部，候选人是赵、钱、孙、李四位部门经理。四位评委有如下意见：

甲：赵经理和钱经理，至少要入选一位。

乙：四位经理都可入选。

丙：要么赵经理入选，要么钱经理入选。

丁：四位经理中有人不可入选。

由董事会最后确定的评选结果显示，上述四位评委的意见，两位被采纳，两位未被采纳。

如果上述断定为真，则以下哪项一定为真？

A. 甲的意见被采纳。

B. 乙的意见被采纳。

C. 丙的意见被采纳。

D. 丁的意见被采纳。

E. 上述断定都不一定为真。

（　　）

**17.** 刘佳毕业考试各门成绩均为优秀，并未获得年度奖学金，但取得了“免推生”（免试就读研究生的应届毕业生）资格。

如果上述断定为真，能说明以下哪项相关规定未得到实施？

A. 如果毕业考试各门成绩均为优秀，可获得年度奖学金，或取得“免推生”资格。

B. 要取得“免推生”资格，毕业考试各门成绩必须均为优秀。

C. 要获得年度奖学金，毕业考试各门成绩必须均为优秀。

D. 如果毕业考试各门成绩均为优秀，可获得年度奖学金，并同时取得“免推生”资格。

E. 取得“免推生”资格的应届毕业生，不参与年度奖学金的评定。

（　　）

18～19 题基于以下题干：

期末考试前，张珊、李思、王五在一起猜测结果：

张珊：我们三人都能及格。

李思：王五能及格。

王五：李思的考分比我高。

考试结果说明，上述三个猜测，只有一个不成立。

**18.** 如果上述断定为真，则以下哪项一定为真？

A. 张珊的猜测成立。

B. 李思的猜测成立。

C. 王五的猜测成立。

D. 李思期末考试及格。

E. 李思期末考试不及格。

(　　　)

**19.** 如果题干中李思的陈述改为“如果三个人中有人及格，及格的也不是我”，其余条件不变，则以下哪项关于此次期末考试的断定能从题干推出？

A. 李思和王五都及格。

B. 李思和王五都不及格。

C. 李思的考分比王五高。

D. 王五的考分比李思高。

E. 三人中，考分最高的是张珊。

(　　　)

**20.** 某小区开发商承诺：本小区每一个业主都确保可购得地下车库停车位一个。

以下哪项如果为真，说明上述承诺没有兑现。

Ⅰ. 张先生是该小区业主，未购买停车位。

Ⅱ. 李女士不是该小区业主，在该小区地下车库购得停车位一个。

Ⅲ. 王女士是该小区业主，在购买停车位时被告知，该小区地下车库停车位已售罄。

A. 只有Ⅰ。　　B. 只有Ⅱ。　　C. 只有Ⅲ。

D. 只有Ⅱ和Ⅲ。　　E. Ⅰ、Ⅱ和Ⅲ。

(　　　)

**21.** 为了胎儿的健康成长，大多数孕妇都特别关注高营养的饮食。但是，大多数新生儿，尽管他们的生母在怀孕时都特别关注高营养的饮食，在婴儿期仍然会生这样那样的病。这说明，新生儿在婴儿期的健康状况，和其生母在孕期的饮食营养没有关系。

以下哪项如果为真，最能削弱上述论证？

A. 有些在孕期特别关注高营养饮食的妇女，在哺乳期不太关注饮食的营养。

B. 一些其生母在怀孕时不关注高营养饮食的新生儿，在婴儿期很少生病。

C. 和在孕期关注高营养饮食的妇女相比，在孕期不关注高营养饮食的妇女的新生儿，在婴儿期会出现较多的健康问题。

D. 婴儿期的疾病如果得不到彻底医治，在青少年发育期会变得更为严重。

E. 不同的孕妇对食品营养的吸收能力不尽相同，有的不关注高营养饮食的孕妇的此种吸收能力，比有的关注高营养饮食的孕妇强。

(　　)

**22.** 据医学资料记载，全球癌症的发病率20世纪下半叶比上半叶增长了近10倍，成为威胁人类生命的第一杀手。这说明，20世纪下半叶以高科技为标志的经济迅猛发展所造成的全球性生态失衡是诱发癌症的重要原因。

以下各项如果是真的，都能削弱上述论证，除了

A. 人类的平均寿命，20世纪初约为30岁，20世纪中叶约为40岁，20世纪下半叶约为65岁，癌症高发的发达国家的人均寿命普遍超过70岁。

B. 20世纪上半叶，人类经历了两次世界大战，大量的青壮年人口死于战争；而20世纪下半叶，世界基本处于和平发展时期。

C. 高科技极大地提高了医疗诊断的准确率。

D. 经济发展明显地扩大了准确的医疗诊断在世界范围的覆盖率。

E. 高科技极大地提高了人类预防和诊治癌症的能力，有效地延长了癌症病人的生命时间。

(　　)

**23.** 许多年轻人都有这个经验，巧克力吃得过多，脸上会随之出现粉刺。很多人因此认为，巧克力吃得过多，会引起脸上长粉刺。这可能是一种误解。两个先后出现的现象，即统计相关的现象，可能因果相关，但不一定因果相关。一项科学研究表明，过重的工作压力，会引起荷尔蒙分泌紊乱；荷尔蒙紊乱，会引起脸上长粉刺。而统计显示，工作压力重的年轻人，比其他人更喜欢过多地吃巧克力。

以下哪项对题干的论证所要表达意思的概括较为恰当？

A. 过多吃巧克力不是引起脸上长粉刺的原因。

B. 工作压力过重，引起巧克力吃得过多；巧克力吃得过多，引起脸上长粉刺。

C. 脸上长粉刺和过多吃巧克力是工作压力过重引起的两个结果。

D. 过多吃巧克力会引起荷尔蒙分泌紊乱。

E. 吃巧克力能有效地缓解工作压力。

(　　　　)

**24.** 葡萄干是鲜葡萄经阳光照射烘干制成的。在烘制过程中，鲜葡萄中的糖变为焦糖，此外，除了蒸发的水分外，没有失去，当然也没有增加任何东西。蒸发的水分中是不包含卡路里和任何营养素的。但令人费解的是，每卡路里鲜葡萄（即能产生一卡路里热量的鲜葡萄）中的铁元素含量，明显低于每卡路里葡萄干（即能产生一卡路里热量的葡萄干）。

以下哪项如果为真，最有助于解释上述看似费解的现象?

A. 葡萄有不同的品种，不同品种葡萄的卡路里和铁元素的平均含量不尽相同。

B. 焦糖不能被人消化，因此，其中的卡路里含量不计入葡萄干。

C. 鲜葡萄有较多的水分，这使得其中的铁和其他营养素较之葡萄干更容易被人体吸收。

D. 葡萄干的制作有不同的工艺。有的葡萄干商家宣称，他们的工艺能最大限度地减少鲜葡萄中卡路里和营养素的流失。

E. 葡萄干通常和含有铁元素的其他食物一起食用，而鲜葡萄通常是单独食用。

(　　　　)

**25.** 老师告诉考生，这是一门很特殊的考试，不可能有考生答对所有的试题。

以下哪项最接近老师所要表达的意思?

A. 有的试题所有考生都必然答错。

B. 必然所有考生都有试题答错。

C. 可能所有考生都有试题答错。

D. 有的试题所有考生都可能答错。

E. 可能有考生答错所有的试题。

(　　　　)

**26.** 关于来年的出国游，王女士有如下计划：

（1）日本和韩国至少要去一个。

（2）新加坡和韩国不都去。

（3）除非去新加坡，否则不去韩国。

如果上述断定为真，以下哪项一定为真?

A. 王女士计划去日本。　　　B. 王女士计划去韩国。

C. 王女士计划去新加坡。　　D. 王女士计划不去日本。

E. 王女士计划不去新加坡。

(　　　　)

**27.** 在华联大学数学系应用数学教研组中，李杰教授今年发表的论文的数量创造了他历年发表论文的最高纪录。这一纪录之所以在全系引起震动，是因为在全系各教研组中，近几年来应用数学教研组发表的论文都是最少的。

以下哪项最为确切地指出了上述议论的逻辑漏洞？

A. 题干中没有指出全系教研组的数量。

B. 题干中没有给出今年应用数学教研组发表的论文的数量。

C. 题干中没有给出今年李杰教授发表的论文的具体数量。

D. 李杰教授发表论文的纪录是和他自身相比的，把这一纪录用于各教研组之间的比较是没有意义的。

E. 论文的数量不应当成为学术评价的唯一依据。

(　　　　)

**28.** 吃胶质奶糖可能导致蛀牙。胶质奶糖粘在牙齿上的时间越长，则引起蛀牙的风险越大。吃巧克力可能导致蛀牙。同样，巧克力粘在牙齿上的时间越长，则引起蛀牙的风险越大。因为胶质奶糖粘在牙齿上的时间比巧克力长，因此对引起蛀牙来说，吃胶质奶糖比吃巧克力风险更大。

以下哪项对上述论证的评价最为恰当？

A. 上述论证成立。

B. 上述论证有漏洞，因为它没有区分胶质奶糖和巧克力的不同类型。

C. 上述论证有漏洞，因为它不当地假设只有吃含糖食品才会导致蛀牙。

D. 上述论证有漏洞，这一漏洞也出现在以下的推理中：海拔高度的增加会导致空气的稀薄，一个城市海拔越高，空气越稀薄。西宁的海拔比西安高，因此，西宁比西安的空气稀薄。

E. 上述论证有漏洞，这一漏洞也出现在以下的推理中：火灾和地震都会造成生命和财产的损失。火灾和地震持续的时间越长，造成的损失越大。因为火灾持续的时间比地震长，因此火灾造成的损失比地震大。

(　　　　)

**29.** 统计表明，大多数汽车的交通事故发生在中速行驶中，很少的事故发生在 150 千米/小时以上的行驶速度中，因此高速行驶比较安全。

以下哪项最能反驳上述论证？

A. 车速只是引起交通事故的一个因素。

B. 人们通常用中速驾驶汽车。

C. 人们通常用大于150千米/小时的速度驾驶汽车。

D. 大多数人驾驶汽车的速度是经常变化的。

E. 交通事故不是经常发生的。

(　　　)

**30.** 某餐馆老板：顾客要求增加蔬菜的品种。为满足顾客的要求，本餐馆新推出了三个蔬菜品种：蒜叶茄丁，南瓜百合，浓汁土豆。前两个菜点的人很多，后一个菜价格最便宜，但几乎无人问津。这说明顾客一定不喜欢吃土豆。

以下哪项最为恰当地指出了餐馆老板论证中存在的漏洞？

A. 依据一个不具有代表性的样本得出与样本不相干的结论。

B. 把主观性猜测当作客观性证据来得出一般性结论。

C. 仅仅根据两个现象统计相关就断定它们因果相关。

D. 把所要得出的结论当作得出此种结论的论据。

E. 把对某个现象的一种可能的解释当作唯一可能的解释。

(　　　)

**【答案】**

| | | | |
|---|---|---|---|
| 1～5 | DEBDB | 6～10 | BCEEC |
| 11～15 | DDEBA | 16～20 | ADBCC |
| 21～25 | CECBB | 26～30 | ADEBE |

# 第十套

**1.** 小区业主委员会在李伯和张叔中选举产生一名执行委员。李伯在选举前承诺，如果自己当选执行委员，将在近期内改变小区违规停车的乱象。

以下哪项如果为真，说明李伯未兑现自己的诺言？

A. 李伯未当选，近期内小区违规停车的乱象得到改变。

B. 李伯当选，近期内小区违规停车的乱象得到改变。

C. 张叔未当选，近期内小区违规停车的乱象未得到改变。

D. 张叔当选，近期内小区违规停车的乱象未得到改变。

E. 张叔当选，近期内小区违规停车的乱象得到改变。

(　　　)

**2.** 一个大的社会性事件以后，如果权威机构不能及时公布事件真相，就会谣言满天飞。当然，权威机构要能及时公布事件真相，必须及时确定真相；要及时确定真相，必须有效运用各种手段，包括必要的高科技手段。

如果上述断定为真，以下哪项一定为真？

A. 一个大的社会性事件以后，如果权威机构及时确定并公布事件真相，就一定能杜绝谣言的传播。

B. 一个大的社会性事件以后，如果谣言满天飞，则说明权威机构既未及时确定，也未及时公布事件真相。

C. 一个大的社会性事件以后，如果谣言满天飞，则说明权威机构虽然及时确定，但并未及时公布事件真相。

D. 一个大的社会性事件以后，如果未出现谣言的传播，则权威机构在确定事件真相时有效运用了高科技手段。

E. 一个大的社会性事件以后，如果民众不能知道真相，就一定会听信谣言。

(　　　)

**3.** 20 世纪 70 年代末，朦胧诗开始在我国出现时，被认为只是少数诗人玩的文字游戏，并未被受众认同，甚至被斥为诗中的“癌”。40 多年过去了，目前朦胧诗已被广泛接受，业内也确认朦胧诗作为诗的一种流派的独立地位。除非受众具备了一种文学艺术形式所要求的鉴赏能力，否则此种文学艺术形式是不会被接受的。因此，朦胧诗在我国由不被接受到被接受的变化说明，40 多年来，我国诗歌爱好者的鉴赏能力有了很大的提高。

以下哪项最为恰当地指出了上述论证存在的漏洞？

A. 忽视了 40 多年前受众不接受朦胧诗可能不是因为不具备鉴赏能力。

B. 忽视了理解朦胧诗要具备比理解其他诗更高的鉴赏能力。

C. 忽视了朦胧诗中确实有一些是玩弄文字游戏的伪诗作。

D. 根据条件，由朦胧诗不被接受，可推出受众不具备鉴赏能力，但由朦胧诗被接受，推不出受众具备鉴赏能力。

E. 忽视了目前朦胧诗虽然被接受，但仍然不具有主体地位。

(　　　　)

**4.** 人类至今的文化产品，分为互相独立的三类：真的思想、善的行为和美的事物，简称真、善、美。任一文化产品，要么是男人创造的，要么是女人创造的，要么是男女共同创造的。如果没有女人，人类至今创造的文化产品中，将失去 50%的真、60%的善和 70%的美。

如果上述断定为真，最能支持以下哪项结论？

A. 女人创造美的能力强于男人。

B. 女人创造美的能力弱于男人。

C. 男人求真的能力强于女人。

D. 男人求真的能力和女人相同。

E. 男人求真的能力弱于女人。

(　　　　)

**5.** 小张计划买个新手机。梨子牌手机的价格不算贵，在他的心理价位限度之内。香蕉牌手机的价格肯定也不超过他的心理价位，因为香蕉牌手机的价格低于梨子牌手机。

以上陈述所包含的推理，和以下哪项最为类似？

A. 小王跳起来能摸到宿舍天花板。小刘跳起来肯定也能摸到天花板，因为小刘的个子比小王高。

B. 小姜和小郑是朋友。小李和小郑肯定也是朋友，因为小姜和小李是朋友。

C. 老齐三个月每天坚持走一万步，成功地达到他预定的减肥目标。老范每天步行超过一万步，因此，他也一定能达到自己的减肥目标。

D. 小姚和小赵都计划买个新电脑。U牌电脑的价格不算贵，在小姚的心理价位限度之内。V牌电脑的价格低于U牌电脑，因此，V牌电脑的价格肯定不超过小赵的心理价位。

E. 小张的考分一定达到了录取分数线。因为小李的考分达到了录取分数线，而小张的考分比小李高。

（　　）

**6.** 某省去年后10个月的汽车月销售量一直保持不变，而其中日产汽车的月销售量逐月增长，在该省汽车市场中所占的份额，即在销售总量中的比例，也相应增长。去年底，该省对汽车销售实施新的排放标准。在实施新标准后的前3个月中，该省日产汽车的月销售量和实施新标准前的一个月持平，但这3个月的销售量在全省汽车市场中所占的份额明显减少。

如果上述断定为真，以下哪项不可能为真？

A. 日产汽车都符合新的排放标准。

B. 实施新排放标准后的前3个月，非日产汽车的月销售量上升。

C. 该省去年后10个月的非日产汽车月销售量有两个月持平。

D. 实施新排放标准前的1个月，非日产汽车的销售量下降。

E. 实施新排放标准前的1个月，日产和非日产汽车在该省汽车市场的销售份额相同。

（　　）

7～8题基于以下题干：

如果不能证明嫌疑人有罪，那就必须确认其无罪，这就是所谓的“无罪推定”。“无罪推定”作为一种司法原则在实践中也许有重要价值，但作为一种推理模式是不合逻辑的。考虑有这样一种食品添加剂，目前既不能证明它对食用者的健康有害，也不能证明它对食用者的健康无害。按照“无罪推定”的模式，既然不能证明对健康有害，那就必须确认其对健康无害；同样，既然不能证明对健康无害，那就必须确认其对健康有害。因此，必须确认这种添加剂既对健康无害，又对健康有害。这显然是荒谬的。

**7.** 以下哪项最为恰当地指出了上述论证的漏洞？

A. 忽略了“无罪推定”的司法原则只适用于司法领域，不能一般地运用于其他领域。

B. 忽略了“无罪推定”并未断定，如果不能证明嫌疑人无罪，那就必须确认其有罪。

C. 忽略了食品添加剂即使有害健康，也不一定涉及犯罪。

D. 忽略了并非所有的司法体系都接受和实施“无罪推定”。

E. 忽略了“悖论”这种思维现象的客观存在，“悖论”就是合乎逻辑地证明了明显荒谬的结论。

（　　）

**8.** 以下哪项最为恰当地概括了上述论证所使用的方法？

A. 通过分析一个原则在实践中会导致不良的后果来否定这一原则。

B. 通过假设一种模式普遍适用会导致荒谬的结论来质疑这一模式。

C. 通过分析一个断定之核心概念的含混来否定这一断定。

D. 通过指出一个断定和某个已知为真的断定矛盾来否定这一断定。

E. 通过指出一种模式不符合日常思维习惯来质疑这一模式。

(　　)

**9.** 不是每一个堪称逻辑学家的人，都通晓所有逻辑规律。我是一个通晓所有逻辑规律的逻辑学家，因此，说我的某个陈述不合逻辑，就如同在说一个物理学家的某个处置违反物理规律。

以下哪项最为恰当地指出了以上陈述存在的漏洞？

A. 忽略了逻辑规律和物理规律的区别。

B. 忽略了即使通晓所有逻辑规律的逻辑学家也不能保证每一个陈述都合乎逻辑。

C. 忽略了即使通晓所有物理规律的物理学家也不能保证每一个处置都不违反物理规律。

D. 忽略了并非任何一个物理学家都通晓所有物理规律。

E. 忽略了并非任何一个逻辑学家都通晓所有逻辑规律。

(　　)

**10.** 物质世界的发展无始无终，无穷无尽。但人类这种智能动物及其思想却是有始有终的。哲学家不能通过批判所谓的“不可知论”来夸大人类的认识能力。正确的结论应是：任何物质现象都必然有其原因，但不可能所有物质现象的原因都能被人类认识。

以下哪项断定和题干结论所表达的意思最为接近？

A. 任何物质现象都不可能没有原因，其中，有的物质现象的原因必然能被人类认识。

B. 有的物质现象可能没有原因，但任何物质现象只要有原因，则此种原因一定能被人类认识。

C. 任何物质现象都不可能没有原因，但必然有的物质现象的原因不能被人类认识。

D. 有的物质现象必然没有原因，这是人类不可能认识此类现象的原因。

E. 人类及其思想的存在也是一种物质现象，此种物质现象的原因必然能被人类认识。

(　　)

**11.** 浣熊在我国是国家级保护动物，主要生活在美洲。在浣熊聚居的地区，狂犬病是浣熊的致命威胁。某地区疾病控制中心报告，目前这种威胁比 2 年前变得更为严重。2 年前这个地区浣熊的狂犬病感染率低于25%，而目前这一感染率上升到50%。但是，另一组统计数据显示，2年前，在连续12个月的一个时段中，共确定32例浣熊狂犬病感染；而在最近12个月，仅确定18例浣熊狂犬病感染。

假设上述统计都是准确的，则以下哪项如果为真，最有助于解释这些看似冲突的统计数据？

A. 最近12个月中，除浣熊外，感染狂犬病的其他野生动物的数量有很大增长。

B. 去年上述地区相当高比例的浣熊死于犬瘟热，这是威胁浣熊的另一种传染病。

C. 在我国生长的浣熊保留了其祖先在美洲的诸多生活习性。

D. 由于传染病的爆发，习惯于夜间活动的浣熊经常白天出没。

E. 去年相邻地区浣熊确定感染狂犬病的数量也有减少。

(　　　)

12～13题基于以下题干：

F、G、H、J、K和L 6人乘两辆车出游，每辆车至少2人。H乘坐的车由F或G驾驶；J乘坐的车由F或K驾驶；G和L乘坐同一辆车。

**12.** 如果F不开车，并且他乘坐的车恰有3人，则和他同车的另一个不开车的人一定是

A. G。　　B. H。　　C. J。

D. K。　　E. L。

(　　　)

**13.** 以下哪两个人，不可能都是开车的？

A. F和G。　　B. K和L。　　C. F和L。

D. G和K。　　E. F和K。

(　　　)

**14.** 在一项测试实验中，被测试的学生分为两部分，每人阅读一篇报刊文章，文章内容完全相同，但标题不同。一部分学生读的是第一个标题，另一部分读的是第二个标题。后来提交的对文章内容的概括，两部分学生之间有明显的不同，但同一部分学生之间无明显的不同。

以下哪项作为题干的推论最为恰当？

A. 大部分被测试者只读标题，未细读文章内容。

B. 相对于文章的内容，这两个标题中，至少有一个不恰当。

C. 标题会束缚和妨碍读者对文章内容的正确理解。

D. 被测试学生的阅读理解能力有很大的差异。

E. 标题影响读者对文章内容的理解。

(　　　　)

**15.** 暑假制度带着过去的农业社会给现代教育留下的痕迹。那时，农民需要正在读书的子女在夏收夏种的农忙时节中断学习，于是演变成暑假。当代中国已随世界完成了农业社会向工业社会的转型，暑假已失去了它存在的理由。因此，应该在学校中取消暑假。

以下哪项对上述论证中存在的漏洞的概括最为恰当？

A. 把某种情况赖以出现的必要条件，误认为导致此种情况出现的充分条件。

B. 把某种情况所导致的结果，误认为导致此种情况的原因。

C. 把某种情况所导致的某种结果，误认为此种情况可能导致的唯一结果。

D. 把导致某种情况的某种原因，误认为导致此种情况的唯一原因。

E. 把当代中国正在向工业社会的转型，误认为已完成此种转型。

(　　　　)

**16.** 某机关从张宜、杜涛、李山、赵思、王武、孙柳和方起 7 名在职干部中挑选 4 名参加党校学习，挑选须符合下列条件：

(1) 要么张宜参加，要么杜涛参加。

(2) 要么王武参加，要么孙柳参加。

(3) 如果王武参加，则李山参加。

(4) 除非杜涛参加，否则方起不参加。

如果上述断定为真，则以下哪项一定为真？

A. 杜涛和方起，至少有一人参加。

B. 李山和赵思，至少有一人参加。

C. 赵思和王武，至少有一人参加。

D. 王武和方起，至少有一人参加。

E. 以上断定，都不一定为真。

(　　　　)

**17.** 国家健身中心连续两年入不敷出。一个企业如果不能盈利就应当关闭，但国家健身中心不是企业。因此，国家健身中心不盈利这一事实本身，不能说明它应当关闭。

上述论证的推理方式和以下哪项最为类似？

A. 黄金时段的电视专题节目如果没有高的收视率，就应当取消。电视专题节目《走南闯北》的收视率并不理想，但是，这并不能成为取消这一专题节目的充分理由，因为它并不占用黄金时段。

B. 虽然生产和销售机动车的企业必须达到国家颁布的严格的尾气排放标准，但宇翼公司应当不受这些标准的约束，因为它不但生产和销售机动车，同时还生产和销售非机动车。

C. 虽然没有明令规定玩麻将不能输赢钱币，但是我国法律规定禁止赌博。因此，即使亲朋好友之间输赢不大的玩麻将也应当禁止，因为这也是赌博的一种形式。

D. 刘维克连续两学期的期末考试总成绩未达到良好以上。一个获得特等奖学金的学生，如果连续两学期的期末考试总成绩未达到良好以上，则应当中止领取该奖项。但刘维克是来自西部的贫困生，因此，不能仅根据考试成绩中止他领取该奖项。

E. 李研究员连续两年没有在核心期刊上发表论文。如果在期刊上发表论文，则可以获得院级科研奖励；如果连续两年在核心期刊上发表论文，则可以获得校级科研奖励。因此，李研究员不能获得校级科研奖励，但可以获得院级科研奖励。

(　　)

**18.** 文雅的段子，是故事；不文雅的故事，是段子。

如果上述断定为真，以下哪项一定为真？

A. 凡故事皆不是段子，凡段子皆不是故事。

B. 故事一定文雅。

C. 段子一定不文雅。

D. 不是故事的段子一定不文雅。

E. 文雅的故事一定不是段子。

(　　)

**19.** 如果不在大都市实施更严格的机动车限行制度，就难以缓解日益严重的城市交通拥堵。如果不能有效缓解交通拥堵，就会影响市民的正常生活与工作。如果在大都市实施更严格的机动车限行制度，就会造成许多机动车主倾其所有购买的商品不能物尽其用，这是一种必须接受的社会不公。

如果上述断定为真，除以下哪项外，其余各项都一定为真？

A. 在大都市，要缓解日益严重的城市交通拥堵，就必须实施更严格的机动车限行制度。

B. 在大都市，要维持市民的正常生活与工作，就必须实施更严格的机动车限行制度。

C. 在大都市，要维持市民的正常生活与工作，就必须接受某种社会不公。

D. 在大都市，如果每个车主都坚持所购买的机动车必须物尽其用，则更严格的机动车限行制度就无法实施。

E. 在大都市，如果能有效缓解交通拥堵，就能确保市民的正常生活与工作。

(　　)

**20.** 关于对某国进口商品加征关税，有如下决定：

(1) 如果对汽车加征关税，那么对粮食也加征关税。

(2) 在原油、汽车和粮食三种进口商品中，至少有两种加征关税。

(3) 如果对粮食加征关税，那么对家用电器加征关税。

基于上述决定，以下哪项的两种商品一定加征关税？

A. 汽车和粮食。

B. 粮食和家用电器。

C. 原油和家用电器。

D. 汽车和原油。

E. 汽车和家用电器。

(　　)

**21.** 生态学家曾经认为，优胜劣汰的自然选择，最终会产生完全适应环境的生物物种。这是对进化论的一种误解。从根本上说，一个生物个体对它所处的环境能完全适应，这是不可能的。因为生物体所处的环境千变万化，没有什么能保证生物个体可以完全适应它面对的所有生存条件。

以下哪项最为准确地陈述了上述论证所要得出的结论？

A. 生物个体不可能完全适应它所处的环境。

B. 优胜劣汰的自然选择，不可能产生完全适应环境的生物物种。

C. 优胜劣汰的自然选择，只可能影响物种的进化，不可能改变自然环境。

D. 没有什么能保证生物个体可以完全适应它面对的所有生存条件。

E. 生态学家之所以误解进化论，是因为忽视了生物体所处环境的千变万化。

(　　)

**22.** 大约一万年以前，亚洲西南部的人类开始由狩猎转为农耕。考古学家发现，早期农耕人群中普遍存在营养不良和失衡带来的健康问题，这种问题在他们靠狩猎生存的祖先中很少存在，原因是早期农作物提供的营养远不如猎物。尽管如此，农耕并没有因此退回狩猎。

以下各项如果为真，哪项最无助于解释上述现象？

A. 和亚洲东北部相比，亚洲西南部更具备农耕所需要的自然条件。

B. 和狩猎相比，农耕作为获得食物的一种生存方式更为稳定和较少危险。

C. 通过狩猎获得的猎物，不够维持当地人群的生存。

D. 营养不良和失衡带来的健康问题，并没有威胁到早期农耕人群的生存，并没有引起他们的关注。

E. 早期农耕人群已意识到可以并开始通过扩大农作物的品种来增加食物的营养。

(　　)

**23.** 在某班中，有的学生希望和文体委员建立微信联系；有的学生不愿意和某些同学建立微信联系；至少有两个学生希望和全班同学建立电子邮件联系；有的学生不愿意和任一同学建立微信联系。

如果上述断定为真，以下哪项关于这个班的断定一定为真？

A. 每个学生都有一些学生愿意与之建立微信联系。

B. 每个学生都有一些学生希望与之建立电子邮件联系。

C. 至少有一个学生，既有学生希望与之建立电子邮件联系，也有学生不愿意与之建立电子邮件联系。

D. 至少有一个学生，既有学生愿意与之建立微信联系，也有学生不愿意与之建立微信联系。

E. 文体委员不愿意和某些同学建立微信联系。

(　　)

**24.** 我国某边远山区出现了一种罕见的致命疾病，症状是患者不可逆转的进行性消瘦。对此种疾病的病理研究和药物治疗，国内尚无实质性进展。据记载，美国也出现过类似的病例，并有药物治疗。有人主张引进此类药物来治疗此种疾病，理由是有药治总比没药好。这个理由是不充分的，因为还必须考虑到，这种药物太昂贵，不是患此种疾病的村民所能负担得起的。

以下哪项最为恰当地表达了以上陈述所要表达的意思？

A. 有些疾病，与其有药治，不如没药治。

B. 一种进口药物的费用如果患者负担得起，引进此种药物就是合理的。

C. 一种进口药物的费用如果患者负担不起，就不应当进口此种药物。

D. 上述疾病的美国患者有能力支付治疗此种疾病药物的费用。

E. 要进口一种药物，仅仅根据它有可能治疗某种疾病是不够的。

(　　　　)

**25.** 近 150 年几乎所有的书都是用酸性纸印刷的。各种酸性纸由于自身的酸性，都会逐渐毁损。如果这些书籍存放在低温、干燥的地方，可以延缓毁损的过程。目前发展起来的抗酸性技术可以有效地保护这些书籍，但是只可能用于保护那些有重要历史价值的书籍。

如果上述断定为真，以下哪项一定为真？

A. 几乎所有在近 150 年印刷出版的书籍都将逐渐毁损。

B. 如果一本书在近 150 年印刷出版，并且缺乏历史价值，那么一定会完全毁损。

C. 几乎所有逐渐毁损的书籍都是用酸性纸印刷的。

D. 150 年前的书籍如果存放在低温、干燥的地方可以免于毁损。

E. 为了保护近 150 年印刷出版的书籍免于毁损，仅依靠目前的抗酸性技术是不够的。

(　　　　)

26～27 题基于以下题干：

甲：善行必有善报。

乙：恶行必有恶报。

丙：有的善行不得善报。

**26.** 如果上述断定只有一个为假，则以下哪项一定为真？

A. 善行必有善报。

B. 恶行必有恶报。

C. 有的善行不得善报。

D. 有的恶行不得恶报。

E. 有的行为既非善行，亦非恶行。

(　　　　)

**27.** 如果上述断定只有一个为真，则以下哪项一定为真？

A. 善行必有善报。

B. 恶行必有恶报。

C. 有的善行不得善报。

D. 有的恶行不得恶报。

E. 有的行为既非善行，亦非恶行。

(　　　　)

**28.** 某山村连续 5 年组织村民进行免费体检，结果发现，全村学龄儿童的平均视力明显低于村民的平均水平，而 21 名护林员的视力都明显高于村民的平均水平。由此可见，上学读书不利于保持学生的正常视力，而护林这种工作有利提高护林员的视力。

以下哪项如果为真，最能削弱上述论证？

A. 一部分学龄儿童严重近视，拉低了学龄儿童的平均视力水平。

B. 山林中的自然光线和清新空气，有利于护林员增进健康，包括提高视力。

C. 一般地说，免费体检的质量不如有偿体检。

D. 村民的平均视力水平一般都高于城市居民。

E. 选拔护林员对综合体质包括视力和听觉都有很高的要求。

(　　　　)

**29.** 近期 K 国出现了严重的经济衰退。政府要求各经营企业在每个月月初报告新雇佣的人员数和被裁减的人员数，根据这些上报的数据，政府部门在月末统计出该月新雇佣和被裁减的总人数。尽管企业都根据要求准确地上报了上述数据，并且政府对这些数据的统计也是准确的，但是，近期 K 国失业的人数还是被大大地低估了。

以下哪项有关 K 国的断定如果为真，最能解释上述现象？

A. 一些企业新雇佣的人员中，包括被其他企业裁减的人员。

B. 近期大量企业倒闭，停止了经营。

C. 近期劳动力市场的规模，即具备就业条件的总人数基本不变。

D. 近期除了少数几个月例外，新雇佣的总人数都低于被裁减的总人数。

E. 近期的经济衰退导致了大量国内劳动力外流。

(　　　　)

**30.** 依照 8 小时工作制，一个人每天工作的时间不超过 1/3，依此以一年 365 天计，一个人每年工作的时间不超过全年的 1/3，即不超过 122 天。去年在某企业供职的张珊除了每周休息两天外（合计 104 天），只在法定节假日休息（合计 27 天），这样，张珊去年实际工作的天数是 234 天，明显超过上述 122 天。因此，去年该企业一定没有严格执行 8 小时工作制。

以下哪项对上述论证的评价最为恰当？

A. 上述论证成立。

B. 上述论证有漏洞，它忽略了上述 122 天不包括周末和节假日。

C. 上述论证有漏洞，它忽略了上述 122 天并不是指 122 个工作日。

D. 上述论证有漏洞，它忽略了闰年有 366 天。

E. 上述论证有漏洞，它忽略了除法定节假日外，企业一般都有公休假。

(　　　　)

【答案】

| | | | |
|---|---|---|---|
| 1～5 | CDACE | 6～10 | CBBDC |
| 11～15 | BCBED | 16～20 | BADEB |
| 21～25 | BABEE | 26～30 | BDEBC |

# 第十一套

**1.** 一词当然可以多义，但一词的多义应当是相近的。例如，“帅”既可以解释为“元帅”，也可以解释为“杰出”，这两个含义是相近的。由此看来，把 cool（“酷”）解释为“帅”是英语中的一种误用，是对其确切含义的曲解，因为 cool 在英语中的初始含义是“凉爽”，和“帅”没有丝毫关系。

以下哪项是题干的论证所必须假设的？

A. 一个词的初始含义是该词唯一确切的含义。

B. 除了 cool 以外，在英语中不存在其他的词具有不相关的多义。

C. 英语的多义将造成思想交流的困难。

D. 英语比汉语更容易产生语词歧义。

E. 一个词的初始含义不是唯一的。

(　　　　)

2～3 题基于以下题干：

在美国，医生所开的药物处方中都不包含中草药。有人说，这是因为中草药的药用价值仍然受到严重质疑。其实真正的原因不在这。一种药物，除非由法定机构正式批准可用于相关医学处置，否则不允许上市。一种药物要获得法定机构的批准，一般要耗费 200 万美元，只有专利获得者才负担得起这笔费用。虽然鉴定中草药药用价值的方法可以申请专利，但中草药本身及其使用没有专利。因此，在现有体制下，美国的医生不可能建议用中草药治病。

**2.** 以下哪项相关断定是上述论证所假设的？

A. 中草药没有药用价值已经得到证明。

B. 只有执照医生在处方中开出的药物才有疗效。

C. 除非中草药作为一种药物合法出售，否则执照医生不可能建议用中草药治病。

D. 中草药在美国受到质疑是由于西方社会对东方文化的偏见。

E. 除非是法定机构，否则不可能具备鉴定药物医用价值的能力。

(　　　　)

**3.** 以下哪项最为准确地概括了题干的论证所使用的方法？

A. 通过对某一结果的另一种解释来质疑一个关于此种结果之原因的断定。

B. 通过对某一具体事例的分析来论证一个一般性的结果。

C. 通过对某一具体事例的分析来反驳一个一般性的结果。

D. 依据准确的数量分析来论证一个规定。

E. 通过假设一个断定成立会导致矛盾来反驳这一断定。

(　　　)

**4.** 甲、乙、丙、丁、戊 5 支球队进行小组单循环赛，每两个球队之间互赛一场，结果各队战绩如下：

(1) 甲队：2 胜 2 负；

(2) 乙队：0 胜 4 负；

(3) 丙队：1 胜 3 负；

(4) 丁队：4 胜 0 负；

(5) 戊队：3 胜 1 负。

根据以上信息，能推出以下哪项结论？

A. 甲队胜丙队和戊队。

B. 甲队负于丙队和戊队。

C. 甲队胜丙队但负于戊队。

D. 甲队负于丙队但胜戊队。

E. 甲队胜丁队但负于乙队。

(　　　)

**5.** 张医生能确定，一个急诊病人所患的病不是 X 就是 Y，但无法确定是哪一种。张医生有十分的把握治疗 X 病，但没有把握治疗 Y 病。因此，对张医生来说，一种合理的处置是，假设该病人患的是 X 病，并依据这一假设进行治疗。

以下哪项如果为真，最能加强上述论证？

A. X 是一种比 Y 严重得多的疾病。

B. 上述病人所患的，只可能是 X 或 Y，不可能是其他疾病。

C. 一个 Y 病患者如果接受针对 X 病的治疗，他的病情不会因此受到不利影响。

D. 一个 X 病患者如果接受针对 Y 病的治疗，他的病情肯定会因此受到不利影响。

E. 张医生是治疗 X 病的知名专家。

(　　　)

**6.** 卫生部门官员：X油虽然是一种植物油，但含有很高的饱和脂肪，饱和脂肪会增加患心脏病的危险。X油有一种特别为消费者喜欢的口感，其实，Y油也有此种口感，只是消费者不大知道。因此，有必要加强宣传力度，使更多的人知道X油的此种潜在危害，选用健康食用油，减少患心脏病的风险。

营养学家：对于我国城市人口来说，摄入饱和脂肪的主要来源是肉类、海鲜类、家禽类食品，特别是肥肉、无鳞鱼、松花蛋等，而不是食用油。因此，把公众的注意力集中在X油的危害性上，会使他们忽视摄入饱和脂肪的主要途径，这实际上是麻痹而不是提高了公众改变不健康饮食结构的紧迫意识。

以下哪项最为准确地概括了两人争论的焦点？

A. 为了公众健康，加强宣传X油的潜在危害是否为一种正确的处置？

B. 我国城市人口摄入饱和脂肪的主要途径是否为X油？

C. X油可否由其他食用油取代？

D. 食用由X油烹调的食物是否一定会增加患心脏病的危险？

E. 把公众的注意力集中在X油的危害性上，是否会麻痹公众改变不健康饮食结构的紧迫意识？

（　　）

**7.** 张教授：弗朗肖是一个伟大的作家，她超越所处的时代，认识到西方的工业化是以工人阶级的悲惨生活为代价的，此种悲惨生活违背自由、平等、博爱的价值观。

李研究员：弗朗肖不能称为一个伟大的作家。一个伟大的作家要具备的能力是用语言去打动读者，而不是率先把握某种深刻的社会见解。况且工业化的非人道，在弗朗肖的时代，并不是个别人的见解。

以下哪项最为准确地概括了上述李研究员的论证？

A. 接受张教授关于伟大作家的标准，但以新的事实反对张教授的结论。

B. 反驳张教授的论据，并依据新的论据得出一般性的结论。

C. 反对张教授关于伟大作家的标准，并反驳张教授的一个论据。

D. 反对张教授关于伟大作家的标准，并提供事实支持自己关于伟大作家的标准。

E. 指出张教授用以支持结论的论据自相矛盾。

（　　）

**8.** 有些语词所指的东西看不见、摸不着，孩子大都很难表达清楚这些语词的意思，但这并不妨碍他们用这些语词传递自己真实的感觉或情绪。这说明，理解一个语词并不非得能表达它的意思。

以下哪项如果成立，最能加强上述论证？

A. 很难做到的事并不意味着实际上做不到。

B. 能够准确表达一个语词的人一定理解这个语词的意思。

C. 传递感觉、情绪的语词的意思一般难以表达清楚。

D. 能够恰当地运用一个语词传递某种信息的人一定理解这个语词的意思。

E. 孩子对语词的理解和表达能力比成人弱。

(　　　　)

**9.** 出生时，双胞胎的大脑是完全一样的，当其中的一个患上精神分裂症时，他的大脑的某个部分会比另一个的相应部分要小。如果双胞胎中没有人患精神分裂症，这种变化就不会出现。因此，精神分裂症是由大脑生理结构的损伤性变化引起的。

上述论证基于以下哪项假设？

A. 精神分裂症患者的大脑比正常人的大脑小。

B. 精神分裂症患者大脑的某个部分相对较小并不是由精神分裂症或治疗时使用的药物引起的。

C. 双胞胎的大脑平均并不比普通人的小。

D. 如果双胞胎都患有精神分裂症，则他们的大脑一定大小相同。

E. 双胞胎中，至少其中的一个，比普通人更容易患精神分裂症。

(　　　　)

**10.** 饮酒驾车简称酒驾。在对酒驾的常规测试中，每 100 个未饮酒的被测试者中，平均有 5 个会被测定为酒驾；而每 100 个饮酒的被测试者中，平均有 99 个被测定为酒驾。因此，可以有把握地说，被测定为酒驾的人中，绝大多数确实喝了酒。

以下哪项对上述论证的评价最为恰当？

A. 上述论证是正确的。

B. 上述论证有漏洞：忽略了酒驾者在所有驾车者中的比例。

C. 上述论证有漏洞：试图依据一个价值判断来推出一个事实判断。

D. 上述论证有漏洞：没有恰当指出严禁酒驾对于维护交通安全的重要意义。

E. 上述论证有漏洞：忽略了被测试者在所有驾车者中的比例。

(　　　　)

**11.** 拥有一个国家的国籍，意味着就是这个国家的公民，二者是同一个意思。有的国家允许本国公民有双重国籍，但中国的法律规定，中国公民不能拥有双重国籍。欧洲 H 国公民查尔斯拥有中国国籍。

如果上述断定为真，则以下哪项一定为真？

Ⅰ. 中国有关双重国籍的法律没有得到严格实施。

Ⅱ. H国允许本国公民有双重国籍。

Ⅲ. H国有关双重国籍的法律没有得到严格实施。

A. 只有Ⅰ。　　B. 只有Ⅰ和Ⅱ。

C. 只有Ⅰ和Ⅲ。　　D. 只有Ⅱ和Ⅲ。

E. Ⅰ、Ⅱ和Ⅲ。

(　　)

**12.** 某国际卫生机构在去年10月份发布该年第三季度全球病毒性感冒流行情况的统计，并把它归入A等级，这是很少使用的标志流行病应引起世界卫生组织关注的严重等级。令人费解的是，同其他三个季度相比，该年第三季度全球病毒性感冒的发病率并不是最高的，而该机构做出的其他季度的评价等级均为正常。

以下哪项如果为真，最能解释上述看似矛盾的现象？

A. 上述国际卫生机构对去年第三季度全球病毒性感冒流行情况的统计数据有误。

B. 去年第三季度全球病毒性感冒流行的中心地域由欧洲向亚洲转移。

C. 世界卫生组织要求加大对流行病包括病毒性感冒的关注。

D. 严重威胁人类生命健康的非典型性肺炎的症状和病毒性感冒在初期很难区别。

E. 一般地说，和其他季度相比，一年中第三季度全球病毒性感冒的发病率最低。

(　　)

**13.** 张珊：要有善举，必须有善心。

李思：除非有善举，否则不会有善心。

以下哪种情况，和李思的断定矛盾，和张珊的不矛盾？

A. 甲有善心但无善举。　　B. 乙有善心且有善举。

C. 丙无善心但有善举。　　D. 丁无善心且无善举。

E. 戊无善举但称自己不乏善心。

(　　)

**14.** 某企业进行年终干部考评，关于考评结果，有如下猜测：

(1) 所有干部都合格。

(2) 李处长不合格。

(3) 除非李处长合格，否则王经理不会合格。

（4）王经理合格，但李处长不合格。

（5）有干部不合格。

结果显示，上述猜测至多有两项为真，则以下哪项一定为真？

A. 猜测（1）为真。

B. 猜测（2）为真。

C. 猜测（3）为真。

D. 猜测（4）为真。

E. 猜测（5）为真。

（　　）

**15.** 娱乐圈的绯闻大都涉及不正当两性关系。有些官员腐败案件也涉及不正当两性关系。涉及不正当两性关系的信息都容易在网上传播。

上述断定能推出以下哪项结论？

A. 网上容易传播的信息大都涉及娱乐圈的绯闻。

B. 官员腐败的案件也大都涉及不正当两性关系。

C. 网络是当代信息传播的主要渠道。

D. 乐于在网络中传播娱乐圈的绯闻反映了网民中存在低级趣味。

E. 有些在网上容易传播的信息涉及官员腐败。

（　　）

**16.** 第一个瓶子外贴的标签是“醋”，第二个瓶子外贴的标签是“小苏打”。如果把酸性液体（例如醋）倒入小苏打，则一定会起泡沫。但是把第一个瓶子中的液体倒入第二个瓶子中的液体，并没有出现泡沫。因此，第一个瓶子外的标签一定贴错了。

以下哪项对上述论证的评价最为恰当？

A. 上述论证是成立的。

B. 上述论证有漏洞，忽略了醋是酸性液体，但酸性液体不一定是醋。

C. 上述论证有漏洞，忽略了可以解释上述结果的另一种可能性。

D. 上述论证有漏洞，运用了一种不正确的条件关系逻辑推理形式。

E. 上述论证有漏洞，忽略了在完全相同的实验条件下得出的统计结论可能有例外。

（　　）

**17.** 在一项对全国100所高校校长的书面问卷调查所收到的全部回复中，有一半的回复认为自己所在的高校名列这100所高校的前25名。因此，回复意见中至少有一半高估了自己所在高校的排名。

为使上述论证成立，必须作出以下哪项假设？

A. 每个回复者都如实地表达了自己的意见。

B. 上述接受调查的高校校长都作了回复。

C. 高校的公正排名有利于促进高等教育的发展。

D. 上述问卷调查由权威部门组织实施。

E. 上述100所高校是全国或省级重点院校。

(　　　)

**18.** 除了安全考虑，建核电厂在经济上也是划不来的。核电厂的能源耗费，当然比常规发电厂的能源耗费（如煤或石油）便宜得多，但建核电厂的耗费比建常规发电厂昂贵得多。

以下哪项如果为真，最能加强上述论证？

A. 安全性的考虑不仅增加核电厂，也增加常规发电厂的构建和运营成本。

B. 和核电厂相比，常规发电厂要花更多的时间用于设备保养和检修。

C. 核电厂的平均使用寿命短于常规发电厂。

D. 由于对安全性的技术要求较高，核电厂技术人员的工资高于常规发电厂。

E. 目前建核电厂的成本与初期相比大为降低。

(　　　)

**19.** 对于一个已经启动改革的国家，如果出现贫富分化，则说明改革失败。

如果改革的前途除了成功和失败，没有其他可能，则以下各项断定均符合题干，除了

A. 只有改革失败，才会出现贫富分化。

B. 只有改革成功，才能避免贫富分化。

C. 除非改革失败，否则不会出现贫富分化。

D. 改革成功和贫富分化，这两种局面不可能同时存在。

E. 只要改革成功，就能避免贫富分化。

(　　　)

**20.** 时光小区每天由保洁员收集的各住宅楼袋装垃圾通常在周三由保洁公司统一运走，每周一次。本周的垃圾很可能要到周四才运走，因为本周一是法定节假日。保洁公司规定，如果一周中出现法定节假日，则运走垃圾的日子比常规推迟一天。

以下哪项最为恰当地概括了题干的论证所依据的方法？

A. 在似乎不相干的前提和结论之间试图建立推断关系。

B. 通过直接排除其他各种可能性，间接地推断某种结果非常可能出现。

C. 依据一般性的规则或规律来说明某种具体的情况或现象。

D. 基于某种具体的情况或现象概括出一般性的规则或规律。

E. 通过假设某种情况不存在会导致矛盾，来论证此种情况必然存在。

(　　　)

**21.** 《社会关注》《人物访谈》这样一些备受社会关注的电视专题节目，如果要保持目前强有力的社会影响力，就不能接受任何外来的资助。因为资助方不论是单位还是个人，都代表着社会强势方面的某种利益和关系。《社会关注》《人物访谈》如果接受这样的资助，就很难保持目前对社会强势邪恶的巨大杀伤力。

以下哪项是上述论证所假设的？

A. 《社会关注》《人物访谈》如果能保持对社会强势邪恶的巨大杀伤力，就能保持强有力的社会影响力。

B. 《社会关注》《人物访谈》要保持强有力的社会影响力，就必须保持对社会强势邪恶的巨大杀伤力。

C. 社会强势力量不可能不制造邪恶。

D. 《社会关注》《人物访谈》可以接受外来资助，但不受资助者对节目内容的影响。

E. 电视节目接受外界资助，已成为一种普遍现象。

(　　　)

**22.** 某省妇女儿童占全省总人口的 2/3。

如果妇女是指所有女性人口，儿童是指所有非成年人口，并且在任一年龄段，该省男女人口的数量持平，则上述断定能推出以下哪项结论？

A. 该省男性成年人口和儿童人口持平。

B. 该省男性成年人口大于儿童人口。

C. 该省男性成年人口小于儿童人口。

D. 该省女性成年人口和男性儿童人口持平。

E. 该省男性成年人口和女性儿童人口持平。

(　　　)

**23.** 一篇论文所直接引用的古典文献通常会包含一些生僻语词。这样的生僻语词如果只是偶尔出现并且不影响读者对论文的理解，就可不做专门的处理；如果出现的次数较多，就需要用现代语做出注释，在相关页面插入，或者在论文的前言部分统一提及。另外，论文所直接引用的现当代文献中如果出现明显字误，可直接改正，不必说明。

以下哪项断定可从上述断定合乎逻辑地推出？

A. 一个古典文献中的生僻语词，如果没有用现代语做出注释，则它一定没有在一篇论文的引文中多次出现。

B. 只有在古典文献中被引用的生僻语词，才需要在论文中用现代语做出注释。

C. 在论文中未加注释的语词，一定不是古典文献中的生僻语词。

D. 一个古典文献中的生僻语词，如果被引用次数较多，就必须在论文的相关页面插入用现代语做出的注释。

E. 古典文献中不会出现明显的字误。

(　　　)

24～25题基于以下题干：

有四个容量相同的烧瓶，分别标示为1、2、3和4号。这四个烧瓶中，都盛有恰好半瓶的化学溶液，其颜色依次是红、蓝、绿、橙。一项实验的操作方式是通过将一个烧瓶的溶液完全倒入另一个盛有溶液的烧瓶中，把上述四种溶液中的两种溶液混合起来。同时，以下条件和结果成立：

烧瓶中的溶液不得外溢。

混合1号瓶和2号瓶的溶液，产生红色溶液。

混合2号瓶和3号瓶的溶液，产生橙色溶液。

混合3号瓶和1号或4号瓶的溶液，产生蓝色溶液。

混合4号瓶和1号或2号瓶的溶液，产生绿色溶液。

**24.** 如果上述实验只进行一次，则以下哪项可能是实验后三个不空的瓶中溶液的颜色？

A. 蓝，蓝，绿。　　B. 蓝，橙，橙。

C. 蓝，橙，红。　　D. 绿，绿，红。

E. 红，红，红。

(　　　)

**25.** 如果上述实验进行两次，则以下哪项可能是实验后两个不空的瓶中溶液的颜色？

A. 蓝，蓝。　　B. 蓝，橙。

C. 蓝，红。　　D. 绿，红。

E. 红，红。

(　　　)

**26.** 校长：评价一篇论文学术水平的主要标准，不应当是发表该论文的杂志的等级，而应当是该论文被引用的次数。据统计，我校学者和国际学者合作发表的论文的平均被引用次数是7次，而我校学者单独发表的论文的平均被引用次数只有3次。

上述论证依赖于以下哪项假设？

A. 等级较高的杂志发表的论文被引用的次数相对较多。

B. 从总体上说，我校学者和国际学者合作发表的论文的学术水平，高于我校学者单独发表的论文。

C. 评价一篇论文的学术水平很难有恰当的标准。

D. 从总体上说，我校学者的学术水平并不低于国际水平。

E. 基于国际合作的论文通常有较高的被引用率。

(　　　　)

**27.** 世界卫生组织报告说，全球每年有数百万人死于各种医疗事故。在任何一个国家的医院，医疗事故致死率不低于0.3%。因此，即使是癌症患者也不应当去医院治疗，因为去医院治疗会增加死亡的风险。

为了评估上述论证，对以下哪个问题的回答最为重要？

A. 患者能否通过自身的努力来减少医疗事故的发生？

B. 医疗事故致死的概率是否因医院管理水平的提高而正在下降？

C. 去医院治疗的癌症患者和不去医院治疗的癌症患者的死亡率分别是多少？

D. 在因医疗事故死亡的癌症患者中，即使不遭遇医疗事故最终也会死于癌症的人占多大比例？

E. 癌症死亡率在各种严重威胁人类生命的疾病中排第几？

(　　　　)

**28.** 张先生：现在不少的年轻人是左撇子，但你很难在70岁以上的老人中找到左撇子。我所熟悉的七旬以上的老人，都习惯在日常生活中使用右手。

李女士：我不同意你的看法。60多年前，孩子如果用左手吃饭或写字，就会受到父母严厉的责骂，甚至体罚。

对以下哪个问题，张先生和李女士最可能有不同观点？

A. 现在年轻人中左撇子的数量是否不少？

B. 现在70岁以上的老人中是否很难找到左撇子？

C. 是否能根据个人所熟悉的局部事实就得出一般性的结论？

D. 习惯在日常生活中使用右手的人，是否就一定不是左撇子？

E. 左撇子在人群中的比例，是否低于右撇子？

（　　）

29～30 题基于以下题干：

M 和 N 是位于某省省会的两所大学。M 是省属重点大学，N 是部属重点大学，但 M 的教师平均薪金是 N 的 2 倍。因此，M 的教师薪金普遍高于 N，这说明，一般地说，部属重点大学的教师待遇并不高于省属重点大学。

**29.** 以下哪项如果为真，最能削弱上述论证？

A. N 的教师总数是 M 的 2 倍。

B. M 教师中不同级别的薪金差距明显高于 N。

C. 上述两所大学教师中不同职称所占的比例基本相同。

D. 省属重点大学比部属重点大学有更多的办学资金渠道。

E. 每年度到 N 求职的人数明显多于 M。

（　　）

**30.** 上述论证存在的逻辑漏洞，也类似地出现在以下哪项中？

A. X 和 Y 是某直辖市的两所大学。X 是市属重点大学，Y 是部属重点大学，但 X 的教师平均薪金是 Y 的 2 倍。因此，不能说部属重点大学的教师待遇都高于市属重点大学。

B. H 是某省最大的民营企业，连年盈利。G 是该省最大的国营企业，连年亏损。因此，至少就大型企业的经营而言，国营不如民营。

C. J 是富二代，生活节俭，为人低调；K 出身贫困，但爱讲排场，崇尚虚荣。这说明，出身并不能完全决定一个人如何处世为人。

D. F 和 L 都在追求 S。F 是富二代，L 是学霸，S 注重学识，因此，S 肯定喜欢 L，不喜欢 F。

E. R 是副教授，T 是教授。T 去年发表的论文是 R 的 2 倍。这有利于说明，一般地说，教授的水平高于副教授。

（　　）

【答案】

| | | | |
|---|---|---|---|
| 1～5 | ACACC | 6～10 | ACDBB |
| 11～15 | AEACE | 16～20 | CBCBC |
| 21～25 | BAADC | 26～30 | BCDBB |

# 第十二套

**1.** 一条数学定理是简单的，是指它的内容简明直观。尽管至今仍有数学家坚持认为，简单的数学定理一定存在简单的证明，但事实上，一些简单的数学定理需要非常复杂的证明。现在，不会有数学家会因为一条数学定理证明的复杂性而拒绝承认其真理性，但是，在半个世纪以前情况并不是这样。当时有不少数学家不承认一条简单的映射定理，理由是它的证明尽管成立，但过于复杂。

如果上述断定为真，以下哪项一定为真?

A. 一些复杂的数学定理不需要复杂的证明。

B. 任何数学定理的证明都不是简单的。

C. 一条数学定理，只要其证明成立，就一定会被所有数学家承认。

D. 有的数学家认为，同一条数学定理可以有不同的证明。

E. 在半个世纪以前，数学家都不认可复杂的数学证明。

(　　　)

2～3 题基于以下题干：

任何法规都应当体现公正。但什么是公正，却有太多不同的标准，对于任何法规，总有人认为公正，也有人认为不公正。

**2.** 如果上述断定为真，则以下哪项一定为假?

Ⅰ. 有人认为所有的法规都是公正的。

Ⅱ. 有的法规所有人都认为不公正。

Ⅲ. 所有人都认为法规大多数是公正的。

A. 只有Ⅰ。　　B. 只有Ⅱ。

C. 只有Ⅲ。　　D. 只有Ⅰ和Ⅱ。

E. Ⅰ、Ⅱ和Ⅲ。

(　　　)

**3.** 如果基于上述断定得出结论，公正是一个内涵不清的模糊概念，那么，以下哪项最可能是这一论证所假设的？

A. 如果一个概念的内涵为所有人认同，则不是一个模糊概念。

B. 除非一个概念的内涵为所有人认同，否则就是一个模糊概念。

C. 所有人都不会认同一个模糊概念的内涵。

D. 一个模糊概念的内涵不可能界定清楚。

E. 不可能任何法规都体现公正。

(　　　　)

**4.** 张先生：人们普遍把北京近年频繁出现的雾霾天气归咎于这个城市机动车数量的剧增，这种看法其实缺乏说服力。2012 年北京的机动车拥有量为 500 万辆，而同期日本东京的机动车拥有量是 600 万辆，但东京并没有频繁出现雾霾天气。

李女士：我不同意你的看法。你忽视了，东京每年用于治理城市空气污染的支出几乎是北京的两倍。另外，中国机动车燃料的品质明显低于日本，例如，汽柴油中导致空气污染的硫、苯指标都明显高于日本。

以下哪项对李女士论据的评价最为恰当？

A. 恰当地指出了，张先生的论据与事实不符。

B. 恰当地指出了，张先生的论据自相矛盾。

C. 恰当地指出了，张先生的论据虽然成立，但不支持他的结论。

D. 恰当地指出了，张先生的论据中包含所要论证的结论。

E. 不构成对张先生论证的反驳。

(　　　　)

**5.** 医学统计显示，吸烟人群患肺癌的风险明显高于不吸烟的。另一项统计数据显示，吸烟人群经常喝酒的比例明显高于不吸烟的。因此，尽管喝酒一直没被认为是导致肺癌的原因，但有理由认为，喝酒也是导致患肺癌的一个因素。

以下哪项如果为真，最能削弱上述论证？

A. 酒瘾、烟瘾和肺癌都与遗传相关。

B. 和不吸烟但喝酒的相比，经常喝酒的吸烟人群患肺癌的比例较高。

C. 和吸烟但不喝酒的相比，经常喝酒的吸烟人群患肺癌的比例较低。

D. 严重雾霾造成的空气污染，是比吸烟更严重的肺癌诱因。

E. 肺癌疾患会减轻患者的酒瘾和烟瘾。

(　　　　)

6. 好动是许多儿童特别是男孩子的天性。但多动症是一种病态，是一种行为障碍。有的病理学家猜测，摄入超量的食品添加剂是诱发儿童多动症的一个原因。为了验证这一猜测，某专家小组选择了一组好动的男孩，他们摄入的食品添加剂都超出正常标准。他们被安排在一个专门的环境中离开父母集体生活一周，实验的主要内容是减少他们每天的食品添加剂摄入量。结果，其中有多动行为障碍的比例，由一开始的 60%降低为 30%。这一实验结果说明，上述病理学家的猜测是成立的。

假设上述专家具有准确辨别行为障碍的能力，为对上述实验结论作出评价，回答以下哪个问题最为相关？

A. 区分正常的好动和多动症行为障碍的标准是什么？

B. 有多少孩子参加了实验？

C. 在同样的实验条件下，如果不减少他们每天的食品添加剂摄入量，结果会怎样？

D. 有没有孩子一开始是正常好动，实验后出现多动症行为障碍？

E. 上述实验中，孩子们的膳食结构是什么？

(　　　)

7. 医学界有一种被普遍接受的观点，认为吃糖会加剧那些注意力不集中的孩子的多动症状。一项科学实验说明，这种观点并不能成立。这项实验把一些注意力不集中的孩子分成两组，一组在日常饮食中明显增加糖含量，另一种只增加同样数量的糖替代物。实验数据显示，这些孩子在思想和行为上并没有出现明显的不同。

以下哪项如果为真，最能削弱上述论证？

A. 糖分包括三种不同的类型：蔗糖、果糖和葡萄糖。其中，只有一种被认为会加剧多动症状。

B. 摄入糖会对有些儿童产生镇静作用。

C. 摄入有些糖替代物会加剧多动症状。

D. 两个实验组的日常饮食基本相同，有区别的仅是所含的糖分或糖替代物。

E. 有些儿童认为自己能区分糖和糖替代物的不同味道。

(　　　)

8. 彗星自身并不发光，只反射其他光源例如太阳的光。天文学家能准确地量化测定彗星所反射的光，并根据所反射的光来估计彗星的质量。质量越大，所反射的光越多。但是，卫星发回的数据显示，哈雷彗星单位质量所反射的光比原先估计的要少很多。

如果上述断定为真，最能支持以下哪项结论？

A. 有些彗星单位质量所反射的光比哈雷彗星要多很多。

B. 原先基于其亮度对哈雷彗星质量的估计过高。

C. 原先基于其亮度对哈雷彗星质量的估计过低。

D. 除了所反射的光以外，天文学不需要其他信息来准确估计彗星的质量。

E. 哈雷彗星是天文学家最感兴趣的观察对象。

(　　)

**9.** 张珊未经同意使用了邻居的车，因与出租车相撞被交警查明真相并认定为盗车嫌疑而被拘留；李思同样未经同意使用了朋友的车，因未系安全带被查问，但交警了解真相后仅给予口头警告。确实张珊开的车被损坏而李思的没有，但损坏汽车的是出租车司机而不是张珊。因此，应该撤销对张珊的盗车嫌疑，或者李思同样应按盗车嫌疑处理。

以下各项如果为真，都能削弱题干的论证，除了

A. 张珊曾因酒驾被刑事拘留。

B. 张珊是在被要求出示车辆行驶证时被动承认未征得车主的同意。

C. 警方了解，李思与车主是多年的好朋友，车主多次在举家出游时请李思照看家宅。

D. 张珊的车主在此前已报案车被盗。

E. 张珊是在超速闯红灯时与出租车相撞的，并在事故发生后试图逃逸。

(　　)

**10.** 一个部落或种族在历史的发展中灭绝了，但它的文字会留传下来。“亚里洛”就是这样一种文字。考古学家是在内陆发现这种文字的。根据对所发现的这种文字的研究，专家们推测，使用“亚里洛”文字的部落或种族在历史上生活在远离海洋的寒冷地带，因为在此种文字中，表示“冬天”“雪”“狼”等的文字频繁出现，但没有表示“海”的文字。

以下哪项如果为真，最能削弱上述专家的推测所依赖的假设？

A. “亚里洛”中有表示“鱼”的文字。

B. “亚里洛”中有表示“热”的文字。

C. “亚里洛”中有表示“马”的文字。

D. “亚里洛”中没有表示“山”的文字。

E. “亚里洛”中没有表示“云”的文字。

(　　)

11～12 题基于以下题干：

一马戏团小丑的服装恰是一上装和一工装裤，其中，一样是纯色，另一样是花格子，每一格子可以是不同颜色。

颜色搭配满足以下条件：

如果上装是花格子，则恰有三种颜色。

如果工装裤是花格子，则恰有两种颜色。

上装和工装裤必须恰有一种颜色相同。

上装的颜色只能是红、绿或蓝。

工装裤颜色只能是红、蓝或黄。

**11.** 以下哪项可能是同一次搭配中上装和工装裤恰有的颜色？

| | 上装 | 工装裤 |
|---|---|---|
| A. | 红 | 红 |
| B. | 红 | 蓝、黄 |
| C. | 蓝 | 绿、蓝 |
| D. | 蓝 | 红、蓝 |
| E. | 蓝 | 红、蓝、黄 |

(　　　　)

**12.** 如果某次服装搭配中只出现两种颜色，以下哪项一定为假？

A. 上装一定有绿色。

B. 上装一定有红色。

C. 工装裤的颜色是红和蓝。

D. 工装裤的颜色是红和黄。

E. 工装裤的颜色是蓝和黄。

(　　　　)

**13.** 本餐厅特供的番茄浓汤具有极高的营养价值。一碗热番茄浓汤的维生素 C 含量，明显高于一杯杏仁椰奶或一杯鲜榨胡萝卜汁。

以下哪项如果为真，最能说明上述广告会产生误导？

A. 液态的食用品如果和空气接触的时间过长，其中的维生素会流失。

B. 苹果是最受消费者欢迎的含有丰富维生素 C 的水果。

C. 很少有人主要靠杏仁椰奶来补充人体需要的维生素 C。

D. 除了维生素 C 外，番茄浓汤还含有其他重要营养素，包括一些人体需要的微量元素。

E. 杏仁椰奶和鲜榨胡萝卜汁公认有极高的营养价值，这主要是因为它们有高含量的维生素 A，而不是维生素 C。

(　　　　)

**14.** 海龟在人工饲养的条件下会感染一系列致命的疾病，这些疾病野生的海龟不会感染。但事实上，人工饲养的海龟达到最长寿命的可能性和野生海龟没什么区别。

以下哪项如果为真，最能解释上述看起来矛盾的情况？

A. 大多数野生海龟死于天敌，主要是鲨鱼的捕杀。

B. 和野生海龟相比，人工饲养的海龟只占极小的比例。

C. 目前，国际动物保护机构在防治人工饲养海龟感染疾病方面较以前加大了投入。

D. 在所有的海洋动物中，海龟的自然寿命是最长的。

E. 海龟有不同的种类，不同种类海龟的自然寿命不尽相同。

(　　)

**15.** 如果给雇员规定的职责不具有挑战性，就会使之懈怠，不利于发挥他们的潜力；而如果给雇员规定的职责履行起来过于困难，就会使之畏难，同样不利于发挥他们的潜力。因此，在一个企业中，雇员的潜力几乎不能得到发挥。

以下哪项最为准确地指出了上述论证的漏洞？

A. 把可能存在的情况不当地等同于实际存在的情况。

B. 不加证明就予以断定，一件事情只有两种可能性。

C. 依赖于主观而不是客观的证据。

D. 在两种可能性中随意地夸大其中的一种而淡化另一种。

E. 依赖于一个带有歧义的关键概念。

(　　)

16～17题基于以下题干：

余涌：统计显示，吸海洛因的人中，80%都有吸大麻的历史。这说明，吸大麻容易导致吸海洛因。

方宁：毫无疑问，吸海洛因的人中，100%都喝水。你能因此得出结论，喝水容易导致吸海洛因吗？

**16.** 以下哪项最为恰当地概括了方宁的反驳所运用的方法？

A. 举出一个反例，说明余涌所得出的一般性结论不能成立。

B. 运用一个类比，说明依据余涌的推理方法会得出荒谬的结论。

C. 基于一种理论，说明余涌所依据的归纳是以偏概全。

D. 指出某种区别，说明余涌所依据的推理类比不当。

E. 诉诸某个数据，说明余涌得出结论所依据的样本有误。

(　　)

**17.** 以下哪项如果为真，最有利于说明方宁的反驳中存在漏洞？

A. 大麻是违禁品，而社会必须保障饮用水的正常供应。

B. 大麻是毒品，而饮用水是人维持生命的必需品。

C. 大麻是固体，而饮用水是液体。

D. 大麻很贵，而饮用水很便宜。

E. 大麻有药用价值，而饮用水自身一般没有药用价值。

(　　　　)

**18.** 除非一个人对社会必然性有明确的信念，否则他不可能相信东西方历史都是按照某种确定的规律发展的。但是，随着社会历史知识的增进，一个人对社会必然性的信念会随之减弱。

上述断定最能支持以下哪项结论？

A. 一个对社会历史无知的人，不可能对社会必然性有明确的信念。

B. 一个相信历史是按照某种确定的规律发展的人，往往缺少足够的社会历史知识。

C. 随着社会历史知识的增进，一个人更有理由相信历史是按照某种确定的规律发展的。

D. 一个人对社会必然性的信念属于信仰，和他的社会历史知识没有关系。

E. 对社会必然性丧失信念的人，都是那些对社会历史无知的人。

(　　　　)

**19.** 唱片公司和歌星签订合同时，要承担很大的商业风险。同样一张唱片，从录制到营销，由唱片公司完成和由个人完成，成本大不相同。因此，音像制品如果能由歌星独立完成，则不会承担唱片公司那样大的商业风险。这说明，唱片公司在音像制品的商业利润中占大头是合理的。

以下哪项最为准确地概括了“音像制品如果能由歌星独立完成，则不会承担唱片公司那样大的商业风险”这一陈述在题干的论证中所起的作用？

A. 这一陈述是题干要论证的最终结论。

B. 这一陈述是题干的前提所推出的两个互相独立的结论中的一个。

C. 这一陈述是题干某个论据的一个推论，又是支持题干结论的一个论据。

D. 这一陈述断定了一个一般性原理，题干的结论是这一原理的个例。

E. 这一陈述断定了一个现象，题干的其余陈述是对这一现象的解释。

(　　　　)

**20.** 如果你对做某件事感到恐惧，那么减少这种恐惧的一个有效方法就是重复做这件事。

例如，一项调查显示，问第一批只跳过1次伞的被调查者，你是否感到恐惧，回答不感到恐惧的不到十分之一；问第二批有10次以上跳伞经历的被调查者，你现在对跳伞是否感到恐惧，回答不感到恐惧的超过十分之九。

以下哪项最为恰当地指出了上述论证存在的漏洞？

A. 忽视了这种可能，上述第二批被调查者初次跳伞时不一定感到恐惧。

B. 忽视了这种可能，上述第一批被调查者第二次跳伞时仍感到恐惧。

C. 忽视了这种可能，上述两批被调查者人数不等。

D. 忽视了这种可能，上述两批被调查者跳伞时条件状况不尽相同。

E. 忽视了这种可能，有些事即使第一次做也不会令人感到恐惧。

(　　)

**21.** 西药抗菌素通常只有一种成分，而中医的抗菌药物有多种成分。因此，为克服细菌的抗药性，中药比西药更有效。一种细菌很容易对西药抗菌素产生抗药性，但很难对中医抗菌药产生抗药性，就如同饭店中的一个厨师，一道菜肴不难满足某个顾客，但很难满足所有顾客，即所谓一口味难调众口。

在上述类比中，把西药抗菌素最可能比作以下哪项？

A. 某个顾客。　　B. 所有顾客。

C. 厨师。　　D. 一道菜肴。

E. 多道菜肴。

(　　)

**22.** 热光发电机是一种可以有效地把热能转化为电能的设备。钢铁厂在炼钢的过程中产生大量的热，这些热都未被利用而浪费了。因此，如果钢铁厂能把在生产过程中产生的热通过某种工艺输入热光发电机而转化为电，则可以大大降低钢铁厂的生产成本，因为电的消耗是这一成本的重要部分。

上述论证依赖于以下哪项假设？

A. 除了热光发电机外，没有其他设备可以把热能转化为电能。

B. 至少仍有一些钢铁厂把燃煤作为主要生产能源。

C. 通过上述方式节省的生产成本，至少可以补偿购置、运作热光发电机的开支。

D. 钢铁厂只有把炼钢过程中产生的热转化为电，才能大大降低生产成本。

E. 有一定数量的钢铁厂已经成功使用热光发电机，有效地将炼钢过程中产生的热转化为电。

(　　)

**23.** 发达国家中冠心病的发病率是发展中国家的将近 3 倍。有人认为，这要归咎于发达国家中人们的高脂肪、高蛋白、高热量的食物摄入。相对来说，发展中国家较少有人具备条件生这种富贵病。其实，这种看法很难成立。因为它忽略了这样一个事实：目前发达国家的人均寿命高于 70 岁，发展中国家则不到 50 岁。

以下哪项如果为真，最能加强上述反驳？

A. 一般地说，一个人的寿命越长，在其有生之年患有某种疾病的概率越高。

B. 统计资料显示，冠心病患者相对集中在中老年年龄段，即 45 岁以上。

C. 目前冠心病患者呈年轻化趋势。

D. 发展中国家人们的高脂肪、高蛋白、高热量食物的摄入量，无论是总量还是人均量，都在逐年增长。

E. 发展中国家冠心病的防治水平近年有明显提高。

(　　　　)

**24.** 张教授：下棋对学龄儿童是有利的。下棋有趣味，培养预见性，训练逻辑思维，排斥粗心、随意和任性。一句话，下棋能促进儿童的智力成熟。

李研究员：我反对教儿童下棋。下棋会把儿童的智力活动从有社会价值的内容，例如科学和文学，转到无社会价值的内容。

以下哪项最为恰当地概括了张教授和李研究员的争论焦点？

A. 下棋是否能促进儿童的智力成熟？

B. 下棋思考的内容是否有社会价值？

C. 是否应当教儿童下棋？

D. 是否应当要求儿童的智力活动必须具有社会价值？

E. 科学和文学是否具有社会价值？

(　　　　)

**25.** 余涌：素食不会导致营养不良。研究表明，人体所需要的各种营养素，从蛋白质到各种微量元素，素食都可以足量含有。

方宁：你说吃素食不会导致营养不良，我不同意。如果所有的人都吃素食，则目前所有与肉食有关的产业将全部倒闭，由此产生的失业大军将使难以计数的人陷入贫困而营养不良。

以下哪项最为恰当地指出了方宁的反驳中存在的漏洞？

A. 不当地假设所有的人都吃素食。

B. 所反驳的并不是余涌的观点。

C. 忽视了这种可能性，与肉食有关的产业的倒闭将促使新型食品工业的兴起。

D. 没有准确理解人体所需要的营养素。

E. 对“营养不良”这一关键概念的界定没有和余涌保持一致。

(　　　　)

**26.** 近几十年来，在广阔的大洋，海水磷含量的指标翻了一倍，这是由于人类的废弃物不断由江河流入大海。海水中的磷刺激了大洋表层浮游生物的超常繁殖，衰败腐烂的浮游生物沉入海底，由细菌来消解，这一消解过程要消耗大量氧气，这使得在这样的海域鱼很难存活。

以下哪项能从上述断定合乎逻辑地推出？

A. 人类废弃物不断由江河流入大海，造成了大洋表层浮游生物的超常繁殖。

B. 在海水磷含量的指标翻倍以前，鱼不难在这样的海域生存。

C. 如果能有效阻止人类的废弃物由江河流入大海，则在海底不会有衰败腐烂的浮游生物。

D. 近几十年来，由江河流入大海的人类废弃物的数量翻了一倍。

E. 海水中的磷含量和氧含量成反比。

(　　　　)

**27.** 一个国家的执政者如果既成功地发展了经济，又成功地提高了国民素质，就堪称是完全成功的；即使在保护环境方面还不能尽如人意，只要能成功地提高国民素质，就仍然可能是完全成功的。H 国的执政者在保护环境方面不尽如人意，但是在提高国民素质方面的成功举世公认。

如果上述断定为真，以下哪项一定为真？

A. H 国的执政者成功地发展了经济。

B. H 国的执政者并不完全成功。

C. 如果 H 国的执政者成功地发展了经济，则是完全成功的。

D. 如果 H 国的执政者成功地发展了经济，则一定有效地保护了环境。

E. 如果 H 国的执政者成功地保护了环境，则是完全成功的。

(　　　　)

28～30 题基于以下题干：

一个鸟类研究小组进入一片森林，探测其中是否有 G、H、J、M、S 和 W 这几种鸟。探测的结果符合以下条件：

(1) 如果有 H，则没有 G；

（2）如果有J或M，则有H；

（3）如果有W，则有G；

（4）如果没有J，则有S。

**28.** 如果林中都有M和H，则以下哪项关于上述六种鸟的断定一定为真？

A. 除M和H外，林中只有S。

B. 除M和H外，林中只有J。

C. 林中既没有J，也没有S。

D. 除M和H外，林中至少还有两种鸟。

E. 除M和H外，林中至多还有两种鸟。

(　　)

**29.** 如果林中没有J，则以下哪项一定为假？

A. 林中有M。

B. 林中有H。

C. 林中既没有M，也没有H。

D. 林中既没有M，也没有S。

E. 林中仅有H和S。

(　　)

**30.** 如果林中有G，则以下哪项一定为真？

A. 林中有S。

B. 林中有W。

C. 林中有W和S。

D. 上述六种鸟中，林中至多有两种。

E. 上述六种鸟中，林中至少有三种。

(　　)

【答案】

| | | | |
|---|---|---|---|
| 1～5 | DBBEC | 6～10 | CCCAE |
| 11～15 | DAEAB | 16～20 | BBBCA |
| 21～25 | ACBCB | 26～30 | ACEDA |

# 第十三套

**1.** 李女士：有价值的文学艺术作品只会净化而不会污染人的精神。因此，鼓励文学艺术的创作自由和保护人的精神免受污染之间，并不存在冲突。

张先生：《金瓶梅》的文学价值及在中国文学史上的地位，已经得到充分的肯定。但是，同样得到公认的是，《金瓶梅》是中国文学史上著名的淫书。你对此如何解释？

李女士：如果《金瓶梅》确实是污染人精神的淫书，它就不是有价值的文学艺术作品。

以下哪项最为恰当地指出了李女士的解释所存在的漏洞？

A. 只注意到文学和艺术的共性，忽视了二者的区别。

B. 包含潜在的自相矛盾。

C. 对一个关键概念的界定没有和张先生保持一致。

D. 把要为之辩护的断定，当作此种辩护的论据。

E. 试图在不相干的事物之间建立因果关系。

(　　　)

**2.** 美国的工伤事故率明显高于其他一些西方国家，如瑞典和加拿大。在这三个国家中，相同之处在于，都有由劳资双方共同参与的安全生产监督机构，这些机构对减少工伤事故起到了同样重要的作用。不同之处在于，这样的安全生产监督机构，在美国是企业自愿设置的，而在瑞典和加拿大，法律规定大中型企业必须设置。

假设西方国家企业都守法经营，则以上陈述最能支持以下哪项结论？

A. 法律规定必须设置的安全生产监督机构，比企业出于自愿设置的安全生产监督机构更能有效地减少工伤事故。

B. 在美国所有大中型企业都设置安全生产监督机构能减少这个国家的工伤事故。

C. 如果美国设置安全生产监督机构的企业数量和瑞典或加拿大的一样多，则一定能降低这个国家的工伤事故率。

D. 如果没有法律的规定，仅靠企业的自愿，瑞典和加拿大安全生产监督机构的数量将大大减少。

E. 如果在所有大中型企业都设置安全生产监督机构，美国的工伤事故率会明显低于瑞典和加拿大。

(　　　)

**3.** 上周在中班时段通过某海关的旅客中发现有五人随身携带走私物品，但是在早班时段没有发现过该海关的旅客有问题。这表明，在中班时段值勤的人员比在早班时段值勤的人员更警觉。

以下哪项最可能是上述陈述所必须假设的？

A. 在上述海关工作的检查人员只分为两班：早班和中班。

B. 上周在早班时段通过上述海关的旅客中有人是有问题的。

C. 在中班值勤的海关检查人员比在早班值勤的海关检查人员受过更严格的业务培训。

D. 在正常情况下每周不会发现这样多的人随身携带走私物品。

E. 一时段内发现随身携带走私物品的数量是衡量海关检查人员是否警觉的一个重要标准。

(　　　)

**4.** 汤姆森是英国著名物理学家、电的发现者、诺贝尔物理学奖的获得者，他一生培养了很多物理学家，其中有 7 个诺贝尔奖得主、32 个伦敦皇家学会会员、83 个物理学教授。这说明，创造性研究的技能是可传授、可训练的。

以下哪项是上述论证所假设的？

A. 汤姆森本人并没有创造性研究的天赋，他的杰出成就来自后天的学习和训练。

B. 一个科学家的成就越杰出，所培养的有成就的学生越多。

C. 汤姆森所有的学生都获得了创造性研究的杰出成就。

D. 汤姆森的杰出学生中，至少有人在师从汤姆森之前不是创造性研究者。

E. 如果具备创造性研究的技能，就一定能取得杰出的研究成果。

(　　　)

**5.** 《心理视野》杂志是一份年刊，只有每年 3 月 6 日前投稿并且由杂志特聘心理学家审定的论文，才能在来年发表。林教授经常发表心理学论文，他在去年向《心理视野》杂志投递了一份稿件，但杂志未在今年发表。

如果上述断定为真，以下哪项一定为真？

A. 林教授不是心理学家。

B. 林教授提交的论文未通过杂志特聘心理学家的审定。

C. 林教授的论文是在去年 3 月 6 日后投递的。

D. 如果林教授的论文投递日期是在去年 3 月 6 日之前，则一定未通过杂志特聘心理学家的审定。

E. 以上断定都不一定为真。

(　　　　)

**6.** 西双版纳的亚洲野象目前有大约 300 头，这个数目比 10 年前有明显的增长。如果野象能具备理想的自然繁衍条件，这个数目可以增加到 500 头。但是目前这个区域大象的生活空间使它们的存活数量不可能超过这个数目。

上述断定能推出以下哪项结论？

A. 西双版纳的亚洲野象面临灭绝的危险。

B. 除非改变生活空间，否则西双版纳的亚洲野象不能具备理想的自然繁衍条件。

C. 和 10 年前相比，西双版纳亚洲野象的生活空间有较大的拓展。

D. 西双版纳亚洲野象的数量，不可能超出目前的数量。

E. 如果西双版纳的亚洲野象超过 500 头，则它们一定具备理想的自然繁衍条件。

(　　　　)

**7.** 法律如果不具有强制性，就仅仅是一种承诺、诉求或姿态。如果法律强制性因人而异，就不是真正的法律。真正的法律，不仅规定什么样的行为是禁止的，而且要给违反法律者强制性制裁。这样的违法犯罪者，有的人被公众讨厌、憎恶，甚至皆曰可杀，但也有的人，公众并不讨厌，为之惋惜，甚至用不理性的方式为之辩解。迎合公众情绪所导致的法律制裁的因人而异，以及屈服权势者的意愿而导致的法律偏倚，没有实质区别。

以下哪项最为准确地概括了以上陈述所要表达的主要意思？

A. 公众的情绪不一定正确和健康。

B. 法律的实施必须具有强制性。

C. 法律的实施不能受主观情绪和意愿的影响因人而异。

D. 强势和弱势都可能成为干扰法律公正实施的负能量。

E. 真正的法律不仅规定什么样的行为是禁止的，而且规定什么样的行为是允许的。

(　　　　)

**8.** 解雇张先生的决定是董事会在有很大争议的情况下作出的。此前，他一直被认为是公司最得力的技术型管理干部。显然，如果董事会解雇张先生的决定是正确的，那么，张先生一定出现了重大失误，这种失误，或者在专业技术方面，或者在行政管理方面。张先生在任职期间从未出现技术失误，因此，他一定在行政管理方面出现了失误。

以下哪项是上述论证所假设的？

A. 如果一个干部在专业技术或行政管理方面出现失误，则给予解雇是正确的。

B. 董事会解雇张先生的决定是正确的。

C. 张先生没有处理好与公司董事会的人际关系。

D. 一个得力的干部不可能在专业技术或行政管理方面出现失误。

E. 张先生是公司的高级管理人员。

(　　　　)

9～10 题基于以下题干：

一个城市的人口规模和市场开拓密切相关。随机挑选的三个市场研究机构对三个中等城市人口趋势进行预测。这三个城市中，两个人口相对稳定。对这两个城市 5 年后的人口规模，三个机构的预测数据相差不大。另一个城市近年来人口剧增，对它的人口规模，三个机构的预测数据差别相当大。

**9.** 上述断定最能支持以下哪项结论？

A. 和小城市相比，对中等城市人口规模的预测较为困难。

B. 一个城市的人口规模越大，越有利于市场开拓。

C. 上述人口相对稳定城市的人口预测数据可信度较高。

D. 上述人口剧增城市的人口预测数据的平均数具有很高的参考价值。

E. 如果一个城市近年来人口剧增，则未来几年的人口一定继续剧增。

(　　　　)

**10.** 题干断定：对两个人口相对稳定城市的人口预测，三个机构相差不大，而对近年来人口剧增城市的人口预测，三个机构差别相当大。以下哪项如果为真，最能解释这一现象？

A. 上述人口剧增城市居民的平均年龄明显低于另外两个城市。

B. 上述三个城市都处于北方，但相隔距离较远。

C. 上述两个人口相对稳定城市居民的平均文化程度有较大的差别。

D. 在统计当前人口数量时，上述研究机构对人口剧增城市和人口稳定城市使用了不同的方法。

E. 上述三个城市都是第三产业比较发达的消费型城市。

(　　)

11～12题基于以下题干：

为打击和杜绝考试作弊，某学校加强了监考。在刚结束的期末考试中，由李老师监考的甲班未发现一个学生作弊，而由张老师监考的乙班则查处了4个作弊学生。因此，和张老师相比，李老师显然没有认真、严格地履行监考职责。

**11.** 为得出上述结论，以下哪项是必须假设的？

A. 考试作弊的现象在许多学校愈演愈烈，严重影响了正常的教学秩序。

B. 甲班有学生在此次期末考试中作弊。

C. 乙班在此次期末考试中作弊的学生不止4个。

D. 对于教师来说，监考失职是严重的教学事故。

E. 甲班和乙班都是毕业班。

(　　)

**12.** 以下哪项如果为真，最能削弱上述论证？

A. 乙班参加考试人数超过200人，甲班参加考试人数不到40人。

B. 张老师是乙班的班主任，李老师是甲班的一般任课老师。

C. 张老师是青年教师，李老师是临近退休的老年教师。

D. 在上述监考中，张老师和李老师是主监考，此外还各有一位副监考。

E. 上述被查处的学生承认自己的作弊行为。

(　　)

**13.** 为了在今天的社会中成功，你必须有大学文凭。对此持怀疑态度的人认为，有许多人高中都没有上完，但他们却很成功。不过，这种怀疑看法是不成立的，因为没有大学文凭，一个人是不会获得真正成功的。

以下哪项最为确切地指出了上述论证中的漏洞？

A. 得出结论的根据是大多数人都这么认为。

B. 得出结论的根据是没有发现反例。

C. 得出结论的根据是所要证明的结论本身。

D. 得出结论的根据是个人的主观情绪。

E. 得出结论的根据是假设结论不成立会推出矛盾。

(　　)

**14.** 余涌：一个城市的汽车数量、道路面积和交通拥堵三者之间的关系是简单且确定的：如果汽车数量多而道路面积少，则交通一定拥堵。

方宁：但事实是，世界上汽车数量和道路面积之比高于北京的城市不在少数，在这些城市中，交通拥堵情况好于北京的也不在少数。

如果方宁的上述断定为真，则以下哪项一定为真？

Ⅰ. 世界上汽车数量比北京多的城市不在少数。

Ⅱ. 世界上道路面积比北京少的城市不在少数。

Ⅲ. 世界上交通拥堵情况好于北京的城市不在少数。

A. 只有Ⅰ。　　B. 只有Ⅱ。

C. 只有Ⅲ。　　D. Ⅰ、Ⅱ和Ⅲ。

E. Ⅰ、Ⅱ和Ⅲ都不一定为真。

(　　　)

**15.** K县位于自然保护区，8年前，制定并严格实施了禁止狩猎的法规。近年来，数量剧增的野生动物对村民的正常生活造成了严重的干扰甚至危害。野猪毁坏庄稼，野狼掠食牲口，甚至危及人的安全。因此，上述禁止狩猎的法规影响了人和野生动物的自然平衡，带来了严重的后果。

以下哪项如果为真，最能加强上述论证？

A. 野生动物之间弱肉强食的生物链是制约其数量的主要因素。

B. 对野生动物的乱捕乱杀破坏了人和野生动物的自然平衡。

C. K县的周边县不禁止狩猎，野生动物的数量未出现明显变化。

D. 近年来K县的自然环境特别是湿润的气候更适合野生动物的繁衍。

E. 和K县毗邻的H县同样禁止狩猎，但从未发生过野生动物危害村民的事件。

(　　　)

**16.** 由于对房产公摊面积的误解，不少业主在自家门口的过道堆放杂物，严重影响了小区的整体环境，侵犯了其他业主的利益。有的业主抱怨：高档小区成了大杂院。由于此种现象相当普遍，如果依照规定严加管理，小区物业管理部门必须拥有对业主的执法权，包括经济处罚权，但事实上物业管理部门没有这样的权力。如果不依照规定严加管理，上述现象就无法纠正，这将使不少业主拒绝缴纳物业管理费。

如果上述断定为真，以下哪项一定为真？

A. 物业部门收缴足额物业管理费的难度将增加。

B. 房产商将修改公摊面积的价格。

C. 物业部门将修改高档小区的管理细则。

D. 业主间将不可避免爆发激烈冲突。

E. 物业管理部门将获得执法权。

(　　)

**17.** 张教授：微生物对污染物的化解是净化环境的一种重要方式，但这种作用不是没有限度的。因为当环境低于常规温度时，微生物的活动性大大降低。

李研究员：我不这样认为。在人类造成的污染面前，极地已不是最后的净土。研究人员发现，北极和亚热带温差极大，但化解当地石油污染物的微生物所释放的二氧化碳的比例和化解油质的速度，没有什么区别。

李研究员的反驳说明，他最可能误解了张教授的陈述中的哪个概念？

A. 化解。　　B. 净化。　　C. 限度。

D. 常规。　　E. 活动性。

(　　)

**18.** 某大型企业董事会正酝酿任命公司总经理。作为此项任命的一个例行步骤，董事会通过民意测验征求公司员工的意见。接受测验的大多数员工都认为，一个大型企业的总经理，必须同时具有研究生学历和中层以上的企业管理经验。但是，在这项民意测验所附的推荐名单中，得票最多的前三名，虽然都有中层以上的企业管理经验，但并非都有研究生学历。

如果上述推荐名单附有被推荐人的详细履历，则以下哪项如果为真，最能解释上述看起来矛盾的现象？

A. 上述第一名的得票率超过60%。

B. 多数有企业管理经验的中层干部都没有研究生学历。

C. 一些被测验者意向中的总经理人选，并不在上述推荐名单中。

D. 个别被测验者没有表达真实意向。

E. 上述企业现任总经理有研究生学历。

(　　)

19～20题基于以下题干：

某单位招聘多名会计，甲、乙、丙、丁四人应聘。关于四人的应聘结果，有以下五个猜测：

(1) 甲一定受聘。

(2) 甲可能不受聘。

(3) 四人都受聘。

(4) 有人不受聘。

(5) 丙和丁至少有一人受聘。

**19.** 如果上述猜测只有两个为真，则以下哪项一定为真？

A. 猜测（1）成立。
B. 猜测（2）成立。
C. 猜测（3）成立。
D. 猜测（4）成立。
E. 以上各项猜测都不一定成立。

(　　　　)

**20.** 如果题干的猜测只有两个为真，但（5）改为“丙和丁有且只有一人受聘”，则以下哪项一定为真？

A. 猜测（1）成立。
B. 猜测（2）成立。
C. 猜测（3）成立。
D. 猜测（4）成立。
E. 以上各项猜测都不一定成立。

(　　　　)

**21.** 老张、老王、老李、老赵都只有一个孩子，同年参加高考。考前，四人有如下猜测：

老张：我看老赵的孩子能考上。

老赵：老张的孩子和我的孩子都能考上。

老李：我看四个孩子都能考上。

老王：我看有孩子考不上。

考试结果说明，上述猜测有两个成立，两个不成立。

如果上述断定为真，并且上述四个孩子中，老王的孩子平时的学习成绩最差，则以下哪项一定为真？

A. 老张的猜测不成立。
B. 老赵的猜测不成立，老赵的孩子没考上。
C. 老李的猜测成立。
D. 老王的猜测成立，老张的孩子没考上。
E. 老王的猜测成立，老王的孩子没考上。

(　　　　)

**22.** 《卫生报》上登出了国内20家大医院的名单，名单按它们在近3年中病人死亡率的高低排序。专家指出不能把名单排列的顺序作为评价这些医院的医疗水平的一个标准：一家医院病人死亡率低，医疗水平不一定高；反之不一定低。

以下各项如果是真的，都能作为论据支持专家的结论，除了

A. 这20家医院中，有5家依靠国家资助从国外进口了多项先进、大型和配套的医疗设备，其余的都没有。

B. 有些医院留病人住院的时间长，病人死亡率因此就较高；有些医院往往较早地动员患有绝症而救治无望的病人出院，病人死亡率因此就较低。

C. 这20家医院中，有2家老人医院和3家儿童医院。

D. 这20家医院中，有2家是肿瘤医院。

E. 这20家医院中，有2家是急救中心。

（　　）

**23.** 最近，对网络举报是否应该实行实名制，争议颇大。对此，纪检工作者甲和乙有如下陈述。

甲：如果举报者能得到法律的充分保护，就不会出现网络举报是否应该实行实名制的争论。

乙：法律确实不能给举报者充分的保护。

如果上述断定为真，并且甲乙两人的断定中至多只有一个为真，则能推出以下哪项结论？

A. 网络举报应该实行实名制。

B. 网络举报不应该实行实名制。

C. 法律不能给举报者充分的保护。

D. 纪检工作者甲的断定为假。

E. 上述结论都不能从题干的条件中推出。

（　　）

**24.** 在某单位的赈灾捐款中，党员的捐款额多于非党员，干部的捐款额少于群众（群众的含义为非干部）。

如果上述断定为真，则以下哪项一定为真？

A. 党员群众的捐款额多于党员干部。

B. 党员群众的捐款额多于非党员干部。

C. 非党员群众的捐款额多于党员干部。

D. 党员干部的捐款额多于非党员群众。

E. 上述结论都不能从题干推出。

(　　　　)

**25.** 当一批受访者被问及他们所持的政治立场时，25%把自己归为保守派，24%把自己归为激进派，51%把自己归为中间派。但当涉及某个具体的政治问题时，77%的受访者所支持的观点被普遍认为代表了激进派的立场。

如果上述断定为真，以下哪项一定为真？

A. 大多数把自己归为中间派的受访者反对某个被认为代表了激进派立场的观点。

B. 所有把自己归为激进派的受访者不可能支持代表保守派或中间派立场的观点。

C. 某些把自己归为保守派的受访者支持某个被认为代表了激进派立场的观点。

D. 某些把自己归为激进派的受访者反对某个被认为代表了激进派立场的观点。

E. 某些受访者对被问及的上述政治问题不表示确定意见。

(　　　　)

26～27 题基于以下题干：

不断提高的医疗技术会提升国民医疗开支（包括公费、医保开支）的总量。以新近的白内障手术为例，白内障是一种常见老年病，上个世纪的白内障手术有痛苦，有效性得不到保证。而现在的白内障手术技术含量高，患者的视力在术后能奇迹般地迅速恢复，且手术费用较便宜。这两个因素使得白内障手术的数量剧增，这反过来提高了国民用于白内障手术的开支总量。

**26.** 以下哪项能从上述断定推出？

A. 上个世纪，大多数白内障患者都能通过手术恢复视力。

B. 和上个世纪相比，目前白内障手术数量增加的比例，等于国民用于白内障手术开支增加的比例。

C. 目前国民用于白内障手术的开支中，因手术数量增加而提高的开支，大于因单个手术费用降低而减少的开支。

D. 国民医疗开支总量上升的主要原因是社会的老龄化，即老年人在总人口中比例不断上升。

E. 国民医疗开支总量上升的主要原因是国民收入的提高和医疗保险制度的完善。

(　　　　)

**27.** 题干对白内障手术数量剧增的原因给出了一个解释，以下各项如果为真，都有助于解释白内障手术数量剧增的原因，除了

A. 国民人口的数量不断增长。

B. 目前生态环境特别是空气质量的下降，导致白内障患者数量明显增多。

C. 随着医保制度的完善，许多白内障患者获得了以前不具备的手术条件。

D. 随着医疗知识的普及，越来越多的白内障患者了解了手术的重要性和必要性。

E. 白内障手术如果失败，则对患者视力的损害比白内障自身更为严重。

(　　)

28～30题基于以下题干：

张、李、王和刘四位教授要担任E、F、G、H、I、J、K这七位研究生的导师。每位研究生都师从一位导师，每位教授最多带两名研究生。研究生中，J和K是硕士生，其余是博士生。E、F和J是男生，其余是女生。以下条件必须满足：

(1) 张教授只带男研究生。

(2) 李教授只带一名研究生。

(3) 如果某位教授带一名硕士生，则必须带与这位硕士生性别相同的一名博士生。

**28.** 根据上面的条件，以下哪项肯定为真？

A. 李教授担任F的导师。

B. 刘教授担任G的导师。

C. 张教授担任J的导师。

D. 张教授担任E的导师。

E. 王教授担任H的导师。

(　　)

**29.** 以下每名研究生都可以由李教授带，除了哪一位？

A. E。　　B. G。

C. I。　　D. K。

E. F。

(　　)

**30.** 根据题干，以下哪一项肯定为真？

A. 王教授至少担任一名女研究生的导师。

B. 王教授至少担任一名硕士研究生的导师。

C. 刘教授至少担任一名男研究生的导师。

D. 刘教授至少担任一名硕士研究生的导师。

E. 王教授至少担任一名男研究生的导师。

(　　)

【答案】

| | | | |
|---|---|---|---|
| 1～5 | DBBDE | 6～10 | BCBCA |
| 11～15 | BACEC | 16～20 | ADADE |
| 21～25 | DADBC | 26～30 | CECDA |

# 第十四套

**1.** 持续服用降压药会有不利于健康的副作用。实际上，改变生活方式，例如加强有氧运动，少吃或不吃含动物脂肪的食物，也能起到和降压药同样的效果。因此，和服用降压药相比，通过改变生活方式来控制血压更有利于健康。

以下哪项是上述论证所假设的？

A. 为降低血压而加强有氧运动，少吃或不吃含动物脂肪的食物，这些生活方式不会有不利于健康的副作用。

B. 为降低血压而加强有氧运动，少吃或不吃含动物脂肪的食物，这些生活方式能起到和降压药同样的效果。

C. 为降低血压而加强有氧运动，少吃或不吃含动物脂肪的食物，这些生活方式不利于健康的副作用，如果有的话，不会大于持续服用降压药。

D. 除了服用降压药以外，改变生活方式是控制血压的唯一有效方式。

E. 凡药三分毒，任何药物都有不利于健康的副作用。

**2.** 医生在给病人做常规检查的同时，会要求附加做一些收费昂贵的非常规检查。医保单位经常拒绝支付这类非常规检查的费用，这样会耽误医生对一些疾病的诊治。

为使上述论证成立，以下哪项是必须假设的？

A. 非常规检查比常规检查对疾病的诊治更为重要。

B. 医生要求病人做收费昂贵的非常规检查不包含任何经济上增收的考虑。

C. 常规检查的收费标准都低于非常规检查。

D. 所有非常规检查对疾病的诊治都有不可取代的作用。

E. 有些患者因为医保单位拒绝支付费用而放弃做一些收费昂贵的非常规检查。

(　　　　)

**3.** 甲：目前中日关于钓鱼岛问题不会导致军事冲突。因为如果发生此种冲突，不管是何种结果，对于冲突双方乃至相关的第三方，都是弊大于利。

乙：我不同意你的看法。对于中国来说，为了维护领土的主权，做出任何利益上的牺牲都是值得的。

在以下哪个问题上，甲乙双方最可能有不同意见？

A. 中日关于钓鱼岛问题是否会导致军事冲突？

B. 中日关于钓鱼岛问题如果导致军事冲突，中国是否有把握在军事上取胜？

C. 中日关于钓鱼岛问题如果导致军事冲突，不管结果如何，对日本来说，是否都一定弊大于利？

D. 中日关于钓鱼岛问题如果导致军事冲突，不管结果如何，对中国来说，是否都一定弊大于利？

E. 中日关于钓鱼岛问题是否涉及第三方的利益？

(　　　)

**4.** 自高自大者和灵魂虚弱者都必然会受到嘲弄。这两者兼具的人必须学会自嘲。

如果上述断定为真，并且一个人一定会做他必须学会做的事，则以下哪项一定为真？

A. 如果一个自高自大的人从不自嘲，则他一定不是个灵魂虚弱者。

B. 如果一个人从不自嘲，则他一定既不自高自大，也非灵魂虚弱。

C. 一个经常自嘲的人，一定是个自高自大的灵魂虚弱者。

D. 有些嘲弄别人的人，有时也会自嘲。

E. 自嘲者从不嘲弄别人。

(　　　)

**5.** 许多哲学家论证，每个人的目标都是追求幸福，这种幸福，是在充分实现个人价值的过程中所获得的满足感。这些哲学家又断定，这种幸福不是轻而易举就能得到的，它需要常年乃至终身的不懈努力。这些哲学家可以称为幸福悲观论者，因为他们夸大了追求幸福的难度。花前月下和情侣的一次悠闲的散步，难道带来的不是难以忘怀的幸福体验？

以下哪项最为准确地指出了上述论证中存在的漏洞？

A. 它否定一个断定，不是依据其内容，而是依据其来源。

B. 它仅依据个例，轻率地概括出一般性结论。

C. 它忽视了在某种场景下获得的幸福体验不一定能持续。

D. 它把一个可能不具有代表性的观点作为反驳的目标。

E. “幸福”这一关键概念的含义前后未保持一致。

(　　　)

**6.** 国际关系说到底，就是一种经济利益关系。债主和借债人交往，主动权总在债权人手中。这就是为什么一个向别国借了大宗钱款的国家，成不了世界的领袖。

以下哪项是上述论证所假设的？

A. 一个国家不向外国举债，就能成为世界的领袖。

B. 一个国家在国际交往中如果能掌握主动权，就一定能成为世界的领袖。

C. 一个国家在国际交往中如果不能掌握主动权，就不能成为世界的领袖。

D. 任何一个国家都不可能成为世界的领袖。

E. 任何国家都不可能不向别国借债。

(　　)

7～9题基于以下题干：

有6位学者F、G、J、L、M和N，将在一次逻辑会议上演讲，演讲按下列条件排定次序：

(1) 每位演讲者只讲一次，并且在同一时间只有一位演讲者。

(2) 三位演讲者在午餐前发言，另三位在午餐后发言。

(3) G一定在午餐前发言。

(4) 仅有一位发言者排在M和N之间。

(5) F在第一位或第三位发言。

**7.** 如果J是第一位演讲者，谁一定是第二位演讲者？

A. F。　　B. G。

C. L。　　D. M。

E. N。

(　　)

**8.** 如果J是第四位演讲者，谁一定是第三位演讲者？

A. F或M。　　B. G或L。

C. L或N。　　D. M或N。

E. F或G。

(　　)

**9.** 如果L在午餐前发言并且M不是第六个发言者，紧随M之后的发言者必是

A. F。　　B. G。

C. J。　　D. N。

E. M。

(　　)

**10.** 小王参加研究生入学考试，总共考了四门科目：政治、英语、专业科目一、专业科目二。政治和专业科目一的成绩之和与另外两门科目的成绩之和相等。政治和专业科目二的成绩之和大于另外两门科目的成绩之和。专业科目一的成绩比政治和英语两门科目的成绩之和还高。

根据上述条件，小王四门科目的成绩从高到低的排序是

A. 专业科目一、专业科目二、英语、政治。

B. 专业科目二、专业科目一、政治、英语。

C. 专业科目一、专业科目二、政治、英语。

D. 专业科目二、专业科目一、英语、政治。

E. 政治、英语、专业科目一、专业科目二。

(　　　)

**11.** 一个心理研究中心在实施一个研究项目，内容是血型和性格的关系，方式是请被研究人员当众回答预先设计或随机提出的若干问题，其中不乏尖锐、敏感的问题。例如，你是否介意你的爱人当人体模特？你如何看待婚前性行为？你是否认为撒谎是极丢脸面的事？你自己撒过谎吗？工作人员在大街上邀请了20个志愿者，他们都是B型血，并且愿意当众回答尖锐的问题。测试结果显示，这20个志愿者性格中的开朗、坦率的特征指数明显高于一般人。研究人员由此得出结论，血型和性格有确定的关系。

以下哪项如果为真，最能说明上述研究方法中存在的漏洞？

A. 上述志愿者都是年轻人。

B. 上述研究中心不是一个权威机构。

C. 另一个测试结果显示，A型血志愿者性格中的开朗、坦率的特征指数明显低于一般人。

D. 不具有开朗、坦率性格的人一般不愿意当众回答尖锐的问题。

E. B型血的人在人群中占有较高的比例。

(　　　)

**12.** 李杨有合法与非法的概念，但没有道德上对与错的概念。当然，有合法与非法的概念不意味着一定能恰当判断行为的合法与非法，但没有道德上对与错的概念，则一定不能正确判断行为的对与错。李杨由于自己的某个行为受到起诉。尽管他承认自己的行为是非法的，却不知道这一行为事实上是不道德的。

上述断定能恰当地推出以下哪项结论？

A. 李杨做了某种违法的事。

B. 李杨做了某种不道德的事。

C. 李杨是法律专业的毕业生。

D. 对于法律，道德上的无知不能成为借口。

E. 违反道德的行为不一定违法。

(　　　　)

**13.** 专业舞蹈演员体形之所以优美，主要不在于“瘦”，而在于四肢匀称的比例。因此，坚持舞蹈锻炼不但能减肥，而且能促进肢体的匀称。

以下哪项如果为真，最能削弱上述论证？

A. 专业舞蹈演员在转行后容易发胖。

B. 舞蹈演员是个从业年龄相对较短的职业，但舞蹈演员转行后仍然可以从事教学。

C. 体形肥胖的人也可以有匀称的四肢。

D. 专业舞蹈演员大都毕业于舞蹈院校，学员在舞蹈院校受到的训练比出于健身目的的舞蹈训练要严格得多。

E. 专业舞蹈演员大都毕业于舞蹈院校，学员在入学前要经过严格的筛选，其中包括四肢的比例及其发育趋势。

(　　　　)

**14.** 美国正面临着一系列严重的社会问题。目前，除了美国自身以外，没有一个发达国家同时面临美国所面临的所有严重社会问题。

如果上述断定为真，以下哪项一定为真？

A. 在所有发达国家中，美国面临的严重社会问题最多。

B. 在有的发达国家中并不严重的社会问题，在美国很严重。

C. 发达国家的社会问题普遍比发展中国家严重。

D. 美国能有效解决所面临的严重社会问题。

E. 发达国家共同的严重社会问题是日益扩大的贫富差别。

(　　　　)

**15.** 张珊：尽管我并不了解王处长，但我知道你和王处长的关系。你举报王处长受贿完全是出于私怨。赵处长受贿，你未必不知道，为什么不举报？

李思：你说得不错，我确实讨厌王处长。但是，第一，举报者的动机不能成为替被举报者辩解的理由；第二，你有什么根据断定我知道赵处长受贿？退一步说，一个公民并非只有在举报了他所知道的所有违法行为时，才具有举报的正当理由和权利。

假设张珊和李思的陈述都是真诚的，则得出以下哪项结论最为恰当？

A. 两人都认为王处长和赵处长中至少有一人受贿，但不确认两人是否都受贿。

B. 两人确认王处长和赵处长都受贿。

C. 两人确认王处长和赵处长中有且只有一人受贿。

D. 张珊认为王处长和赵处长都受贿。李思认为王处长受贿，但赵处长未受贿。

E. 张珊认为王处长未受贿，但赵处长受贿。李思认为王处长和赵处长都受贿。

(　　　　)

**16.** 一般地说，在具有正常工作能力的年龄段，一个教师的年龄越大，他的知识、技能和经验越丰富，因而较他们年轻时更胜任所担负的工作。目前的高校规定教授退休年龄为 60 岁，他们大都还具有旺盛的精力。这样做的目的是给中青年教师更多的空间，付出的代价是降低了学校的总体教学与科研能力。

为使上述论证有说服力，以下哪项必须假设？

A. 退休教师只占学校员工的较小比例。

B. 相关退休制度受到多方面的质疑。

C. 社会的老龄化要求修正中老年的界限，并推迟退休的年龄。

D. 高校的师生比总体上符合办学的需要。

E. 中青年教师教学科研能力的提高程度，总体上不高于退休老师。

(　　　　)

**17.** 人的任一社会行为（除了影响行为者自己，还同时影响他人或社会的行为）依照法律，要么是合法的，要么是非法的；依照道德，分为善的和恶的；此外有的行为不具有道德属性，例如，明星穿时尚服装吸引大众眼球。在社会的常态下，合法的行为都不是恶的。

如果上述断定为真，则以下哪项一定为真？

Ⅰ. 合法的行为都是善的。

Ⅱ. 非法的行为都是恶的。

Ⅲ. 恶的行为都是非法的。

A. 只有Ⅰ。

B. 只有Ⅱ。

C. 只有Ⅲ。

D. 只有Ⅰ和Ⅱ。

E. Ⅰ、Ⅱ和Ⅲ。

(　　　　)

**18.** 宣统二年（1910年），詹天佑主持清朝留学生考试。他对一位考生私下说了这样一段话："留学的目的是学成后为国做事。在当今中国，想做事，就别做官。但不做官，重要的事就做不成。"

从詹天佑的上述言论，可推出以下哪项结论？

Ⅰ. 在当时的中国，成大事者一定是不想做事的人。

Ⅱ. 在当时的中国，只有不想做事者才做官。

Ⅲ. 在当时的中国，只要不想做事，就能做成大事。

A. 只有Ⅰ。

B. 只有Ⅱ。

C. 只有Ⅲ。

D. 只有Ⅰ和Ⅱ。

E. Ⅰ、Ⅱ和Ⅲ。

（　　）

**19.** 研究表明，阿司匹林具有防止心脏病突发的功能。这一成果一经确认，研究者立即以论文形式向某权威医学杂志投稿。不过，一篇论文从收稿到发表至少要3个月。如果这一论文一收到就发表，那么这3个月中死于心脏病突发的患者很可能可以挽回生命。

以下哪项如果为真，最能削弱上述论证？

A. 上述医学杂志加班加点，以尽快发表该论文。

B. 有学者对上述关于阿司匹林的研究结论提出不同意见。

C. 经常服用阿司匹林容易导致胃溃疡。

D. 一篇论文的收、审、排、印需要时间，不可能一收到就发表。

E. 阿司匹林只有连续服用8个月，才能产生防止心脏病突发的效果。

（　　）

**20.** 一项对曾接受过心理治疗的患者的调查显示，接受治疗不到6个月的被调查者中，只有20%认为效果很好。而接受治疗超过6个月的被调查者中，40%认为效果很好。这说明，接受心理治疗的时间较长，则效果较好。

以下哪项如果为真，最能削弱上述论证？

A. 在上述接受治疗超过6个月的被调查者中，有10%的认为效果很差。

B. 上述接受治疗超过6个月的被调查者大多数是白领，而接受治疗不到6个月的主要是蓝领。

C. 感觉效果好的会继续治疗，而感觉效果一般或较差的会中断治疗。

D. 心理治疗一般要半年以上才能见效。

E. 对于同一种有效的心理治疗来说，患者的病情越重，治疗越容易见效。

（　　）

**21.** 科学家在20世纪80年代预测，由于人类向大气层大量排出二氧化碳，将会出现全球性的气候变暖。把这称为预测其实并不确切，因为即使在当时，科学家预测的情况就已经出现了。据当时的气象资料记载，中国的北方城市多在霜降时节出现暖春气候，不少城市冬季树木的落叶比通常迟了半个月。

以下哪项与评价题干的论证最为相关？

A. 气候变暖的判定标准是什么？

B. 上述中国北方城市的气候异常是否也在世界的其他地方出现？

C. 20世纪80年代后的气象统计资料是否支持上述科学家的预测？

D. 当代经济的发展方式和气候变暖存在何种关系？

E. 发达国家是否应当对全球性气候变暖的发生及其治理承担主要责任？

(　　　　)

**22.** 除非基于选民的道德和理性，否则普选并不意味着真正的民主。

以下各项都符合上述断定，除了

A. 由具备道德和理性的选民实施的普选，一定能体现真正的民主。

B. 要使普选体现真正的民主，选民的道德和理性缺一不可。

C. 由缺乏理性的选民实施的普选，不可能体现真正的民主。

D. 伴随着选民的语言谩骂和肢体冲突的普选，不可能是真正的民主。

E. 普选并不等同于真正的民主。

(　　　　)

**23.** 在张家沟这样的旅游胜地，旅馆业要增加利润，只有两条途径：第一，增加旅馆的客房数；第二，显著改善现有旅馆的设施。当地政府明文禁止修建新的旅馆或在现有旅馆内以任何方式增加客房。

如果上述断定为真，以下哪项一定为真？

Ⅰ. 在张家沟，旅馆业主如果要增加旅馆的房间，就一定会违反政府的规定。

Ⅱ. 在张家沟，旅馆业主只有两个选择：显著改善现有旅馆的设施，或者违反政府的规定。

Ⅲ. 在张家沟，如果旅馆业主遵守政府的规定，就不能增加利润。

A. 只有Ⅰ。　　　　B. 只有Ⅱ。

C. 只有Ⅲ。　　　　D. 只有Ⅰ和Ⅱ。

E. Ⅰ、Ⅱ和Ⅲ。

(　　　　)

**24.** 本年度被抽查的研究生毕业论文中，余涌的论文不存在违反学术规范的问题。

如果上述断定为真，则以下哪项断定不能确定真假？

Ⅰ. 本年度被抽查的研究生毕业论文中，所有论文都或多或少存在违反学术规范的问题。

Ⅱ. 本年度被抽查的研究生毕业论文中，所有论文都不存在违反学术规范的问题。

Ⅲ. 本年度被抽查的研究生毕业论文中，有论文存在违反学术规范的问题。

Ⅳ. 本年度被抽查的研究生毕业论文中，有论文不存在违反学术规范的问题。

A. 只有Ⅰ。

B. 只有Ⅲ和Ⅳ。

C. 只有Ⅱ和Ⅲ。

D. 只有Ⅰ和Ⅳ。

E. Ⅰ、Ⅱ和Ⅲ。

(　　)

**25.** 有人说，彻底的无私包含两个含义：第一，无条件地实行为他人服务；第二，拒绝任意他人的服务。

下述哪项是上述观点的逻辑推论？

A. 没有人是彻底无私的。

B. 不可能所有的人都是彻底无私的。

C. 如果有人接受了他人的服务，那么一定存在彻底无私的人。

D. 如果有人拒绝了他人的服务，那么一定存在彻底无私的人。

E. 彻底无私的人要靠教育来造就。

(　　)

**26.** 农科院最近研制了一种高效杀虫剂，通过飞机喷，能够大面积地杀死农田中的害虫。但使用这种杀虫剂未必能达到提高农作物产量的目的，甚至可能适得其反，因为这种杀虫剂在杀死害虫的同时，也杀死了保护农作物的各种益虫。

以下哪项如果为真，最能削弱上述论证？

A. 上述杀虫剂的有效率在同类产品中是最高的。

B. 上述杀虫剂只适合在平原地区使用。

C. 使用飞机喷上述杀虫剂，将增加农作物的生产成本。

D. 如果不发生虫灾，农田中的益虫要多于害虫。

E. 益虫对农作物的保护作用主要在于能消灭危害农作物的害虫。

(　　)

**27.** 最近一项对大学毕业生就业意向的抽样调查显示，相当高比例的受调查者把教师职业作为首选。这从一个方面说明，和 10 年前相比，教师的地位有了显著的提高。

以下哪项如果为真，最能削弱以上论证？

A. 首选教师职业的受调查者中，只有很少的人愿意到贫困山区任教。

B. 上述受调查者中，大多数是师范院校的毕业生。

C. 教师的工资待遇不如公务员。

D. 我国有尊师的文化传统。

E. 上述受调查者中，有人并未表达自己的真实意向。

(　　　　)

**28.** 目前太阳能发电厂（单位电能的）生产成本只有 20 年前的 1/10，而以燃煤为主的普通发电厂的这一成本却一直在上升。因此，目前发展太阳能发电厂比普通发电厂更能降低成本。

假设以下哪项，能使上述结论从题干的前提中合乎逻辑地推出？

A. 20 年前，太阳能发电厂的生产成本不大于普通发电厂的 10 倍。

B. 目前普通发电厂的生产成本不小于 20 年前的 10 倍。

C. 20 年前，普通发电厂的发电能力不小于太阳能发电厂的 10 倍。

D. 目前太阳能发电厂的发电能力不小于普通发电厂的 10 倍。

E. 目前太阳能发电厂的发电能力不小于 20 年前的 10 倍。

(　　　　)

**29.** 所有校足球队队员都获得了校长特别奖。张珊、李斯和王武都是校足球队队员。校长特别奖不授予大学一年级学生。

如果上述断定为真，则以下哪项一定为真？

Ⅰ. 张珊、李斯和王武都不是大学一年级学生。

Ⅱ. 所有校足球队队员都不是大学一年级学生。

Ⅲ. 有些校长特别奖的获得者不是校足球队队员。

A. 只有Ⅰ。　　　　B. 只有Ⅰ和Ⅱ。

C. 只有Ⅱ和Ⅲ。　　　　D. 只有Ⅰ和Ⅲ。

E. Ⅰ、Ⅱ和Ⅲ。

(　　　　)

**30.** 大多数为老百姓做过好事的干部都是好干部，但有些做过错事的干部仍不失为一个好干部。所有的好干部都有一个共同特点，那就是不以权谋私。

如果上述断定为真，以下哪项一定为真？

A. 所有不以权谋私的干部都是好干部。

B. 有些干部虽然不以权谋私，但并不是好干部。

C. 有些干部并不以权谋私，但做过错事。

D. 对于一个干部来说，以权谋私是最大的错事。

E. 任何一个干部，即使不以权谋私，也不可能不做错事。

(　　)

【答案】

| | | | |
|---|---|---|---|
| 1～5 | CEDAE | 6～10 | CBDCB |
| 11～15 | DBEBA | 16～20 | ECDEC |
| 21～25 | BAACB | 26～30 | EBABC |

# 第十五套

**1.** 燃油税每公升增收一分钱，按照目前的燃油消费水平，国家将每年因此增加 10 亿元的财政收入。因此，如果燃油税每公升增收五角钱，则国家每年将增加 500 亿元的财政收入，这无疑是增加国家财政收入的有效途径。此举还会有另一个效果。由于燃油税是附加在成品油销售价上的，因此成品油价格的提高所导致的燃油消费量的下降，会明显降低我国对进口成品油的依赖。

以下哪项最为准确地指出了上述论证中的漏洞？

A. 没有指出增加燃油税的负面影响。

B. 所引用的数据不准确。

C. 前提中所引用的数据和结论不相干。

D. 做出了相互矛盾的假设。

E. 颠倒了原因和结果。

(　　　　)

**2.** 不道德行为有两个共同特征：第一，如果是公开实施的，则一定伤害公众的感情；第二，如果是暗地里实施的，则行为者有一定负罪感。

如果上述断定为真，则以下哪项一定为真？

A. 道德的行为一定不会伤害公众的感情。

B. 有负罪感的人一定暗地里做了不道德的事。

C. 一个不道德的行为如果没有伤害公众的感情，则实施者一定有负罪感。

D. 多数人共同实施的行为一定是道德的。

E. 暗地里做的事一定是不道德的。

(　　　　)

3～4 题基于以下题干：

除非遇到机会同时又有能力，否则不能成功。这就是成功的奥秘。在成功人士中找不到反例。

**3.** 以下哪项最符合题干的断定？

A. 有能力者抓住机会就能成功。

B. 有能力没机会也能成功。

C. 有机会没能力不能成功。

D. 不成功者一定既没机会也没能力。

E. 不成功者如果遇到过机会，那一定是没有能力。

(　　　　)

**4.** 如果题干的断定为真，则以下哪项一定为假？

A. 张某既有能力，又有机会，但可惜不成功。

B. 抓住了机会的孙某终获成功，尽管他缺乏能力。

C. 有能力的王某终获成功，是抓住了机会。

D. 李某有能力但不成功，是苦于没机会。

E. 孙某自认为是成功者，但外界认为他至多得益于某种机会，但实际并无能力。

(　　　　)

5～6题基于以下题干：

美国是当今世界上最富裕的国家，所以每一个美国人都是富人。

**5.** 假设以下哪项，能使上述论证成立？

Ⅰ. 世界最富裕的国家的含义是人均收入世界上最高。

Ⅱ. 世界最富裕的国家的含义是每个国民都是富人。

Ⅲ. 世界最富裕的国家的含义是国民中没有赤贫者。

A. 仅Ⅰ。　　B. 仅Ⅱ。　　C. 仅Ⅲ。

D. 仅Ⅱ和Ⅲ。　　E. Ⅰ、Ⅱ和Ⅲ。

(　　　　)

**6.** 为使上述论证成立，以下哪项必须假设？

Ⅰ. 世界最富裕的国家的含义是人均收入世界上最高。

Ⅱ. 世界最富裕的国家的含义是每个国民都是富人。

Ⅲ. 世界最富裕的国家的含义是国民中没有赤贫者。

A. 仅Ⅰ。　　B. 仅Ⅱ。　　C. 仅Ⅲ。

D. 仅Ⅱ和Ⅲ。　　E. Ⅰ、Ⅱ和Ⅲ。

(　　　　)

**7.** 地球可供使用的资源是有限的，但人类对地球资源的潜在需求是无限的。这种供需不平衡的趋势是导致全球生态问题的一个重要根源。因此，要解决目前地球面临的生态问题，必须减少人类对地球资源的需求和开发。

以下哪项是上述论证所假设的？

A. 从长远的观点看，地球资源的供需将趋向平衡。

B. 地球可供使用的资源限度是可精确量化的。

C. 目前人类对地球资源的需求超过了地球可供使用资源的限度。

D. 达到地球资源的供需平衡是不可能的。

E. 不存在人类使用地球外资源的可能性。

(　　　　)

**8.** 一般地说，高速公路时速限制较低，则交通事故率较低。和西方发达国家相比，我国的高速公路时速限制较低，但近年来统计显示，我国的高速公路交通事故率呈上升趋势。因此，我国的高速公路时速限制要进一步降低。

以下哪项最为准确地指出了上述论证存在的漏洞？

A. 忽视了这种可能性：西方发达国家高速公路交通事故率近年来并未呈上升趋势。

B. 忽视了这种可能性：高速公路上的交通事故很多导致死亡。

C. 忽视了这一现实：中国是世界上高速公路发展得最快、总里程最长的国家。

D. 忽视了这种可能性：高速公路上驾车过慢同样容易导致事故。

E. 忽视了这一事实：近年来我国有的高速公路的交通事故率呈下降趋势。

(　　　　)

**9.** 电动汽车的推出者认为，只要能解决电动汽车的电池设计中存在的技术问题，电动汽车一定会被广泛使用，因为电动汽车无尾气排放，这会大大降低由汽车尾气所造成的对环境的污染。但是，除非建造更多的水电站，否则电动汽车需要的电能必然会增加对核电站或燃煤发电站发电量的需求，而对任何一种能源的开发和使用，都会对环境造成大的危害，这可能是电动汽车的推出者始料未及的。

以下哪项作为以上陈述所要得出的结论最为恰当？

A. 电动汽车对环境造成的负面影响比它的推出者想象的要严重。

B. 电动汽车很难被使用者广泛接受。

C. 目前推出电动汽车的关键是解决电池设计中存在的技术问题。

D. 电动汽车的推出，不但不会减轻，反而会加重对环境的危害。

E. 电动汽车的推出，不会减少汽车尾气排放的总量。

(　　　　)

**10.** 有专家认为，一个人心理健康是他行为得体的保障。行为得体又是与人和谐相处的基础。能与人和谐相处，就证明这个人的心理品质足够好。

以下哪项和上述专家的观点不同？

A. 一个心理不健康的人不能与人和谐相处。

B. 一个行为不得体的人不能与人和谐相处。

C. 一个心理健康并且行为得体的人能与人和谐相处。

D. 能与人和谐相处的人，他的行为就是得体的。

E. 心理品质不足够好的人不能与人和谐相处。

（　　）

**11.** 在一种插花艺术中，对色彩有如下要求：或者不使用天蓝，或者使用铁青；如果使用橙黄，则不能使用天蓝；只有使用橙黄，才能使用铁青。

如果上述是真的，那么以下哪项一定是真的？

A. 使用橙黄。　　B. 使用铁青。　　C. 不使用橙黄。

D. 不使用铁青。　　E. 不使用天蓝。

（　　）

**12.** 为了估计当前人们对管理基本知识掌握的水平，《管理者》杂志在读者中开展了一次管理知识有奖问答活动。答卷评分后发现，60%的参加者对于管理基本知识掌握的水平很高，30%左右的参加者也表现出了一定的水平。《管理者》杂志因此得出结论，目前社会群众对于管理基本知识的掌握还是不错的。

以下哪项如果为真，则最能削弱以上结论？

A. 管理基本知识的范围很广，仅凭一次答卷就得出结论未免过于草率。

B. 掌握了管理基本知识与管理水平的真正提高还有相当的距离。

C. 并非所有《管理者》的读者都参加了此次问答活动，其信度值得商榷。

D. 从发行渠道看，《管理者》的读者主要是高学历者和实际的经营管理者。

E. 可能有几位杂志社的工作人员的亲戚也参加了此次问答，并获了奖。

（　　）

**13.** 饲养有的牲畜要喂谷物。平均计算，饲养一头这样的牲畜要耗费 16 公斤谷物才能得到 1 公斤肉。对于人类来说，1 公斤肉的营养含量远高于 1 公斤谷物，但 16 公斤谷物能让很多人吃饱，1 公斤肉只够少数几个人吃。随着全球每年耕地面积的减少和人口的增长，总有一天，对于人类来说，吃肉将被公认为是件不道德的事。

以下哪项如果为真，最能削弱上述论证？

A. 有些人群根据信仰或习俗，早就认为吃肉是不道德的。

B. 尽管都知道素食有益于健康，但很多人还是喜欢并习惯于吃肉。

C. 有些营养学家坚持认为，素食不能提供人体需要的足够营养。

D. 有些动物如牛羊可以在不适合种植谷物的土地上仅靠牧草饲养。

E. 中国成功控制人口增长的经验受到有些国家的关注。

(　　　　)

**14.** 如果有足够丰富的合客人口味的菜肴和上档次的酒水，并且正式邀请的客人都能出席，那么一个宴会虽然难免有不如人意之处，但总的来说一定是成功的。张总举办的这次家宴准备了足够丰富的菜肴和上档次的酒水，并且正式邀请的客人悉数到场，因此，张总举办的这次家宴是成功的。

以下哪项对上述推理的评价最为恰当？

A. 上述推理是成立的。

B. 上述推理有漏洞，这一漏洞也类似地存在于以下推理中：如果保持良好的心情，并且坚持适当的锻炼，一个人的免疫能力就能增强。王老先生心情一向不错，但就是不好好锻炼，因此，他的免疫能力一定下降。

C. 上述推理有漏洞，这一漏洞也类似地存在于以下推理中：一个饭店如果有名厨掌勺，并且广告到位，就一定能有名气。鸿门楼饭庄在业内小有名气，因此一定有名厨掌勺。

D. 上述推理有漏洞，这一漏洞也类似地存在于以下推理中：如果有能力并且又善于抓住机会，一个创业者一定能成功。李思创业屡遭挫折，因此，他一定不善于抓住机会。

E. 上述推理有漏洞，这一漏洞也类似地存在于以下推理中：如果来自西部并且家庭贫困，就能获得特别助学贷款。张珊是否家庭贫困尚在审核中，但他确实来自西部，因此，他一定能获得助学贷款。

(　　　　)

**15.** K 国是个转型中的国家，国内形势发展不定因素很多。甲、乙、丙、丁四位专家对 K 国未来几年的形势有如下预测：

甲：K 国既能保持政治稳定，又能实现经济发展。

乙：K 国要么保持政治稳定，要么实现经济发展，二者必居其一。

丙：如果 K 国实现经济发展，则人民的生活会有实质性的改善。

丁：K国人民的生活不会有实质性的改善。

如果以上四个猜测只有一个不成立，则以下哪项一定为真？

A. 甲的猜测不成立。　B. 乙的猜测不成立。　C. 丙的猜测不成立。

D. 丁的猜测不成立。　E. 以上结论都不一定为真。

(　　　)

**16.** 牛顿力学统领科学200多年，它的结果被广泛验证和成功应用，在科学史上是最具权威性的理论。但是，20世纪初爱因斯坦的理论揭示了牛顿力学的实质性局限，超越了这个长期以来被认为是最成功的科学理论。

如果上述断定为真，以下哪项一定为真？

A. 科学发展的模式是一个成功的理论不断地被另一个理论超越。

B. 一个统领科学的成功理论不一定能持续地统领科学。

C. 任何成功的科学理论都必然被一个更为成功的理论超越。

D. 一旦一个理论被科学界广泛接受，它就能长期统领科学界。

E. 爱因斯坦理论统领科学的时间将比牛顿力学长。

(　　　)

**17.** 生产部经理：本厂生产的建筑材料虽然达到了国家现有质量标准，但严格地说，还存在某些安全隐患。目前的新技术使得我们已经能生产具有更高安全性的同类产品。因此，为了确保安全，应该停止生产旧产品，只生产和销售新产品。

销售部经理：我不完全同意你的意见。要推广新技术、批量生产新产品，需要大量资金。如果停止销售已有的旧产品，则无法筹集足够的流动资金。

以下哪项最为准确地概括了两人争论的焦点？

A. 安全和赢利，哪个更重要？

B. 是否应当停止生产旧产品？

C. 新产品是否具有足够的安全性？

D. 是否有足够的资金批量生产新产品？

E. 是否应当停止销售旧产品？

(　　　)

18～20题基于以下题干：

F、G、H、J、K、L、M和N 8个学生，要根据以下条件分成甲、乙两组，每组4人：F和J在同一组；G和M不在同一组；如果H在甲组，则L必须在甲组；如果N在乙组，则G必须在甲组。

**18.** 以下哪项可以组成甲组？

A. FGHJ　　B. FHLM　　C. FJKL　　D. GHLN　　E. GKMN

(　　　)

**19.** 如果F和H在同一组，以下哪项一定为真？

A. G在乙组。　　B. J在甲组。　　C. K在甲组。

D. L在乙组。　　E. M在乙组。

(　　　)

**20.** 如果L和M在乙组，则以下哪个学生可以在甲组，也可以在乙组？

A. F　　B. G　　C. H　　D. J　　E. K

(　　　)

**21.** 有钱不意味着幸福，这不仅是一句格言，而且是一个统计事实。某项针对富人的统计调查显示，有1/3的被调查者感觉自己不幸福。

为使上述论证有说服力，以下哪项必须假设？

A. 幸福的标准是当事人的自我感觉。

B. 如果该项统计针对穷人，则感觉自己幸福的被调查者一定超过2/3。

C. 有钱是各种事端、麻烦乃至悲剧的根源。

D. 在任何国家，富人都只占总人口较小的比例。

E. 富人的钱大都是合法收入。

(　　　)

**22.** 期末考试结束后，哲学系教务员对全系学生的考试成绩进行汇总，得出了关于成绩优秀、良好、及格学生的分布结果，以作为评选三好学生和奖学金的参考依据。后来又有几位因事、因病请假的学生补考。

以下哪项结论不可能被这几位学生补考所造成的结果推翻？

A. 全系有36%的学生成绩优秀，52%的学生成绩良好。

B. 全系至多有15位学生各科成绩全部优秀，至少有61位学生各科成绩良好。

C. 全系至少有15位学生成绩全部优秀，至少有9位学生的各科成绩在70分以下。

D. 全系女学生的平均成绩要高于男学生的平均成绩。

E. 全系男学生的平均成绩要高于女学生的平均成绩。

(　　　)

**23.** 参加晚会的有3人是足球爱好者，4人是亚洲人，2人是日本人，5人是商人。以上叙述涉及了所有晚会参加者，其中日本人不经商。

那么，参加晚会的人数是

A. 最多14人，最少5人。　　B. 最多14人，最少7人。

C. 最多12人，最少7人。　　D. 最多12人，最少5人。

E. 以上结论都不成立。

(　　　)

**24.** 某智能研究所目前只有3种实验机器人A、B和C。A不能识别颜色，B不能识别形状，C既不能识别颜色也不能识别形状。该研究所的大多数实验室里都要做识别颜色和识别形状的实验。

如果以上陈述为真，以下哪项陈述一定假？

A. 半数实验室里只有机器人A和B。

B. 这个智能研究所正在开发新的实验机器人。

C. 有的实验室还做其他实验。

D. 有的实验室里3种机器人都有。

E. 半数实验室里只有机器人A和C。

(　　　)

**25.** 上个月中唐公司推出了一款新型手机，它具有其他手机都不具有的某些新功能，同时操作起来极为简便。三天后，大明公司也推出一款几乎是一模一样的新型手机。两家公司都声称，这种类似是一种巧合，因为它们完全是独立设计、独立生产的。但这种类似也太玄乎了。除了外形稍有不同外，几乎找不出其他区别：一种手机增加的新功能，另一种手机也是以同样的方式增加的；一种手机改进的旧功能，另一种手机也是以同样的方式改进的；一种手机废弃的旧功能，另一种手机也废弃了。

以下哪项最可能是题干所要表达的主要意思？

A. 两种手机在功能上没有什么差别。

B. 大明公司在设计上述手机时很可能通过非正常途径抄袭中唐公司。

C. 手机的不同设计者可能在并未沟通的情况下达到同样的结果。

D. 不同类型手机的差别主要不在外形，而在功能。

E. 上述两种手机的类似不大可能是一种巧合。

(　　　)

26～27 题基于以下题干：

深层地下水中是没有致病细菌的，但是，为防止管道、水罐等可能带来的细菌污染，取自深层地下的生活用水中经常加氯作为消毒剂。某市的生活用水都取自深层地下。该市有 5 个区，其中 2 个区的地下水中加了氯，另外 3 个区未加。检测结果显示，该市的生活用水都符合国家规定的卫生标准，并且放了氯的 2 个区生活用水中的细菌单位含量，反而高于其他 3 个区。

**26.** 如果上述断定为真，以下哪项一定为真？

A. 生活用水中含有的细菌，并不一定都致病。

B. 国家规定的卫生标准，允许生活用水中含有细菌。

C. 除了管道和水罐外，在地下水提取和保存的过程中，一定还存在其他细菌污染渠道。

D. 上述 2 个区的生活用水总量大于其他 3 个区。

E. 氯和其他消毒剂相比，效果是最差的。

(　　　　)

**27.** 以下哪项如果为真，最有助于解释，和未放氯相比，放了氯的生活用水中细菌单位含量反而较高？

A. 有些专家认为，氯是一种对人体有害的消毒剂，即使饮用水中只有很小的含量，也会危及人的健康。

B. 生活用水中一部分是饮用水，另一部分是非饮用水。上述未加氯的生活用水中饮用水的比例高于加氯的生活用水。

C. 上述 3 个区生活用水中未加氯，是因为该区居民强烈反对在生活用水中加氯，理由是他们不能接受加氯的生活用水，特别是饮用水中的特殊气味。

D. 国家规定的生活用水卫生标准有不同的等级，达不到最低标准的地下水不能用作生活用水，达到标准的生活用水，其中细菌单位含量不尽相同。

E. 市政府对输送和储存地下水的管道与水罐有不同的质量标准，达不到最低标准，即使加氯也不能用作生活用水，达到最高标准才允许不加氯。

(　　　　)

**28.** 航空公司承诺：如果航班晚点 24 小时以上，乘客可以全额退票并得到原票价 20%的补偿，或者安排三星级以上的宾馆休息。

以下哪项如果为真，说明航空公司的承诺没有兑现？

Ⅰ. 李女士搭乘的航班晚点不到 24 小时，但航空公司应本人的要求，同意办理全额退票，并按原票价的 20%给以补偿。

Ⅱ. 张先生搭乘的航班晚点超过 24 小时，航空公司同意安排三星级以上的宾馆休息，条件是不办理退票。

Ⅲ. 王小姐搭乘的航班晚点超过 24 小时，航空公司不同意安排三星级以上的宾馆休息，虽然同意办理退票，但不同意再给补偿。

A. 只有Ⅰ和Ⅱ。　B. 只有Ⅱ和Ⅲ。　C. 只有Ⅰ和Ⅲ。

D. 只有Ⅲ。　E. Ⅰ、Ⅱ和Ⅲ。

(　　)

**29.** 内森庄园下周一至周五的大门值夜班任务，由保安一组担任。保安一组有五位成员 F、G、H、I 和 J。以下条件必须满足：每天有且只有一位保安值班；每位保安值班的天数不能超过两天；没有保安连续两天值班；F 的值班日不会晚于 J；如果 H 值班，则次日一定是 G 值班。

如果 F 值班两天，J 在周四值班，以下哪项可能为真？

A. F 周二值班。　B. G 周二值班。　C. H 周二值班。

D. G 周三值班。　E. H 周三值班。

(　　)

**30.** 一位海关检查员认为，他在特殊工作经历中培养了一种特殊的技能，即能够准确地判定一个人是否在欺骗他。他的根据是，在海关通道执行公务时，短短的几句对话就能使他确定对方是否可疑，而在他认为可疑的人身上，无一例外地都查出了违禁物品。

以下哪项如果为真，能削弱上述海关检查员的论证？

Ⅰ. 在他认为不可疑而未经检查的入关人员中，有人无意地携带了违禁物品。

Ⅱ. 在他认为不可疑而未经检查的入关人员中，有人有意地携带了违禁物品。

Ⅲ. 在他认为可疑并查出违禁物品的入关人员中，有人无意地携带了的违禁物品。

A. 只有Ⅰ和Ⅲ。　B. 只有Ⅰ和Ⅱ。

C. 只有Ⅱ和Ⅲ。　D. Ⅰ、Ⅱ和Ⅲ。

E. Ⅰ、Ⅱ和Ⅲ都不能削弱。

(　　)

【答案】

| | | | |
|---|---|---|---|
| 1～5 | DCCBB | 6～10 | DCAAC |
| 11～15 | EDDEA | 16～20 | BEDCE |
| 21～25 | ACCEE | 26～30 | BEDBC |

# 考前模拟自测

**1.** 哲学家叔本华说，如果一个人的所有欲望都得不到满足，会觉得极端痛苦；如果一个人的所有欲望都得到满足，会觉得极端无聊。

如果叔本华的上述断定为真，则以下哪项一定为真？

A. 如果一个人没觉得极端痛苦，则一定觉得极端无聊。

B. 一个人如果没有任何欲望，就既不会极端痛苦，也不会无极端无聊。

C. 如果一个人的有些欲望得到了满足，就不会觉得极端痛苦。

D. 如果一个人没觉得极端无聊，则一定有些欲望没得到满足。

E. 一个人不可能既极端痛苦，又极端无聊。

(　　　　)

**2.** 某高速公路上发生了一起两辆汽车追尾事故。事故调查正确地确认，该起事故的原因，是前面的涉事汽车并线时未打转向灯，或是后面的涉事汽车超速行驶。在这两种情况下，驾驶员都对事故负有责任。进一步的证据证明，前面的涉事汽车并线时未打转向灯。因此，后面的涉事汽车对此次事故不负责任。

为对上述论证作出评价，回答以下哪个问题最为重要？

A. 是否存在第三方应对此次事故负责？

B. 前面的涉事汽车的驾驶员是否意识到自己在并线时未打转向灯？

C. 后面的涉事汽车是否超速行驶？

D. 此次事故造成的损坏，哪辆汽车较为严重？

E. 如果前面的涉事汽车打了转向灯，后面涉事汽车的驾驶员是否能看见？

(　　　　)

**3.** 如果一个行为，既达到了行为者的目的，又对另外某个或某些人有利，那么，这个行为就是善的。

以下哪项，最符合上述断定？

A. 张先生在受讯问时撒谎，目的是保护他的朋友。结果他的谎言被揭穿，他和他的朋友都受到了惩罚。尽管如此，由于他是出于朋友义气，并不是为了自己，因此，他的行为是善的。

B. 李女士备了一桌丰盛的酒菜招待她的新同事，结果发现她的新同事严守吃素。尽管这位新同事对主人的善意真诚致谢，但李女士的此举实际上不是善的。

C. 王科长加班加点地工作，目的是本年度能得到提升。他的加班费使得妻子和女儿得以出国旅游了一次，但遗憾的是，本年度他并未得到提升。尽管如此，他的行为还是善的。

D. 赵小姐为了带违禁物品过关，或者借此陷害刘小姐，在过安检时偷偷地将此物品塞进刘的挎包里，结果被监控发现，受到惩罚的不是别人而是她自己。她的这一行为自然不是善的。

E. 郑女士在对其丈夫停止治疗的文书上签了字。她的目的是减少丈夫无谓的痛苦，保持临终尊严。后来事实证明，如果她丈夫继续无意义的治疗，将会延长无谓的痛苦，失去临终尊严。尽管郑的行为受到子女的反对，但她的行为是一个善举。

(　　　)

**4.** 如果两个项目的投资成本基本相同，你在其中投资并且只投资一个，那么，你的正确投资选择是其中那个对环境污染较少的项目。

以下哪项投资最不符合上述原则？

A. 1号项目和2号项目都属于高投资项目，但后者与前者比对环境污染较少。孙总选择只投资1号项目。

B. 1号项目和2号项目投资成本基本相同，但前者比后者的产出预期高，后者与前者比对环境污染较少。李总两个项目都选择。

C. 1号项目比2号项目的投资成本高，但对环境污染较少。王总选择只投资1号项目。

D. 1号项目和2号项目投资成本基本相同，后者与前者比对环境污染较少。赵总两个项目都未选择。

E. 1号项目和2号项目投资成本基本相同，但前者比后者的产出预期高，后者与前者比对环境污染较少。张总选择只投资1号项目。

(　　　)

**5.** 脂肪是人体需要的一种营养素。但是，一种食物中的脂肪含量如果超标，则脂肪含量越高，越不利于健康。牛肉的脂肪含量低于猪肉，因此，和吃猪肉比起来，吃牛肉较有利于健康。

以下哪项如果为真，最能有力地削弱上述论证？

A. 有些高档超市，上架的肉类食品，包括牛肉和猪肉，都经过严格处理，其脂肪含量都达标。

B. 一般地说，和牛肉相比，猪肉含有更多的易被人体吸收的营养素。

C. 有些人不吃猪肉，但很少有人不吃牛肉。

D. 不同品种牛肉的脂肪含量不尽相同，人体对脂肪的吸收能力也不尽相同。

E. 牛肉的价格高于猪肉。

(　　)

**6.** 广告：一个工具有 10 个功能，你用得很顺手，但如果你需要 11 个功能，这个工具就不够使了。本公司推出的 QV 型新款手机，所具有的不同功能的数量，超出目前市面上任何一款手机。因此，在手机成为日常生活中不可或缺的工具的当今，QV 是你明智的选择。

以下哪项如果为真，最能削弱上述论证？

A. QV 型手机所具有的与日常使用密切相关的功能的数量，比市面上有些手机少。

B. 和其他手机相比，QV 型手机的价格较高。

C. 同一手机功能，例如照相，在具有这一功能的不同型号手机中，可能有不同的配置，例如有的像素较高，有的则较低。

D. QV 型手机能提供较为完备和优质的售后服务。

E. QV 型手机独有的功能，有的操作起来比较复杂。

(　　)

**7.** 关于某班期末考试的结果，甲、乙、丙、丁和戊 5 位任课老师有如下预测：

甲：张扬和陈默两位至多一个及格。

乙：张扬和陈默都能及格。

丙：刘平能及格。

丁：全班没人不及格。

戊：全班不都及格。

考试结果显示，上述预测，只有两个成立。

如果上述断定为真，以下哪项一定为真？

A. 丁和乙的预测成立，刘平及格了。

B. 甲和戊的预测成立，张扬和陈默都不及格。

C. 戊的预测成立，刘平不及格。

D. 乙和戊的预测成立，张扬、陈默和刘平都及格。

E. 上述断定都不一定为真。

(　　　　)

8～9 题基于以下题干：

某超市的商品编码由五位数字组成，分别是 0、1、2、3 和 4，每个数字出现且仅出现一次。编码的第二位数字是第一位数字的 2 倍，第三位数字小于第五位数字。

**8.** 如果第三位的数字不是 0，则以下哪项一定为真？

A. 第二位数字是 2。
B. 第三位数字是 3。
C. 第四位数字是 0。
D. 第五位数字是 3。
E. 第五位数字是 1。

(　　　　)

**9.** 对于任何一个满足上述条件的编码，以下哪项一定为真？

A. 1 在 2 之前。
B. 1 在 3 之前。
C. 2 在 3 之前。
D. 3 在 0 之前。
E. 4 在 3 之前。

(　　　　)

**10.** 李总经理未陈述理由提出辞呈，其实际理由是业绩欠佳，或者是另有他就，或者是精力不济。董事会不会批准一个总经理的辞呈，除非其实际理由不止一个。李总经理的辞呈最终被董事会批准。

如果上述断定为真，以下哪项一定为真？

A. 如果李总经理提出辞呈的实际理由是精力不济，则不可能是另有他就。
B. 如果李总经理提出辞呈的实际理由是另有他就，则不可能是业绩欠佳。
C. 如果精力不济不是李总经理提出辞呈的实际理由，则其实际理由要么是业绩欠佳，要么是另有他就。
D. 如果李总经理提出辞呈的实际理由是业绩欠佳，则另有他就或者精力不济也是他的实际理由。
E. 如果李总经理提出辞呈的实际理由是业绩欠佳，则另有他就和精力不济不会都是他的实际理由。

(　　　　)

**11.** 目前果蔬榨汁机畅销。一台榨汁机的售价要千余元人民币，甚至更高。榨汁机的工作原理是粉碎果蔬并分离出其中的汁液以供饮用，据说常喝能减肥，有助消化，甚至还能防癌。榨汁机的保健作用就这样被夸大了。事实上，果蔬经过粉碎由固态变为液态，只会减少而不会增加所包含的营养素。因此，省点钱吧。如果你想喝胡萝卜汁，就吃胡萝卜吧。

以下哪项如果为真，最能削弱上述论证？

A. 相比固态的水果，许多消费者更喜欢喝果汁。

B. 摄入固态果蔬中的纤维素有利于人的健康。

C. 相比固态果蔬，果蔬汁中的营养素更易被人体吸收。

D. 果蔬在被粉碎榨汁过程中流失的营养素微乎其微。

E. 一款价格低廉、性能良好的果蔬榨汁机即将上市。

(　　　　)

**12.** 大张向儿子承诺：如果自己周末不加班，则带他去迪士尼乐园。实际情况是：除非大张能在周内完成年度报表，否则他周末要加班。

如果上述断定为真，则出现以下哪种情况，能说明大张未兑现他对儿子的承诺？

Ⅰ. 大张周末不加班，但未带儿子去迪士尼乐园。

Ⅱ. 大张在周内完成了年度报表，但未带儿子去迪士尼乐园。

Ⅲ. 大张在周内未完成年度报表，但带儿子去了迪士尼乐园。

A. 只有Ⅰ。　　　　B. 只有Ⅱ。

C. 只有Ⅲ。　　　　D. 只有Ⅰ和Ⅱ。

E. Ⅰ、Ⅱ和Ⅲ。

(　　　　)

**13.** 整治腐败，大快人心，但对于扭转官场风气，恐怕没多大意义。好官，即使不反腐，也不会腐；贪官，你再反腐，他也照腐不误，你只能惩治，不能根除，此所谓道高一尺，魔高一丈。

以上论证中存在的漏洞，也出现在以下各项中，除了

A. 考完试，再去担心考试成绩，就毫无意义。你的考试成绩，不会因为你担心，就变得高一些；也不会因为你不担心，就变得低一些。

B. 相关条例规定，室内公共场所禁止吸烟。这一禁令没有意义。有的烟民，没有这一禁令，也不会在公共场合吸烟；有的烟民，即使有这一禁令，也照吸不误。

C. 在城市中整治随地吐痰现象，其实没有意义。有的人，不整治，也不会随地吐痰；有的人，你再整治，也改变不了他的此种陋习。

D. 现在盛行的各种养生术，其实没多大意义。有的人，高寿但从不刻意养生，丘吉

尔不运动，吃肥肉，活了 91 岁；有的人，再讲究养生，也难以维持健康。

E. 交通法规定，禁止行人过马路闯红灯。这一法规毫无意义。有的人，即使没有这一法规，也不会闯红灯；有的人，明知有这一法规，也照样闯红灯。

（　　）

**14.** 统计数据显示，当今人类的寿命和各个年龄段的健康水平比以往任何年代都高。但同时，当代人中不当饮食、缺乏体力支出等因素导致的肥胖者的比例，比以往任何年代都高。这说明，健康饮食、体育锻炼和控制体重等当今保健要领，对于延长寿命和提高健康水平，其实并不是必要的。

以下哪项如果为真，最能削弱上述论证？

A. 当代人如果能降低肥胖者的比例，平均预期寿命能更长。

B. 以往年代人类如果适当提高肥胖者的比例，有可能提高平均寿命。

C. 以往年代肥胖者比例低的主要原因是大多数人的食物缺少足够的热量。

D. 当今人口总量远远超过以往任何年代。

E. 无论哪个年代，不同国度人口的寿命和健康水平都存在差异。

（　　）

**15.** 统计数据显示，在学龄儿童中，肥胖与看电视的时间有确定的关系。因此，随着电视少儿频道开播动画片专题，令人担忧的学龄儿童肥胖的现象将加重。

上述论证需要假设以下哪项？

A. 动画片比少儿频道中其他内容更能吸引学龄儿童。

B. 学龄儿童的肥胖和遗传没有关系。

C. 动画片的开播将使学龄儿童花更多的时间看电视。

D. 久坐不动是学龄儿童肥胖的重要原因之一。

E. 每个学龄儿童都有看电视的条件。

（　　）

**16.** 野外群居的长尾猴会遇到地面野兽，也会遇到空中猛禽的袭击。当发现地面野兽时，它们会发出一种声音互相警告；当发现空中猛禽时，它们会发出另一种明显不同的声音互相警告。

以下哪项如果为真，最有助于解释上述现象？

A. 长尾猴躲避地面野兽的方式是攀爬到树顶，躲避空中猛禽的方式是潜藏在树丛。

B. 长尾猴较多受到地面野兽的袭击，较少受到空中猛禽的袭击。

C. 当发现地面野兽时，长尾猴的目光是平视的；当发现空中猛禽时，长尾猴的目光是仰视的。

D. 没有动物既能从空中又能从地面袭击长尾猴。

E. 有的地面野兽是长尾猴的天敌，只捕食长尾猴；空中猛禽既捕食长尾猴，也捕食其他动物。

(　　　　)

**17.** 逻辑老师对小张说：如果爱好数学，你就能迷上逻辑。

数学老师对小张说：只有爱好数学，你才能迷上逻辑。

小张说：我爱好数学，但没有迷上逻辑。

如果逻辑老师、数学老师、小张三人只有一人的陈述为真，则可推出哪项结论？

A. 逻辑老师的断定为真，但小张并不爱好数学。

B. 逻辑老师的断定为真，但小张并未迷上逻辑。

C. 数学老师的断定为真，但小张并不爱好数学。

D. 数学老师的断定为真，但小张并未迷上逻辑。

E. 小张爱好数学，又迷上逻辑。

(　　　　)

**18.** 李老师给数学兴趣小组的同学出了一套数学趣味试题，他说，这些试题不都有解。

如果李老师的这一断定为真，则有关这套试题的以下断定，哪项能确定真假？

Ⅰ. 所有试题都有解。

Ⅱ. 所有试题都没有解。

Ⅲ. 有的试题有解。

Ⅳ. 有的试题没有解。

A. 只有Ⅰ。　　　　B. 只有Ⅱ和Ⅳ。

C. 只有Ⅰ和Ⅳ。　　　　D. 只有Ⅱ和Ⅲ。

E. Ⅰ、Ⅱ、Ⅲ和Ⅳ。

(　　　　)

**19.** 某学校为赈灾募捐，广大教师踊跃参加。结果显示，参加者平均捐款 90 元。其中，男教师平均捐款 130 元，女教师平均捐款 70 元。

如果以上陈述为真，则以下哪项一定为真？

A. 在捐款者中，捐款额最高的是一位男教师。

B. 在捐款者中，男教师和女教师一样多。

C. 在捐款者中，女教师比男教师多。

D. 在捐款者中，男教师比女教师多。

E. 在捐款者中，男教师的平均工资比女教师高。

(　　　)

**20.** 如果无能力晋升，当然不谋求晋升。如果有能力晋升，但无能力胜任，也绝不谋求晋升。

如果以下五人都认同以上断定，则哪种情况不可能出现？

A. 甲知道自己有能力晋升，但不谋求晋升。

B. 乙知道自己有能力胜任，但不谋求晋升。

C. 丁谋求晋升，但对自己是否有能力晋升缺乏把握。

D. 丙谋求晋升，尽管知道自己无能力胜任。

E. 戊知道自己既有能力晋升，又有能力胜任，但不谋求晋升。

(　　　)

**21.** 为了节省能源，H国政府2003年把高速公路最高限速由原来的每小时180千米降低为每小时130千米。降低时速后的第一年，高速公路交通事故死亡率下降了15%，创下最低历史纪录。此后的近十年中，每年都有下降。H国政府的此项措施，拯救了很多人的生命。

以下哪项如果为真，最能加强上述论证？

A. 2003年以来，在H国高速公路上行驶的机动车的数量逐年上升。

B. 2003年以来，在H国高速公路上因交通事故死亡的人数逐年下降。

C. 允许摩托车通行的高速公路交通事故死亡率高于禁止摩托车通行的高速公路。摩托车的时速平均为150千米。

D. 和H国毗邻的K国高速公路的最高限定时速一直为180千米，近十年来高速公路交通事故死亡率逐年下降。

E. 2003年以来，H国的高速公路的里程数增长了近10倍。

(　　　)

**22.** 几乎没有动物能受得住撒哈拉沙漠中午的高温，只有一种动物例外，那就是银蚁。银蚁选择这个时段离开巢穴，在烈日下寻找食物，通常是被晒死动物的尸体。当然，银蚁也必须非常小心，弄得不好，自己也会成为高温下的牺牲品。

以下哪项最无助于解释银蚁为什么要选择中午时段觅食？

A. 银蚁靠辨别自身分泌的信息素返回巢穴，这种信息素即使在烈日下也不会挥发。

B. 随着下午气温的下降，剩下的动物尸体很快会被其他觅食动物搬走。

C. 银蚁的天敌食蚁兽在中午的烈日下不会出现。

D. 中午银蚁巢穴中的气温比地表更高。

E. 银蚁辨别外界信息的能力在中午最为灵敏。

(　　　　)

**23.** 刘翔在此次奥运会上脚部受伤，被迫退出比赛。奥运会比赛中运动员受伤并不鲜见，这给人一个印象：由于其极强的竞争性，奥运比赛更容易造成运动员受伤。其实这种印象是不正确的。两周中奥运会上发生的运动员的受伤事故，和同一个时间段发生在世界各地的运动员受伤乃至致残事故比起来，在数量上微乎其微。

以下哪项如果为真，最能削弱上述论证？

A. 刘翔在此次奥运会上的受伤，是旧伤复发。

B. 奥运会中运动员受伤，近几届呈逐渐严重的趋势。

C. 运动员中只有极小一部分参加奥运会比赛。

D. 奥运会比赛是向运动员的极限挑战，相比平时训练，较易导致运动员受伤。

E. 奥运会的安全措施，包括对运动员的保护措施比平时更为严格。

(　　　　)

**24.** 北美的雪松有的长在悬崖上，有的长在森林里。长在悬崖上的雪松几乎无从吸取养料，不如林中雪松的十分之一高。但是，林中雪松的年头很少超过 400 年，而很多悬崖上雪松的年头已超过 500 年。

以下哪项如果为真，最有助于解释上述两种雪松年头上的差别？

A. 雪松具有顽强的生命力，否则不能在悬崖上生长。

B. 因气候干燥，北美经常发生森林火灾，而火灾不会殃及悬崖上的雪松。

C. 悬崖上雪松的生存条件和大多数不长树木的地方的生存条件类似。

D. 和高大的树木相比，较矮的树木在生长过程中消耗的养分较少。

E. 雪松的年龄可以依据它们的年轮准确地判定。

(　　　　)

**25.** 梅山公司经营十年来，有大量客户欠账要不回来。针对这些欠账，公司出台了一项规定，任何人只要讨回一笔上述欠账，只须上缴其中 20%，其余归自己。

如果上述规定得到严格执行，能推出以下哪项结论？

A. 梅山公司至少能收回20%的客户欠账。

B. 梅山公司客户欠账的现象将得到扭转。

C. 梅山公司这十年中的债务人可以最多只归还20%的欠账。

D. 由于资金不能正常周转，梅山公司的经营将不能维持。

E. 梅山公司也欠了其他公司的账。

（　　）

**26.** 人的体温在一天的不同时段是变化的，最低点是在早晨4点至5点之间。统计显示，人的体温和反应速度一致，在自然状态下，人的体温低，反应就慢。如果反应慢是由体温低引起的话，那么，在早晨4点至5点之间人为地提高人的体温就能使其反应变快，但这样的结果并没有出现。

如果上述断定为真，以下哪项一定为真？

Ⅰ. 反应慢是体温低的原因。

Ⅱ. 反应慢不是体温低的原因。

Ⅲ. 体温低是反应慢的原因。

Ⅳ. 体温低不是反应慢的原因。

A. 只有Ⅰ和Ⅳ。　　B. 只有Ⅱ和Ⅲ。

C. 只有Ⅲ。　　D. 只有Ⅳ。

E. Ⅰ、Ⅱ、Ⅲ和Ⅳ都不一定为真。

（　　）

**27.** 一家女性饰品店一直在一家普通杂志上为自己的商品做广告。去年，为了更有针对性，这家商店改为在一家以女性读者为对象的杂志上做同样的广告。结果，这一年的销售额比前几年明显下降。

以下哪项如果为真，最有助于解释上述现象？

A. 许多女性饰品是男人赠送妻子、情人或其他女性朋友的礼品。

B. 受金融危机的影响，从去年年底开始，奢侈品特别是昂贵女性饰品的销量直线下降。

C. 上述女性饰品店在业内小有名气。

D. 上述女性饰品店主要销售国外产品。

E. 和普通杂志比起来，以女性为对象的杂志虽然只占较小的比例，但销量较大。

（　　）

28～30题基于以下题干：

六个城市的位置如图16－1所示：

| | |
|---|---|
| 城市 1 | 城市 2 |
| 城市 3 | 城市 4 |
| 城市 5 | 城市 6 |

**图 16-1**

在这 6 个城市所覆盖的区域中，有 4 所医院、2 座监狱和 2 所大学。这 8 个单位的位置如下：

（1）没有一个单位跨不同的城市。

（2）没有一个城市有 2 座监狱，也没有一个城市有 2 所大学。

（3）没有一个城市中既有监狱又有大学。

（4）每座监狱位于至少有 1 所医院的城市。

（5）有大学的 2 个城市没有共同的边界。

（6）城市 3 有 1 所大学，城市 6 有 1 座监狱。

**28.** 以下哪项可能为真？

A. 城市 5 有 1 所大学。

B. 城市 6 有 1 所大学。

C. 城市 2 有 1 座监狱。

D. 城市 3 有 2 所医院。

E. 城市 6 没有医院。

（　　）

**29.** 如果每个城市都至少拥有上述 8 个单位中的一个单位，则以下哪项一定为真？

A. 城市 1 有 1 座监狱。

B. 城市 2 有 1 所医院。

C. 城市 3 有 1 所医院。

D. 城市 4 有 1 所医院。

E. 城市 5 有 1 座监狱。

（　　）

**30.** 以下哪个城市中的医院一定少于 3 所？

A. 1。　B. 2。　C. 4。　D. 5。　E. 6。

（　　）

【答案】

| | | | |
|---|---|---|---|
| 1～5 | DCEEB | 6～10 | ACCCD |
| 11～15 | CAAAC | 16～20 | AACCD |
| 21～25 | CACBC | 26～30 | DADDB |

# 解析篇

**说明**

在以下解析中，符号“¬”“∧”“∨”“→”分别表示“非”“且”“或”“则”。

相关要点如下。

“A→B”表示：A 是 B 的充分条件，B 是 A 的必要条件。其推理规则是：由肯定前件，可以肯定后件；由否定后件，可以否定前件；由否定前件，不能确定后件；由肯定后件，不能确定前件。

“A→B”和“A∧¬B”互相矛盾。“A→B”只有在 A 真且 B 假的情况下假，在其余情况下都不假。

$$\neg(A \wedge B) = \neg A \vee \neg B$$

$$\neg(A \vee B) = \neg A \wedge \neg B$$

# 第一套

1.【答案】E

【解析】题干概括：

排名公正→(标准统一∧数据准确∧足够资质)

GH 排名：大多数公正；有些不公正

答案是 E，因为具备足够的资质是对每一次排名而言的。因此，只要有一次排名公正，就说明具备足够的资质。

2.【答案】C

【解析】题干概括：

结论：企业中层干部职业培训中，不宜开设“批判性思维”课程。

论据：

(1) 一项对中小学“批判性思维”课程的教学效果的调研显示，这门课程对于提高学生的逻辑思维的严谨性有明显效果，但不利于培养学生的创造性思维能力，特别是创造性想象力。

(2) 企业管理者更需要提高创造性思维能力，包括创造性想象力。

题干的论据是“批判性思维”课程在中小学教育中的教学效果，结论是干部职业培训不宜开设“批判性思维”课程。这一论证需要假设，职业培训和中小学教育的教学效果具有高度的类似性，否则没有说服力。C 项如果为真，说明这一假设成立，能有力地加强题干的论证。

A 项也能加强题干，但力度不如 C 项，因为 C 项直接关系到题干的论证是否成立。

B 项削弱题干，D 项和 E 项与题干的论证不相干。

3.【答案】C

【解析】题干概括：

前提 (1)：

正确回答时代和实践提出的重大问题→（马克思主义基本原理同中国具体实际

相结合∧马克思主义基本原理同中华优秀传统文化相结合∧坚持运用辩证唯物主义和历史唯物主义)

前提(2):

保持马克思主义的蓬勃生机和旺盛活力→(马克思主义基本原理同中国具体实际相结合∧马克思主义基本原理同中华优秀传统文化相结合∧坚持运用辩证唯物主义和历史唯物主义)

A 项能推出。依据前提(1),肯定前件可以肯定后件。

B 项能推出。B 项断定:如果不坚持运用辩证唯物主义和历史唯物主义,就不能保持马克思主义的蓬勃生机和旺盛活力。依据前提(2),否定后件可否定前件。

C 项不能推出。由肯定 C 项的前件,依据前提(2),可能肯定前提(2)的合件,即肯定前提(1)的后件,但由肯定前提(1)的后件,不能肯定前提(1)的前件。

D 项能推出。依据前提(1),肯定前件可以肯定后件。

E 项能推出。依据前提(2),肯定前件可以肯定后件。

**4.【答案】** C

**【解析】** 离婚率是离婚家庭的数量在家庭总数量中所占的比例。题干的论据是近十年来我国大城市离异家庭的数量逐年上升,结论是同期我国大城市的离婚率逐年上升。这一论证的说服力,取决于同期家庭数量的变化。如果家庭数量基本不变或减少,则加强题干的论证,减少量越大,加强力度越大。反之,则削弱题干的论证。因此,答案是 C。

本题考点:绝对数和百分比。

**5.【答案】** D

**【解析】** 题干概括:

1→2→3→4

5→3

本题的解题方法是反推。假设某个选项为假,如果能推出矛盾,则该选项一定为真。

假设 D 项为假,即该验证码中没有 4,可推出没有 1、2、3。因此,验证码由 5、6、7、8、9、0 组成。有 5,可推出有 3,矛盾!因此,D 项一定为真。假设其余选项为假,不能推出矛盾。

**6.【答案】** B

**【解析】** 如果 B 项不成立,则不能排除这种情况,即在生产能力低下的年代,农民家庭也有余粮，孕妇可以得到充足的食物，这样题干的论证就难以成立。因此，相比其余选项，B 项最可能是题干论证的假设。

7.【答案】A

【解析】A 项如果为真，说明两组实验的区别不仅在于食物是否为转基因，而且在于是否为常规食物。这有利于说明，实验室老鼠出现肠道变形和免疫功能减退可能另有他因，即并非因为食用转基因食品，而是因为食用非常规食物造成的不良反应。

其余选项均不能削弱题干的论证。其中 C 项和 D 项加强题干的论证。

8.【答案】D

【解析】A 项刘不可接受。

B 项赵不可接受。

C 项刘不可接受。

D 项赵和刘都可接受。

E 项刘不可接受。

9.【答案】E

【解析】题干的推理的漏洞在于，第二个前提否定了第一个前提的后件，结论看似但实际上并不否定第一个前提的前件。

题干的这一漏洞，也类似地出现在 E 项中。C 项看似和题干的推理形式类似，但并未出现题干的漏洞。

10.【答案】A

【解析】题干概括：这样做不是为了那个人好→不能故意曲解别人的意思。

违反题干的上述断定，必须同时满足：第一，这样做不是为了那个人好；第二，故意曲解别人的意思。

A 项同时满足这两个条件。B 项未曲解。C 项曲解但非故意。D 项是为人好。E 项是为人好，且未曲解。

11.【答案】A

【解析】题干断定，维生素的摄入超出所建议的标准有损于健康；题干又断定，许多维生素营养食品的消费者摄入的维生素，经常 2 倍、3 倍地超出厂家所建议的标准。由此可推出：有些维生素营养食品的消费者有时所摄入的维生素有损于他们的健康。即 A 项能从题干推出。

题干支持但推不出 B 项，因为题干能推出“有些消费者摄入的维生素过量”，但不能推出“有些消费者食用的维生素营养食品过量”，因为题干断定的维生素营养食品的消费者很可能不是通过食用维生素营养食品，而是通过其他方式——例如服用维生素片剂——摄入过量的维生素。

题干能推出“许多维生素营养食品的消费者不了解每天摄入的维生素必须限量”，但由此推不出“很少有维生素营养食品的消费者了解每天摄入的维生素必须限量”，例如，由“许多人不遵守交通规则”，推不出“很少有人遵守交通规则”。即 C 项推不出。

题干同样支持但推不出 D 项。

题干不支持 E 项。

**12.【答案】** E

**【解析】** 题干概括：

论据（1）：和中小城市相比，大城市居民的出行更多地依赖完备的地铁和其他公交设施。

论据（2）：和农村相比，中小城市居民的生活设施，如取暖、做饭等方面的设施更为节能和有利于减少排污。

论据（3）：有更多的人生活在城市特别是大城市比生活在农村更有利于减少污染。

结论：中国的快速城市化很可能实际上会减轻整个国家的污染。

题干的论证结构是，论据（1）和论据（2）支持论据（3）。论据（3）是主论据，用以支持主结论“中国的快速城市化很可能实际上会减轻整个国家的污染”。因此，答案是 E。

**13.【答案】** C

**【解析】** A 项双方无分歧。张教授对 B 项没有观点。D 项，张教授对“视力”无观点。C 项和 E 项双方都有观点，且观点对立，但 C 项作为争论焦点更为恰当，因为如果 E 项是争论焦点，李研究员就没有必要讲最后一句话。

**14.【答案】** B

**【解析】** B 项如果为真，则有利于说明，题干所陈述的测试结果，其原因很可能不是理科学生的知识面一般来说比文科学生宽，而是“文科基础知识概论”是该校理科院系学生必修的公共课。因此，B 项有力地削弱了题干的论证。

C 项也削弱题干的论证，但力度不如 B 项。A 项和 D 项加强题干。E 项不相干。

**15.【答案】** A

**【解析】** 题干概括：

被屏蔽→(违反条例 ∨ 涉及敏感问题)

涉及敏感问题→不利于稳定

违反条例→不利于稳定

由此可推出：被屏蔽→不利于稳定

由此可推出：有利于稳定→不被屏蔽

**16.【答案】** D

**【解析】** 假设完全杜绝对医疗资源的不当占用，则由题干可推出：不推行全民性定期体检。由不推行全民性定期体检，可推出：有些患者所患的疾病不能得到及时发现和医治。因此，如果完全杜绝对医疗资源的不当占用，则必然导致有些患者所患的疾病不能得到及时发现和医治。即D项可由题干推出。题干对A项和B项都有所支持，同时有所不支持。题干支持但推不出C项。题干不支持E项。

**17.【答案】** D

**【解析】** 题干概括：

论据：(1) 在网络上发布明知虚假的信息＝网络造假

(2) 网络造假→不道德

(3) 张某在网上发布虚假信息但并不知情

结论：张某不违反道德。

题干的漏洞在于，题干的论据只能推出张某不算网络造假，由此推不出不违反道德。题干断定的是“如果网络造假，则不道德”，而不是“只有网络造假，才不道德”。D项恰当地指出了这一点。

**18.【答案】** C

**【解析】** 题干概括：

五选三。

(1) 甲一辩→丙落选

(2) 乙二辩→丁落选

(3) 甲当选→甲一辩

(4) 乙当选→乙二辩

(5) 戊当选→戊三辩

推导：

由条件(1)和(3)，得：甲当选→丙落选。由条件(2)和(4)，得：乙当选→丁落选。由此得：戊当选。由条件(5)，得：戊担任三辩。

**19.【答案】** B

**【解析】** 题干概括如表17-1：

表 17-1

| | 上海 | 武汉 | 合肥 | 南京 | 重庆 | 大连 | 济南 |
|---|---|---|---|---|---|---|---|
| 张 | | × | | | | | |
| 王 | | × | | | ×① | | |
| 李 | | × | | | | | |
| 赵 | | √ | | | ×① | | |

每个城市去一名专家，每名专家至少视察一个城市。赵视察武汉。

上海→大连

合肥→ ¬南京

济南→ ¬南京

重庆＝1

王＞李

推导：

① 由“重庆＝1”和“王＞李”得出。

以上是题干的条件及其推论。

本题条件是“重庆＝1”。王至少视察 2 个城市。假设王不视察大连，则不视察上海。又由条件，王不视察武汉、重庆、济南，则王必须视察合肥和南京，违反条件。因此，假设不成立，B 项一定为真。

**20.【答案】**C

**【解析】**如表 17-2：

表 17-2

| | 上海 | 武汉 | 合肥 | 南京 | 重庆 | 大连 | 济南 |
|---|---|---|---|---|---|---|---|
| 张 | ×③ | × | ×③ | ×③ | √② | ×③ | ×③ |
| 王 | √⑧ | × | | √⑩ | × | √⑤ | |
| 李 | ×⑦ | × | √⑪ | ×⑨ | ×① | ×⑥ | √⑪ |
| 赵 | ×④ | √ | ×④ | ×④ | × | ×④ | ×④ |

由本题条件“李＝2”，可得：王＝3，张＝1，赵＝1。

①由“李＝2”和“重庆＝1”得出。

②由①得出。

③由“张＝1”得出。

④由“赵＝1”得出。

⑤假设王不去大连，则不去上海，由“王＝3”，可得王去合肥、南京、济南，违反条件。因此，王去大连。

⑥由⑤得出。

⑦由⑥和“上海→大连”得出。

⑧由⑦得出。

⑨假设李去南京，得李不去合肥、不去济南，违反本题条件“李＝2”。因此，李不去南京。

⑩由⑨得出。

⑪综上可得。

**21.【答案】** A

**【解析】** A 项和 C 项都有助于说明“交通事故的绝对数量明显下降”另有他因，因此都能削弱题干。但 A 项还有助于说明，虽然交通事故的绝对数量降低，但“事故率”可能没有降低，这就更有力地削弱了题干的论证。

**22.【答案】** E

**【解析】** 题干的结论是，在儿童的扁桃体肿大之前就摘除它将能确保这些儿童不会出现睡眠中的呼吸障碍。假设这一结论成立，则必须假设，儿童的扁桃体肿大是儿童睡眠呼吸障碍的唯一原因。一果仅有一因，是因果关系中的特例。更常见的是，同一结果可由不同的原因导致。E 项恰当地指出了题干论证的这一漏洞。其余选项均不恰当。

**23.【答案】** A

**【解析】** 题干概括：

论据：适量饮酒有益于人体健康。

结论：饮酒只要不过量，就有益于人的健康。

上述论证是“循环论证”，即把所要证明的结论，作为证明这一结论的论据。A 项准确地指出了这一点。注意，“有些对人体有害的细菌因不能适应酒精而无法在人体内存活”是支持论据的一个陈述，不能视为支持结论的唯一论据。否则，相应的论证应陈述为“有些对人体有害的细菌因不能适应酒精而无法在人体内存活。因此，一般地说，饮酒只要不过量，就有益于人的健康”。这一陈述显然不同于题干的论证。

**24.【答案】** E

**【解析】** 调整后的总人数不变，其中女保安的比例降低，可得男保安的比例上升，得出男保安人数增加。因此可得：新招收的男保安的人数多于被裁减的男保安的人数。因此，E 项一定为真。其余选项不一定为真，其中 D 项一定为假。

**25.【答案】** C

**【解析】** 如果分量的增长幅度大于总量的增长幅度，则调整后分量占总量的比例上升。

由本题条件可得：调整后男保安所占的比例上升，即调整后女保安所占的比例降低。

**26.【答案】** D

**【解析】** 题干能推出 D 项，即如果题干为真，D 项一定为真。题干支持其余选项，但均推不出，即如果题干为真，接受其余选项为真是合理的，但不一定为真。推出显然是最有力的支持。本题的考点是："推出"和"有力地支持"二者之间的联系和区别。

**27.【答案】** D

**【解析】** 如表 17－3：

**表 17－3**

| | 张 | 王 | 李 | 赵 |
|---|---|---|---|---|
| R | ×② | ×② | √① | √① |
| S | ×③ | | | |
| T | √④ | | | |

推导：

①是本题条件。

②由条件"每件家具由两位师傅搬运"得出。

③由条件"张参与搬运 S 当且仅当王参与搬运 R"得出。

④由条件"每位师傅至少参与搬运一件家具"得出。

**28.【答案】** B

**【解析】** A 项违反条件"张和李不搬运同一件家具"。

C 项违反条件"如果李参与搬运 T，则赵参与搬运 R"。

D 项违反条件，推导见表 17－4：

**表 17－4**

| | 张 | 王 | 李 | 赵 |
|---|---|---|---|---|
| R | ×② | √① | ×② | √① |
| S | √③ | | √③ | |
| T | ×② | √① | ×② | √① |

①假设 D 项成立。

②由条件"每件家具由两位师傅搬运"得出。

③由条件"每位师傅至少参与搬运一件家具"得出，此时③违反条件"张和李不搬运同一件家具"。假设不成立。

E 项违反条件，推导见表 17－5：

**表 17－5**

| | 张 | 王 | 李 | 赵 |
|---|---|---|---|---|
| R | ×② | ×② | √① | √① |
| S | √③ | √③ | | |
| T | ×② | ×② | √① | √① |

①假设 E 项成立。

②由条件“每件家具由两位师傅搬运”得出。

③由条件“每位师傅至少参与搬运一件家具”得出，违反条件“张参与搬运 S 当且仅当王参与搬运 R”。

假设不成立。

B 项不违反题干条件，可能为真。

**29.【答案】** A

**【解析】** 题干条件的推导见表 17－6：

**表 17－6**

| | 优 | 良 | 中 | 差 |
|---|---|---|---|---|
| H | | | | ×① |
| F | | | | |
| N | ×① | | | |
| Q | | | ×② | ×② |
| R | | | | |
| S | | | | |

①由条件“ H 比 N 高一等级”，得 H 不可能是“差”，N 不可能是“优”。

②由条件“至多 1 篇论文的等级比 Q 高”，得 Q 不可能是“中”，也不可能是“差”。

题干条件的推论称为“隐条件”，是此题任一分题的条件。

以下是本题的推导，见表 17－7：

**表 17－7**

| | 优 | 良 | 中 | 差 |
|---|---|---|---|---|
| H | ×② | ×② | √① | × |
| F | ×⑦ | √⑧ | ×② | ×⑥ |
| N | × | ×④ | ×② | √③ |
| Q | √⑩ | ×⑨ | × | × |
| R | ×⑦ | √⑧ | ×② | ×⑥ |
| S | | ×⑨ | ×② | |

①是本题条件。

②由①得出。

③由条件“H 比 N 高一等级”得出。

④由③得出。

⑤的推导：由条件“H 或 R 与 F 的等级相同”和本题条件“H 是唯一被评为‘中’的论文”，得：R 与 F 等级相同。

⑥的推导：否则 F、R 和 N 均为差，违反条件“至多 2 篇论文被评为同一等级”。

⑦的推导：否则违反题干条件“至多 1 篇论文的等级比 Q 高”。

⑧由⑥、⑦得出。

⑨由⑧和条件“至多 2 篇论文被评为同一等级”得出。

⑩由⑨得出。

因此，A 项一定为真。B、C 和 D 项一定为假，E 项可能但不一定为真。

**30.**【答案】D

【解析】推导见表 17－8：

**表 17－8**

| | 优 | 良 | 中 | 差 |
|---|---|---|---|---|
| H | ×③ | | | × |
| F | ×③ | | | |
| N | × | | | |
| Q | √④ | | × | × |
| R | ×② | | | |
| S | ×② | | | |

①：由本题条件“R 和 S 被评为相同等级”和题干条件“H 或 R 与 F 的等级相同”“至多 2 篇论文被评为同一等级”，得“H 与 F 的等级相同”。

②：否则违反题干条件“至多 1 篇论文的等级比 Q 高”。

③：否则违反题干条件“至多 1 篇论文的等级比 Q 高”。

④由以上推导得出。

故本题选 D。

# 第二套

1.【答案】B

【解析】题干推理的漏洞是：由“没有希望”，可以推出“不仰望星空”。但由“不仰望星空”，推不出“跪拜太阳”。题干的结论看似是前提的“逆否式”，实际不是。B项的漏洞和题干类似，由“不缺乏自信”，可以推出“对反对意见不发怒”。但由“对反对意见不发怒”，推不出“对反对意见充满期待”。

2.【答案】E

【解析】题干能推出E项。题干不支持其余选项。

3.【答案】E

【解析】E项如果为真，说明除了题干断定的两个措施，还有其他减少机动车交通拥堵的有效措施。这有力地削弱了题干的论据。

本题的推理无误，E项削弱的是论据。

4.【答案】E

【解析】由题干可知，大多数高层客房都是观景房，E项断定，大多数高层客房都是套间，由此可得至少有一个套间是观景房。B项和D项推不出，因为可能所有的客房都没有套间。C项推不出，因为可能高层客房只占极少数。

5.【答案】D

【解析】D项如果为真，说明专业语言对于培训城管人员恰当执法的必要性和日常语言在这方面的局限性，这削弱了题干的论证。其余各项都加强题干。

6.【答案】D

【解析】题干断定：(1) 优秀影片必须有引人入胜的故事；(2)《我的母亲》没有引人入胜的故事。

由此可推出：《我的母亲》不是优秀影片。

题干又断定：《我的母亲》有高票房，并且意境高。

由此可推出：(1) 高票房的影片不一定是优秀影片；(2) 意境高的影片不一定是优秀影片。即D项可由题干推出。

其余选项均不能由题干推出。

7.【答案】D

【解析】第一位只可能是1或2。由第五位是1，得第三位是0，第一位是2。由第一位是2，得第二位是4。因此，第四位是3。

8.【答案】E

【解析】假设E项不成立，即假设2和4之间有三个数字，则2和4分别是第一位和第五位。4不可能是第一位，因此第一位是2。由第一位是2，得第二位是4，即假设不成立。因此，E一定为真。假设其余选项不成立，推不出矛盾。

9.【答案】D

【解析】题干断定，一个暮年老人喜欢追忆往事。根据题干的类比，一个暮年老人的往事，就如同一个即将结束的世纪的历史，因此，面对即将结束的世纪，人们对即将结束的世纪的历史将产生浓厚的兴趣。D项作为题干的结论恰当。其余选项或者不恰当，或者恰当性不如D项。

10.【答案】A

【解析】Fa和Fb是“句”。由Fb是“句”，得FFb是“句”。由“Fa”和“FFb”是“句”，得“HFaFFb”是“句”。

11.【答案】C

【解析】由张教授参加了本次论坛，可推出张教授“或者接种了新冠疫苗，或者持有核酸检测合格证明，或者持有论坛主席团的特别邀请函”。由张教授未接种新冠疫苗，得张教授“或者持有核酸检测合格证明，或者持有论坛主席团的特别邀请函”，即“如果张教授未做核酸检测，则他持有论坛主席团的特别邀请函”。

12.【答案】B

【解析】题干断定：如果禁止业主豢养宠物，则会损害有些业主的合法权益。由此可得：如果业主合法权益都未受到损害，则业主豢养宠物并未被禁止，即B项可由题干推出。其余选项均不能由题干推出。例如，A项不能推出，因为豢养宠物的业主比例过高和禁止业主豢养宠物不是非此即彼的关系，不选用二难推理。

13.【答案】E

【解析】题干断定：

¬(独立个性∧同事关系协调∧领导信任器重)

=¬独立个性∨¬同事关系协调∨¬领导信任器重

=领导信任器重→(¬独立个性∨¬同事关系协调)

即为E项。

其余各项均不能从题干推出。

**14.【答案】**C

**【解析】**不必然都真实＝可能有的不真实。因此，答案是C项。不必然都真实≠都不必然真实，因此，A项不是正确答案。

**15.【答案】**C

**【解析】**题干的论证存在两个漏洞：第一，忽略了基于不良动机和偏见所得出的断定不一定不成立；第二，忽略了基于虚假论据得出的结论不一定虚假。C项恰当地指出了第二点。

**16.【答案】**D

**【解析】**题干概括：

教育的目标：了解知识∧理解知识

知识→（事实∧逻辑）

理解知识→了解知识

理解知识→具备问题意识

D项不符合题干：了解知识和具备问题意识，是理解知识的必要条件，不是充分条件。“肯后不能肯前”。其余均符合题干。

**17.【答案】**A

**【解析】**题干的漏洞是，忽略了抽样调查只能得出或然性（可能性）结论，不能得出必然性结论。A项恰当地指出了这一点。B项作为答案不恰当。因为即使“我所熟悉的业主”的代表性，强于物业部门的调查对象，题干的结论也只能是可能性结论，而不能是必然性结论。

**18.【答案】**C

**【解析】**可依照表18－1中的方式推导出每个方格中的字。

**表18－1**

| | | | | |
|---|---|---|---|---|
| 橙③ | | | | |
| 绿 | | | | |
| 赤 | | 黄② | | |
| 黄③ | | | | |
| 青① | 赤 | 橙 | 黄 | 绿① |

①第五行的第一列和第五列两格只可能分别是“绿”或“青”。第一列第五行不可能是“绿”，因为第一列第二行是“绿”。因此，第五行的第一列只能是“青”，第五列只能是“绿”。

②依条件，中心格（第三行、第三列）不可能是“赤”“橙”“青”“绿”，因此是“黄”。

③第一列的第一行和第四行两格只可能分别是“黄”或“橙”。第一列第一行

不可能是“黄”，因为所在对角线上有“黄”。因此，第一列的第一行只能是“橙”，第四行只能是“黄”。

依此可推出方格中的每个字，见表 18－2（推导略）：

**表 18－2**

| | | | | |
|---|---|---|---|---|
| 橙 | 黄 | 绿 | 青 | 赤 |
| 绿 | 青 | 赤 | 橙 | 黄 |
| 赤 | 橙 | 黄 | 绿 | 青 |
| 黄 | 绿 | 青 | 赤 | 橙 |
| 青 | 赤 | 橙 | 黄 | 绿 |

**19.【答案】** D

**【解析】** 题干概括如表 18－3：

**表 18－3**

| | F | G | H | K | L | M |
|---|---|---|---|---|---|---|
| 甲 | | × | × | | | × |
| 乙 | | | | | | |
| 丙 | × | | | × | | |

乙组比丙组的人多。

G 和 M 在同一组。

由分配到甲组的人数比乙组的人数多，得甲、乙、丙组的人数依次是 3、2、1。因此，甲组是 F、K、L；乙组是 G、M；丙组是 H。

**20.【答案】** B

**【解析】** 分析如表 18－4：

**表 18－4**

| | F | G | H | K | L | M |
|---|---|---|---|---|---|---|
| 甲 | | × | × | | ×⑤ | × |
| 乙 | | √② | ×③ | | ×⑤ | √② |
| 丙 | × | ×① | √④ | × | √⑤ | ×① |

①丙不可能有 G 和 M。假设丙有 G 和 M，则其余均不是丙（丙至多 2 人），可推出乙有 H，则乙共有 2 人，违反条件“乙组比丙组的人多”。

②得：G 和 M 在乙组。

③得：H 不在乙组，否则违反本题条件“H 分配到的那个组包括他共 2 个人”。

④得：H 在丙组。

⑤得：L 在丙组（本题条件“H 分配到的那个组包括他共 2 个人”）。

因此，诸选项中，除 B 项外，其余选项均不可能为真。

**21.**【答案】C

【解析】各选项陈述的规定都是用条件断定表达的。

C项断定：校刊文艺版的记者→（校学生艺术团成员∧文艺特长生）

题干的断定肯定C项的前件，并且否定其后件。因此，如果题干为真，说明C项规定未得到实施。

对于其余选项，题干的断定均不能同时肯定其前件，并且否定其后件。

**22.**【答案】C

【解析】由条件（1），甲和丙不能都去云南，由条件（3），甲和丙不能都去东北，因此，甲和丙两人，必一人去云南，一人去东北。因此，由条件（1），得乙去东北；由条件（3），得丁去云南。

**23.**【答案】A

【解析】对于全国大学生的数量这一总量，来自农村的大学生的数量是它的一个分量。来自贫困地区农村的大学生，分别是全国大学生和来自农村的大学生的一个分量。如果分量占总量的比例不变，则分量的增长率等于总量的增长率。如果分量的增长率大于总量的增长率，则该分量在总量中的比例上升了；如果分量的增长率小于总量的增长率，则该分量在总量中的比例下降了。因此，由题干可推出：近10年来，全国大学生中，来自农村的大学生的比例下降，但来自贫困地区农村的大学生的比例上升。因此，A项可以从题干推出。其余各项不能推出。

**24.**【答案】B

【解析】如果B项不成立，就得不出相应的化学变化使心理医生的“交谈”能有效治疗抑郁症，这样，题干陈述的化学变化和抑郁症疗效这二者的关系，很可能是外在的偶然的统计相关，而不是内在的因果相关。这样，题干的论证就缺乏说服力。因此，B项是题干的论证所假设的。

**25.**【答案】B

【解析】B项如果为真，说明题干的论证倒置因果，有力地削弱了题干。其余选项均不削弱题干。

**26.**【答案】D

【解析】在诸选项概括的问题中，只有D项的问题满足：双方都有观点，并且观点对立。

A项和E项，张教授无观点；C项，李研究员无观点；B项双方观点一致。

**27.**【答案】C

【解析】题干概括见表18-5：

①由条件“N 在下午”。

②由条件“J 在 O 之前的某一天”。

**表 18－5**

| | 周三 | | 周四 | | 周五 | |
|---|---|---|---|---|---|---|
| | 上午 | 下午 | 上午 | 下午 | 上午 | 下午 |
| J | | | | | ×② | ×② |
| K | | | | | | |
| L | | | | | | |
| N | ×① | | ×① | | ×① | |
| O | ×② | ×② | | | | |
| R | | | | | | |

依据题干条件：

K 和 R 在同一天。

L 和 O 不能在同一天。

N 在下午。

J 在 O 之前的某一天。

本题分析见表 18－6：

**表 18－6**

| | 周三 | | 周四 | | 周五 | |
|---|---|---|---|---|---|---|
| | 上午 | 下午 | 上午 | 下午 | 上午 | 下午 |
| J | | | ×③ | ×③ | × | × |
| K | ×① | ×① | ×① | ×① | √① | ×① |
| L | | | ×④ | ×④ | ×① | ×② |
| N | × | ×⑧ | × | √⑦ | × | ×② |
| O | × | × | √⑤ | ×⑥ | ×① | ×② |
| R | ×① | ×① | ×① | ×① | ×① | √② |

①本题条件。

②由条件“K 和 R 在同一天”。

③因为 O 在周四，由条件“J 在 O 之前的某一天”。

④因为 O 在周四，由条件“L 和 O 不能在同一天”。

⑤由上得。

⑥由上得。

⑦由上得。

⑧由上得。

因此，答案是C。

28.【答案】E

【解析】由L不在周三，又O不在周三，得L和O分别在周四和周五，因此，K和R在周三。得J不在周三，因此，J在周四。

29.【答案】D

【解析】由题干和本题条件，T、V、乙、丙的前后关系可表示为“T…V…乙…丙”(左前右后)，由此得：T和V分别是甲和丁；乙和丙分别是W和Y。由此得：甲和丁在W和Y之前。由此得：丁小区比Y负责的小区早。

30.【答案】E

【解析】由题干和本题条件，可得：甲、乙、丙、丁分别对应于T、V、Y、W。由条件“甲…乙…丙”，得“T…V…Y”。因此，Y不可能负责第二天。

# 第三套

1.【答案】C

【解析】题干断定：大多数棕榈国际电影节获奖影片是亚洲电影；大多棕榈国际电影节获奖影片曾在雪松国际电影节上获奖。由此可得：在此次棕榈国际电影节获奖影片中，有的既是亚洲电影，又在雪松国际电影节上获奖。即可得：在雪松国际电影节上获奖的影片中，有的是亚洲电影。

2.【答案】C

【解析】题干所反驳的论证有两个论据：第一，幽门螺旋杆菌携带者中只有10%患有胃溃疡；第二，幽门螺旋杆菌能增强人体的免疫力，即对携带者有利。题干只反驳了第一个论据。C项如果为真，说明题干的论证忽略了第二个论据，这有力地削弱了题干的论证。

3.【答案】C

【解析】题干概括见表19－1：

表19－1

| | 第一天 | 第二天 | 第三天 |
|---|---|---|---|
| 甲 | | | |
| 乙 | | | |
| 丙 | | | |
| 丁 | | | ×① |
| 戊 | | | |
| 庚 | ×① | | |

(1) 每人1天，每天2人。

(2) 甲第一天值班，当且仅当乙和丙第二天值班。

(3) 丁的值班日比庚的值班日早。

①由条件（3）得出。

分析见表19－2：

表 19－2

| | 第一天 | 第二天 | 第三天 |
|---|---|---|---|
| 甲 | √① | ×① | ×① |
| 乙 | ×② | √② | ×② |
| 丙 | ×② | √② | ×② |
| 丁 | √④ | ×③ | × |
| 戊 | ×⑤ | ×③ | √⑥ |
| 庚 | × | ×③ | √④ |

①本题条件。

②由条件（2）。

③由条件（1），每天2人。

④由条件（1），每人1天。

⑤由条件（1），每天2人。

⑥由条件（1），每人1天。

4.【答案】A

【解析】分析见表19－3：

表 19－3

| | 第一天 | 第二天 | 第三天 |
|---|---|---|---|
| 甲 | ×② | ×④ | √⑤ |
| 乙 | ×③ | ×④ | √⑤ |
| 丙 | ×① | √① | ×① |
| 丁 | √⑥ | ×⑦ | × |
| 戊 | √⑥ | ×⑦ | ×⑥ |
| 庚 | × | √⑧ | ×⑥ |

①本题条件。

②如果甲是第一天值班，由本题条件，乙也是第一天值班，违反题干条件“甲第一天值班，当且仅当乙和丙第二天值班”。因此，甲不是第一天值班。

③由本题条件，得：乙也不是第一天值班。

④假设甲是第二天值班，则乙也是第二天值班，由于丙是第二天值班，违反题干条件“甲第一天值班，当且仅当乙和丙第二天值班”。因此，甲不是第二天值班，由本题条件，得：乙也不是第二天值班。

⑤得：甲、乙是第三天值班。

⑥由条件“每天2人”，得：丁、戊是第一天值班，戊、庚不是第三天值班。

⑦得：丁、戊不是第二天值班。

⑧得：庚是第二天值班。

5.【答案】A

【解析】题干的结论是，塑料代用品的使用并没有减少塑料垃圾的数量；论据是，每年填埋的垃圾中塑料垃圾的比例，不但没有减少，反而有所增加。

如果 A 项为真，则说明近年来每年填埋的垃圾总量大大减少，因此，虽然每年填埋的垃圾中塑料垃圾的比例没有减少，但总量却可能明显减少，这就有力地削弱了题干的论证。

商品品种减少，不等于其塑料包装的数量减少。因此，C 项削弱力度不大。

6.【答案】B

【解析】如果 B 项为真，说明失眠教师中有夜间工作习惯的比例，和全校教师中有夜间工作习惯的比例相同，这说明，夜间工作的习惯和失眠没有因果关系。

7.【答案】A

【解析】Ⅰ一定为真，因为题干断定，“一个前提合乎逻辑地推出一个结论，是指：如果该前提真，则该结论一定真”。

Ⅱ不一定为真，因为如果前提假，合乎逻辑地推出的结论不一定假，例如“汉朝人都姓刘，刘邦是汉朝人，因此刘邦姓刘”。

Ⅲ一定为真，因为如果能推出某个结论真，当然能推出这个结论可能真。

Ⅳ不一定真，因为不一定真的结论完全可能真。

8.【答案】D

【解析】题干条件概括：

(1) 有效→抗体

(2)（抗体∧￢变异）→￢感染

(3) 感染

由条件（2）和（3），得推论：

(4) ￢抗体∨变异

由条件（1），得推论：

(5) ￢抗体→无效

由推论（4）和（5），得推论：

(6) 无效∨变异

继而得：￢变异→无效。即为 D 项所断定的。

9.【答案】D

【解析】D 项准确地指出了李女士的论证中存在漏洞。

A 项和 E 项提及的可能性加强李女士的论证。

B 项提及的可能性削弱李女士的论证，但未被忽视。

C 项提及的可能性和李女士的论证不相干。

**10.**【答案】D

【解析】题干概括：

论据：马路边划停车位，使马路变窄，增加了骑车人的不便和交通风险。

结论：这是对骑车人权益的侵害。

D 项如果为真，说明虽然马路边划出停车位会带来不便和风险，但如果不划停车位，带来的不便和风险会更大。这有力地削弱了题干的论证。A 项能削弱，但力度不如 D 项。其余选项不削弱。

**11.**【答案】C

【解析】题干概括：

（1）成功艺术片→（文学意境∧人物塑造）

（2）成功商业片→（故事情节∧明星表演）

（3）（人物塑造∧¬故事情节）∨（明星表演∧¬文学意境）→ ¬成功艺术片

对于一部缺少故事情节的影片来说，即使长于人物塑造，由条件（3），也不是成功的艺术片；而如果不长于人物塑造，由条件（1），不是成功的艺术片。因此，不论是否长于人物塑造，一部缺少故事情节的影片都不可能是成功的艺术片，即 C 项能由题干推出。

**12.**【答案】A

【解析】分析见表 19－4：

**表 19－4**

| | | | | |
|---|---|---|---|---|
| | | | 仁 | 义 |
| | | 智 | 礼 | |
| 智 | 仁 | 义② | 信① | 礼② |
| | | | 义 | |
| 义 | | 礼 | 智① | |

①第四列的第三、五行只可能分别是“智”和“信”。第三行不能是“智”，因为第三行已有“智”，因此，只能是“信”。第五行是“智”。

②第三行的第三、五列只可能分别是“礼”和“义”。第三列不能是“礼”，因为第三列已有“礼”，因此，只能是“义”。第五列是“礼”。

用此方法类推，可得出每个方格的字，见表 19－5：

表 19－5

| | | | | |
|---|---|---|---|---|
| 礼 | 智 | 信 | 仁 | 义 |
| 仁 | 义 | 智 | 礼 | 信 |
| 智 | 仁 | 义 | 信 | 礼 |
| 信 | 礼 | 仁 | 义 | 智 |
| 义 | 信 | 礼 | 智 | 仁 |

**13.【答案】**A

**【解析】**题干概括：

(要么 1，要么 2)→(3∨4)

4→2

A 项违反条件。由有 1，没有 2，可推出：要么 1，要么 2。继而推出：3∨4。由没有 3，可推出：有 4。由有 4，可推出有 2。矛盾。

其余各项均不违反条件。

**14.【答案】**E

**【解析】**题干的论据仅仅是企业慈善投入较多和年利润率较高二者统计相关，要得出结论，还必须假设二者因果相关，并且前者是后者的原因。E 项如果为真，说明题干的论证倒置因果，有力地削弱了题干的论证。

**15.【答案】**D

**【解析】**罗素的论证：

论据：我的信仰可能是错的。

结论：我不会为信仰而献身。

D 项断定：

只有不可能错的东西才值得为它献身

＝值得为它献身→它不可能错

由 D 项和罗素的陈述的论据可推出：我不值得为我的信仰献身。因此，罗素的上述论证最能支持 D 项。

**16.【答案】**E

**【解析】**"全球生物种类的实际数量，要远远超出我们现在所知道的"这一论据，支持结论：未来 10 年濒临灭绝的生物种类所占的比例（百分比）不会有明显增长。不支持结论：未来 10 年濒临灭绝的生物种类的数量（绝对数）不会有明显增长。题干的论证混淆了百分比和绝对数。

17.【答案】B

【解析】题干概括：

条件（1）：2→（要么 3，要么 4）

条件（2）：（3 ∨ 4）→ ¬2 ∧ 1

条件（3）：2 ∨ 3

假设有 2，则由条件（1）和条件（2），可得无 2，矛盾。因此，无 2。又由条件（3），得有 3。再由条件（2），得有 1。

18.【答案】C

【解析】题干是从必要性角度强调某种条件的重要性。除 C 项外，其余各项均是从必要性角度强调某种条件的重要性。C 是从充分性角度强调某种条件的重要性。

19.【答案】D

【解析】由政治辅导老师没有担任刘小小的数学辅导，可推出政治辅导老师不是张老师。因此，政治辅导老师要么是王老师，要么是李老师。（注意，由政治辅导老师没有担任刘小小的英语辅导，不能推出政治辅导老师不是李老师。）

20.【答案】D

【解析】D 项和题干最为类似。

其余选项均和题干不同。例如，A 项不是推理。B 项的一个前提断定“高于”，一个前提断定“低于”，而题干的两个前提都断定“不如”。

21.【答案】C

【解析】题干支持 B 项和 C 项。支持 C 项的力度显然大于 B 项。题干不支持其余选项。

22.【答案】B

【解析】对 B 项概括的问题，双方都有观点，并且观点对立（甲是、乙否）。

对 A 项和 C 项概括的问题，甲否，乙无确定观点。

对 D 项和 E 项概括的问题，双方都无确定观点。

23.【答案】B

【解析】题干断定：

（1）干旱和森林大火→粮价快速上涨

（2）粮食价格稳定→禁止粮食出口→出口商将避免损失

（3）禁止粮食出口→失去国际粮食市场

由（2）和（3）可得：粮食价格稳定→失去它的国际粮食市场。

24.【答案】A

【解析】题干概括：

（重大理论意义 ∨ 重大应用价值）→优秀论文→（原创性 ∧ 无明显理论错误 ∧

无明显技术错误）

A 项肯定题干的前件，否定其后件，不可能为真。

25.【答案】C

【解析】假设甲和乙都成立，可推出乙没有通过初评，矛盾。因此，甲和乙不都成立。又由条件，三个猜测只有一个不成立，因此，丙成立。即 C 项一定为真。

26.【答案】B

【解析】题干断定，当厨房不使用的时候，玻璃门通常是打开的，这时，不管玻璃门是否经常擦拭，都可以获得厨房和餐厅的视觉一体感。因为厨房总有不使用的时候，因此，题干有力地支持 B 项。题干不支持其余选项。

27.【答案】C

【解析】C 项不违反题干条件。

A 项缺 G，违反条件“每部电影至少放映一次”。B 项违反条件（2）。D 项违反条件（1）。E 项违反条件（2）。

28.【答案】A

【解析】A 项一定为假。如果 H 在周五最后一场放映，违反条件（2）。

B 项不一定为假。以下排片不违反条件：周四，L、H；周五，L；周六：L、G。

C 项不一定为假。以下排片不违反条件：周四，L、G、H；周五，H、G；周六，L、G。

D 项和 E 项不一定为假。以下排片不违反条件：周四，H；周五，L；周六，G。

29.【答案】C

【解析】题干条件概括如下：

（1）恰有两首传统作品连续演奏

（2）$2 \rightarrow \neg 5$

（3）传统作品的演出排在 W 演出现代作品之后

见表 19－6：

**表 19－6**

| | | 1 | 2 | 3 | 4 | 5 |
|---|---|---|---|---|---|---|
| W | 传统 | × | | | | |
| | 现代 | | | × | × | |
| Z | 传统 | × | | | × | |
| | 现代 | | | × | | |

分析见表 19－7：

表 19－7

| | | 1 | 2 | 3 | 4 | 5 |
|---|---|---|---|---|---|---|
| W | 传统 | ×② | | | | |
| | 现代 | | | ×① | ×① | |
| Z | 传统 | ×② | | | ×① | |
| | 现代 | | | ×① | | |

①题干条件。

②由条件（3）得。

由本题条件“演奏第一首的也演奏第二首”，得演奏前两首的是 W，否则 W 首次演奏现代作品只可能是第五首，则传统曲目均不演奏，违反题干条件。由 W 演奏第二首，得 W 不演奏第五首，因此 Z 演奏第五首。

**30.【答案】C**

**【解析】**分析见表 19－8：

表 19－8

| | | 1 | 2 | 3 | 4 | 5 |
|---|---|---|---|---|---|---|
| W | 传统 | × | ×② | | ×④ | √① |
| | 现代 | √③ | ×② | × | × | ×① |
| Z | 传统 | × | √⑥ | | × | ×① |
| | 现代 | ×③ | ×⑥ | × | √⑤ | ×① |

①本题条件。

②依据条件（2）。

③因为 3 是传统作品，因此，1 必是 W 演奏现代作品。

④否则 3、4、5 均是传统作品，违反条件（3）。

⑤由上得。

⑥否则违反条件（1）。

除 C 项外，其余选项均违反条件。

# 第四套

1.【答案】E

【解析】题干不支持 A、B、D 项，支持 C 项和 E 项，支持 E 项的力度较大，作为推论最为恰当。

2.【答案】B

【解析】题干断定：能干成事→（能干事∧想干事）。复选项Ⅱ由否定后件，得否定前件，能由题干推出。其余均不能。

3.【答案】A

【解析】题干概括：

论据：尸体器官的功能对于已死亡的人体已失去了存在价值。

结论：对取自尸体的器官进行移植手术，必须分秒必争。

A 项如果不成立，题干论证就没有说服力，是论证的假设。B 项重复论据，不是假设。C 项和 D 项与论证不相干。E 项加强题干，但不是假设。

4.【答案】C

【解析】题干概括：

（1）（提高免疫力∧控制感染率）→完全成功。

（2）（经济受到严重影响∧控制感染率）→可能完全成功。

（3）Y 国：经济受到严重影响∧控制感染率。

题干断定：Y 国控制了感染率。因此，由条件（1），Y 国只要能提高免疫力，则完全成功。因此，C 项能从题干推出。由条件（2）和（3），能推出 Y 国可能完全成功，不能推出一定完全成功。但不能推出一定完全成功，不等于能推出没有取得完全成功。因此，B 项不能由题干推出。

5.【答案】D

【解析】董事长的论证：

论据：本企业不少南方籍工程师的工龄比许多北方籍工程师要长很多。

结论：本企业南方籍工程师的平均工资比北方籍工程师的高出 20%，是可接受的。

董事长的论证包含一个假设：工龄是评定员工工资的一个标准。结论是有关平均工资的比较，因此，论证的说服力取决于平均工龄的比较。题干的论据并没有比较平均工龄。D 项的问题直接涉及平均工龄，最为相关。

B 项涉及年龄，有相关性，但年龄不等同于工龄。其余选项不相干。

6.【答案】C

【解析】厂长言及的“权利”，诉诸的是法规，回答是否合法。经理言及的“权利”，诉诸的是良知和声誉，回答是否合乎道德。这一概念的内涵前后未保持一致。

7.【答案】C

【解析】由题干条件可得，蚌埠至多 2 人。由题干和本题条件，赵和刘检查蚌埠，则其余人（包括李）不检查蚌埠。又李不检查大连，因此，李检查青岛。

8.【答案】D

【解析】由本题条件，张和李检查指导同一个城市，则这个城市不可能是蚌埠。又李不检查大连，得李检查青岛。

9.【答案】C

【解析】题干概括：

论据：（当年伦敦）“空气污染特别严重”和“植物传染病消失”统计相关。

结论：前者很可能是后者的原因。

A 项不削弱，因为题干的结论是“可能”，不是“一定”。D 项和 E 项不相干。B 项和 C 项都能削弱，C 项的力度显然大于 B 项。

10.【答案】B

【解析】由“大华门在光华门的西南”得：光华门不是西门或南门。由“光华门在明华门的东南”，得：光华门不是西门或北门。因此，得：光华门是东门。由此得：明华门是北门，正华门是西门，大华门是南门。本题设定的条件是“如果光华门被拆除，则正华门也被拆除”。假设正华门未被拆除，则可得光华门未被拆除，违反题干的条件“四个古城门已被拆除三个，只保留一个”，因此，假设不成立，得：正华门被拆除。由于正华门是西门，可得：西门被拆除。因此，可得结论：被保留的城门不是原西城门。

11.【答案】C

【解析】需要解释的是：为什么最高限速降低后，机动车平均行驶时间不但没有增加，反而减少。C 项能解释，其余各项均不能解释。

12.【答案】C

【解析】题干概括：

（1）大多数文学家都有超人的天赋。

(2) 大多数文学家也都有坎坷的人生经历。

(3) 有坎坷的人生经历→生逢乱世。

由条件 (1) 和 (2)，得：有些人既有超人的天赋又有坎坷的人生经历。继而由条件 (3)，得：有些有超人天赋的人生逢乱世。

**13.【答案】** C

**【解析】** 题干的结构如图 20 - 1：

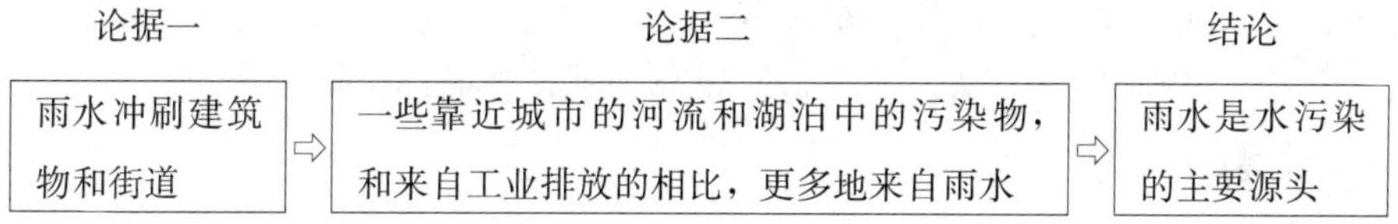


**图 20 - 1**

依据这一结构，C 项的概括恰当，其余选项均不恰当。

**14.【答案】** E

**【解析】** 题干概括：

招聘原则是：

招聘 1 名

不及格→不录用

多人都及格→优先录用有经验者

(多人都及格 ∧ 无人有经验) →优先录用外语最高分者

录用意见：张娜不予录用，因为李刚都及格。

E 项如果为真，能推出录用李刚，继而推出不录用张娜。其余选项支持录用李刚或不录用张娜，但推不出录用李刚、不录用张娜。

**15.【答案】** A

**【解析】** 题干概括：

论据：

(1) 有些重要西药的成分，只能从热带雨林的一些植物中提取。

(2) 在热带雨林中，成千上万种植物并没有经过认真的科学研究，这些植物非常可能有医学药用价值。

结论：如果不能有效保护热带雨林，那么，很多对人类可能产生疗效的药物成分将永远不可能被发现。

A 项如果不成立，题干的论证就不能成立，是假设。

B 项削弱题干。D 项不相干。C 项和 E 项加强题干，但不是假设。例如，题干的论证需要假设，有些但不必假设所有热带雨林植物中所包含的有医学药用价值的成分，都能通过认真的科学研究被发现。

16.【答案】C

【解析】题干概括：

论据：如果社会不形成一个有机的整体，就不会有个人自由。

如果没有自由，就不会有幸福。

结论：没有健全的法律，就不可能有个人的自由和幸福。

假设 C 项，题干的结论能从前提合乎逻辑地得出。

D 项是重复论据，不是假设。

E 项是重复结论，不是假设，否则是“循环论证”。

17.【答案】D

【解析】题干的特点：

（1）两个前提和一个结论，都是条件断定（假言判断）。

（2）结论由肯定一个前提的后件，来否定另一个前提的后件。

D 项和题干的推理具有相同的特点。

A 项不是推理。B 项的结论不是条件断定。C 项的结论由否定一个前提的后件，来否定另一个前提的后件。E 项的结论肯定一个前提的后件，但由此并不否定另一个前提的后件。均和题干不同。

18.【答案】B

【解析】题干概括：

论据：（1）小行星撞击地球范围有限，不可能造成全球性的影响。

（2）小行星撞击地球不止上述一次，未留下造成大型动物灭绝的记录。

结论：留下巨坑的行星碰撞并不是这段时间许多种类的恐龙灭绝的原因。

A、B、C 项都能削弱，但力度最大的是 B 项。D 项不削弱。E 项不相干。

19.【答案】D

【解析】题干的推理有两个前提。这一推理的特点是，由这两个前提中的任意一个，都能独立地推出结论。

D 项两个前提均能独立地推出结论，和题干最为类似。

A 项前提推不出结论。B 项第二个前提不能独立地推出结论。C 项两个前提均不能独立地推出结论。E 项第一个前提不能独立地推出结论（高级职称的学术委员可能只有本科学历）。

20.【答案】D

【解析】断定一和断定三矛盾，断定二和断定五矛盾，又五个断定真的比假的多，因此，断定四真。

21.【答案】A

【解析】断定一和断定三矛盾，断定二和断定五矛盾，又五个断定真的比假的少，因此，断定四假。由断定四假，得断定一假，因此答案是 A。

22.【答案】B

【解析】题干断定：要在全球真正控制新冠病毒，必须成功研制该病毒的疫苗。题干又断定：中医不能研制防治病毒的疫苗。由此，B 项可由题干推出。题干支持 A 项和 C 项，但推不出。题干不支持 D 项和 E 项。

23.【答案】D

【解析】如果乙假，则三句话都假，违反条件，因此乙真。答案是 D。

24.【答案】D

【解析】题干概括：

论据：(1) 美国黑人弗洛伊德死于警察暴力执法。

(2) 死于美国警察暴力执法的受害者中，多数是黑人。

结论：美国警察执法存在对黑人的种族歧视。

题干的论证需要假设，美国总人口中，黑人不占多数，否则，没有说服力。D 项加强了这一假设，能有力地加强题干。

A 项加强，但涉及的是个案，力度不如 D 项。

C 项加强，但力度不如 D 项，因为全国性的抗议示威自身不能说明其理由合理。

B 项不相干。E 项削弱题干。

25.【答案】B

【解析】乙男＋乙女＝20

乙男＝20－甲男

代入，得：20－甲男＋乙女＝20

整理，得：甲男＝乙女

26.【答案】C

【解析】题干断定可回收的都是无毒垃圾。题干又断定，有些可回收垃圾可以用作工业原料。由此可以推出：有些可以用作工业原料的生活垃圾是无毒的。

其余选项均不能由题干推出。例如，A 项不能由题干推出，因为，由“有些可回收垃圾可以用作工业原料”，推不出“不可回收的垃圾都不能用作工业原料”。

本题不难确定 C 项可由题干推出，但要确定其余选项不一定为真，需要一番思考。

27.【答案】C

【解析】题干是统计推理：根据抽样统计得出一般结论。C 项和题干类似。A 项和题干不同，若作为和题干类似的统计推理，A 项的结论应为“此次大选，支持民主党候选人中女性的比例，高于支持保守党候选人的”。B 项、D 项和 E 项均不是统计推理，排除。

**28.【答案】** A

**【解析】** A 项说明题干“样本不当”，最能削弱题干。B 项指出题干的样本存在差异，能削弱题干，但力度不如 A 项。其余选项不削弱。

**29.【答案】** A

**【解析】** 题干条件概括见表 20－1：

**表 20－1**

| | 1 | 2 | 3 | 4 | 5 | 6 | 7 |
|---|---|---|---|---|---|---|---|
| F | × | | | | | × | × |
| G | × | × | | | | | × |
| H | | | | | | | |
| J | × | | | | | | |
| K | × | × | × | | | | |
| L | | × | | | × | × | × |
| M | | | | | | | × |

H…□□…M；M…J；L…F…GK；L 不是 2。

由 M 后至少有 J，得 M 不是 7；由 J 前至少有 M，得 J 不是 1。同理，得：L 不是 5、6、7；F 不是 1、6、7；G 不是 1、2、7；K 不是 1、2、3。

由表，L 不是 2、5、6、7 可排除 C 项、D 项和 E 项。

L 不可能负责 4，否则后四节车厢是 L、F、G、K，则 H 和 M 都在前三节车厢，无法满足题干条件“（H…□□…M）”。L 负责 3 号不违反条件。答案是 A。

L 不可能负责 4，是题干条件的推论，可以作为本题的条件。

**30.【答案】** D

**【解析】** 见表 20－2：

**表 20－2**

| | 1 | 2 | 3 | 4 | 5 | 6 | 7 |
|---|---|---|---|---|---|---|---|
| F | × | | | √④ | | × | × |
| G | × | × | | | | | × |
| H | | | | | | ×⑥ | |
| J | × | | √① | | | | |
| K | × | × | × | | ×⑤ | | |
| L | √② | × | | × | × | × | × |
| M | | √③ | | | | | × |

H…□□…M；M…J；L…F…GK；L 不是 2。

推导如下（序号表示推导步骤）：

①本题条件。

②由 J 是 3，得 L 不是 3，因而 L 是 1。

③由“M…J”，得 M 是 2。排除选项 A。

④由上，F 只可能是 4 或 5。F 不可能是 5，否则 5、6、7 依次是 F、G、K，无法满足条件“（H…□□…M）”。因此，F 是 4。排除选项 E。

⑤因为 F 是 4，所以 G 不是 4。因此 K 不可能是 5。排除选项 B。

⑥由上，H 不可能是 6，否则无法满足条件“GK”。排除选项 C。

D 项是可能的。

# 第五套

1.【答案】D

【解析】题干为一个论证。

论据：

(1) 抽烟、喝酒、吃肥肉并且缺少运动，是不利健康长寿的生活方式。

(2) 在百岁老人中，有相当大比例的人都有上述生活方式。

结论：

(1) 长寿的重要原因是遗传。

(2) 超过某个年龄段，生活方式不影响人的寿命。

C 项加强结论 (1)，不加强结论 (2)。D 项既加强结论 (1)，又加强结论 (2)。因此，D 项比 C 项更能加强题干。A 项不加强题干，因为并未断定百岁老人的兄弟姐妹是否健在。B 项削弱题干。E 项不相干。

2.【答案】C

【解析】由前三个条件，得：丙参与。由丙参与，结合条件 (4)，得：丁参与。

3.【答案】B

【解析】A 项和 B 项有利于说明，被调查的新冠病毒感染者中不吸烟的比例高，是因为他们是较少吸烟的医务人员，而不是因为新冠感染和吸烟有因果关系，这就支持了乙的反驳。其中，B 的支持力度较大。D 项能反驳甲的结论，但并不支持乙的反驳。C 项和 E 项不相干。

本题考点：样本不当。

4.【答案】E

【解析】题干断定：

(1) 人才→教育质量

(2) ¬逻辑思维→¬教育质量（教育质量→逻辑思维）

(3) ¬思维科学→¬逻辑思维（逻辑思维→思维科学）

由此得：人才→教育质量→逻辑思维→思维科学

如果上述陈述为真，则

A. 教育质量→人才 ×

B. ¬人才→（¬逻辑思维∧¬思维科学）×

C. ¬逻辑思维∨人才＝逻辑思维→人才 ×

D. ¬逻辑思维∧人才

＝人才∧¬逻辑思维

＝¬（人才→逻辑思维） ×

E. 逻辑思维∨¬人才

＝¬逻辑思维→¬人才

＝人才→逻辑思维 √

5.【答案】B

【解析】题干为一个论证。

论据：绝大多数家长都赞同小学生的家庭作业负担不能过重。

结论：本校推出的减轻学生家庭作业的实施方法一定会得到大多数家长的支持。

题干的论证需要假设：绝大多数家长都认为学生的家庭作业负担过重。这一假设不是当然成立的，因为赞同家庭作业负担不能过重不等于认为这种负担实际上过重，B 项恰当地指出了这一点。

6.【答案】A

【解析】题干概括：

论据：欧洲→(上海∨成都)

其他→(上海∨杭州∨天津)

¬成都

结论：上海

如果来自欧洲，因为“¬成都”，则一定由上海入境。如果来自其他洲，则也可能由上海入境。因此，如果 A 项为真，由上海入境的可能性大于 70%。

如果 B 项为真，由上海入境的可能性是 70%，推不出大于 70%。

因此，答案是 A。

7.【答案】D

【解析】由题干可得：A 国死亡和治愈总数是 14 万，又由 A、B 两国治愈的人数总计 10 万，可得 A 国的死亡人数至少 4 万。答案是 D。其余选项都不一定为真。

8.【答案】A

【解析】A 国死亡＋A 国治愈＝14 万

A 国治愈＝10 万－B 国治愈，代入上式，得：

A国死亡＋（10万－B国治愈）＝14万，整理得：

A国死亡－B国治愈＝4万

因此，A项不可能为真。其余选项均可能为真。

9.【答案】A

【解析】甲和乙矛盾，必有一真，因此丙假，得：张老师被评上。

10.【答案】C

【解析】根据题干关于高收入员工的定义，高收入员工的数量占员工总数的20%。因此，由近年来该企业高收入员工的数量持续上升，可得近年来该企业员工的总数持续上升。

11.【答案】C

【解析】A项、B项、D项和E项都有助于削弱题干的结论，但不能削弱题干的论据对结论的支持。

C项有助于说明题干的论据不能支持结论，因此，对题干的削弱力度最大。

12.【答案】C

【解析】C项违反条件“如果一个橱窗不使用灰色玻璃，那么它用橙色玻璃”。

13.【答案】C

【解析】题干断定，每种颜色的玻璃至少使用一次。

A项、B项和E项违反条件“如果一个橱窗使用黄色玻璃，那么它既不使用绿色玻璃，也不使用橙色玻璃”。

D项违反条件“恰有两个橱窗使用红色玻璃”。

C项不违反条件，三个橱窗都可使用灰色。

14.【答案】B

【解析】题干是一个论证。

论据：O型血和敏感、急躁，敏感、急躁和高血压统计相关。

结论：O型血比其他血型的人更要注意防治高血压。

题干的论证需要假设：敏感、急躁是导致高血压的原因。B项如果为真，说明题干的假设倒置因果，有力地削弱了题干的论证。其余选项均不能削弱。

15.【答案】A

【解析】A作为题干的结论最为恰当。其余选项都不是题干的结论，但题干支持其余选项，其余选项又均支持A项，因此，其余各项可视为题干的可推断论据。

16.【答案】B

【解析】如果张真，则李真，即如果李假，则张假。因此，李不可能假，否则两假，违反条件。因此，答案是B。

17.【答案】E

【解析】赵亮断定的是：富裕→稳定。

王宜反驳的是：稳定→富裕。

E 项恰当地指出了这一点。

18.【答案】B

【解析】如果 L 安排在晚上，则晚上有 J、M、L 三个。违反条件。

19.【答案】E

【解析】由题干条件，J、K、L 和 M 均不在上午，又由本题条件，P 不在上午，因此，上午是 N 和 O。

20.【答案】A

【解析】题干概括：

(1) 报名器乐的都报名绘画。

(2) 有些报名戏曲的同时报名器乐，有些没有。

(3) 报名绘画的都未报名英语。

由条件 (1) 和条件 (2)，得：有些报名戏曲的同时报名绘画。再由条件 (3)，得：有些报名戏曲的未报名英语。因此，A 项能从题干推出。其余选项不能从题干推出。

21.【答案】C

【解析】根据题干关于“信念”的定义，基于“信念”认定为真理的断定，该信念的持有者认为可能被证伪。因此，C 项符合题干。其余选项均不符合题干，例如 B 项不符合，因为基于“信仰”认定为真理的断定，该信仰的持有者认为不可能被证伪，不等于事实不可能被证伪。

22.【答案】E

【解析】题干推理结构：大多数 A 是 B，大多数 C 是 A，因此，大多数 C 是 B。

A 项结构：大多数 A 是 B，大多数 B 是 C，因此，大多数 A 是 D。不同于题干。

B 项结构：大多数 A 是 B，大多数 B 是 C，因此，大多数 C 是 A。不同于题干。

C 项结构：大多数 A 是 B，大多数 B 是 C，因此，大多数非 C 是非 A。不同于题干。

D 项结构：大多数 A 是 B，大多数 A 是 C，因此，大多数 B 是 C。不同于题干。

E 项和题干的结构相同。

23.【答案】C

【解析】如果和 2009 年前相比，2019 年 K 国耗电量中生活用电所占的比例不变，则耗电总量的增长率和生活用电的增长率应该是相同的。题干断定二者不同，且后者高于前者，这说明耗电量中生活用电所占的比例发生变化，且是增长而不是下降。

**24.**【答案】A

【解析】题干：

一帆风顺→（幻想∧情趣∧新局面）

坎坷不平→（意志∧韧劲）

由“缺乏生活韧劲”，可得“并非坎坷不平”，即“一帆风顺”，继而可得“对人生抱有幻想”。因此，A项能由题干推出。

其余选项显然均不能由题干推出。

**25.**【答案】A

【解析】发展汽车工业→无法维护正常的工作和生活秩序（题干条件）

不发展汽车工业→提高社会失业率（题干条件）

发展汽车工业∨不发展汽车工业（排中律）

因此，无法维护正常的工作和生活秩序∨提高社会失业率（结论）

＝维护正常的工作和生活秩序→提高社会失业率（A项）

**26.**【答案】A

【解析】由L看的是《秋之韵》，可得F和H看的是《神秘的夜》或《重返征程》。如果F和H看的是《神秘的夜》，则有3人看同一部电影，又L与另一人看同一部电影，因此，必有一部电影无人看，违反条件。因此，F和H看的是《重返征程》。

**27.**【答案】E

【解析】如果K没看《秋之韵》，则F和H看的一定是《秋之韵》，否则看《秋之韵》的是L，无法满足条件“恰有一个人和L看同一部电影。”

**28.**【答案】A

【解析】如果K看的是《神秘的夜》，则和G看同一部电影，又F和H、L和J看同一部电影，则6人看三部电影，有一部电影无人看，违反条件。所以A项一定为假。

**29.**【答案】D

【解析】如果T不是报告人，则T不可能紧接Q之后报告，则Q不是报告人。有两位不是报告人，违反条件。因此，T一定是报告人。

**30.**【答案】A

【解析】由题干，S只可能是第一或第三。假设S紧接R后报告，则S第三，R第二。由R第二，得U不报告，则Q和T都报告，无法满足“T紧接Q之后报告”。因此，A项不可能为真。

# 第六套

1.【答案】D

【解析】题干概括：

（爆料都真实∧严格执法）→（必然声誉受到重创∧必然繁荣受到重创）

繁荣可能不受到重创

由此得：¬爆料都真实∨¬严格执法

＝严格执法→¬爆料都真实

这即为D项所断定的。

由题干，可推出：如果声誉没有受到影响，我国影视产业的繁荣可以避免受到重创，但推不出一定能避免受到重创，更推不出一定能保持繁荣。因此，E项不一定为真。

2.【答案】B

【解析】由大多数来自农村的学生都享受助学贷款，大多数来自农村的学生都学习刻苦，可得：有些来自农村的学生既享受助学贷款又学习刻苦。又由学习刻苦的学生都没有违反校规的不良记录，可得：有些享受助学贷款的来自农村的学生没有违反校规的不良记录。

其余各项均不一定为真。例如，A项不一定为真。考虑这样一个特例：在上述来自农村的学生中，40％享受助学贷款但学习不刻苦，40％学习刻苦但不享受助学贷款，20％享受助学贷款且学习刻苦。在这一情况下，题干成立，但A不成立。

3.【答案】D

【解析】题干概括：

论据：（1）治安状况＝人均案发率。

（2）报警电话增加。

结论：治安状况严重恶化。

C项和E项不削弱题干，排除。

B项断定，去年该城市报警电话中，故意报假警的比例有很大提高，这削弱题干；但 B 项同时又断定，依据法律，故意报假警是一种刑事犯罪，这有助于说明案发率提高，这加强题干。排除。

A 项说明，由报警电话数量的增加，不能得出结论，刑事犯罪案发数量增加，因此，能削弱题干。

D 项说明，即使刑事犯罪案发数量增加，也不能说明人均发案率提高，因为人口总量增加了，最能削弱题干。

本题考点：绝对数和百分比。

**4.【答案】**D

**【解析】**不独立发展芯片→受制于人

独立发展芯片→影响我国经济全局

独立∨不独立

因此：

受制于人∨影响我国经济全局

＝¬受制于人→影响我国经济全局

＝¬影响我国经济全局→受制于人

本题考点：二难推理。

A∨B＝¬A→B

**5.【答案】**E

**【解析】**题干概括：

甲委员：南亚→中东

乙委员：¬中东→非洲

丙委员：¬南亚→¬非洲

依据：A→B＝¬A∨B，上述概括可表达为：

甲委员：¬南亚∨中东

乙委员：中东∨非洲

丙委员：南亚∨¬非洲

如果用于中东，则甲和乙被采纳，因此，Ⅱ不可能真。

如果用于非洲，则乙被采纳，又甲和丙必有一位被采纳（如果用于南亚，则丙被采纳；如果不用于南亚，则甲被采纳），因此，不止一位被采纳，Ⅲ不可能真。

Ⅰ可能真（用于南亚，不用于非洲，也不用于中东，不违反题干）。

**6.【答案】**C

**【解析】**老李的论据是，价格暴跌不会刺激消费。如果某个选项有助于说明价格暴跌会刺激消费，就能削弱老李的反驳。

C 项如果为真，说明至少不失业的人会在价格暴跌时增加消费，这有助于说明价格暴跌会刺激消费，能削弱老李对小张的反驳。其余各项都不能说明价格暴跌会刺激消费，都不能削弱老李对小张的反驳。

7.【答案】A

【解析】题干概括：

论据：

专业教育：专业知识与技能

通识教育：综合素养，特别是日常思维素养

不论何种职业，都需要较高的综合素养。

结论：大学教育应当把通识教育放在首位。

A 项和 C 项均能加强题干，其中，A 项如果为真，说明提高日常思维素养的教育功能，只能由通识教育承担，这最能加强题干。

8.【答案】D

【解析】题干概括：

论据：岛上的发现的成年长毛象的牙齿，比在其他地方发现的成年长毛象牙齿小四分之一。(牙齿较小)

结论：岛上的长毛象和其他地方的相比，长得要小些。(身体较小)

D 项如果为真，就能保证，不可能存在两只身体大小基本相同的长毛象其牙齿大小明显不同。这就确保题干的结论可由前提推出。

A 项加强题干，但依此不能推出结论。A 项如果为假，有助于说明，岛上长毛象的牙齿较小的原因，可能是特殊的生存环境造成牙齿功能退化，和身体大小无关。这削弱题干。因此，如果 A 项为真，加强题干，但显然假设 A 项不能保证结论可以从前提合乎逻辑地得出。

B 项和 C 项是题干的必要性假设，但不是充分性假设。也就是说，如果 B 项或 C 项为假，则题干的论证就没有说服力；但如果 B 项或 C 项为真，并不能保证题干的结论能从前提推出。

E 项不相干。

9.【答案】E

【解析】除 E 项外，其余各项均能加强题干，因为 A 项、B 项、C 项和 D 项如果为假，均能削弱题干。例如，如果 B 项为假，则这一情况可能：乙组虽然都是在校学生，但这一学校是老年学校，在这一情况下，乙组成员年龄不一定比甲组成员年龄小，题干的论证就没有说服力。因此，B 项如果为真，能加强题干。

E 项不能加强题干，因为题干的结论，并不一定是试验组织者的结论。试验组织者有经验，与这一试验能得出什么结论没有关系。

**10.【答案】** B

**【解析】** 题干概括：

(1) 去年父亲的年收入同比上升了 20%，但他的收入在家庭总收入中的比例反而下降 5%。

(2) 去年儿子期末考试各科总分同比下降了 5%，这使他和妹妹两人去年期末考试总分之和同比下降了 3%。

由条件（1），显然可得：去年，母亲年收入同比上升的幅度大于父亲。

由条件（2），可得：女儿期末考试各科总分同比下降的幅度小于儿子。否则，兄妹两人去年期末考试总分之和同比下降幅度≥ 5%，不可能是 3%。

思考：为什么去年女儿期末考试各科总分不可能持平或上升？因为儿子和女儿以前成绩相当，所以如果去年女儿期末考试各科总分持平，则去年两人总成绩下降接近 2.5%；如果女儿期末考试各科总分上升，则去年两人总成绩下降小于 2.5%。在这两种情况下，总成绩下降都小于 3%。

**11.【答案】** D

**【解析】** 题干概括：

Q…N…K；J…P；(QP)［(QP) 表示：Q 和 P 相邻，次序不确定］

上述表示可进一步概括为：J…（QP）…N…K（左前右后）

推导：J 后至少有四条通道，不可能是后四条；K 前至少有四条，不可能是前四条；N 前至少有三条，不可能是前三条，后至少有一条，不可能是最后一条；Q 前至少有一条，不可能是第一条，后至少有二条，不可能是最后两条；P 同 Q。得以下结果（表 22－1）：

**表 22－1**

| | 1 | 2 | 3 | 4 | 5 | 6 |
|---|---|---|---|---|---|---|
| J | | | × | × | × | × |
| K | × | × | × | × | | |
| N | × | × | × | | | × |
| O | | | | | | |
| P | × | | | | × | × |
| Q | × | | | | × | × |

依照上述结果，可排除 A、B、C 和 E，不能排除 D。因此，通道 5 可以是 N 签证通道。

**12.【答案】** C

**【解析】** 本题的附加条件是 P 和 N 签证通道相邻，由此，题干的条件概括和结果（表

22－2）变更为：J…QPN…K

**表 22－2**

| | 1 | 2 | 3 | 4 | 5 | 6 |
|---|---|---|---|---|---|---|
| J | | | × | × | × | × |
| K | × | × | × | × | | |
| N | × | × | × | | | × |
| O | | | | | | |
| P | × | × | | | × | × |
| Q | × | | | × | × | × |

因此，“4 号为 Q 签证通道”一定为假，其余选项均可能为真。

**13.**【答案】C

【解析】本题的附加条件是“4 号为 P 签证通道”，依此，推导过程及结果如下（序号表示推导步骤）：J…（QP）…N…K（表 22－3）。

**表 22－3**

| | 1 | 2 | 3 | 4 | 5 | 6 |
|---|---|---|---|---|---|---|
| J | | | × | × | × | × |
| K | × | × | × | × | | √④ |
| N | × | × | × | | √③ | × |
| O | | | | | | |
| P | × | | | √① | × | × |
| Q | × | | √② | | × | × |

由上述结果，只有 J 和 O 签证通道不能确定，其余都可确定。答案是 C。

**14.**【答案】E

【解析】题干断定，常任理事国都赞成联合国在调停地区冲突中发挥更大的作用；题干又断定，常任理事国中没有南美洲国家。由此可得 E 项。

题干断定，常任理事国都赞成加强国际维和的力度，由此不能推出，只有常任理事国才赞成加强国际维和的力度。因此，在联合国大会的一般性辩论中，那些赞成加强国际维和力度，同时又坚决反对某些国家向海外派遣维和部队的国家，可能不包括常任理事国。这说明 C 项不一定为真。题干对南美洲国家和小国的态度未作任何断定，因此，A 项、B 项和 D 项显然不一定为真。

**15.**【答案】B

【解析】先排除 C 和 D。题干关于 A 车和 C 车的条件没有任何不同，如果能推出其中某一辆在某一天限行，则也能推出另一辆在同一天限行。

如果今天是周五，则 B 车周四限行。题干已断定周四 E 车限行。因此 E 不成立。如果今天是周六，则：B 车周五限行；A 车和 C 车都周三限行。因此 A 不成立。

因此，用排除法，答案是 B。

严格地说，由题干条件要得出结论，只排除其他选项是不充分的，因为选项可能都不是能推出的结论，即题目本身不成立。

以下是严格的推断：

- 今天不可能是周一。否则 B 车周日限行。
- 今天不可能是周二。否则可推出 A 车和 C 车都周一限行。
- 今天不可能是周三。否则 E 车周四可以上路。
- 今天不可能是周日。否则 B 车周六限行。
- 今天不可能是周五和周六，见以上解析。

**16.【答案】** D

**【解析】** 题干概括：当一个谎言起到的好效果超过坏效果时，在道德上就是可接受的。

A 项未提及坏效果，不符合题干。

B 项只提及动机，未提及效果，不符合题干。

C 项未提及效果，不符合题干。

D 项符合题干，因为“有利无害”，意味着好效果超过坏效果。

E 项只提及好效果，未提及坏效果，不符合题干。

综上，答案是 D。

**17.【答案】** E

**【解析】** A 项和 E 项都有助于说明上述牛排餐馆的顾客并非都不在乎保健专家的建议。E 项断定“很多”，A 项断定“有些”，E 项力度较大。D 项能削弱题干，但力度不如 E 项。其余选项不能削弱。

综上，答案是 E。

**18.【答案】** D

**【解析】** 题干概括：

前提：见义勇为事迹报道数量明显增加。

增加哪个选项作为前提，能推出结论：见义勇为事例有明显增加。

增加 D 项作为前提，题干的结论显然能推出。A 项加强题干，但不能确保结论一定能推出。其余选项不相干。

**19.【答案】** E

**【解析】** A项有助于说明，见义勇为事迹报道数量明显增加的原因，是新闻导向，这削弱题干。B项有助于说明，随着治安状况明显改善，见义勇为事例减少，这削弱题干。C项有助于说明题干的论据不具有代表性，这削弱题干。D项显然削弱题干。E项不削弱题干。

**20.【答案】** B

**【解析】** 题干的结论断定，多看电视和人的个性缺陷有因果关系，但其论据所断定的个性缺陷、塞塔脑电波量超常和看电视之间存在的相关性，仅是一种统计相关。统计相关的两种现象，不一定存在因果关系，B项恰当地指出了这一点。

**21.【答案】** D

**【解析】** 题干：人犯我 ↔我犯人

D项：边相等 ↔角相等

D项和题干的形式类似。

B项和题干不同，因为“¬双赢≠双输”。

B项是本题的干扰项。其余选项的形式和题干显然不同。

**22.【答案】** A

**【解析】** 题干概括：

（1）要么罚款，要么撤换

（2）罚款或者撤换

假设（1）真，得（2）真，违反本题条件，因此（1）假，（2）真。由(1)假，得：既罚款又撤换，或者既不罚款又不撤换。由（2）真，可排除：既不罚款又不撤换。因此，得：既罚款又撤换。答案是A。

**23.【答案】** E

**【解析】** 假设（2）假，得（1）假，违反本题条件，因此（2）真。又，罚款或者撤换＝¬罚款→撤换，因此，答案是E。

**24.【答案】** B

**【解析】** 直到停止读书，一个人才开始变老（题干）

＝只有停止读书，才开始变老

＝开始变老→停止读书（B项）

**25.【答案】** E

**【解析】** 题干概括：

（知道所有幕后信息∧拥有一亿美元）→（破产∨坐牢）

E 项可由题干推出。证明：

由“既未破产，也未坐牢”，可得：并非知道所有幕后信息，或者不拥有一亿美元。再由“拥有一亿美元”，可得：并非知道所有幕后信息。由此得：至少有某个时段不了解所有的幕后信息。

A 项、B 项和 C 项推不出，因为“否定前件不能确定后件”。

D 项推不出，因为由否定后件可否定前件，但前件是“且”，否定后应得“或”。

**26.【答案】** B

**【解析】** 题干概括：

（1）自强→想如何把事情做好

（2）自负→想如何把面子保住

B 项是题干条件（1）的逆否式，可由题干推出。其余各项均推不出。例如，A 项推不出，因为由“想如何把面子保住”，推不出“不想如何把事情做好”；D 项不能推出，因为由条件（2），肯定后件不能肯定前件。

**27.【答案】** D

**【解析】** D 项能从题干推出。题干断定，后一部分（本馆馆藏）展品的图片，在本馆的商店都有出售，即出售的文物图片中，有些图片所显示的文物，是本馆馆藏，即不是私人收藏。

注意，由题干，商店出售的图片所显示的文物，包括但不一定是本馆此次展览的展品。

A 项和 E 项均推不出，因为，由题干不能断定无名氏的著名水墨画《渔舟唱晚》是此次展品，也不能断定不是此次展品。

B 项和 C 项不能推出。因为题干并未断定商店出售的图片所显示的文物，都是此次展品。

**28.【答案】** A

**【解析】** B 项不可为真，因为违反条件（3）。

C 项不可能为真，因为由条件（2），J 和 L 表演的类型不同。

D 项和 E 项不可能为真，因为由条件（1），M 的表演不止一次。

A 项不违反条件，可能为真。

**29.【答案】** B

**【解析】** 题干概括：

每位考生至少表演一次

每种类型每人至多表演一次

次数：K＜M；L＜M

类型：L→ ¬J ；M→ ¬J

由 K＜M ，得 M≠1；由 M→ ¬J ，得 M≠3。因此，M＝2。由 M＝2，得L＝K＝1。

又由 M→ ¬J ，得 J＝1。

**30.**【答案】D

【解析】由 J 没有表演舞蹈，可得 J 表演唱歌，或表演小品。如果 J 表演唱歌，可得 M 表演舞蹈和小品；如果 J 表演小品，可得 M 表演舞蹈和唱歌。因此可得：M 一定表演舞蹈。

# 第七套

1.【答案】E

【解析】题干概括：(1) 张∧李；(2) 张∨李

假设（1）真，则（2）真，违反本题条件，因此（1）假。由（1）假，得张和李有人未晋升，由（2）真，得张和李有人晋升，因此，答案是 E。

2.【答案】E

【解析】假设（2）假，则（1）假，违反本题条件，因此，（2）真。又，张∨李＝¬张→李。因此，答案是 E。

3.【答案】C

【解析】

不必然所有汉语表达都能被所有阅读者透彻理解（C 项）

＝可能有的汉语表达不能被所有阅读者透彻理解

＝可能有的汉语表达有的阅读者不能透彻理解（题干）

本题涉及：

不必然＝可能不

并非所有＝有的不

4.【答案】C

【解析】题干概括：

论据：人的大脑的思考功能大部分尚未开发。

结论：只要人类能充分开发这一创造发明的巨大资源，目前困扰人类的任何难题都将不在话下。

C 项如果不成立，则题干的论证就不能成立，是必须假设的。

A 项、B 项和 E 项如果成立，均能加强题干，但如果不成立，题干的论证仍然可以成立，因此不是假设。

5.【答案】E

【解析】题干概括：

论据：如果我们对树木承担不乱伐的义务，那么，树木必须拥有权利。但是树木没有意识，不是那种可以拥有权利的实体。

结论：我们没有义务不乱伐树木。

如果E项不成立，则不乱伐树木的义务，可能不是对树木本身承担，而是对其他实体，例如政府、公众承担的。这样，题干的论证就不成立。因此，E项是题干的论证所依赖的假设。

6.【答案】E

【解析】题干概括：

（1）许多成功的形象设计师都注意吸收国外的设计理念

（2）成功的形象设计师→关注国内客户的需求

由条件（1）得：有的形象设计师既成功，又注意吸收国外的设计理念。又由条件（2）得：成功的形象设计师都关注国内客户的需求。由此得：有的形象设计师既注意吸收国外的设计理念，又关注国内客户的需求。因此，E项能从题干推出。

其余选项均不能从题干推出。例如，C项不能，因为题干只断定许多，并未断定所有成功的形象设计师都注意吸收国外的设计理念。

7.【答案】D

【解析】A项和C项属于题干的论据。B项陈述的是题干要质疑的一个论证。D项是题干所要得出的结论。E项是条件断定，不是事实断定。题干的结论是事实断定。

8.【答案】E

【解析】由题干可得，有君子既喻于义，又喻于利，因此，E项断定为假。其余各项，A、C和D一定为真，B可能为真。

9.【答案】D

【解析】题干概括：来自农村的大学生→毕业于寄宿制中学。（小张）毕业于寄宿制中学。因此，（他）是来自农村的大学生。这一推理的漏洞是，由肯定后件得肯定前件。

D项概括：应试能力提高→上过辅导班。（小孙）上过辅导班。因此，（他）应试能力提高。D项的推理漏洞同题干。

其余各项作为答案均不恰当。例如，A项中断定小李的应试能力很强，不等同于断定应试能力提高。

10.【答案】D

【解析】题干概括：

（1）能够完全集中注意力→智力高于平均水平

（2）完全杜绝交通事故→能够完全集中注意力

（3）速记员集中注意力的能力都有明显提高

由条件（1），得：智力低于平均水平→不能完全集中注意力。继而得：智力低于平均水平的速记员一定不能完全集中注意力。因此，D项一定为真。

条件（3）支持但推不出A项，因此A项不一定为真。

C项不一定为真，因为由条件（1），肯定后件不能肯定前件。

B项和E项显然不一定为真。

**11.【答案】D**

**【解析】**题干概括（表23-1）：

P…□□…M

F□V

**表23-1**

| | 第一 | 第二 | 第三 | 第四 | 第五 | 第六 |
|---|---|---|---|---|---|---|
| F | | | | | × | × |
| G | | × | | × | | × |
| J | | | | | | |
| M | × | × | × | | | |
| P | | | | × | × | × |
| V | × | × | | | | |

由题干，G不是第二、第四和第六。

F后面至少有两个方队，因此，不可能是第五和第六。

M前面至少有三个方队，因此，不可能是第一、第二和第三。

P后面至少有三个方队，因此，不可能是第四、第五和第六。

V前面至少有两个方队，因此，不可能是第一和第二。

A项违反“P…□□…M”。

B项违反“F不是第五”。

C项违反“V不是第一”。

E项违反“M不是第一”。

D项不违反题干。

**12.【答案】E**

**【解析】**本题条件（表23-2）：

P…□□…M

FGV

表 23-2

| | 第一 | 第二 | 第三 | 第四 | 第五 | 第六 |
|---|---|---|---|---|---|---|
| F | | | | | × | × |
| G | | × | | × | | × |
| J | | | | | | |
| M | × | × | × | | | |
| P | | | | × | × | × |
| V | × | × | | | | |

由表 23-2，G 和 P 不是第四方队，排除 A 项和 D 项。

假设 J 或 M 是第四方队，则 F、G、V 依次是第一、第二、第三方队，G 不能是第二方队，因此，假设不成立，排除 B 项和 C 项。

V 是第四方队不违反条件，答案是 E。

**13.【答案】** E

**【解析】** 本题条件（表 23-3）：

P…□□…M

F□V

表 23-3

| | 第一 | 第二 | 第三 | 第四 | 第五 | 第六 |
|---|---|---|---|---|---|---|
| F | | | | | × | × |
| G | | × | | × | ×① | × |
| J | ×① | ×① | ×① | ×① | √① | ×① |
| M | × | × | × | ×② | ×① | √③ |
| P | | | | × | × | × |
| V | × | × | | | ×① | |

数字序号表示推导步骤：

①本题条件。

②假设 M 是第四方队，则 V 是第六方队，则 F 是第四方队，矛盾！因此，假设不成立。

③由 M 不是第四方队，得 M 是第六方队。

**14.【答案】** C

**【解析】** 题干概括：

题干为一个论证。本题考查对论证结构的分析和概括。

"开展各种比赛能培养一个人从小通过竞争获得成功的意识"这一断定，是题干的一个论据（主论据），同时，它又是另一个论据（次论据）的推论。C 项准确地指明了这一点。

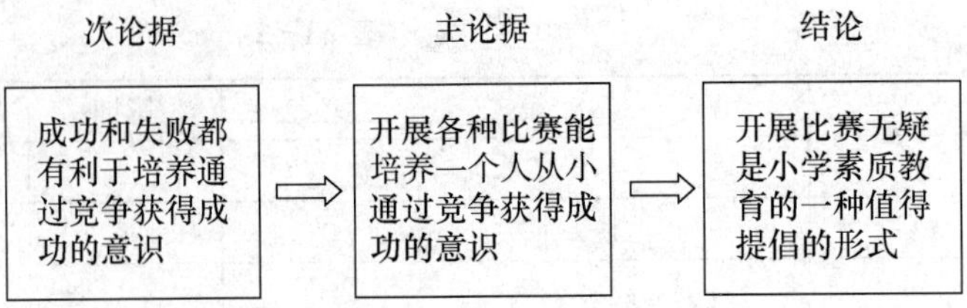


15.【答案】B

【解析】诸选项中，C项和E项不支持第二种应对。D项削弱第二种应对。A项和B项都削弱第一种应对，因而支持第二种应对，其中，B项的支持力度较大。

16.【答案】A

【解析】题干：

张教授（洛克）：¬（权力不可私有∧财产不可公有）→灾难

=（权力可私有∨财产可公有）→灾难

李研究员：¬权力私有→财产公有不会导致灾难

A项是张教授所断定的洛克的观点的"逆否式"（由否定后件得否定前件）。

17.【答案】D

【解析】对D项所概括的问题，张教授的回答是肯定的，李研究员的回答是否定的。

对A项所概括的问题，张教授的回答是肯定的，李研究员的回答不确定。

对B项所概括的问题，张教授的回答是肯定的，李研究员的回答不确定。

对C项所概括的问题，双方的回答都不确定。

对E项所概括的问题，张教授的回答是肯定的，李研究员的回答不确定。

18.【答案】D

【解析】A项不恰当。题干并未表达这一意思。

B项不恰当。B项符合题干的意思，但并不是题干主要想表达的意思。

C项不恰当。题干并未表达这一意思。

D项恰当。D项符合题干的意思，并且是题干主要想表达的意思。

E项不恰当。题干并未表达这一意思。

19.【答案】B

【解析】在传统和反传统的观点争论中，应当接受传统观点，除非至少有一种可以不容置疑地证实或证伪（B项）

= 除非至少有一种可以不容置疑地证实或证伪，否则在传统和反传统的观点争论中，应当接受传统观点

=如果都不能不容置疑地证实或证伪，则在传统和反传统的观点争论中，应当接受传统观点（题干）

A 项和 E 项不准确，因为题干主张接受传统观点的理由，并不是其较有说服力。

C 项不准确。因为由题干，如果传统观点能不容置疑地证伪，则即使非传统观点不能不容置疑地证实，也可以接受。

D 项不准确。因为反传统的观点同样没有不容置疑的论据来证明或反驳，但题干主张不接受。

**20.**【答案】D

【解析】张先生的论证：

论据：电视剧《红楼梦》风靡一时，年轻一代失去了阅读《红楼梦》原著的兴趣。

结论：国人阅读兴趣衰减的原因，在于弥漫于年轻人中的享乐主义和懒散情绪，现代文化产品的视频化，满足和助长了此种倾向。

李女士未反驳张先生的论据，A 项不恰当。

李女士未反驳张先生的结论，B 项不恰当。

李女士并不认为张先生的论据不支持他的结论，只是认为他忽略了更有说服力的论据，C 项不恰当，D 项恰当。

张先生的论证并未作 E 项所断定的假设，E 项不恰当。

**21.**【答案】C

【解析】题干由“披露个人信息”是允许的，得出结论“媒体有义务这么做”，在逻辑上不成立（允许抽烟，得不出有义务抽烟）。C 项准确地指出了这一点。其余选项均不恰当。

**22.**【答案】A

【解析】需要解释的是，为什么甲国的机动车安全行驶标准比乙国严格得多，但两国的单位里程交通事故率一直持平。

C 项和 E 项如果为真，有利于说明，甲国的标准虽然较为严格，但执行层面有不力因素，这能解释题干。

D 项说明，乙国标准虽然较不严格，但在乙国驾车的相当多的甲国司机按较严格的标准驾车，这能解释题干。

B 项显然能解释题干。

A 项不能解释。

此题的关键词是单位里程交通事故率。

在汽车总数量和其他条件相同的情况下，哪国的公路总长度越长，单位里程交通事故率越低；在公路总长度和其他条件相同的情况下，哪国的汽车总数量越多，单位里程交通事故率越高。

A 项说明，在影响机动车安全的其他各种因素相同的情况下，两国的单位里程交通事故率应该持平。这无助于解释题干。

如果 A 项改为：甲国机动车的数量是乙国的 4 倍，但两国的公路总长度相同，就能解释题干。

**23.【答案】E**

【解析】

题干条件：

(1) 甲→乙

(2) ¬丙→丁

(3) ¬戊∨¬己

(4)（¬甲∧丙）→戊

(5) 己

推导：

| | |
|---|---|
| ¬戊 | 由条件（3）和（5） |
| 甲∨¬丙 | 由条件（4）和¬戊 |
| 甲→乙 | 条件（1） |
| ¬丙→丁 | 条件（2） |
| 因此，乙∨丁 | 二难推理 |

**24.【答案】D**

【解析】甲、乙矛盾，必一真一假，因此，丙、丁一真一假。如果丙真，则丁真，因此丙假，丁真。由丙假，得乙真。答案是 D。

**25.【答案】A**

【解析】题干概括：

（气候变暖∨¬杀虫剂产量大幅度提高）→疟疾的发病率会大幅度上升

A 项断定：

杀虫剂产量大幅度提高→疟疾的发病率大幅度上升

由题干和 A 项，可构造以下二难推理：

杀虫剂产量大幅度提高→疟疾的发病率大幅度上升

¬杀虫剂产量大幅度提高→疟疾的发病率会大幅度上升

杀虫剂产量大幅度提高∨¬杀虫剂产量大幅度提高

因此，疟疾的发病率大幅度上升。

因此，增加 A 项为前提，依据题干，可以推出结论：疟疾的发病率会大幅度上升。

**26.**【答案】C

【解析】（缺乏自控力∧遇到害怕的事）→话多（题干）

=¬话多→（¬缺乏自控力∨¬遇到害怕的事）（C 项）

其余选项均不一定为真。

**27.**【答案】B

【解析】题干概括：

（1）音乐→舞蹈

（2）舞蹈→杂技

（3）音乐、舞蹈、相声不得少于两类。

假设没有舞蹈，由条件（1）得：没有音乐。继而由条件（3），得：有舞蹈。矛盾，假设不成立，得：有舞蹈。再由条件（2），得：有杂技。答案是 B。

**28.**【答案】B

【解析】由 M 入选，得 P 和 R 入选。由 P 和 R 入选，得数学家只有一人入选。又 M 是唯一入选的物理学家，为满足 9 选 5，得化学家都入选，即 P、Q 和 R 同时入选。

**29.**【答案】C

【解析】由 F 入选，得 K 不入选。由 Q 和 R 入选，得数学家只有 F 入选，即 G 和 H 不入选。如果 M 入选，则 P 入选，6 人入选，违反条件。得 M 不入选。因此，第五位入选的一定是 P。

**30.**【答案】D

【解析】由 P 是唯一入选的化学家，得 Q 和 R 未入选。由 R 未入选，得 M 未入选。如果恰有两个物理学家入选，其中包括 F，则得 K 不入选。又 G 和 H 中有一人不入选，这样，不入选的人数是 5 个，违反题干 9 选 5 的条件。因此，如果恰有两个物理学家入选，其中一定不包括 F，即 D 项一定为真。

# 第八套

1. 【答案】E

【解析】题干断定，这两类好莱坞恐怖片的共同特点是都描写在现实中不可能出现的违反自然规律的现象。这两类好莱坞恐怖片中包括描写病态科学家的影片，由此可得，有些描写病态科学家的影片描写了违反自然规律的现象。

其余选项不一定为真。例如，A 项不一定为真，因为由题干只能推出，好莱坞恐怖片对鬼怪的描写都违反自然规律，不能推出所有对鬼怪的描写都违反自然规律。同理，B 项不一定为真。

2. 【答案】C

【解析】题干的结论是：难以对行为本身进行评价。论据是一个个例：对于建造颐和园这一行为，如果依据其动机，则应否定；如果依据其结果，则应肯定。这一论证显然假设：对人的行为进行评价的依据，必须既包括其动机，也包括其结果。

如果题干的结论是，对行为本身进行评价虽然有难度，但还是可行的，则 E 是题干要假设的。但这并不是题干的结论。

3. 【答案】C

【解析】C 项概括的问题，同时具有两个特点：第一，两人都有明确观点；第二，观点对立。

张教授的观点是，人赋予了计算机某种能力，并不意味着人自身一定具有此种能力。“阿尔法狗”具有人不具有的围棋制胜能力。

李研究员认为，“阿尔法狗”是人编写的，“阿尔法狗”具有的能力，是人的能力的一种体现。因此，人赋予了计算机某种能力，意味着人自身一定具有此种能力。

4. 【答案】D

【解析】此题可先比较结论的结构。题干结论的结构是，不可能（A 且 B)。B 项、C 项和 E 项的结论均不具有这一结构，排除。A 项和 D 项结论具有这一结构，须进一步比较前提的结构。

A 项的前提“每个公民都应当遵守法律。任何违反法律的行为都会受到追究和制裁”的结构是“应当 A。非 A 则 B”，题干的前提“一个高尚的人应当承诺不说假话。但不说假话有的善事就做不成”的结构是“应当 A。A 则 B”，二者不同，因此，排除 A 项。D 项的结构和题干相同。

5. 【答案】A

【解析】题干概括：

气温升高→湿度提高→降雨量增加

降雨量增加

因此，气温升高

这一推理的错误是：由肯定后件，得肯定前件。

这一错误也出现在 A 项中。A 项的推理是：

食物新鲜→营养→健康

健康

因此，食物新鲜。

如果 E 项的结论是“因此，目前电视节目的质量比以前高”，则出现和题干类似的错误。但这不是 E 项的结论。

6. 【答案】E

【解析】题干支持 A 项和 E 项，但题干断定的只是一个人的价值取向和他的行为之间“有很强的相关性”，这并不排斥此种相关有例外。因此，和 A 项相比，E 项作为题干的结论更为恰当。

题干不支持其余选项。例如，题干不支持 D 项，因为，由题干，一个注重兴趣的人，完全可能对一项工资高的工作有兴趣。

7. 【答案】B

【解析】题干断定，作家和艺术家大都具有超常的天赋。具有超常天赋的人大都擅长抽象推理。但擅长抽象推理的人中，少见作家和艺术家。这显然有力地支持结论：作家和艺术家在具有超常天赋的人中只占很小的比例。因为，如果作家和艺术家在具有超常天赋的人中占很大的比例，又因为擅长抽象推理的人中具有超常天赋的人占很大的比例，因此，不可能擅长抽象推理的人中，少见作家和艺术家。

题干不支持其余选项。例如，题干不支持 C 项，因为题干只断定，只靠课堂和实验室培养不出作家和艺术家，这不说明作家和艺术家大都未进课堂。

8. 【答案】C

【解析】题干断定，“当代人的旅游条件比以前好得多”，用以说明，过去游记的写作目的，是让读者知未经之地、未览之景、未遇之人；现在游记的写作目的，是让读者从他们并不陌生的场景中，找到新的视角、解读和感受。这说明，和以前相比，当代游记的写作任务改变了。

其余各项均不恰当。例如，D项不恰当，因为题干的结论是，说当代游记质量大大退步过于绝对和苛刻，而不是当代游记的质量高于前人。

9. 【答案】B

【解析】题干概括：

（1）雅士→琴棋书画

（2）俗人→柴米油盐

（3）¬柴米油盐→¬琴棋书画

由（1）和（3），得：雅士→柴米油盐。这就是B项所断定的。

其余各项均不能由题干推出。

A项不一定为真，因为由（2）不能得出：柴米油盐→俗人。

由题干条件，不能确定雅士和俗人的关系，因此，D项和E项不一定为真。

10. 【答案】E

【解析】题干仅根据最近一项研究报告的结论和以前研究结论的不同，就得出结论：不要听信以前的研究结论。这一论证的漏洞在于，并没有证明为什么最近的研究报告比以前的研究结论更可信。E项恰当地指出了这一漏洞。

11. 【答案】E

【解析】题目概括（见表24-1）：

如果使用硬棕牙刷，不论是否保洁，都不能减少牙垢；如果使用软棕牙刷，在保洁的条件下，则能减少牙垢。

这有力地支持E项。

**表24-1**

| | | | |
|---|---|---|---|
| 软棕 | 第一组 | 保洁 | 牙垢减少 |
| | 第二组 | 不保洁 | 牙垢不变 |
| 硬棕 | 第三组 | 保洁 | 牙垢不变 |
| | 第四组 | 不保洁 | 牙垢不变 |

该表说明，对于减少牙垢，软棕和保洁两个条件缺一不可。该表不能说明，对于减少牙垢，这两个条件哪个更为重要。因此，题干不支持A项和B项。

12. 【答案】B

【解析】题干的结论是，“毒舌者”和其营养不良有因果关系。论据是，通过改善一部分“毒舌者”的营养状况，结果不同程度地改变了其语言暴力的倾向。这是通过“求同”从正面来验证这一因果关系。

B 项如果为真，能通过“求异”从反面有力地加强这一验证。

A 项如果为真，能加强题干的论证，但只说明营养状况一般会影响人的行为方式，但无助于具体说明，营养状况和语言暴力这种行为方式存在因果关系。力度不如 B 项。

**13.【答案】**B

【解析】题干断定：第一，日常语言有歧义；第二，作家用行文排除歧义（读者通过作家的行文来理解而不会误解作家的意思，即此种行文能排除歧义）；第三，作家行文所使用的语言，是日常语言。

由此可推出，日常语言的歧义可以通过其自身来排除。

题干不支持其余选项。例如，题干断定，为了排除语言歧义，说话的时候可以借助手势或语调，但并未断定，借助手势或语调的目的，只限于排除歧义。因此，题干不支持 D 项。

**14.【答案】**D

【解析】第二部分实验对象在描述他们对电影场景的记忆时所显示的自信，说明这确实是他们的记忆，但为什么这种真实的记忆会在时间上错位呢？因为他们被问的问题包含着误导的暗示。因此，题干的实验结果支持 D 项。题干不支持其余选项。

**15.【答案】**A

【解析】王和方的意见矛盾，必有一真一假。因此，张和李的意见也必为一真一假。假设李的意见真，则张的意见真，违反条件。因此，李的意见假，继而得，张的意见真。

**16.【答案】**C

【解析】要解释的是：乳糖有助于钙的吸收，赤道地区中老年人没有吸收乳糖的能力，但其骨质疏松问题并不严重。

A 项、B 项和 D 项都不能解释题干中的矛盾。C 项提供了当地居民包括中老年人不依赖乳糖吸引钙的一个途径，有利于解释题干中的矛盾。E 项只涉及钙的来源，未涉及钙的吸收，解释力度不大。

**17.【答案】**C

【解析】C 项如果为真，有利于说明，甲种处置在用于动物实验时出现了副作用，这种副作用也可能出现于人。而 C 项断定，甲种处置的某种可能出现的消极效果，乙没有。这就有力地削弱了题干的论证。

A 项肯定乙种处置的效果，这同时也是在肯定甲种处置，因为题干断定，乙种医疗处置所能达到的积极治疗效果，甲种处置都能达到，因此，A 项不能削弱题干。D 项能削弱，但力度不如 C 项，因为只断定“有些”。

**18.**【答案】C

【解析】题干概括：

信仰上帝 ↗ 上帝存在→有所得；↘ 上帝不存在→无所失

不信仰上帝 ↗ 上帝存在→有所失；↘ 上帝不存在→无所得

如果上述断定为真，并且上帝存在，则可得到以下二难推理，其结论一定为真：

信仰上帝→有所得

不信仰上帝→有所失

信仰上帝 ∨ 不信仰上帝

可得：有所得 ∨ 有所失

= ¬ 有所得→有所失

= ¬ 有所失→有所得（C 项）

其余各项均不能由题干推出。

**19.**【答案】B

【解析】题干断定：

信仰上帝 ↗ 上帝存在→有所得；↘ 上帝不存在→无所失

根据上述断定，假设信仰上帝，则可得：或者有所得，或者无所失。因此，如果事实上无所得，且有所失，则说明假设不成立。即可得不信仰上帝。

**20.**【答案】A

【解析】不可能所有人都是明白人 = 一定（必然）有人不是明白人

不要以为所有人都一定是糊涂虫

= ¬ 所有人都一定是糊涂虫

= 有人可能不是糊涂虫

对命题 A，“不要以为 A”，表达的意思就是否定 A；“要知道 A”，表达的意思就是肯定 A。

**21.**【答案】D

【解析】由题干，民主制之利是避免最具破坏性的政府，之弊是失去最具建设性的政府。D 项如果为真，说明一个政府可以不最具建设性，但断不可最具破坏性。这就有力地加强了题干的论证。

**22.**【答案】E

【解析】丘吉尔和阿斯特夫人的陈述，都是条件断定，其前件均假，推不出任何结论。

**23.**【答案】D

【解析】推导（见表 24－2）：

①由题干条件，得：老赵不是大学教授；老张不是政府官员；老王不是政府官员。

②得：老赵是政府官员。

③由老赵是政府官员，得：政府官员的年龄比大学教授的大。又政府官员的年龄比老张的小，得：老张不是大学教授。

④得：老王是大学教授，老张是企业老总。

**表 24－2**

| | 企业老总 | 政府官员 | 大学教授 |
|---|---|---|---|
| 老王 | | ×① | √④ |
| 老张 | √④ | ×① | ×③ |
| 老赵 | ×② | √② | ×① |

**24.**【答案】B

【解析】题干概括：

¬特赦→（获减刑→实际服刑年限必须不少于判刑年限的三分之二）

B 项不可能为真。因为，由题干，无期徒刑是裁定实际服刑时间无上限，即假定犯人可以一直活下去，因此，由无期改判有期，不满足“实际服刑年限必须不少于判刑年限的三分之二”。

A 项可能为真，因为虽然不满足“实际服刑年限必须不少于判刑年限的三分之二”，但可能适逢特赦。

**25.**【答案】B

【解析】B 项如果为真，说明目前该国人中信奉宗教的比例约为十三分之一，考虑到佛教信众只是该国宗教信众中的一部分，因此，该国人中目前信奉佛教的比例，很可能不高于职务犯罪者当中信奉佛教的比例。这样，题干的论证就没有说服力。作为对比，可以假设一个佛教国度，信奉佛教者在国民中占有很高比例，在这样的国度，如果出现题干陈述的现象，则题干的论证就有说服力。

**26.**【答案】B

【解析】需要李思解释的是：为什么拥有一身漂亮羽毛的雄孔雀在求偶中具有竞争的优势。这也就是需要解释：为什么雌孔雀更愿意与拥有漂亮羽毛的雄孔雀为偶。因此，李思应答中的漏洞是：把所要解释的现象本身作为对这一现象的一种解释。

**27.【答案】B**

**【解析】**题干断定：并非所有旨在提高劳动生产率的举措都对企业有利。由此可推出：有些旨在提高劳动生产率的措施，实际上对企业并非有利。因此，题干能推出 B 项。其余各项题干均不支持。

**28.【答案】A**

**【解析】**题干概括（见表 24－3）：

**表 24－3**

| | 周一 | 周二 | 周三 | 周四 | 周五 |
|---|---|---|---|---|---|
| 张 | × | | | | |
| 李 | √② | | × | | |
| 王 | ×① | | | | |

王只连续值班两天；周二→周五

推导：① 由本题条件，得：王不在周一值班。

②因此，李在周一值班。

答案是 A。

**29.【答案】E**

**【解析】**题干概括（见表 24－4）：

**表 24－4**

| | 周一 | 周二 | 周三 | 周四 | 周五 |
|---|---|---|---|---|---|
| 张 | × | | | | |
| 李 | √② | ×③ | × | | |
| 王 | ×① | | | | |

王只连续值班两天；周一→ ¬周二

推导：由条件，王连续两天；周一→ ¬周二，得：王不在周一。继而得：李在周一，不在周二。因此，A 项、B 项、C 项和 D 项均不可能为真。

E 项可能为真。

**30.【答案】B**

**【解析】**题干概括（见表 24－5）：

**表 24－5**

| | 周一 | 周二 | 周三 | 周四 | 周五 |
|---|---|---|---|---|---|
| 张 | × | | | ×④ | |
| 李 | | | × | ×④ | |
| 王 | ×② | ×① | | √③ | |

王只连续值班两天；在周二值班的副市长每周只值一天班

推导：

①周二值班的副市长每周只值一天班，因此，周二值班的不是王。

②王不在周一值班，否则要在周二值班。

③王连续值班的两天是周三和周四，或周四和周五。因此，周四由王值班。

④周四不是张值班。

# 第九套

1. 【答案】D

【解析】D项如果为真，说明在《细则》颁布后的两年中，虽然伤亡职工的数量每年仍有增加，但伤亡率很可能明显下降。这说明《细则》的实施是有效的。

2. 【答案】E

【解析】题干给出了承租人不需要赔偿损坏的必要条件：损坏在承租人入住前已经存在，或者此种损坏的出现是承租人不可控制的。E项提及的损坏出现，是承租人不可控制的。因此，有力地支持承租人不需要赔偿。

一般地，如果A是B的必要条件，则由A不能推出B，但A能有力地支持B。题干不支持其余各项损坏的出现不需要赔偿。例如，B项断定，承租人称，此种损坏的出现是他不可控制的。由此不能得出，此种损坏的出现是承租人不可控制的。

3. 【答案】B

【解析】题干概括（有关英语标题中的词）：

(1)（关键词∨第一个词∨最后一个词）→大写

(2)（（冠词∨介词∨连词）∧少于五个字母）→¬大写

条件（2）的逆否式是：

大写→¬（（冠词∨介词∨连词）∧少于五个字母）

这就是B项所断定的。

其余各项均不能从题干推出。例如，C项断定的是英语文章，不是英语标题。D项在条件（1）中，由否定前件得否定后件，这是不成立的。

4. 【答案】D

【解析】题干概括：

(1) 好学生的知识→超出家长和老师的要求→（足够的好奇心∧独立思考能力）

(2) 足够的好奇心→独立思考能力

除 D 项外，其余各项均能从题干推出。

5.【答案】B

【解析】题干概括：

前提：(1) 执行董事→学士学位

(2) 执行董事→没有不良记录

(3)(张) 有学位∧有不良记录

结论：(张) 不能担任主管经理。

由题干的前提，只能推出“(张) 不能担任执行董事”，要推出题干的结论，还须增加前提。B 项断定：主管经理→执行董事。显然，假设 B 项，就可推出题干的结论。

E 项加强题干的论证，但不是题干的假设（既不充分，也不必要）。E 项如果成立，不能保证题干的论证一定成立；E 项如果不成立，题干的论证仍然可能成立。

6.【答案】B

【解析】题干断定的高血压与紧张和焦虑情绪的相关性，仅是一种统计相关。要使题干的论证成立，还必须满足二者因果相关，否则，由高血压患者大都容易紧张和焦虑，得不出紧张和焦虑的人大都容易患高血压，这样，题干的结论也就得不出。但统计相关不一定因果相关，B 项恰当地指出了这一点。

题干的论证不需要断定胆汁质气质是造成一个人紧张和焦虑的原因。只要满足“胆汁质气质的人，大都容易紧张和焦虑”，并且紧张和焦虑是导致高血压的原因，题干的论证就可以成立。因此，A 项不恰当。

此题的难点在于排除 A 项。

7.【答案】C

【解析】李女士未反驳张先生的论据，也未反驳张先生的结论，而是指出，他忽视了一个数据，即高收入层的平均工资增长额，要高于低收入层。因此，张先生的论据推不出他的结论。C 项准确地概括了此种方法。

8.【答案】E

【解析】对 E 项概括的问题，李女士的回答是肯定的，张先生的回答是否定的。因此，双方有不同的观点。

其余各项概括的问题，双方不一定有不同的观点。例如，对 D 项概括的问题，张先生的回答是肯定的，李女士的回答不能确定。

9.【答案】E

【解析】题干通过调查得出的结论是，认为国产电视剧质量低下的看法完全不能真实反映民意。所选择的调查对象是未成年人，显然样本不当。E 项恰当地指出了这一点。

题干涉及的是评价国产电视剧的某种观点是否能代表民意，这和评价电视剧质量的标准以及评价者的判断力无关。某种有代表性的民意可以持正确的也可以持错误的标准，可能体现准确的也可以体现模糊的判断力。因此，B 项和 D 项均不恰当。

**10.【答案】** C

**【解析】** 题干结构：事实说明，某个理由不是实际理由（是借口），因此，一定另有他因。

C 项中，李经理“应下属郑小姐之邀一起去看了电影”，能充分说明，李经理拒绝他的秘书王小姐共进晚餐的邀请的理由，不是他的实际理由。其结构和题干类似。

其余选项作为答案均不恰当。例如，A 项中，“他们自己经常不吃早饭”，不能充分说明，张小小的父母关照他一定要吃早饭的理由不是他们的实际理由。B 项中，“真话有时传递的是恶意，假话有时传递的是善意”，不能充分说明，微信群主要求不要轻易转发微信的理由不是实际理由。E 项中，反腐立法早已有之，不能说明，官员获取灰色收入的机会较之前大大减少，不是目前报考公务员的人数明显减少的原因。

**11.【答案】** D

**【解析】** 要确定染发是否会增加患白血病的风险，需要确定有染发史的人中，患白血病的比例是否高于白血病的一般发病率。白血病的一般发病率是万分之二。要确定有染发史的人中患白血病的比例高于万分之二，例如万分之四（高出一倍），至少需要对 3 000 名染发者进行检测（$3\ 000 \times 0.04\% = 1.2$），也就是说，即使有染发史的人中患白血病的比例高出正常的一倍，至少需要对 3 000 名染发者进行测试，才能在其中发现一个白血病患者。因此，仅根据 1 000 名有染发史的被测试者中没有白血病患者的统计结果，就反驳染发会增加患白血病的风险的流行说法，是缺乏说服力的。这就是题干要表达的意思。D 项恰当地概括了这个意思。

题干只是说明，对上述流行说法的反驳缺乏说服力。至于事实上染发是否会增加患白血病的风险，题干并没有观点。因此，A 项、B 项和 C 项均不恰当。

**12.【答案】** D

**【解析】** 题干概括：

不及时缴纳物业费的业主不超过三分之一→（连续低温天气→提前供暖）

＝（不及时缴纳物业费的业主不超过三分之一∧连续低温天气）→提前供暖

D 项肯定前件，并且否定后件，说明题干的承诺没有兑现。其余选项未同时肯定前件，并且否定后件。

**13.【答案】E**

【解析】题干的推理结构是：

（A∧B）→C

¬C

因此，¬B∨¬A

诸选项中，E 项和题干的结构最为类似。

D 项的结构与题干有区别，因为海天夜总会从未受到过查处，不等于：并非海天夜总会必须受到查处（必须做的事，有些在事实上从来不做）。因此，“海天夜总会必须受到查处”和“海天夜总会从未受到过查处”并不是 C 和 ¬C的关系。

**14.【答案】B**

【解析】题干断定，一个人智力的高低，百分之九十取决于他的思维能力，百分之十取决于他的知识拥有量。基于这一断定，题干要表达的意思是，现代人达不到孔子和苏格拉底的智慧高度的原因，在于虽然知识的拥有量大大增加，但思维能力的增长跟不上。而现代人的思维能力的增长，跟不上知识拥有量的增长，就是 B 项所断定的。因此，题干最能支持 B。

**15.【答案】A**

【解析】我不会参加总统竞选，除非能当选

＝ 除非能当选，否则我不会参加总统竞选

＝¬能当选→我不会参加总统竞选

＝ 我参加总统竞选→能当选

这说明，特朗普对成功竞选总统充满自信。

**16.【答案】A**

【解析】乙和丁的意见矛盾，必有一真一假。因此，甲和丙的意见也必定一真一假。假设丙的意见真，则甲的意见真，违反条件。因此，丙的意见假，继而得出甲的意见真。

**17.【答案】D**

【解析】D 项的规定可概括为；

毕业考试各门成绩均为优秀→（获得年度奖学金∧取得“免推生”资格）

题干肯定该项规定的前件，但否定其后件，能说明该项规定未得到实施。

题干不能说明其他选项的规定未得到实施。例如，A 项的规定是：

毕业考试各门成绩均为优秀→（获得年度奖学金∨取得“免推生”资格）

题干肯定该项规定的前件，不能否定其后件，因此，不能说明该项规定未得到实施。

18. 【答案】B

【解析】假设李思的猜测不成立，则张珊的猜测不成立。两个猜测不成立，违反条件。因此，假设不成立，则李思的猜测成立。

19. 【答案】C

【解析】如果张珊的猜测成立，则李思的猜测不成立，即张、李两人的猜测不能都成立，即至少有一个不成立。又题干断定只有一个不成立，因此，王五的猜测成立，即 C 项能从题干推出。

20. 【答案】C

【解析】开发商的承诺是：

业主→确保可购得停车位一个。

Ⅲ 陈述的情况肯定该承诺的前件，但否定其后件，说明该承诺没有兑现。

其余复选项均不能肯定前件并否定后件，不能说明该承诺没有兑现。其中，Ⅰ断定“未购买停车位”不等于断定“未确保可购得停车位一个”，未否定后件。

21. 【答案】C

【解析】C 项如果为真，有利于说明，生母在孕期的高营养饮食，虽然不能使新生儿在婴儿期避免出现健康问题，但能减少出现健康问题。这就有力地削弱了题干的论证。

A 项和 E 项能削弱题干，但因为诉诸的是“有些”，力度不大；B 项加强题干；D 项不相干。

22. 【答案】E

【解析】A 项说明，20 世纪下半叶癌症发病率提高的原因之一可能在于人类寿命的提高；B 项说明 20 世纪上半叶癌症发病率低的原因之一可能是战争过早夺去了一些可能患癌症的人的生命；C 项说明 20 世纪下半叶比上半叶癌症发病率提高的原因之一可能是癌症诊断准确率的提高；D 项说明 20 世纪下半叶比上半叶癌症发病率提高的原因之一可能是准确的医疗诊断在世界范围的覆盖率的提高。这些都削弱了题干的论证。E 项不能削弱题干。

23. 【答案】C

【解析】本题概括（见图 25－1）：

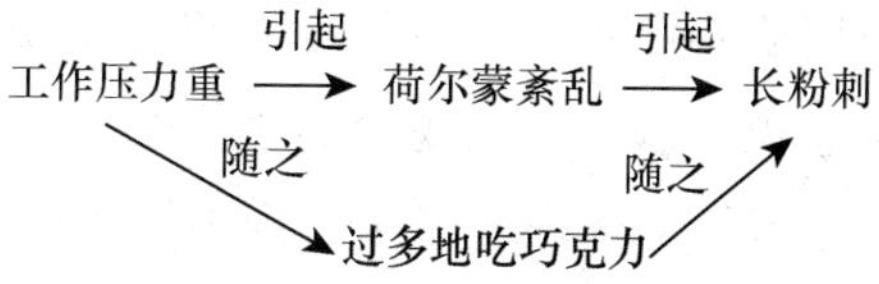


图 25－1

引起：因果相关。

随之：统计相关（可能但不一定因果相关）。

A 项不甚恰当，因为题干只是断定，认为过多吃巧克力会引起脸上长粉刺，可能是一种误解。

B 项不恰当，因为题干断定工作压力重、过多吃巧克力和长粉刺的关系，是“随之”，而不是“引起”。

C 项较为恰当。因为题干断定，工作压力重引起荷尔蒙紊乱；荷尔蒙紊乱，引起长粉刺。因此，长粉刺是工作压力过重引起的结果。题干又断定，统计显示，工作压力重的年轻人，比其他人更喜欢过多地吃巧克力。因此，过多地吃巧克力很可能是工作压力重引起的另一个结果。这也对过多地吃巧克力的年轻人较多长粉刺的这种相关性给出了一个合理的解释。

**24.**【答案】B

【解析】如果 B 项为真，说明鲜葡萄制成葡萄干后，由于葡萄干中焦糖的卡路里含量不被计入，因此，相对于其原料鲜葡萄而言，葡萄干的卡路里总含量减少，又由于铁元素总含量不变，因此，单位卡路里葡萄干的铁元素含量高于鲜葡萄。这有力地解释了题干的现象。

**25.**【答案】B

【解析】不可能有考生答对所有的试题

＝必然所有考生都有试题答错。

**26.**【答案】A

【解析】题干概括：

（1）日本∨韩国

（2）¬新加坡∨¬韩国

（3）韩国→新加坡。

假设去韩国，则由（2），得出不去新加坡；由（3），得出去新加坡。矛盾！假设不成立。因此，不去韩国。再由（1），得出去日本。

**27.**【答案】D

【解析】题干的漏洞在于混淆了自涉比较和互涉比较。D 项恰当地指出了这一点。

**28.**【答案】E

【解析】胶质奶糖或巧克力粘在牙齿上的时间越长，则引起蛀牙的风险越大。这种关系，只有胶质奶糖或巧克力与自身相比才成立，在二者之间相比不成立。题干的论证忽视了这一点。题干的这一漏洞不明显，是因为题干的结论不违反经验事实。题干的这一漏洞在 E 项中同样存在，并十分明显。

**29.【答案】**B

**【解析】**要比较哪种速度行驶较安全，比较的依据应是事故率，而不是事故数量。题干的漏洞在于忽视了这一点。

B 项如果为真，说明虽然中速行驶事故数量比高速行驶多，但事故率较低。

**30.【答案】**E

**【解析】**题干的合理结论应当是，顾客可能不喜欢吃土豆，而不应当是，顾客一定不喜欢吃土豆。

因此，题干论证的漏洞是把对某个现象的一种可能的解释当作唯一可能的解释。E 项恰当地指出了这一点。其余各项均不恰当。

# 第十套

1. 【答案】C

【解析】题干：

(1) 李当选∨张当选

(2) 承诺：李当选→改变小区违规停车

要说明上述承诺未兑现，必须同时满足：肯定前件并且否定后件。

C 项断定张叔未当选，由此可得：李伯当选。因此，C 项肯定题干的承诺的前件，并否定其后件，说明该承诺未兑现。

2. 【答案】D

【解析】题干断定，如果权威机构不能及时公布事件真相，就会谣言满天飞。这一断定等价于：如果谣言不满天飞，则说明权威机构及时公布了事件真相。

题干的断定可概括为：

谣言不满天飞（未出现谣言的传播）→权威机构及时公布了真相→及时确定了真相→有效运用了各种手段，包括高科技手段。

由此可得：一个大的社会性事件以后，如果未出现谣言的传播，则权威机构在确定事件真相时有效运用了高科技手段。

其余各项均不一定为真。

3. 【答案】A

【解析】题干断定：

一种文学艺术形式被接受→受众具备了此种文学艺术形式所要求的鉴赏能力

题干的漏洞在于，根据上述断定，由目前朦胧诗被接受，可得目前的受众达到了朦胧诗所要求具备的鉴赏能力，但由 40 多年前朦胧诗未被接受，不可得那时的受众未具备此种鉴赏能力。A 项恰当地指明了这一点。

4. 【答案】C

【解析】题干断定，如果没有女人，人类至今创造的文化产品中，将失去 50%的真。基于题干条件，可推出，剩下的 50%的真是由男人单独创造的。由于失去的

50%的真可能有一部分是男女共同创造的，因此，题干有力地支持“男人求真的能力强于女人”，即 C 项。

题干对 A 项的支持力度不如对 C 项。题干断定，如果没有女人，人类至今创造的文化产品中，将失去 70%的美。由此可推出，30%的美是由男人单独创造的。由于失去的 70%的美可能有一部分是男女共同创造的，因此，题干几乎不支持女人创造美的能力强于男人。

5. 【答案】E

【解析】题干的前提能推出结论。题干的推理形式可概括为：

香蕉＜梨子，梨子≤心理价位，所以，香蕉≤心理价位。

E 项的前提能推出结论。E 项的推理形式可概括为：

小张的考分＞小李的考分，小李的考分≥录取分数线，所以，小张的考分≥录取分数线。

和题干最为类似。

其余选项的前提均推不出结论。

A 项前提推不出结论，因为个子高度不同于弹跳高度；B 项前提推不出结论，因为“小于”是传递关系，“朋友”不是传递关系；C 项前提推不出结论，因为减肥目标因人而异，达到减肥目标的步数，也因人而异；D 项前提推不出结论，因为小姚和小赵的心理价位不一定相同。

6. 【答案】C

【解析】题干断定：某省去年后 10 个月的汽车月销售量一直保持不变，而其中日产汽车的月销售量逐月增长。由此可推出，这 10 个月非日产汽车月销售量逐月下降，因此，不可能有两个月销售量持平。因此，C 项不可能为真。

其余各项都可能为真。例如，E 项可能为真。题干断定，去年的后 10 个月中，日产汽车的月销售量在该省汽车市场中所占的份额逐月增长，由此不能得出，日产汽车的月销售量在该省汽车市场中所占的份额高于非日产汽车。因此，完全可能实施新排放标准前的 1 个月，日产和非日产汽车在该省汽车市场的销售份额相同。

7. 【答案】B

【解析】题干断定，按照“无罪推定”的模式，既然不能证明对健康有害，那就必须确认其对健康无害；同样，既然不能证明对健康无害，那就必须确认其对健康有害。这说明“无罪推定”的推理模式被理解为：如果不能证明嫌疑人有罪，那就必须确认其无罪；如果不能证明嫌疑人无罪，那就必须确认其有罪。但由题干，“无罪推定”并未断定，如果不能证明嫌疑人无罪，那就必须确认其有罪。

B 项恰当地指出了这一漏洞。

E 项说明，题干的荒谬结论并不是合乎逻辑地得出的，因此，E 项不恰当。

A 项不恰当。题干并未把“无罪推定”的司法原则运用于其他领域，只是把“无罪推定”的推理模式运用于其他领域。

**8.**【答案】B

【解析】B 项概括了题干的论证所使用的方法，尽管这一方法在运用的过程中出现了漏洞，但 B 项对这一方法的概括是恰当的。其余选项均不恰当。

**9.**【答案】D

【解析】题干断定：第一，并非任何一个逻辑学家都通晓所有逻辑规律；第二，“我”是通晓所有逻辑规律的逻辑学家。为了说明“我”的陈述不会不合逻辑，题干作了一个类比：说“我”的某个陈述不合逻辑，就如同在说一个物理学家的某个处置违反物理规律。为了使这个类比有说服力，这个用以类比的物理学家，必须类似于“我”，通晓所有物理规律。题干并未断定这一点。D 项恰当地指出了这一漏洞。

**10.**【答案】C

【解析】任何物质现象都必然有其原因（题干）

＝任何物质现象都不可能没有原因（C 项的前一个断定）

不可能所有物质现象的原因都能被人类认识（题干）

＝必然有的物质现象的原因不能被人类认识（C 项的后一个断定）

**11.**【答案】B

【解析】要解释的是，为什么和 2 年前相比，浣熊中被感染的百分比上升，但被感染的绝对数量反而减少。如果 B 项断定为真，说明相关时段内浣熊总数减少。这合理地解释了题干的现象。

**12.**【答案】C

【解析】由 F 不开车，得 H、G、L 三人一车，继而得 J、F、K 三人一车，其中，不开车的是 J。

**13.**【答案】B

【解析】如果 K 和 L 都是开车的，则 H 坐的车无人开车，题干的条件无法满足。其余选项均不违反题干的条件。

**14.**【答案】E

【解析】题干只断定两部分学生对文章的概括明显不同，并未断定其中至少有一个不恰当。因此，除 E 项外，其他选项均不恰当。

**15.**【答案】D

【解析】题干断定，农业社会中农民需要正在读书的子女在夏收夏种的农忙时节中断学习，于是演变成暑假，这是产生暑假的某个原因，但有理由认为，这不是唯一原因。题干的论证，把此种原因，误当作唯一原因。D 项恰当地概括了这一点。

其余选项均不恰当。

**16.**【答案】B

【解析】假设 B 项为假，即假设李山和赵思都不参加，则由李山不参加和条件（3），得：王武不参加。继而得：参加者为余下的 4 人，张宜、杜涛、孙柳和方起。张宜和杜涛都参加，违反条件（1），所以假设不成立。即 B 项成立。

此题的另一解法是，由条件（1）和（2），得：张、杜、王、孙 4 人中，有 2 人不参加。如果 B 项为假，则李和赵两人不参加，可得 4 人不参加，违反题干条件。因此，B 项不可能为假。这一解法说明，条件（3）和（4）对于解答此题不是必要的。

**17.**【答案】A

【解析】题干的推理结构是：

（企业∧不盈利）→应当关闭

¬企业

因此，不盈利⊁应当关闭（“⊁”表示“推不出”，下同。）

A 项的推理结构是：

（黄金时段∧收视率不高）→应当取消

¬黄金时段

因此，收视率不高⊁应当取消

A 项和题干具有类似的结构。

其他选项的结构和题干均不同。

**18.**【答案】D

【解析】题干断定，一个段子，如果文雅，则一定是故事。由此可得：一个段子，如果不是故事，则不文雅，即不是故事的段子一定不文雅。

其余各项均不能推出。例如，E 项推不出。题干断定，一个故事，如果不文雅，则一定是段子。由此推不出，一个故事，如果文雅，则一定不是段子。

**19.**【答案】E

【解析】题干断定：

（1）不实施更严格的机动车限行制度→不能缓解日益严重的城市交通拥堵→影响市民的正常生活与工作

(2) 实施更严格的机动车限行制度→许多机动车主倾其所有购买的商品不能物尽其用(这是一种必须接受的社会不公)

由断定(1),可推出 A 和 B;由断定(2),可推出 D;由断定(1)和(2),可推出 C。

E 项不能从题干推出。

**20.【答案】** B

**【解析】** 解法一:假设对粮食不加征关税,则由条件(1),得:对汽车不加征关税。再由条件(2),得:对粮食加征关税。矛盾,因此假设不成立,得:对粮食加征关税。再由条件(3),得:对家用电器加征关税。

解法二:如果对汽车加征关税,则对粮食加征关税。(条件(1))

如果对汽车不加征关税,则对粮食加征关税。(条件(2))

对汽车加征关税或者不加征关税,二者必居其一。

因此,对粮食加征关税。

再由条件(3),得:对家用电器加征关税。

解法二用到"二难推理"。

**21.【答案】** B

**【解析】** 题干概括(见图 26-1):

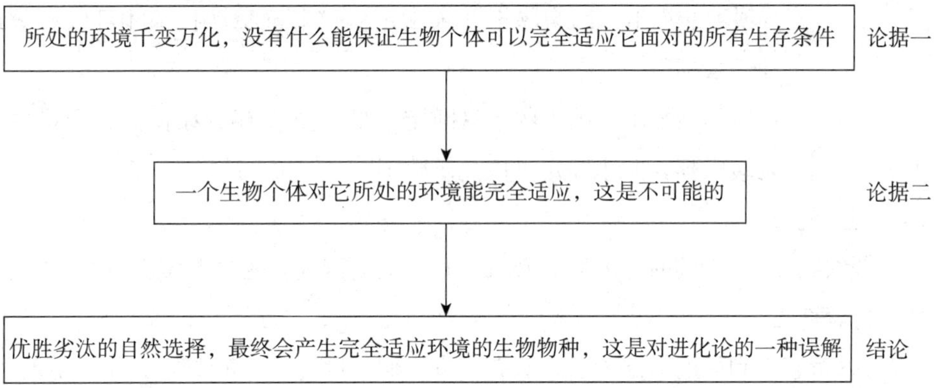


**图 26-1**

A 项陈述的是论据二。D 项陈述的是论据一。B 项陈述的是结论。

**22.【答案】** A

**【解析】** A 项如果为真,能够解释为什么人类由狩猎向农耕转变由亚洲西南部而不是东北部开始,但不能解释,为什么营养不良问题并未使农耕退回狩猎。其余各项显然均有助于解释此种现象。

**23.【答案】** B

**【解析】** 由"至少有两个学生希望和全班同学建立电子邮件联系",可得"每个学生都有一些学生希望与之建立电子邮件联系”。因此，B 项一定为真。D 项不一定为真，因为由“有的学生不愿意和任一同学建立微信联系”，得不出“每个学生都有一些学生不愿意与之建立微信联系”。这个不愿意和任一同学建立微信联系的人，可能所有学生都愿意与之建立微信联系。

**24.** 【答案】E

【解析】题干认为，有药治总比没药好，作为进口上述美国药物的理由是不充分的。所谓不充分，意思就是仅仅根据这个理由是不够的。E 项陈述了这一点，是对题干所要表达的意思的恰当概括。

A 项不符合题干的意思。D 项表达的意思题干没有涉及。B 项不违反题干的意思，但不是题干主要想表达的意思。

C 项不是题干的意思。题干只是提醒，在进口此种药物前，要考虑购买药品的费用村民负担不起。指出这一点，并不意味着反对进口此种药物，例如，也可能是表达政府应当给以补贴的意思。

**25.** 【答案】E

【解析】题干断定，目前发展起来的抗酸性技术只可能用于保护那些有重要历史价值的书籍，由此可以推出，为了保护近 150 年印刷出版的书籍免于毁损，仅依靠目前的抗酸性技术是不够的。E 项可由题干推出。

B 项不能推出。因为题干并未断定，只有抗酸性技术才可以有效地保护书籍免于毁损。

D 项不能推出，因为题干只断定，如果书籍存放在低温、干燥的地方，可以延缓毁损，并未断定可以免于毁损。

**26.** 【答案】B

【解析】甲和丙的断定矛盾，必有一真一假。因此，乙的断定必真。

**27.** 【答案】D

【解析】甲和丙的断定矛盾，必有一真一假。因此，乙的断定为假。由乙的断定为假，得：有的恶行不得恶报。

**28.** 【答案】E

【解析】E 项如果为真，说明题干倒置因果：不是护林工作提高了护林员的视力，而是具备好的视力才有条件被选拔为护林员。这有力地削弱了题干的论证。

A 项如果为真，能削弱题干，但力度不如 E 项。B 项加强题干。C 项和 D 项与题干不相干。

**29.** 【答案】B

【解析】由题干，上报上述数据的是正在经营的企业。如果 B 项为真，说明近期大量倒闭企业的失业人数不在上报之例。这就合理地解释了题干中的现象。

A 项不能解释题干，理由是：

当前失业人数＝原有失业人数＋当前被裁减人数－当前被重新雇佣的人数。因此，一些企业新雇佣的人员数中所包含的被其他企业裁减的人员数，不影响对当前失业人数的估计。

其余选项均不能解释。

**30.** 【答案】C

【解析】题干中的“122 天”这一概念出现两次。第二次出现的“122 天”前冠以“上述”，但事实上前后两个概念的内涵不同，不是同一概念。第一个“122 天”＝122 天×24 小时/天，第二个“122 天”＝122 天×8 小时/天。题干混淆概念。

# 第十一套

1. 【答案】A

【解析】题干断定，把cool（“酷”）解释为“帅”是英语中的一种误用，是对其确切含义的曲解，因为cool在英语中的初始含义是“凉爽”，和“帅”没有丝毫关系。这显然是假设，一个词的初始含义是其唯一确切的含义。

2. 【答案】C

【解析】题干概括：

前提：① 上市→法定机构正式批准→耗费200万美元→有专利

② 中草药没有专利

结论：医生不可能建议用中草药治病

上述前提不足以推出上述结论。

由题干前提①和②，可得：

③ 中草药（在美国）不能合法出售

C项断定：中草药不能合法出售→执照医生不可能建议用中草药治病。

因此，假设C项，题干的结论就能被推出。

3. 【答案】A

【解析】题干陈述的结果是：美国医生所开的药物处方中都不包含中草药。

有人对此种结果的解释是：中草药的药用价值受到严重质疑。

题干对上述结果的另一种解释是：中草药不能合法出售。

因此，题干的方法是：通过对某一结果的另一种解释来质疑一个关于此种结果之原因的断定。因此，A项的概括恰当，和其他选项相比，最为恰当。

4. 【答案】C

【解析】由条件，不难得：甲胜乙和丙。因此得：甲负丁和戊。

5. 【答案】C

【解析】诸选项都能在不同程度上加强题干的论证，但只有C项能说明，题干的处置只会对患者有利，而不会产生不利影响。

6. 【答案】A

【解析】对 A 项所概括的问题，卫生部门官员和营养学家都有明确的观点，并且观点对立。其余各项都不具有这一特点。

7.【答案】C

【解析】李研究员指出，一个伟大的作家要具备的能力是用语言去打动读者，而不是率先把握某种深刻的社会见解，这是反对张教授关于伟大作家的标准；李研究员又指出，工业化的非人道，在弗朗肖的时代，并不是个别人的见解，这是反驳张教授的一个论据。

8.【答案】D

【解析】题干概括如下：

论据：不能表达，也可传递。

结论：不能表达，也可理解。

D 项断定，能传递，一定理解，最能加强题干的论证。

此题要抓住三个关键词：表达、传递、理解。

9.【答案】B

【解析】如果甲、乙两个现象同时存在，并且有因果关系，则存在两种可能：甲是原因，或乙是原因。题干根据精神分裂症和患者脑部结构变化两个现象同时存在，断定后者是前者的原因。这显然假设前者不是后者的原因，这就是 B 项所断定的。

10.【答案】B

【解析】如果所有驾车者当中酒驾的比例非常低，例如只有万分之一，则在 1 万个被测试者中，依据第一个条件，平均会有近 500 个被误测为酒驾，而依据第二个条件，平均只有不到 1 人被正确测定为酒驾。题干的结论显然不成立。

11.【答案】A

【解析】由查尔斯是 H 国公民，得查尔斯有 H 国国籍，又查尔斯有中国国籍，得查尔斯是中国公民，并有双重国籍。题干断定，中国的法律规定，中国公民不能拥有双重国籍，因此可得，中国有关双重国籍的法律没有得到严格实施，即Ⅰ一定为真。

查尔斯有双重国籍，有两种可能：第一，H 国允许本国公民有双重国籍；第二，H 国的法律规定不允许本国公民有双重国籍，但这一法律没有得到严格实施。因此，Ⅱ和Ⅲ都可能为真，但不一定为真。

12.【答案】E

【解析】评价去年第三季度流行性感冒的严重程度，有两个比较标准：第一，比较该年第三季度和其他季度的发病率，这是互涉比较；第二，比较历年第三季度的发病率，这是自涉比较。题干看似矛盾，是仅依据第一个标准。E 项如果为真，说明依据第二个标准，题干的现象并不矛盾。

设想甲、乙、丙、丁 4 个学生参加某次考试，甲的成绩最低，但老师仅表扬了甲。这现象看似矛盾，实际不然，因为甲的此次成绩明显地超过了他以往的成绩。

**13.【答案】**A

**【解析】**题干概括如下：

张珊：善举→善心

李思：¬善举→¬善心＝善心→善举

A项和李思的断定矛盾，和张珊的不矛盾。

**14.【答案】**C

**【解析】**（1）和（5）矛盾，必有一真。如果（4）真，则（2）真，违反条件：至多两项为真。因此，（4）假。又（3）和（4）矛盾，因此，（3）真。

**15.【答案】**E

**【解析】**题干断定：（1）娱乐圈的绯闻大都涉及不正当两性关系；（2）有些官员腐败案件也涉及不正当两性关系；（3）涉及不正当两性关系的信息都容易在网上传播。

由（2）和（3），显然可得：有些涉及官员腐败的信息容易在网上传播，即有些在网上容易传播的信息涉及官员腐败。因此，E项能推出。

由（1）和（3）可得：娱乐圈的绯闻大都容易在网上传播。但由此不能得出：网上容易传播的信息大都涉及娱乐圈的绯闻。例如，由新加坡人大都会说英语，不能推出：会说英语的大都是新加坡人。因此，A项不能推出。

（2）支持B项，但不能推出B项。

题干不支持C项和D项。

**16.【答案】**C

**【解析】**题干陈述的现象可以有两种解释：第一个或者第二个瓶子的标签贴错了。题干的结论只取一种解释，显然忽视了另一种可能性。

**17.【答案】**B

**【解析】**自认为是前25名的回复意见中至少有一半高估了自己所在高校的排名，必须满足：这些回复意见至少有50份。又这些回复意见占全部回复的一半，必须满足：全部回复意见至少有100份。因此，必须满足：上述接受调查的高校校长都作了回复。

如果题干的结论改为，回复者至少有一半高估了自己所在高校的排名，则A是必须假设的。但题干说的是回复意见，不是回复者。即使回复意见表达的不是回复者的真实意见，题干的论证仍然可以成立。因此，A项不是必须假设的。

**18.【答案】**C

**【解析】**题干概括：

结论：建核电厂在经济上划不来。

论据：建核电厂的耗费比建常规发电厂昂贵得多。

A 项、B 项和 E 项削弱题干。C 项和 D 项加强题干，显然，C 项最能加强题干。

**19.** 【答案】B

【解析】贫富分化→改革失败（题干）

A. 贫富分化→改革失败（符合题干）

B. ¬贫富分化→¬改革失败（不符合题干）

C. ¬改革失败→¬贫富分化（符合题干）

D. ¬（贫富分化∧¬改革失败）

=贫富分化→改革失败（符合题干）

E. ¬改革失败→¬贫富分化（符合题干）

**20.** 【答案】C

【解析】题干的结论是根据保洁公司的规定得出的，因此，C 项最为恰当地概括了题干的论证所依据的方法。其他各项可以直接排除。

**21.** 【答案】B

【解析】题干概括如下：

结论：如果要保持目前强有力的社会影响力，就不能接受任何外来的资助

=保持影响力→¬接受资助

论据：如果接受这样的资助，就很难保持目前对社会强势邪恶的巨大杀伤力

=接受资助→¬保持杀伤力

假设 B，题干的论证成立：

接受资助→¬保持杀伤力（题干论据）

保持影响力→保持杀伤力（B 项）

保持影响力→¬接受资助（题干结论）

**22.** 【答案】A

【解析】由题干，不难给出以下图形（图 27－1）：

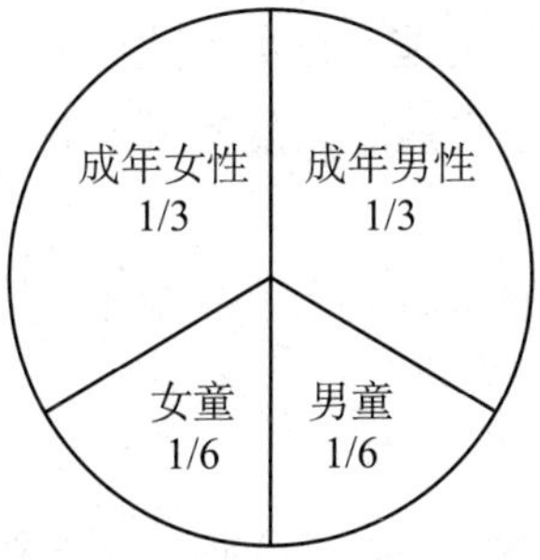


**图 27－1**

由任一年龄段该省男女人口的数量持平，可得总人口男女持平。由妇女儿童占全省总人口的 2/3，可得成年男性占 1/3。由成年男性占 1/3，得男童占 1/6（因为男性占 1/2）。由男童占 1/6，得女童占 1/6。因此该省男性成年人口和儿童人口持平。

23. 【答案】A

【解析】题干断定，“这样的生僻语词……如果出现的次数较多，就需要用现代语做出注释”，这一断定的逆否式，即为 A 项。

其余各项均不能从题干推出。例如，C 项不能推出，因为题干断定，“这样的生僻语词如果只是偶尔出现并且不影响读者对论文的理解，就可不做专门的处理”。D 项不能推出，因为题干断定，“现代语做出注释，在相关页面插入，或者在论文的前言部分统一提及。”

24. 【答案】D

【解析】题干条件可概括为：

（1）红＋蓝＝红

（2）蓝＋绿＝橙

（3）绿＋（红或橙）＝蓝

（4）橙＋（红或蓝）＝绿

A 项不可能。因为要出现 A 项的结果，其中一个蓝色必须是红色和橙色混合的结果。由条件（4），这种结果只可能是绿色。

B 项不可能。因为要出现 B 项的结果，其中一个橙色必须是红色和绿色混合的结果。由条件（2），橙色只可能是蓝色和绿色的混合结果。

C 项不可能。因为要出现 C 项的结果，蓝、橙、红三种颜色中，必须有一种颜色和绿色混合，所得到的结果还是自己。由题干条件，只有红色和蓝色混合得到的结果是自己，其余颜色均不能得到这一结果。

E 项显然不可能。

D 项可能。其中一个绿色，可由混合橙色和蓝色得到。

25. 【答案】C

【解析】A 项不可能。因为要出现 A 项的结果，必须有一种颜色和蓝色混合，所得到的结果还是蓝色。这不可能，已如上述。

B 项不可能。因为橙色只能由蓝色和绿色混合得到，而红色和橙色混合的结果不是蓝色。

D 项不可能。因为红色只能由红色和蓝色混合得到，而绿色和橙色混合的结果不可能是绿色。

E 项显然不可能。

C 项可能。红色由红色和蓝色混合得到，蓝色由绿色和橙色混合得到。

26. 【答案】B

【解析】题干为一个论证。

结论：一般地说，被引用次数较多的论文学术水平较高。

论据：我校学者和国际学者合作发表的论文的平均被引用次数（7 次），多于我校学者单独发表的论文的平均被引用次数（3 次）。

B项如果不成立，则题干的论据不支持结论。因此，B项是题干的论证所依赖的假设。其余各项均不是。

**27.**【答案】C

【解析】由题干，由于存在不低于0.3%的医疗事故致死率，因此，癌症病人去医院治疗，确实会增加死亡的风险。但是，如果为了避免这一风险而不去医院治疗，患者死亡的风险会更大。题干的论证忽视了这一点，C项的问题抓住了这一点，因此，对评估题干的论证最为重要。

D项的问题和评估题干的论证也有相关性，但显然不如C项。

**28.**【答案】D

【解析】由题干，张先生认为：习惯在日常生活中使用右手的人，就一定不是左撇子。李女士认为：左撇子就是先天习惯使用左手，即使后来在外力影响下改为习惯在日常生活中使用右手，也仍然是左撇子。因此，D项所概括的问题，两人最可能有不同观点。

在各选项中，只有D项概括的问题，两人都有明确观点，且观点对立。

**29.**【答案】B

【解析】题干：

论据：省属重点大学M的教师平均薪金高于部属重点大学N。

结论：(1) M的教师薪金普遍高于N。

(2) 部属重点大学的教师待遇并不高于省属重点大学。

B项如果为真，说明平均薪金高不一定保证普遍薪金高，这有力地削弱了题干。

**30.**【答案】B

【解析】题干的逻辑漏洞在于，仅根据个例，得出一般性的结论，这种谬误称为“以偏概全”。这一谬误，也出现在B项中。

# 第十二套

1. 【答案】D

【解析】题干断定：至今仍有数学家坚持认为，简单的数学定理一定存在简单的证明。题干又断定：现在，不会有数学家会因为一条数学定理证明的复杂性而拒绝承认其真理性。由此可得：现在，有些数学家一方面坚持认为，简单的数学定理一定存在简单的证明，另一方面又不会因为一条简单数学定理证明的复杂性而拒绝承认其真理性。因此可得：这些数学家认为，同一条数学定理可以有不同的证明。

2. 【答案】B

【解析】题干断定：任何法规，总有人认为公正。因此，不可能有的法规所有人都认为不公正。因此，Ⅱ一定为假。Ⅰ和Ⅲ都可能为真。

3. 【答案】B

【解析】题干的论据是：公正的内涵不为所有人认同。结论是：公正是一个模糊概念。B项断定：如果一个概念的内涵不为所有人认同，则是一个模糊概念。假设B项能使题干的论据推出结论。其余各项均不能。

4. 【答案】E

【解析】李女士用对东京和北京城市空气污染治理的支出与机动车燃料的品质的对比，说明机动车数量的增加所导致的空气污染，可以得到有效治理，即机动车数量的增加并不必然导致城市空气严重污染。这正是张先生要论证的结论。因此，李女士的论据是对张先生论据的具体化，并不构成对张先生论证的反驳。

5. 【答案】C

【解析】C项说明在吸烟人群中，经常喝酒的人比不喝酒的人患肺癌的比例低，这削弱题干。其余选项均不能削弱题干。

6. 【答案】C

【解析】E项不相关，其余均相关，其中C项最为相关。在同样的实验条件下，如果不减少每天的食品添加剂摄入量，实验的结果也同样出现，则说明题干的实验结论不可靠。

7.【答案】C

【解析】题干断定吃糖会导致多动，没有断定，也推不出，只有吃糖才会导致多动。题干的论证要成立，必须假设：摄入糖替代物不会加剧多动症状。C 项如果为真，说明这一假设不成立，因此，削弱题干。

A 项也能削弱题干，但 A 项是认知判断（“被认为”），断定的是一种观点；C 项是事实判断，断定的是一个事实。因此，A 项的削弱力度不如 C 项。

8.【答案】C

【解析】单位质量所反射的光＝所反射的光/质量

由题干，原先估计的哈雷彗星单位质量所反射的光＞实际情况，即

（所反射的光/质量）＞实际情况

由于所反射的光是个常量（天文学家能准确地量化测定彗星所反射的光），因此可得：

质量＜实际情况

9.【答案】A

【解析】题干的结论是张、李不应当受到交警不同的处置。除 A 项外，其余各项均能支持题干警方处置的合理性，因而削弱题干。B 项、D 项、E 项支持对张的盗车嫌疑。C 项有利于说明，为什么对李不作盗车嫌疑处置。A 项虽然也是张的不良记录，但以此怀疑盗车，不足为据。

10.【答案】E

【解析】题干中专家进行推测的假设是，一种古文字语言中有某种文字，则使用此种文字语言的古代部落所生活的环境中就有此种文字所表示的自然物，否则就没有。E 项如果为真，说明此种假设不成立，因为任何自然环境中不可能没有云。

其余各项都不能削弱题干。如 A 项不能削弱，因为鱼不一定海中才有。B 项不能削弱，因为生活在寒冷地带的部落也会接触热的自然物，例如火。

11.【答案】D

【解析】各选项上装均只有一种颜色，可得上装是纯色，因此，工装裤是花格子，恰有两种颜色，排除 A 项和 E 项。由条件，工装裤不含绿色，排除 C 项。由条件“上装和工装裤必须恰有一种颜色相同”，排除 B 项。D 项符合题干条件。

12.【答案】A

【解析】由本题条件，服装搭配中只出现两种颜色，可得：上装是纯色，工装裤是花格子。假设上装有绿色，由题干条件，工装裤颜色只能是红、蓝或黄，不满足恰有一种颜色相同，因此，A 项不可能为真。

13. 【答案】E

【解析】题干的广告隐含了一个假设：一种饮品是否具有极高的营养价值，标准是维生素 C 的含量。E 项如果为真，说明这一假设不成立，是对消费者的一种误导。

14. 【答案】A

【解析】由题干，野生海龟的寿命应该比人工饲养的海龟长。需要解释的是，为什么事实上二者没什么区别。A 项如果为真，对此提供了一个合理的解释。其余选项均无助于解释。

15. 【答案】B

【解析】题干用的是二难推理：

职责不具有挑战性→不利于发挥雇员的潜力

职责履行起来过于困难→不利于发挥雇员的潜力

职责不具有挑战性∨职责履行起来过于困难

---

不利于发挥雇员的潜力（雇员潜力几乎不能得到发挥）

上述论证的漏洞在于："职责不具有挑战性∨职责履行起来过于困难"不成立，B 项恰当地指明了这一点。

16. 【答案】B

【解析】方宁没有举出反例，来反驳吸大麻容易导致吸海洛因，因此 A 项不成立。余涌的推理不是类比，因此，D 项不成立。余涌的推理可分析为归纳，但没有以偏概全，因此，C 项不成立。余涌的推理依据统计，但方宁诉诸的数据并不说明其样本不当，因此，E 项不成立。方宁指出，余涌推理的漏洞在于，仅依据某个样本中的百分比来确定某种因果关系，是不充分的。方宁通过类比，说明此种方法会导致荒谬的结论。因此，B 项最为恰当。

17. 【答案】B

【解析】方宁的方法是类比。类比推理要求，进行类比的两个对象必须具有共同的相关属性，即必须是同一类。否则会出现谬误，称为不当类比。B 项如果为真，说明方宁的类比不当。

18. 【答案】B

【解析】题干断定：①¬相信社会必然性→¬相信历史规律性

②社会历史知识的增进→¬相信社会必然性

推导：由①和②，得

③社会历史知识的增进→¬相信历史规律性

=相信历史规律性→¬社会历史知识的增进

这一由题干推出的结论和 B 项最为接近。

19.【答案】C

【解析】题干概括（图 28－1）：

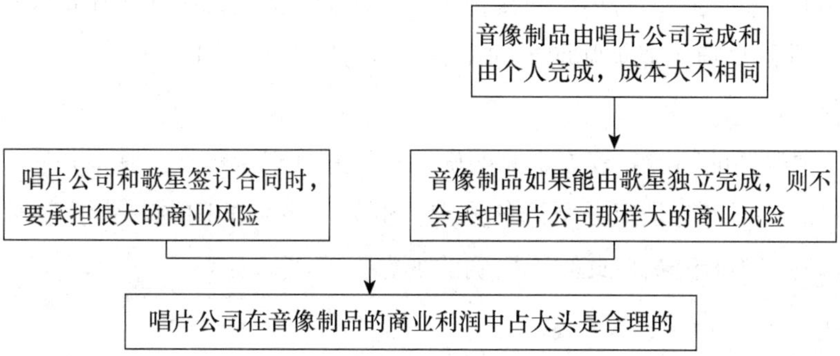


**图 28－1**

图 28－1 显示，“音像制品如果能由歌星独立完成，则不会承担唱片公司那样大的商业风险”这一陈述，是题干的某个论据的一个推论，又是支持题干结论的一个论据。

20.【答案】A

【解析】题干的论证假设，第二批被调查者回答不感到恐惧，是因为多次跳伞的经历使其逐渐减轻并最后克服了恐惧。A 项指出这一假设可能不成立，这有力地削弱了题干。

其余选项均不能削弱题干。例如，D 项不能削弱，因为题干的论证不需要假设，两批被调查者跳伞时条件状况完全相同。

21.【答案】A

【解析】题干所做的类比是：

一种细菌 很容易对 西药抗菌素 产生抗药性，但很难对 中医抗菌药 产生抗药性

比作 ↓ ↓ ↓

一道菜肴 不难满足 某个顾客，但很难满足 所有顾客

这里，显然“细菌”比作“菜肴”，“西药抗菌素”比作“某个顾客”，“中医抗菌药”比作“所有顾客”，“产生抗药性”比作“合乎口味”。

22.【答案】C

【解析】C 项如果不成立，则钢铁厂即使能把在生产过程中产生的热通过某种工艺输入热光发电机而转化为电，也不能降低钢铁厂的生产成本，题干的论证就不能成立。因此，C 项是题干论证必须假设的。

23.【答案】B

【解析】题干中反驳的根据是发达国家与发展中国家在人均寿命上的差异。这一反驳的力度取决于冠心病发病率和患者年龄之间的关系。B 项断定，冠心病患者相

对集中在中老年年龄段，即 45 岁以上，这就说明，发达国家中冠心病的发病率比发展中国家高的原因，可能是发达国家人均寿命较高，而并非较多的高脂肪、高蛋白、高热量的食物摄入。这就有力地加强了题干的反驳。

A 项和 D 项也能加强题干的反驳，但力度不如 B 项。

**24.**【答案】C

【解析】C 项概括的问题，双方都有明确观点，并且观点对立。其余各项，不具有这一特点，不可能是双方争论的焦点。例如，A 项的问题，张教授对此持肯定的回答，李研究员对此则无明确的观点。

**25.**【答案】B

【解析】方宁所论证的素食会导致营养不良，和余涌所否定的素食会导致营养不良，含义不同。因此，方宁所反驳的并不是余涌的观点。

**26.**【答案】A

【解析】题干断定：人类的废弃物不断由江河流入大海，导致海水磷含量的指标翻了一倍。题干又断定：海水中的磷刺激了大洋表层浮游生物的超常繁殖。由此可得：人类废弃物不断由江河流入大海，造成了大洋表层浮游生物的超常繁殖。

**27.**【答案】C

【解析】题干断定，H 国在提高国民素质方面的成功举世公认。题干又断定：一个国家的执政者如果既成功地发展了经济，又成功地提高了国民素质，就堪称是完全成功的。由此可得：如果 H 国的执政者成功地发展了经济，则是完全成功的。

**28.**【答案】E

【解析】如果有 H，则由条件（1），得没有 G，再由条件（3），得没有 W。因此，除 M 和 H 外，林中至多还有两种鸟。

**29.**【答案】D

【解析】如果没有 J，由条件（4），得有 S。因此，D 项一定为假。

**30.**【答案】A

【解析】如果有 G，则由条件（1），得没有 H，再由条件（2），得没有 J 且没有 M。由没有 J 和条件（4），得有 S。

# 第十三套

1. 【答案】D

【解析】针对张先生的质疑，李女士要为之辩护的断定是：有价值的文学艺术作品只会净化而不会污染人的精神。李女士用以辩护的论据其实就是重复这一断定，即把要为之辩护的断定，当作此种辩护的论据。

2. 【答案】B

【解析】假设西方国家企业都守法经营，则由题干，瑞典和美国的区别是：前者的大中型企业一定有安全生产监督机构，而后者不一定有。有理由认为，这种区别很可能是导致美国的工伤事故率明显高于瑞典等其他西方国家的原因。因此，如果在美国所有大中型企业都设置安全生产监督机构，则能减少这个国家的工伤事故。题干有力地支持 B 项，并且这一支持力度显然大于 E 项。

题干断定，安全生产监督机构对减少工伤事故起到了同样重要的作用，因此，题干不支持 A 项。设置安全生产监督机构的企业数量较多，不意味着这样的企业所占的比例较高，因此，题干不支持 C 项。题干显然不支持 D 项。

3. 【答案】B

【解析】如果 B 项不成立，题干的结论显然不能得出。因此，B 项是题干的陈述所假设的。

题干的假设是：一个时段内发现随身携带走私物品的人数是衡量海关检查人员是否警觉的一个重要标准。题干没有假设发现随身携带走私物品的数量是衡量海关检查人员是否警觉的一个重要标准，所以不选 E 项。

4. 【答案】D

【解析】如果 D 项不成立，则说明汤姆森杰出学生的创造性研究技能并不是由汤姆森传授训练的。这样，题干的结论就不成立。因此，为使题干的论证成立，D 项是必须假设的。

5. 【答案】E

【解析】由题干，每年 3 月 6 日前投稿并且由杂志特聘心理学家审定的论文，是论文在

来年发表的必要条件，不是充分条件，即

论文发表→（3 月 6 日前投稿∧专家审定）

由林教授论文未发表，基于题干推不出任何结论。

6.【答案】B

【解析】题干：

具备理想的自然繁衍条件→500 头

目前的生活空间不可能超过 300 头

由此可得：目前的生活空间不具备理想的自然繁衍条件，即除非改变生活空间，否则西双版纳的亚洲野象不能具备理想的自然繁衍条件，这就是 B 项断定的。

7.【答案】C

【解析】除 E 项外，其余各项都符合题干的意思。C 项是题干所要表达的主要意思。

8.【答案】B

【解析】题干的结论基于两个前提：前提一，张先生一定出现了重大失误，这种失误，或者在专业技术方面，或者在行政管理方面；前提二，张先生在任职期间从未出现技术失误。前提一是基于假设：董事会解雇张先生的决定是正确的。

9.【答案】C

【解析】由题干，对两个人口相对稳定的城市 5 年后的人口规模，三个机构的预测数据相差不大。因此，C 项作为结论最为合理。

10.【答案】A

【解析】A 项如果为真，说明上述人口剧增城市居民中，青年人较多。这一方面可以成为预测人口继续增加的理由，因为青年人多，说明这个城市对外来创业者的吸引力大；另一方面也可以成为预测人口减少的理由，因为青年人流动性强，不稳定。

11.【答案】B

【解析】如果 B 项不成立，则说明李老师监考的甲班未发现一个学生作弊，和李老师是否认真、严格履行监考职责无关。

12.【答案】A

【解析】A 项如果为真，说明乙班学生的作弊率为 2%。按照这一比例。甲班未发现有人作弊是正常的。

13.【答案】C

【解析】题干的结论：要成功，必须有大学文凭。论据：没有大学文凭，就不能成功。题干的论据，正是结论自身。因此，C 项恰当地指出了题干的漏洞。

14. 【答案】E

【解析】方宁进行比较的是汽车数量和道路面积之比，不是绝对数。因此，Ⅰ和Ⅱ不一定为真。

方宁所断定的交通拥堵情况好于北京的城市也不在少数，这里的“不在少数”，是相对于汽车数量和道路面积之比高于北京的城市而言的，不是相对于世界上所有的城市而言的。因此，Ⅲ不一定为真。

15. 【答案】C

【解析】C项如果为真，有力地支持：K县禁止狩猎和野生动物数量剧增之间很可能存在因果关系。

16. 【答案】A

【解析】题干判定：

严加管理→物业执法权

¬物业执法权

¬严加管理→业主拒绝缴纳管理费

上述条件可推出：业主拒绝缴纳管理费。因此，物业部门收缴足额物业管理费的难度将增加。

17. 【答案】D

【解析】张教授提及的常规温度是以对微生物活动性的影响程度为标准的。李研究员的标准是人对温度的感觉和适应程度，这是对张教授关于常规温度标准的误解。

18. 【答案】A

【解析】题干看似矛盾的现象是：一方面，接受测验的大多数员工都认为，一个大型企业的总经理，必须既有研究生学历，又有中层以上的企业管理经验；另一方面，得票最多的前三名，虽然有中层以上的企业管理经验，但并非都有研究生学历。如果A项为真，则这种情况是可能的：上述第一名既有中层以上的企业管理经验，又有研究生学历。因为第一名的投票者已经占了大多数，在这种情况下，题干陈述的现象就不矛盾。

19. 【答案】D

【解析】题干五个猜测中，（1）和（2）互相矛盾，因而必有一真；（3）和（4）矛盾，因而必有一真。因此，猜测（5）不成立，即事实上丙和丁都不受聘。因此，猜测（4）成立。

20. 【答案】E

【解析】同上题分析，得猜测（5）不成立，得：丙和丁都受聘，或者都不受聘。以此不能确定前四个猜测是否成立。

21. 【答案】D

【解析】老李和老王的猜测矛盾，必有一真。如果老赵的猜测为真，则老张的也真，违反条件，因此，老赵的猜测不成立，由此得：老张和老赵的孩子至少有一个没考上。又由老张的猜测成立，得：老赵的孩子考上。因此，老张的孩子没考上，因而老王的猜测成立。

22. 【答案】A

【解析】B 项、C 项、D 项和 E 项都支持了专家的意见：病人死亡率高的，医疗水平不一定低；反之，医疗水平不一定高。

A 项不能支持专家的意见。

23. 【答案】D

【解析】题干首先断定，网络举报是否应该实行实名制，争议颇大。基于这一点，如果甲的断定真，则乙的断定也真，违反条件。因此，甲的断定为假。

由甲的断定为假，不能得出乙的断定为真。因此，C 项不能从题干推出。两个断定，至多只有一真，这一条件只排斥两个都真，不排斥两个都假。

24. 【答案】B

【解析】党员的捐款额多于非党员，可概括表示为：

党员干部＋党员群众＞非党员干部＋非党员群众

干部的捐款额少于群众，可概括表示为：

党员群众＋非党员群众＞党员干部＋非党员干部

显然，上述两个不等式左项之和，大于右项之和，整理得

党员群众＞非党员干部

25. 【答案】C

【解析】题干断定：当涉及某个具体的政治问题时，77%的受访者所支持的观点被普遍认为代表了激进派的立场。基于题干条件，可得：至少有 53%的把自己归为保守派或中间派的受访者支持某个被认为代表了激进派立场的观点。由此可得：至少有 2%的把自己归为保守派的受访者支持了某个被认为代表了激进派立场的观点。即 C 项一定为真。

26. 【答案】C

【解析】手术数量的剧增，会增加用于手术开支的总量；手术费用较便宜，会减少用于手术开支的总量。题干断定，在这两个因素的作用下，手术开支的总量提高，由此可得出结论：目前国民用于白内障手术的开支中，因手术数量增加而提高的开支，大于因单个手术费用降低而减少的开支。

**27.**【答案】E

【解析】显然，除 E 项外，其余各项都有助于解释白内障手术数量剧增的原因。

**28.**【答案】C

【解析】由条件，张教授只带男研究生，J 是男硕士生，如果 J 不由张教授而由其他教授带，则这位教授还需带一名男博士生。男研究生只有三名，这样，张教授只能带一名研究生，违反条件。

**29.**【答案】D

【解析】K 是女硕士生，如果李带 K，则还需带一名女博士生，违反李只带一名研究生的条件。所以，K 不能由李带。

**30.**【答案】A

【解析】假设 A 项为假，则王教授带两名男研究生，则张教授只带一名男研究生，违反条件。

# 第十四套

1. 【答案】C

【解析】C项如果不成立，即如果为降低血压而加强有氧运动，少吃或不吃含动物脂肪的食物，这些生活方式有不利于健康的副作用，并且这种副作用比服用降压药还大，题干的论证就不能成立。因此，C项是题干的论证必须假设的。

2. 【答案】E

【解析】如果E项不成立，即患者不会因为医保单位拒绝支付费用而放弃做一些收费昂贵的非常规检查，则题干的论证就不会成立。因此，E项是必须假设的。其余各项不是必须假设的。例如，题干的论证确实需要假设有些但不需要假设所有非常规检查对疾病的诊治都有不可取代的作用。因此，D项不是必须假设的。

3. 【答案】D

【解析】对于D项所概括的问题，双方都有明确观点，并且甲的回答是肯定的，乙的回答是否定的。A项甲的回答是否定的，乙无明确观点。B项双方都无明确观点。C项甲的回答是肯定的，乙无明确观点。E项甲的观点是肯定的，乙无明确观点。

4. 【答案】A

【解析】题干断定：（自高自大∧灵魂虚弱）→必须学会自嘲。问题中假定：一个人一定会做他必须学会做的事，由此可得：

（自高自大∧灵魂虚弱）→自嘲

由此可推出A项。

A项断定：（自高自大∧¬自嘲）→ ¬灵魂虚弱

下面证明，由A项的前件，依据题干条件，可推出A项的后件：

| | |
|---|---|
| （自高自大∧灵魂虚弱）→自嘲 | （题干） |
| ¬自嘲 | （A项前件） |
| ¬自高自大∨ ¬灵魂虚弱 | （推论） |

自高自大　　　　　　　　　　　　　（A 项前件）

¬灵魂虚弱　　　　　　　　　　　　（推论，A 项后件）

**5.【答案】**E

**【解析】**题干以一个反例反驳哲学家的断定“获得幸福需要常年乃至终身的不懈努力”。这一反驳的漏洞在于，哲学家把幸福界定为“充分实现个人价值的过程中所获得的满足感”，花前月下和情侣的一次悠闲的散步所获得的幸福，显然不具有这一含义。

**6.【答案】**C

**【解析】**题干概括如下。

论据：借了钱，就失去了主动权。

结论：借了大宗钱的国家，成不了世界的领袖。

C 项断定：不掌握主动权，就不能成为世界领袖。

显然，假设 C 项，题干的结论就能从论据合乎逻辑地得出。

**7.【答案】**B

**【解析】**如果 J 是第一位，则由条件（5），F 是第三位。又由条件（3），第二位是 G。

**8.【答案】**D

**【解析】**由条件（4），仅有一位发言者排在 M 和 N 之间。因此，由条件（5），M 和 N 不可能是第一位和第三位；由假设 J 是第四位演讲者，M 和 N 不可能是第二位和第四位或第四位和第六位。因此，只能是第三位和第五位。

**9.【答案】**C

**【解析】**由条件（3）和（5），得 G 和 F 在上午发言，又假设 L 在上午发言，则由条件（4）及 M 不是第六位，可得 M 是第四位，N 是第六位。因此，第五位是 J。

**10.【答案】**B

**【解析】**题干条件：

（1）政治＋专业科目一＝英语＋专业科目二

（2）英语＋专业科目二＝政治＋专业科目一

（3）政治＋专业科目二＞英语＋专业科目一

（4）专业科目一＞政治＋英语

在（3）式的两边分别加上（1）式的两边，得：

政治×2＋（专业科目一＋专业科目二）＞英语×2＋（专业科目一＋专业科目二）

得：政治＞英语

在（3）式的两边分别加上（2）式的两边，同理，得：专业科目二＞专业科目一

又由（4），得：专业科目二＞专业科目一＞政治＞英语

11. 【答案】D

【解析】D 项说明，一个不开朗、不坦率的 B 型血的人，不会成为题干中的志愿者。因此，题干中志愿者比一般人性格更开朗、坦率，不能说明血型和性格有确定的关系。

12. 【答案】B

【解析】题干断定，李杨不知道他的行为事实上是不道德的。这一断定包含两个意思：第一，李杨的行为是不道德的；第二，李杨不知道这一点。由此推出：李杨做了某种不道德的事。A 项不能推出，因为由他承认自己的行为是非法的，推不出此种行为就是非法的。由题干，李杨知道行为在法律上有合法与非法之分，但知道两个事物有区别不等于具有区分二者的能力。

13. 【答案】E

【解析】E 项如果为真，说明对于专业舞蹈演员来说，是四肢匀称在先，舞蹈锻炼在后，题干的论证倒置因果。

14. 【答案】B

【解析】由题干，没有一个发达国家同时面临美国所面临的所有严重社会问题，因此，美国所面临的任一严重社会问题，都至少在某个发达国家不严重。否则这个国家就会面临美国所面临的所有严重社会问题。

A 项不一定为真，因为完全可能有些发达国家面临的严重社会问题对于美国来说不严重。

15. 【答案】A

【解析】由题干，不难确定，张珊不确定王处长是否受贿，但确定赵处长受贿；李思确定王处长受贿，但不确定赵处长是否受贿。

16. 【答案】E

【解析】题干的结论是老教师退休会降低学校的总体教学与科研能力，理由是老教师退休时的能力比以前更强。但如果中青年教师教学科研能力比退休老教师提高得更快，那题干的结论就不成立。因此，E 项是必须假设的。

题干的论据是基于“自涉比较”（同一个教授在不同年龄段的自我比较），但结论却有关“互涉比较”（不同年龄段的教师之间的比较）。一般地，“自涉比较”的论据自身得不出“互涉比较”的结论。

17. 【答案】C

【解析】题干断定：合法→不恶＝恶→非法

由题干，不恶的行为不一定善，因此，Ⅰ不一定为真。

显然，Ⅱ不一定真，Ⅲ一定真。

**18.**【答案】D

【解析】题干：想做事→不做官→做不成大事

=做成大事→做官→不想做事

Ⅰ. 做成大事→不想做事　　√

Ⅱ. 做官→不想做事　　√

Ⅲ. 不想做事→做成大事　　×

**19.**【答案】E

【解析】E项如果为真，说明对在上述3个月中死于心脏病突发的患者来说，即使这一论文一收到就发表，患者一读到论文就吃药，这些药物对他们挽回生命也没有意义。

**20.**【答案】C

【解析】各选项中，D项加强，A项、B项和E项不削弱，C项削弱题干的论证。

**21.**【答案】B

【解析】题干的结论是：在20世纪80年代，把全球性气候变暖称为预测不确切。论据是：当时中国的很多北方城市已出现气候变暖。

如果上述中国北方城市的气候异常，也在世界的其他地方出现，则加强题干的论证。否则，削弱题干的论证。因此，B项与评价题干的论证最为相关。

题干论证的结论是“把这称为预测其实并不确切”，而不是“这一预测并不准确”。因此，A项和C项涉及的是这一预测是否准确，和评价题干不相干。

**22.**【答案】A

【解析】题干：

¬（道德∧理性）→¬民主

=民主→（道德∧理性）

显然A项不符合题干，其余都符合。

**23.**【答案】A

【解析】Ⅰ一定为真。在张家沟，旅馆业主如果要增加旅馆的房间，只有两条途径：修建新的旅馆，或者增加现有旅馆的房间数。当地政府明文禁止修建新的旅馆或在现有旅馆内以任何方式增加客房。因此，在张家沟，旅馆业主如果要增加旅馆的房间，就一定会违反政府的规定。

（禁止A或B=禁止A并且禁止B）

Ⅱ不一定为真。旅馆业主可以有另一种选择：不增加利润。

Ⅲ不一定为真。旅馆业主可以通过显著改善现有旅馆的设施来增加利润。

**24.【答案】**C

**【解析】**由余涌的论文不存在违反学术规范的问题，可得：有的论文不存在违反学术规范的问题。

依据对当关系，可得Ⅱ和Ⅲ不能确定真假。

**25.【答案】**B

**【解析】**如果所有的人都是彻底无私的，则依据题干关于彻底无私的定义，会得出结论：所有的人都拒绝任意他人的服务。这样无条件为他人服务就不可能实行，因而不可能有人彻底无私，矛盾。因此，不可能所有的人都是彻底无私的。

A项不能推出。可以设想有一个人，无条件地实行为他人服务，但拒绝任意他人的服务。

**26.【答案】**E

**【解析】**E项如果为真，说明害虫一旦消灭，益虫对于农作物的保护作用就不存在了。

**27.【答案】**B

**【解析】**师范院校的学生，大都以教师职业为首选。B项如果为真，说明题干的抽样调查样本不当。

**28.【答案】**A

**【解析】**A项如果为真，说明目前太阳能发电厂的生产成本不大于20年前的普通发电厂。又因20年来普通发电厂的生产成本一直在上升，因此，目前太阳能发电厂的生产成本比普通发电厂低。

**29.【答案】**B

**【解析】**如果题干为真，Ⅰ和Ⅱ显然一定为真。

Ⅲ不一定为真。

假设校长特别奖的获得者都是校足球队队员，这一假设不违反条件，在这一假设下，题干真，但Ⅲ假（见图30－1）。

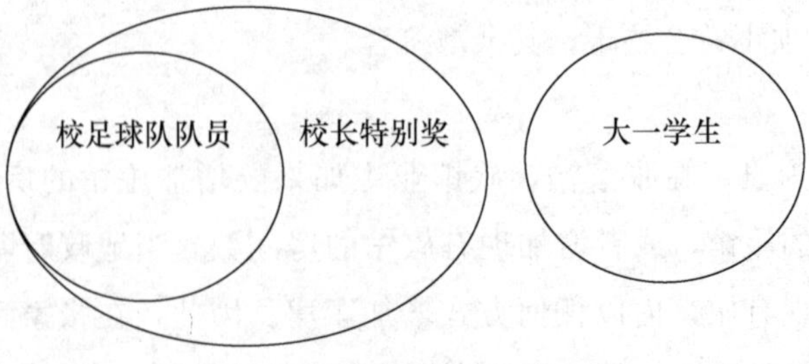


**图30－1**

注意：一般地，依据所有A都是B，不能确定所有B都是A，也不能确定有的B不是A。

**30.**【答案】C

【解析】由题干，可得有些好干部做过错事，但不以权谋私。因此，C 项一定为真。A 项和 B 项不一定为真。一般地，从所有 A 都是 B，推不出所有 B 都是 A，也推不出有的 B 不是 A。

# 第十五套

1. 【答案】D

【解析】题干断定，通过增收燃油税，可以增加财政收入，这是假设：增收燃油税没有明显减少燃油消费量。这和增收燃油税导致燃油消费量下降的断定矛盾。

2. 【答案】C

【解析】由题干：

（不道德行为）公开实施→伤害公众的感情

暗地里实施→有负罪感

公开实施∨暗地里实施

———————————————

伤害公众的感情∨有负罪感

（=¬伤害公众的感情→有负罪感）

3. 【答案】C

【解析】题干：

¬（机会∧能力）→¬成功

=成功→（机会∧能力）

C项符合题干，其余各项均不符合。

4. 【答案】B

【解析】B项如果为真，则题干的断定不成立。

5. 【答案】B

6. 【答案】D

【解析】上一题要求确定的是充分性假设，这道题要求确定的是必要性假设。复选项Ⅱ如果成立，则题干的论证就能成立；如果不成立，则题干的论证就不成立。因此，Ⅱ既是充分性假设，又是必要性假设。复选项Ⅲ如果不成立，即如果世界最富裕国家的含义是国民中仍然可以有赤贫者，则题干的论证就不成立；如果成立，则题干的论证不一定成立，因为国民中没有赤贫者，不等于国民都是富人。因此，Ⅲ是必要性假设，不是充分性假设。

7.【答案】C

【解析】题干断定，人类对地球资源的潜在需求是无限的，由此不能得出结论，目前人类对地球资源的需求已经超出了地球可供使用资源的限度。因此，如果 C 项不成立，题干的论证就不能成立，即 C 项是题干的假设。

B 项、D 项和 E 项如果为真，都能加强题干的论证，但如果为假，题干的论证仍然可以成立，因此，不是题干依赖的假设。这就是假设和加强的区别。

8.【答案】A

【解析】题干论证的漏洞在于，忽视了时速只是高速公路交通事故的可能原因之一，不是唯一可能的原因。A 项指出的可能性有利于说明这一点。

D 项不恰当，因为题干的结论是我国的高速公路时速限制要进一步降低，由此得不出结论，要把时速限制为过慢。C 项不恰当，因为题干断定呈上升趋势的是交通事故率，而不是交通事故数量。

9.【答案】A

【解析】由题干，电动汽车推出者只考虑到电动汽车对环境的正面影响（无尾气排放），而未考虑到负面影响。题干指出了此种可能的负面影响（电动汽车会增加对电能的需求，而对任何一种能源的开发和使用，都会对环境造成巨大的危害）。因此，A 项作为题干的推论恰当。

题干有力地支持“电动汽车很难被广泛使用”，但并不支持“电动汽车很难被使用者广泛接受”。因此，B 项不恰当。

10.【答案】C

【解析】题干专家的观点是：

心理健康→行为得体

和谐相处→行为得体

和谐相处→心理健康

由肯定后件不能肯定前件，C 项不符合专家的观点。

11.【答案】E

【解析】条件：①¬天蓝∨铁青（＝天蓝→铁青）

②橙黄→¬天蓝

③铁青→橙黄

假设用天蓝，由①，得用铁青；再由③，得用橙黄；再由②，得不用天蓝。矛盾！因此假设不成立。

12.【答案】D

【解析】D 项如果为真，说明题干得出结论的抽样调查样本不具有代表性，即样本不当。

**13.【答案】**D

**【解析】**D 项如果为真，说明两点：第一，饲养有些牲畜不需要谷物；第二，饲养有些牲畜不需要占用生产谷物的农田。这两点都有力地削弱了题干的论证。C 项能够削弱题干，但力度不如 D 项，因为 C 项是认知判断（“有些营养学家坚持认为”），断定的是一种观点；D 项是事实判断，断定的是一个事实。

**14.【答案】**E

**【解析】**题干的推理可概括如下：

前提 1：（菜肴丰富∧菜肴合口味∧酒水上档次∧客人都出席）→宴会成功

前提 2：菜肴丰富∧酒水上档次∧客人都出席

结论：宴会成功

这一推理的漏洞在于：前提 2 没有断定“菜肴合口味”，因而不能推出结论。

E 项的推理可概括为：

前提 1：（西部∧贫困）→助学贷款

前提 2：西部

结论：助学贷款

这一推理的漏洞在于：前提 2 没有断定“贫困”，因而不能推出结论。这一漏洞和题干类似。

**15.【答案】**A

**【解析】**甲和乙两个断定不能都真，必有一假。因此，丙和丁真。由丙和丁真，可得：K 国不能实现经济发展。因此，甲断定不成立。

思考：以下推断的漏洞在哪里？

假设甲成立，则 K 国能实现经济发展，再由丙和丁，得 K 国不能实现经济发展，矛盾！因此，假设不成立，即甲断定不成立。

这一推断的漏洞在于：不当地假设丙和丁的猜测都成立。

**16.【答案】**B

**【解析】**题干支持 A 项，但不能推出 A 项。题干能推出 B 项，即如果题干为真，则 B 项一定为真。注意“推出”和“支持”的区别。

**17.【答案】**E

**【解析】**E 项所概括的问题，两人都有明确观点，并且观点对立，其他选项都不具有这一特点。例如，是否应当停止生产旧产品？对这一问题，生产部经理有明确观点，但销售部经理没有，因此，B 项不是争论焦点。

**18.【答案】**D

【解析】题干概括（见表 31－1）：

**表 31－1**

| | F | G | H | J | K | L | M | N |
|---|---|---|---|---|---|---|---|---|
| 甲 | | | | | | | | |
| 乙 | | | | | | | | |

| |
|---|
| F＝J　G≠M |
| H 甲→L 甲 |
| N 乙→G 甲 |

A 项违反“H 甲→L 甲”；B 项违反“F＝J”；C 项违反“G≠M”（G 和 M 必须有一人在甲组）；E 项违反“G≠M”。D 项符合题干条件。

**19.**【答案】C

【解析】如果 F 和 H 同在甲组，则该组须有 5 人：F、J、H、L、G 或 M。违反条件。因此，F 和 H 同在乙组，可得该组人员为 F、J、H、G 或 M。因此，K 一定在甲组。

**20.**【答案】E

【解析】题干概括（见表 31－2）：

**表 31－2**

| | F | G | H | J | K | L | M | N |
|---|---|---|---|---|---|---|---|---|
| 甲 | √④ | √③ | | √④ | | | | |
| 乙 | | | √② | | | √① | √① | |

| |
|---|
| F＝J　G≠M |
| H 甲→L 甲 |
| N 乙→G 甲 |

推导：

① 本题条件

② 由条件“H 甲→L 甲”

③ 由条件“G≠M”

④ 由条件“F＝J”

因此，各选项中，只有 E 项断定的 K，可以在甲组，也可以在乙组。

**21.**【答案】A

【解析】有些富人感觉自己不幸福，可以有两种解读：第一，这些富人身在福中不知福；第二，有钱不意味着幸福。题干得出的是第二个结论，这显然是假设幸福是当事人的自我感觉。

**22.**【答案】C

【解析】对于已得出的统计结果，补考的新统计数据，只会增加而不会减少成绩全部优秀的学生数量，只会增加而不会减少各科成绩在 70 分以下的学生数量。C 项断定两个“至少”，不可能被推翻。

**23.**【答案】C

【解析】最多：考虑身份的独立性。结论：最多 12 人。

最少：考虑身份的兼容性。足球爱好者可以同时是商人，因此，只要考虑亚洲人与商人的关系。因为 2 个日本人不经商，结论：最少 7 人（见图 31－1）。

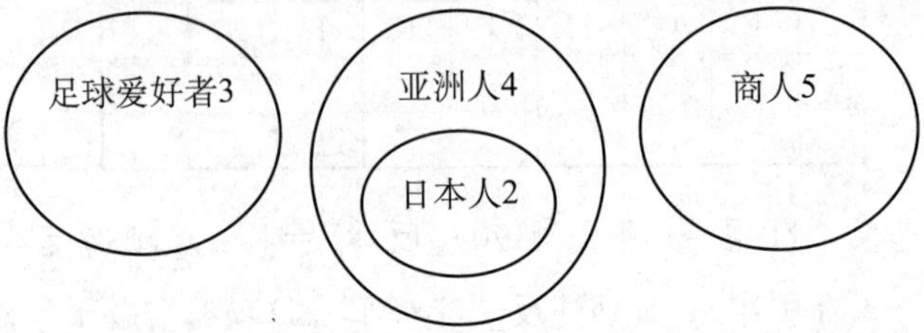


**图 31－1**

24.【答案】E

【解析】如果半数实验室里只有机器人 A 和 C，则半数实验室既不能识别颜色，也不能识别形状，违反条件。因此，E 项一定假。

25.【答案】E

【解析】E 项显然是题干所要表达的主要意思。

D 项不可能是题干要表达的意思。两个公司推出类似手机只差三天，如果是三年，有理由认为 D 项也是题干所要表达的意思。

26.【答案】B

【解析】题干断定，该市的生活用水都符合国家规定的卫生标准，但其中都有一定的细菌含量，这说明，国家规定的卫生标准，允许生活用水中含有细菌。

其余各项均不能从题干推出。

27.【答案】E

【解析】E 项如果为真，有利于说明，允许未放氯的 3 个区输送和储存地下水的管道与水罐达到了较高的质量标准，较有利于防止可能带来的细菌污染。这是对题干的一个合理解释。

28.【答案】D

【解析】要说明一个形式为“A→B”的承诺没有兑现，必须满足：A 成立，但是 B 不成立。

题干概括：航空公司承诺

晚点 24 小时以上→（（全额退票∧20%的补偿）∨三星级以上宾馆休息）

以下情况说明上述承诺未兑现：

晚点 24 小时以上∧¬（（全额退票∧20%的补偿）∨三星级以上宾馆休息）

＝晚点 24 小时以上∧（¬全额退票∨¬20%的补偿）∧¬三星级以上宾馆休息

也就是说，要说明航空公司的承诺没有兑现，必须同时满足以下三个条件：

第一，晚点 24 小时以上；第二，未能安排三星级以上宾馆休息；第三，全额退票和 20％的补偿这两项，至少有一项不满足。

Ⅰ不满足第一个条件，Ⅱ不满足第二个条件。因此，Ⅰ和Ⅱ不能说明航空公司的承诺没有兑现。

Ⅲ同时满足三个条件，说明航空公司的承诺没有兑现。

**29.【答案】**B

**【解析】**分析见表 31－3：

**表 31－3**

| | 周一 | 周二 | 周三 | 周四 | 周五 |
|---|---|---|---|---|---|
| F | √④ | ×④ | √④ | ×② | ×③ |
| G | ×⑤ | | ×⑤ | ×② | |
| H | ×⑤ | ×⑥ | ×⑤ | ×② | ×① |
| I | ×⑤ | | ×⑤ | ×② | |
| J | ×⑤ | | ×⑤ | √② | |

推导：

① 由题干条件：如果 H 值班，则次日一定是 G 值班。

② 本题条件。

③ 由题干条件：F 的值班日不会晚于 J。

④ 由题干条件“没有保安连续两天值班”和本题条件“F 值班两天”。

⑤ 由④。

⑥ 由题干条件“如果 H 值班，则次日一定是 G 值班”和⑤“G 周三不值班”。

由此可得：除 B 项外，其余各项均不可能为真。

**30.【答案】**C

**【解析】**结论：准确判定是否说谎。

论据：在他认为可疑的人身上，无一例外地都查出了违禁物品。

选项Ⅰ不能削弱海关检查员的论证。因为判定一个无意地携带了违禁物品的入关人员为不可疑，不能说明检查员受了欺骗，同样不能说明检查员在判定一个人是否在欺骗他时不够准确。

选项Ⅱ能削弱海关检查员的论证。因为判定一个有意地携带了违禁物品的入关人员为不可疑，说明检查员受了欺骗，因而能说明检查员在判定一个人是否在欺骗他时不够准确。

选项Ⅲ能削弱海关检查员的论证。因为判定一个无意地携带了违禁物品的入关人员为可疑，虽然不能说明检查员受了欺骗，但是能说明检查员在判定一个人是否在欺骗他时不够准确。

# 考前模拟自测

**1.【答案】D**

【解析】题干概括：

(1) 所有欲望都得不到满足→极端痛苦

(2) 所有欲望都得到满足→极端无聊

由条件（2），否定后件，可得否定前件，因此，D项可推出。其余各项均不能由题干推出。例如，E项不能由题干推出，因为题干只断定，欲望的满足或不满足，是产生痛苦或无聊的充分条件，并未断定是必要条件。因此，痛苦或无聊，可以由其他因素产生，在这些因素下，一个人可能既痛苦，又无聊。

**2.【答案】C**

【解析】各选项中，除了C项外，其余选项所提出的问题，对评价题干论证的说服力均不产生影响，即不论该问题的答案是什么，均不会影响论证的说服力（不加强也不削弱）。C项提出的问题，如果答案是肯定的，则题干的论证不成立；如果是否定的，则题干的论证成立。因此，C项最为重要。

本题涉及的考点："或"的推理规则，基于"A或B"，由肯定A，不能否定B。

**3.【答案】E**

【解析】题干概括：（达到目的∧有利于他人）→善行

A项不符合题干：未达目的，且不利于他人。B项和D项不符合题干：题干只断定如何确定善，没有断定如何确定不善。C项不符合题干：未达目的。E项符合题干：既达目的，又有利于他人。

**4.【答案】E**

【解析】题干概括：（投资成本基本相同∧只投资一个）→投资污染较少的项目

如果肯定前件，同时否定后件，则违反题干的原则。否则，不违反。

除E项外，各余选项均不肯定前件，因此，都不违反题干和原则。E项肯定前件，否定后件，违反题干。

注意，A 项断定，1 号项目和 2 号项目都属于高投资项目，由此不能得出，两个项目的投资成本基本相同。因此，A 项并未肯定前件。

**5.【答案】** B

**【解析】** 题干的论证有两个漏洞：第一，忽略了脂肪含量越高，越不利于健康，是以脂肪含量超标为条件的；第二，一种肉是否有利于健康，脂肪含量仅是因素之一。A 项涉及第一个漏洞，B 项涉及第二个漏洞，都能削弱题干。A 项断定的是“有些高档超市”，不具有普遍性，因此，削弱力度不如 B 项。

**6.【答案】** A

**【解析】** 题干概括：

论据：QV 型新款手机，所具有的不同功能的数量，超出目前市面上任何一款手机。

结论：QV 是明智的选择。

各选项中，除了 D 项强加题干，其余各项均削弱题干，其中，力度最大的是 A 项。C 项如果为真，只能说明，同一种功能在不同手机中可能有不同配置，但不能说明，QV 所具有的功能的配置，不如其他某些手机。

**7.【答案】** C

**【解析】** 甲和乙矛盾，丁和戊矛盾，因此，这四人的断定，必两真两假。因而丙断定为假。由丙断定为假，得刘平不及格。由刘平不及格，得戊的预测成立。

**8.【答案】** C

**【解析】** 分析见表 32 - 1：

**表 32 - 1**

| | 0 | 1 | 2 | 3 | 4 |
|---|---|---|---|---|---|
| 第一 | ×① | | | ×① | ×① |
| 第二 | ×① | ×① | | ×① | |
| 第三 | ×③ | | | | ×② |
| 第四 | √④ | | | | |
| 第五 | ×② | | | | |

推导：

① 由条件“编码的第二位数字是第一位数字的 2 倍”，得：第一位数字只可能是 1 或 2，第二位数字只可能是 2 或 4。

② 由条件“第三位数字小于第五位数字”，得：第三位数字不可能是 4，第五位数字不可能是 0。

③ 本题条件。

④ 推论。

**9.【答案】C**

【解析】第一只可能是 1 或 2。如果第一是 1，则第二是 2；如果第一不是 1，则第一是 2。因此，2 是第一或第二，都在 3 之前。

**10.【答案】D**

【解析】题干概括：

(1) 实际理由：业绩欠佳∨另有他就∨精力不济

(2) 批准辞呈→实际理由不止一个

(3) 批准辞呈

推论：实际理由：业绩欠佳∨另有他就∨精力不济（不止一个）

由上述推论，可得，如果李总经理提出辞呈的实际理由是业绩欠佳，则另有他就和精力不济至少有一个也是他的实际理由，即 D 项一定为真。

其余各项均不一定为真。

**11.【答案】C**

【解析】题干是一个论证。结论：榨汁机的保健作用被夸大了。论据：果蔬经过粉碎由固态变为液态，只会减少而不会增加所包含的营养素。

C 项如果为真，说明榨汁机虽然没有增加被处理的果蔬中的营养素，但增加了能被人吸收的营养素。这就有力地削弱了题干的论证。

其余各选项中，B 项加强题干，A 项、D 项和 E 项削弱题干，但力度不如 C 项。

**12.【答案】A**

【解析】题干概括：

承诺：不加班→去迪士尼乐园

实际情况：不加班→完成报表

要说明大张未兑现对儿子的承诺，必须同时满足：周末不加班，并且未带儿子去迪士尼乐园。

Ⅰ能说明未兑现承诺。Ⅱ和Ⅲ推不出同时满足这两个条件，因此，不能说明未兑现承诺。

**13.【答案】A**

【解析】题干论证的漏洞是，作为论据类举的好官（即使不反腐，也不会腐）和贪官（再反腐，也照腐不误），只是官员中的两种类型，不能涵盖所有的官员。这一漏洞也类似地出现在除 A 项外的其余选项中。A 项未出现这一漏洞。

**14.【答案】A**

【解析】A 项如果为真，说明肥胖是影响寿命的不利因素，削弱题干。

B 项说明肥胖可能是影响寿命的有利因素，加强题干。

其余选项既不加强也不削弱题干。

**15.**【答案】C

【解析】各选项如果为真，都能加强题干的论证，其中，只有 C 项如果不成立，则题干的论证就没有说服力。因此，只有 C 项是题干的论证需要假设的。

注意“假设”和“加强”的区别。

题干的论证确实需要假设大多数学龄儿童都有看电视的条件，但不需要假设每个学龄儿童都有这种条件。E 项的断定过强了，不是题干必须假设的。

**16.**【答案】A

【解析】需要解释的是，为什么对来自空中或地面的袭击，长尾猴会发出明显不同的警告声音。A 项说明，对于来自空中或地面的袭击，长尾猴有明显不同的应对方式。因此，明显不同的声音是为了互相警告采取不同的应对方式。这合理地解释了题干的现象。

B 项有利于说明，不同的声音可能是在提醒不同的来袭野兽，能解释题干，但力度不如 A 项。其余选项不能解释题干中的现象。

**17.**【答案】A

【解析】题干概括：

逻辑老师：数学→逻辑

数学老师：逻辑→数学

小张：数学 ∧ ¬ 逻辑

逻辑老师和小张的断定矛盾，必有一真，因此，数学老师的断定为假。

由 ¬（逻辑→数学），得：逻辑 ∧ ¬ 数学。

即可得：小张迷上了逻辑，但并不爱好数学。由此得，小张的断定假。因为逻辑老师和小张的断定矛盾，由小张的断定假，得逻辑老师的断定真。因此，答案是 A。

**18.**【答案】C

【解析】试题不都有解＝有的试题没有解。

因此，由李老师的断定为真，可得Ⅳ真、Ⅰ假，即Ⅰ和Ⅳ能确定真假。Ⅱ和Ⅲ不能确定真假。

**19.**【答案】C

【解析】由题干条件，如果捐款者中男教师和女教师一样多，则参加者平均捐款应为 100 元；如果男教师比女教师多，则平均捐款应多于 100 元。题干断定，参加者平均捐款 90 元，少于 100 元。因此，在捐款者中，女教师比男教师多。

**20.** 【答案】D

【解析】题干概括：

（有能力晋升∧无能力胜任）→不谋求晋升

无能力晋升→不谋求晋升

D 项不可能出现。丙知道自己无能力胜任，因此，不论是否有能力晋升，都不谋求晋升。

**21.** 【答案】C

【解析】C 项断定，允许时速平均为 150 千米的摩托车通行的高速公路，其交通事故死亡率高于禁止摩托车通行的高速公路，由此可得，实施限速措施降低了高速公路交通事故死亡率。这加强了题干论证的说服力。

题干的结论要成立，必须假设，降低限速的措施是交通事故死亡率下降的原因。只有当这一假设成立，A 项和 B 项才能加强题干的论证，但 A 项和 B 项自身不能支持这一假设。C 项如果为真，有力地加强了这一假设，因此，最能加强上述论证。

**22.** 【答案】A

【解析】A 项只有助于说明银蚁可以在中午烈日下外出觅食，但无助于说明为什么要在中午，而不在其他时段外出觅食。其余各项都有助于说明，银蚁为什么选择中午时段外出觅食。

**23.** 【答案】C

【解析】C 项如果为真，说明奥运会比赛中运动员伤残事故的数量和平时相比虽不高，但事故率相对较高。这指出了题干的逻辑漏洞：混淆了绝对数和百分比。

B 项和 D 项均能削弱题干，但不涉及题干的逻辑漏洞，力度不如 C 项。

**24.** 【答案】B

【解析】B 项如果为真，说明森林火灾是造成两种雪松年头上的差别的一个原因，这是对题干的一个合理解释。

A 项如果为真，能解释为什么雪松能在悬崖上生长，不能解释为什么悬崖上雪松的年头比林中雪松长。

D 项如果为真，说明悬崖上雪松比林中雪松在生长过程消耗的养分少。如果两种雪松的养分来源相同，则有利于解释题干。但由于林中雪松的养分来源显然充分得多，因此，D 项不能解释题干。

**25.** 【答案】C

【解析】题干的规定针对任何人，自然也包括债务人。因此，债务人可以讨回欠账的方式归还自己的欠账，按规定，只须上缴其中的 20%。

题干支持但不能推出 B 项。

**26.** 【答案】D

【解析】题干断定，如果反应慢是由体温低引起的话，那么，在早晨4点至5点之间人为地提高人的体温就能使其反应变快，但这样的结果并没有出现。由此可得，体温低不是反应慢的原因，即Ⅳ一定为真。

由体温低不是反应慢的原因，不能推出，反应慢是体温低的原因，因为二者可能没有因果关系。题干只断定，人的体温低和反应慢统计相关，由统计相关，不能断定因果相关。因此，Ⅰ不一定为真。Ⅱ和Ⅲ显然不一定为真。

**27.** 【答案】A

【解析】A项如果为真，说明在以女性读者为对象的杂志上做女性饰品的广告，并不利于女性饰品的销售。

B项无助于解释题干，因为由B项，金融危机的影响是从去年年底开始的，这只能用于解释今年，无助于解释去年销售额的下降。

**28.** 【答案】D

【解析】由条件（5），可得除城市3外，另一个有大学的是城市2，或城市6。由条件（6）和条件（3）得城市6不可能有大学，因此，城市2有大学。再由条件（3），得城市2不可能有监狱。因此，C项不可能为真。A项和B项不可能为真，违反条件（5）。E项不可能为真，违反条件（4）。

**29.** 【答案】D

【解析】假设城市4没有医院，则由条件（4），也没有监狱，又城市4没有大学，因此，城市4没有上述8个单位中的一个单位，违反本题条件。

**30.** 【答案】B

【解析】如果城市2的医院不少于3所，则由于城市6必须至少有1所医院，则另一个有监狱的城市没有医院，违反条件。因此城市2的医院一定少于3所。

**图书在版编目（CIP）数据**

2024年管理类联考（MBA/MPA/MPAcc等）综合能力逻辑精选450题/陈慕泽编著. --北京：中国人民大学出版社，2023.6
ISBN 978-7-300-31584-3

Ⅰ.①2… Ⅱ.①陈… Ⅲ.①逻辑-研究生-入学考试-习题集 Ⅳ.①B81-44

中国国家版本馆CIP数据核字（2023）第057188号

**2024年管理类联考（MBA/MPA/MPAcc等）综合能力逻辑精选450题**
陈慕泽　编著
2024 Nian Guanlilei Liankao（MBA/MPA/MPAcc deng）Zonghe Nengli Luoji Jingxuan 450 Ti

| | | | |
|---|---|---|---|
| **出版发行** | 中国人民大学出版社 | | |
| **社　　址** | 北京中关村大街31号 | **邮政编码** | 100080 |
| **电　　话** | 010－62511242（总编室） | | 010－62511770（质管部） |
| | 010－82501766（邮购部） | | 010－62514148（门市部） |
| | 010－62515195（发行公司） | | 010－62515275（盗版举报） |
| **网　　址** | http://www.crup.com.cn | | |
| **经　　销** | 新华书店 | | |
| **印　　刷** | 北京七色印务有限公司 | | |
| **开　　本** | 787 mm×1092 mm　1/16 | **版　　次** | 2023年6月第1版 |
| **印　　张** | 19 | **印　　次** | 2023年6月第1次印刷 |
| **字　　数** | 382 000 | **定　　价** | 49.90元 |